Fundamentals of
JOURNALISM AND
COMMUNICATION THEORY

新闻传播学理论基础

王 斌 ◎著

图书在版编目（CIP）数据

新闻传播学理论基础 / 王斌著. -- 北京：北京大学出版社，2024.7. -- ISBN 978-7-301-35350-9

I. G210

中国国家版本馆 CIP 数据核字第 2024Y429Z8 号

书　　　名	新闻传播学理论基础 XINWENCHUANBOXUE LILUN JICHU
著作责任者	王　斌　著
责任编辑	韩月明　董郑芳
标准书号	ISBN 978-7-301-35350-9
出版发行	北京大学出版社
地　　　址	北京市海淀区成府路 205 号　100871
网　　　址	http://www.pup.cn
新浪微博	@北京大学出版社　　@未名社科–北大图书
微信公众号	北京大学出版社　　北大出版社社科图书
电子邮箱	编辑部 ss@pup.cn　　总编室 zpup@pup.cn
电　　　话	邮购部 010-62752015　　发行部 010-62750672 编辑部 010-62753121
印　刷　者	天津中印联印务有限公司
经　销　者	新华书店
	730 毫米 ×980 毫米　16 开本　25.25 印张　387 千字 2024 年 7 月第 1 版　2024 年 7 月第 1 次印刷
定　　　价	69.00 元

未经许可，不得以任何方式复制或抄袭本书之部分或全部内容。
版权所有，侵权必究
举报电话：010-62752024　电子邮箱：fd@pup.cn
图书如有印装质量问题，请与出版部联系，电话：010-62756370

本教材为中国人民大学研究生精品教材建设项目成果，受到中国人民大学"中央高校建设世界一流大学（学科）和特色发展引导专项资金"支持。

目 录

导　论 ··· 1
　第一节　新闻传播学的学科概况 ································· 1
　第二节　新闻传播学理论的知识特征 ···························· 6
　第三节　新闻传播学理论的类型与功能 ······················· 11
　小　结 ··· 15

新闻传播核心理念

第一章　新闻真实性 ··· 21
　第一节　新闻真实性的内涵 ······································ 21
　第二节　新闻真实性的特征 ······································ 25
　第三节　新闻真实性的实现 ······································ 30
　第四节　互联网时代的新闻真实性 ····························· 38
　小　结 ··· 48

第二章　新闻客观性 ··· 52
　第一节　新闻客观性的形成 ······································ 52
　第二节　新闻客观性的内涵 ······································ 57

第三节　新闻客观性的实现困境 …………………………………… 62
　　第四节　新闻客观性的当代发展 …………………………………… 67
　　小　结 ………………………………………………………………… 75

新闻传播运行机制

第三章　新闻从业者 ………………………………………………………… 81
　　第一节　新闻从业者的社会角色 …………………………………… 81
　　第二节　新闻从业者的职业化 ……………………………………… 88
　　第三节　新闻从业者的职业发展 …………………………………… 95
　　小　结 ………………………………………………………………… 108

第四章　新闻传播受众 ……………………………………………………… 111
　　第一节　受众的类型 ………………………………………………… 111
　　第二节　受众的媒介使用 …………………………………………… 120
　　第三节　受众学说的演变 …………………………………………… 136
　　小　结 ………………………………………………………………… 146

第五章　新闻传播媒介 ……………………………………………………… 150
　　第一节　新闻传播媒介的类型与演化 ……………………………… 150
　　第二节　作为技术手段的新闻传播媒介 …………………………… 164
　　第三节　作为社会结构的新闻传播媒介 …………………………… 179
　　小　结 ………………………………………………………………… 188

第六章　新闻内容生产 ……………………………………………………… 192
　　第一节　新闻价值与新闻选择 ……………………………………… 192
　　第二节　影响新闻内容的因素 ……………………………………… 204

第三节　新闻内容生产的趋势 …………………………… 216
　　小　结 …………………………………………………… 227

第七章　新闻传播效果 ……………………………………… 231
　　第一节　效果研究概述 …………………………………… 231
　　第二节　社会心理效果 …………………………………… 233
　　第三节　信息环境效果 …………………………………… 249
　　第四节　知识扩散效果 …………………………………… 261
　　小　结 …………………………………………………… 273

第八章　新闻传播体制 ……………………………………… 277
　　第一节　世界新闻业的体制类型 ………………………… 277
　　第二节　中国新闻业的基本体制 ………………………… 287
　　第三节　新闻传播与社会控制 …………………………… 299
　　小　结 …………………………………………………… 309

新闻传播社会关系

第九章　新闻舆论与社会治理 ……………………………… 315
　　第一节　新闻、舆论与舆情 ……………………………… 315
　　第二节　舆论监督与舆论引导 …………………………… 323
　　第三节　互联网时代的舆情处置 ………………………… 330
　　小　结 …………………………………………………… 335

第十章　新闻传播与社会发展 ……………………………… 338
　　第一节　新闻传播与国家形象 …………………………… 338
　　第二节　新闻传播与区域发展 …………………………… 346

第三节　新闻传播与社会问题 …………………………………… 356
　　小　　结 …………………………………………………………… 364

第十一章　新闻传播与大众文化 ……………………………………… 367
　　第一节　新闻传播与消费文化 …………………………………… 367
　　第二节　新闻传播与青年亚文化 ………………………………… 373
　　第三节　新闻传播与网络文化 …………………………………… 380
　　小　　结 …………………………………………………………… 389

后　记 ……………………………………………………………………… 393

导　　论

新闻传播学是因应新闻传播业的职业发展而构建的一门学科。在当代信息社会，新闻传播学的重要性和实用性都引人注目，其自身也在技术和社会的双重影响下发生快速变革。本章将简要介绍新闻传播学的学科概况，新闻传播学理论的知识特征、类型、功能，以便于读者在开始研习具体议题之前先从整体上对其进行鸟瞰式的把握。

第一节　新闻传播学的学科概况

一、新闻传播学的学科设置

新闻传播学涉及新闻与传播两个关键词，二者有密切联系。

第一，从历史上看，新闻与传播的实践起点和学科起点是不一致的。在实践发展方面，人类很早就有了信息传播活动，新闻和新闻业的诞生晚于一般性的人类传播行为，人们对新闻传播现象的研究也晚于对一般性人类传播现象的研究。在学科形成方面，一般认为，新闻学形成于19世纪末、20世纪初的德国和美国，而传播学大体形成于20世纪40年代，即新闻学的创建早于传播学。新闻学的创建主要是因应新闻职业化发展的需求，为分析新闻业的发展历史、伦理规范和业务标准而开展，为当时规模化的新闻业提供行业知识和培养行业人才服务。传播学的创建则是为了构建以人类信息传播活动为研究对象的学术领域,注重从理论和方法层面与当时的人文社会科学衔接和对话,在梳理新闻学已有学术成果的基础上融入了政治学、心理学、社会学等学科对于传播行为的研究。

第二,从外延上看,新闻传播是隶属于媒介与传播(Media and Communication)的一个子领域。在国际上,国际传播学会(International Communication Association,ICA)中与新闻传播并列的其他子领域包括传播史、跨文化传播、组织传播、健康传播等。国际媒介与传播研究学会(International Association for Media and Communication Research,IAMCR)中与新闻传播并列的其他子领域包括宗教传播,环境、科学与风险传播,乡村传播,流行文化等。新闻与大众传播教育协会(Association for Education in Journalism and Mass Communication,AEJMC)中与新闻传播并列的其他子领域包括娱乐传播、学术传播、视觉传播等。在我国,新闻学设立的时间较长,部分办学较早的院校在新中国成立前就有新闻学专业,在新中国成立后特别是改革开放以来,新闻院校大量增设了广播电视、广告、公关等专业,开展了对于其他传播现象的研究和对于一般性传播学理论的引介与教学。随着新闻以外其他传播活动及其研究的飞速发展,国务院学位委员会在1997年颁布《授予博士、硕士学位和培养研究生的学科、专业目录》。其中已经存在多年的新闻学与蓬勃发展的传播学被整合为新闻传播学,设在文学门类下,为一级学科,下设新闻学和传播学两个二级学科,这二者虽然形式上并列,但实质上,传播学的研究范围比新闻学更为广泛。

第三,从内涵上看,新闻学与传播学有所交叉,但研究视角、研究重心又有明显差异。传统的新闻学主要关注新闻内容生产和新闻伦理规范,对于新闻受众、新闻分发、新闻使用效果等方面的探讨相对不够充分,而这些方面正是传播学在形成过程中重点构建的理论框架的内容,积累了比较丰富的研究成果。所谓新闻传播学可以看作融合了传播学研究元素的现代新闻学。如学者童兵指出的:"新闻传播学不是新闻学加传播学,而是研究新闻传播过程及其规律的学科,它是在传统新闻学基础上,吸收传播学的一些学术成果,运用传播学的一些学术名词,用新的视角和方法审视新闻传播现象,考察新闻传播过程,讨论这种不同于一般大众传播的新闻传播的特殊规律及其原理、原则。"①

综合以上分析,可以发现,在整个媒介与传播领域,新闻传播有其基础性作用。一方面,从学科演化来讲,新闻传播在传播与媒介学术研究版图中起重要支撑作用。传播学是以大众传播学为基础构建起来的学科,而大众传播学又是以新闻传播为主要研究内容的,像我们耳熟能详的议程设置理论、框架效应等都是以新闻媒介和新闻传播现象为研究对象,因此,国内外诸多历史悠久的传媒类院系通常以"新闻与传播学院""新闻传播学院"为名,在部分以"媒介"或"传播"命名的学院中,对于新闻传播的研究也是其早期即奠基时期的核心领域,这体现了新闻传播与大众传播以及整个媒介与传播领域的密切关系。另一方面,从社会实践来讲,新闻业在人类信息传播生态中居于关键位置。人际传播、群体传播、广告与公关等职业性传播都与新闻媒体或新闻传播现象交织在一起,个人、组织和国家都需要通过新闻传播这类以新闻事实为核心内容构建的职业活动来了解世界动态,以便调整自身与外界的关系,他们也可能成为新闻媒体报道的对象或接受新闻媒体采访、成为其信源,进而影响到其他社会成员对特定群体或社会问题的认知。因此,社会各界普遍把通过新闻媒体扩大自身的传播范围、廓清自身的公众形象作为一项重要事务来对待,除了直接在媒体机构从事新闻传播工作的记者、编辑等传媒从业者,政府机构、企业、非营利组织等中都有专职从事新闻传播工作的岗位和人员,以往由专业媒体人员从事的新闻传播活动正扩散到广泛的社会部门和人群,新闻传播学的理论和知识也有了更广阔的运用范围。

二、新闻传播学的知识体系

(一)新闻传播学的知识构成

新闻传播学的学科知识按照对象范围可以分为三个部分:理论新闻传播学、历史新闻传播学、应用新闻传播学。理论新闻传播学,研究新闻传播活动的

---

① 童兵:《理论新闻传播学导论(第二版)》,中国人民大学出版社2011年版。

基本概念、基本命题、基本规律。历史新闻传播学,考察新闻传播活动发生发展的历程,包括新闻传播的媒介史、实践史、观念史等。应用新闻传播学,分析新闻传播实务的操作原理,包括新闻采访与写作、编辑与评论、摄影摄像,以及近年来成为媒体实务工作新内容的数据新闻制作、新闻可视化、新闻新媒体端运维等。

在当代学术视野中,新闻传播的史、论、实务三者相辅相成,有内在的共同关切和勾连,在研究时往往可以打通考虑。比如,对于数据新闻(Data Journalism)的研究,不局限于新闻传播实务领域。从历史的角度看,利用信息技术支持新闻报道并非一个全新的事物,早在20世纪50年代就产生了计算机辅助报道(Computer-Assisted Reporting, CAR),随后在70年代又产生了精确新闻(Precision Journalism),数据新闻在某些方面与上述实践是一脉相承的,只不过是运用了新一代互联网技术的特点;从理论的角度看,这些实践都引发了关于技术赋能新闻业的讨论,有助于突破记者个人能力和精力的局限,扩充媒体发掘事实的范围和深度,为新闻客观性和真实性的理念注入了新的内涵。①

狭义的新闻传播学就是指新闻传播学中的理论部分。新闻传播学理论包括的议题比较多,我们可以将其分为三个层次来把握:作为文本(News)的新闻传播,作为行业(Journalism)的新闻传播,作为社会系统(Social Institution)的新闻传播。作为文本的新闻传播聚焦微观方面,指涉新闻作品和新闻产品,包括构成新闻的基本要件和特征。作为行业的新闻传播聚焦中观方面,指涉新闻行业的运行,包括新闻从业群体、新闻机构、新闻受众等。作为社会系统的新闻传播聚焦宏观方面,指涉新闻业作为社会系统中的一部分与其他子系统如政治、经济、文化、法律等的相互影响关系。

本书内容属于新闻传播学理论的范畴。结合近年来新闻传播业的发展态势和学术界的研究成果,本书将阐述新闻传播核心理念、新闻传播运行机制、新闻传播社会关系三大板块的内容。核心理念层面包括新闻传播的真实性、客观性等问题,运行机制层面包括新闻传播从业者、新闻传播受众、新闻传播媒介、

---

① 王斌:《大数据与新闻理念创新:以全球首届"数据新闻奖"为例》,《编辑之友》2013年第6期。

新闻内容生产、新闻传播效果、新闻传播体制等问题,社会关系层面包括新闻舆论与社会治理、新闻传播与社会发展、新闻传播与大众文化等问题。

(二) 新闻传播学的知识生产

自互联网诞生以来,信息传播技术加速迭代,影响了新闻传播活动的方式和机制,带来了新的新闻传播现象和问题,也推动了新闻传播学的深入变革。目前的新闻传播学知识面貌与20世纪末新闻传播学刚刚被擢升为一级学科时相比已经有明显的丰富性,究其原因,是新闻传播学科运行的"后台"即其知识生产过程有了诸多变化。

第一,研究对象从以职业媒体的新闻传播活动为主拓展为多元主体参与的新闻传播生态。传统的新闻学主要关注职业媒体的新闻活动,归纳其业务流程和社会功能。在信息技术的赋权和赋能下,新闻传播已经不是专属于职业媒体的事业,同时也是自媒体、平台媒体、机关媒体的事业或产业,职业媒体和其他行动者共同构成了新的新闻生态,对各类主体各自新闻传播的议题、框架、效果以及主体间互动情况的研究成为新闻传播学的研究任务,关注环节也从新闻采集制作等内容生产领域拓展到新闻分发、消费和促发舆论的全链条。

第二,研究方法的重要性和多样性得到提升,方法使用体现出数字环境中的新闻传播特点。传统的新闻学主要使用人文社科类基本研究方法,在我国新闻理论学界使用思辨研究较多,注重逻辑推演和规范性分析,实证研究的成果在新闻学知识体系中的呈现不够充分。当下的新闻传播实践处于剧烈变革之中,新闻传播学需要运用科学有效的方法调查其运行机制,并通过概念、判断、模式等理论构念来归纳其规律、特征,然后再结合规范性层面进行价值判断和讨论。针对数字环境的特点,学者们对经典的研究方法如内容分析、问卷调查、深度访谈、实验法都有改进,并结合数据科学、计算科学、认知科学等开展了创新的研究探索,还开发了适用于新媒体的研究方法如产品漫游(walkthrough),多种方法的运用为我们了解日益复杂的新闻传播经验事实提供了科学保障。

第三,研究视角从新闻传播学自身转向更深入、开阔的多学科范式。在20世纪40—50年代,新闻价值、把关人等一批概念充实了新闻学的理论知识,随后在70—80年代,新闻学又融进了社会学和人类学的视野,产生了新闻生产常规、新闻框架等重要理论成果。20世纪和21世纪之交,全球化和信息化极大地促进了新闻的世界流通,比较新闻学和比较传媒体制以及传播政治经济学对国际新闻现象进行了深度分析。进入数字化和智能化的传播时代以来,液态性、赋权、连接、认知茧房等人文社科的通用性概念也体现在新闻传播的研究中。新闻传播学与其他学科的切实合作与深度交流已经从意向变成现实。

第二节 新闻传播学理论的知识特征

新闻传播学理论有多种类型,兼具人文和社会科学的特质,并且与信息科学、数据科学、认知科学等有越来越多的交叉点,是多学科综合研究新闻传播现象所产生的复合型知识。新闻传播学有其因应新闻职业而孕育、产生、发展的独特历程,也具有自身的一些显著特征。

一、实践性

回顾新闻业的发展历程和新闻传播学的学科建设,我们可以发现二者具有高度的关联性。早期的新闻学研究重在梳理新闻业的发展历史,描述从事新闻工作的职业人的素养和能力,后来随着工业化时代的来临,新闻也进入规模化的现代生产运营阶段,新闻学研究转而主攻新闻业的运行方式。因此,在20世纪后期,我们看到的经典新闻学的主体知识是从新闻实践当中总结提炼出来的,从新闻选择、新闻价值的判断,到新闻编辑,再到新闻受众和新闻传播效果,紧密连接新闻从业者、新闻媒体和新闻受众。21世纪以来,新闻实践在信息技术中介下迅猛演化,其发展的深度和广度都已超出原有新闻传播学知识体系,而新闻传播学自身也在学科规范化、科学化的诉求下向学理化、体系化、抽象化发展,其学术话语体系与新闻实践也有明显的区隔,二者之间的密切关联程度较之前受到影响。但是,新闻传播学的实践性依然是其发展过程中的学科底色,因此,新闻传播学也常被视为应用型人文社会学科。

从当前的传播格局看,新闻传播学理论仍然需要关注和回应社会现实和行业实践。一方面,新闻传播学理论知识涉及新闻职业理念的变革。以互联网技术为代表的传播渠道大变革,极大地削弱了新闻从业者对信息发布和传播渠道的独占。职业化新闻从业者已经难以做到对社会整体信息运行进行过滤、筛选、取舍等有效"把关"。依靠算法筛选内容,定向发布,能够为新闻媒体提供大量资源,极大地提升传播效率。与以往媒介革命的技术导向不同,"算法转向"不仅与技术有关,更是一种新闻生产方法论和思维方式的大变革,重构了新闻从业者的职业理念,由此引发新闻业职业权威和职业边界的变化,新闻真实、新闻客观等经典的职业理念及其引发的新闻采集与核实、新闻报道平衡等经典新闻传播学知识都需要结合新媒体环境的特征,需要运用新的理论资源、结合新闻业历史进行书写。

另一方面,新闻传播学理论知识涉及数字时代的新闻生产、分发与消费。比如,数字化技术打破了原有的新闻生产常规。其一,互联网打破了截稿时间和生产版面的限制,生产新闻的节奏和速度都发生了极大的变化,组织专门化和部门分工化都因数字化技术而变化,传统时代"条线"记者的工作模式发生调整,"新闻网"经历着动态变化。其二,互联网成为新闻从业者寻找消息源的重要渠道。互联网增加了消息源的丰富性,但同时也提升了对消息源核查的难度。新闻传播学理论在描述互联网对新闻生产的时间常规、空间常规、消息源常规带来哪些变化的基础上,还应考察新媒体时代新闻生产的基本流程是什么、其中的主要权力关系有没有发生改变、这对公众了解与认识社会现实将产生怎样的连锁影响等更深层次问题。

二、情境性

新闻传播学理论具有对情境的敏感性,主要包括历史情境、体制—文化情境和媒介情境。第一,这与该学科的历史发展路径有关,新闻业在不同阶段的特点也反映在当时主导性的新闻理论中。最初的一批新闻研究都是为了总结新闻职业的操作、规范新闻工作的标准而兴起的,即遵循一种以"先有术、后有道""职业为先、学理为后"的归纳经验式为主的知识生成模式。随着西方报业进入规模化、大众化时期,客观性作为一种职业理念和操作规范才被真正地建构起来,而21世纪以来西方新闻业在公共性和职业权威方面的困境也催生了对于客观性的挑战,出现了以新闻透明性等新的理念来补充、丰富新闻客观性的学术及实践思潮。无论是西方的新闻专业理念与操作还是中国的党报理论体系,都是从特定历史时期总结出来的抽象知识,对这些知识的理解需要回到原来的实践语境和学术研究语境中去还原其思想背景,也需要结合当代的社会情境更新其内涵。

第二,新闻传播活动与政治体制和文化观念有密切的关系,在世界不同国家和地区具有不同的运作形态,新闻传播理论也反映了新闻业的这些异质性。一方面,新闻业肩负着对社会的公共议题进行报道的职责,对公众舆论的形成具有重要作用。不同的政治体制对于新闻媒体和政治权力、公众利益等方面的制度性安排有所不同。即使同为资本主义体制,美国、西欧和北欧国家也有差异化的大众传播制度,特别是对于公共传播资源的配置原则体现出不同的重心,公共广播电视、媒体补贴政策等相关事务差异甚大。另一方面,新闻业也是社会文化系统的一部分,其外在的传播符号、媒介叙事和内在的框架、意识形态都与人们的文化认知和文化习惯密不可分。在当代社会,我们可以看到的显著情形是互联网的蓬勃发展促发了公众参与新闻传播,但这不仅是技术赋权的结果,也是人类社会从独白的话语、封闭的职业走向对话协商、参与行动的文化症候在传媒领域的反映。因此,参与式传播、公民新闻、众筹与众包等概念近年来频繁出现在新闻传播学理论中。

知识窗:中国特色新闻学

随着中国逐步走向世界舞台的中央,"中国道路""中国经验""中国特色"为世界贡献了智慧,引起了国际社会的关注。在新闻学研究乃至更为广泛的学术研究领域,中国同样应有所作为。长期以来,我国新闻学研究依托西方的理论范式,当前亟须突破对于西方研究的追随,立足中国的新闻实践,兼顾全球性与本土性,开创中国新闻研究的新图景。在此背景下,中国特色新闻学应运而生。

中国特色新闻学具有特定的内涵。尽管近代中国的新闻传播活动是从西方引入,但是经过本土化的长期发展,中国的新闻学形成了异于西方的理论内涵与实践特征。在宏观层面,中国特色新闻学之"特色"体现在两个方面:一是融入了马克思主义思想,即在马克思主义思想和实践的发展过程中,结合中国国情而发展出来的"中国化的马克思主义",它具体体现为作为意识形态的科学指引的中国特色社会主义理论;二是融入了国家发展模式,包括在中国共产党带领中国人民进行新民主主义革命、社会主义建设、改革开放进程中形成的社会主义理论,特别是关于改革开放以来中国发展的模式和道路。① 在微观层面,在关注传统的新闻学研究议题之外,中国特色新闻学之"特色"体现为人民性新闻立场、有机性新闻参与、正向性新闻效果、伦理性新闻技术、人文性新闻文化。②

中国特色新闻学这一命题的提出面向的是蓬勃发展的新闻实践与国家重大战略。其一,中国特色新闻学的提出是新闻学自身发展的需要。近年来,新技术的运用以及新闻传播与社会发展的深度嵌入为新闻学注入了活力,催生了丰富而生动的新闻实践,新闻学研究也须随之迭代更新,与实践和时代发展保持同步。其二,中国特色新闻学的提出是响应国家社会发展需要。对国内传播而言,中国特色新闻学对新时代党的新闻舆论工作和新闻实践活动具有指导作用,对治国理政与国家治理能力现代化的实现具有深刻影响;对国际传播而言,国际舆论环境越来越复杂,中国特色新闻学对于党和国家意识形态安全具有指导意义。概言之,中国特色新闻学的重要性并不局限于新闻学内部,更为重要的是对国家社会全局性的影响。

第三,媒介技术的演化不仅改变了信息传播的渠道和效果,而且重塑了新闻传播学的一些基础命题。新闻传播学知识体系中较为核心的一条主线是基于对事实的发现、发掘、核实和表达而组织起来的客观性、真实性、平衡策略等

---

① 叶俊:《中国特色新闻学的概念源流与合理性基础》,《陕西师范大学学报(哲学社会科学版)》2021年第2期。
② 胡钰:《构建中国特色新闻学的时代背景、理论起点与概念内涵》,《新闻与写作》2021年第7期。

新闻操作规范,我们通常把这里的事实理解为客观存在的事实而不包含人对其介入的成分。但是在现代社会环境下,事实的生成和传播是嵌套式(embedded)的,环境和语境不仅与事实本身难以区分甚至在构成新的事实。以微信为例,人们在获知某项新闻的时候首先看到的不是新闻本身,而是微信好友在分享这条新闻时附加的个人评论、表情、留言等嵌套式信息,这些认知性的和评价性的信息与原有的新闻文本被一并置入下一环接收者的视野,对互联网新闻用户理解特定的新闻事实产生影响。因此有学者提出"作为交往的新闻""用于概括社交媒体新闻高度情境化的特征,因为人们不仅利用社交媒体订阅、转发自媒体内容,而且在交往中定义新闻、生产新闻"。①

三、关系性

学者们对于当代新闻业的特质已经有诸多分析,关系之维是与对以往新闻业的分析相比较为突出的新特征。在互联网技术的快速发展和全面渗透下,之前彼此处于相对隔离状态的新闻业传播者、接收者以及传播渠道通过光纤网络、网际协议、数据与算法、网站网页客户端、社交平台、网络语言及表情包等一系列硬件和软件的传播基础设施(infrastructure)得以制度化地实现连接,线性的传播流形成了事实上的传播网络。面对这种关系性增强的新闻传播现实,国际学界近年来提出了对当下新闻业的一些描述性定义,如液态新闻业(Liquid Journalism)、网络化新闻业(Networked Journalism)、互动新闻业(Interactive Journalism)、互惠新闻业(Reciprocal Journalism)、弥散新闻业(Ambient Journalism)等,都反映出联系更为紧密和更具嵌入性的新闻传播业态。

当下的新闻传播实践呈现出日益显著的关系之维。互联网媒介本身具有的联通性、参与性激活了整个新闻生态在关系维度的跃迁,经典的新闻传播学研究中除了媒介以外的其他几大主题也都具有了可深入考察的关系特质。其一,新闻传播者具有了建立关系的新机制。在大众传播的一对多模式下,新闻从业者主要依靠相对固化的消息源"常规"例行制作新闻,与公众和同行之间的互动是浅表的和有限的。社交媒体发展以后,新闻传播者不仅通过机构的社交

---

① 谢静:《微信新闻:一个交往生成观的分析》,《新闻与传播研究》2016年第4期。

媒体账号增加新闻内容与公众的接触,而且进一步便捷地发展自己的消息来源。同时,工作难度很大的调查性报道记者还借助社交平台进行与同行的沟通、协作,构建"职业共同体"。① 其二,新闻受众在互联网媒介使用中实现赋权和赋能。一方面,公众通过多样化的互联网端口对新闻事件发表评论,形成即时反馈,对新闻机构和新闻从业者的新闻价值判断、舆论走向、报道后续落点等产生了直接的作用;另一方面,公众之间通过交流和讨论新闻事件形成了"同气相求""围观改变中国"的网络文化,对网络化的公众(networked public)的连接对于社会公共空间的发育和社会协作等有重要的催化作用。其三,新闻内容在保有资讯传达维度的同时,在互联网时代也凸显了关系价值的维度。大众传播时代的新闻传播内容是规模化、标准化的,关系逻辑在其中的表达空间有限。随着信息技术的普及,新闻传播内容的认同建构、情感共振等方面的价值得以彰显。② 其四,新闻传播效果模式也在各方面的新关联之下实现重构。以经典的效果研究议程设置假说为例,其核心旨趣是论证现实世界、新闻媒介报道和公众认知三者之间的议程对应情况,以此得出新闻媒介对大众的议程设置功能。在政府部门发展了"两微一端一抖"等新媒体平台后,其与公众的直接连接导致信息和意见从机构(消息源)绕过新闻媒介直达新闻用户,新闻媒体的中介机制和作用乃至其业务流程都在相当程度上受到影响,议程设置假说的基本理论框架也面临重新调整的任务。

第三节 新闻传播学理论的类型与功能

新闻传播学理论既有一般人文社科的特点,适用于通用性的学习方法,如理论联系实际、锻炼抽象思维、广泛而系统地阅读等,又具有自身的学科特点,需要对其理论面貌、社会功能有充分的认识,以利于有针对性地提升学习效果。

---

① 张志安:《新闻生产的变革:从组织化向社会化——以微博如何影响调查性报道为视角的研究》,《新闻记者》2011年第3期。
② 喻国明、张珂嘉:《论作为关系表达的传播内容范式》,《武汉大学学报(哲学社会科学版)》2020年第4期。

一、新闻传播学理论的基本类型

学习新闻传播学理论,首先需要对其形态有充分了解。人们对于"理论"一词的认识是多元的,有的认为理论是对现实的抽象或总结,有的认为理论更偏向于纯粹的逻辑演绎或阐释。由于新闻传播学与新闻职业的历史关联并在发展历程中对政治学、社会学、心理学等学科有所借鉴,因此新闻传播学理论也呈现出多样化的面貌。参照学者丹尼斯·麦奎尔(Denis McQuail)的总结,一般可以将其划分为五种理论类型:社会科学理论、文化性理论、规范性理论、操作性理论、日常的或常识性理论。①

第一类是社会科学理论,指在对媒介和其他相关因素进行系统、客观的观察的基础上,对大众媒介的性质、运作和影响做总体阐述。这类理论主要采用实证研究范式,提出的命题是可被证实或证伪的,试图发掘规律性的关系,进而解释或预测新闻传播现象,如用于分析传播效果的议程设置理论、知沟理论。由于其在认识论和方法论方面有较为明确的规则,具体表述形式也更加严整完备,因此这类理论有时被误认为新闻传播学理论的主要形态,甚至是唯一形态。其实,在社会科学理论内部有多种范式和流派,对于同样的社会现象有不同的理论前提和分析路径,得到的结论也不尽相同。所谓"横看成岭侧成峰",这正是社会科学不同于自然科学的特质所在。

第二类是文化性理论,它们强调多样化和异质性,不以追求统一性规律为目标,而是侧重于从伦理的、美学的或者是批判的立场来看待新闻传播现象。当代社会的三种趋势都拓展了文化性新闻传播理论的使用。一是个体化加剧带来的媒介使用碎片化和信息传播中的身份认同议题,二是社会阶层分化、群体圈层化伴随的亚文化凸显以及新闻传播中亚文化和主流文化的互相影响,三是全球化进程中不同国家和地区的历史方位差异反映在包括新闻传播在内的文化沟通事业及产业中,在意识形态和文化传统方面的相互碰撞此起彼伏。

---

① 参见〔英〕丹尼斯·麦奎尔:《麦奎尔大众传播理论(第六版)》,徐佳、董璐译,清华大学出版社2019年版,第11—12页。

第三类是规范性理论,它们考察媒介应当如何运作才能遵守或实现特定的社会价值,是从应然层面展开的研究分析。一个社会针对其媒介所提出的规范理论常常体现在其法律、规制、媒体政策、道德准则以及公共讨论当中,因此规范性理论涉及的内容广泛,产生的影响力深远。比如,在20世纪美国的社会情境中提出的"传媒的四种理论"就是典型的规范性理论,它被引介到中国后也对我国的新闻传播学研究产生了很大影响,成为我国学界讨论媒介制度时常用的参考框架。同时,在美国本土,随着社会的发展和传媒业的变革,这一理论也遇到新的挑战,学者们又拓展了其理论前提和具体内容,认为"公民参与论"正在逐步取代"社会责任论"成为西方传媒业规范理论的核心。[1]

第四类是操作性理论,指传媒从业者在实际工作中运用和积累的观念。这些理论知识不是学者通过特定的理论视角和研究方法进行论证分析而来,而是在媒体组织和职业环境中习得并总结的,它们不以逻辑性和体系性为追求目标,主要用于高效地完成工作任务、在组织内外分享经验、评价职业工作的成效。比如,怎样做独家的新闻选题策划、怎样采写客观平衡的新闻报道、怎样分析受众数据并制订传播计划、怎样建立有效的信源网络等。需要注意的是,这些理论带有从业者个人和机构的"烙印",对于中央级媒体有效的操作理论,对于地方媒体则不一定完全适用。因此,在了解这类理论知识时,需要知其然尤其是知其所以然,要关注特定职业观念的形成条件和适用范围。

第五类是日常的或常识性理论,指普通人都具有的、在个人媒介使用经历中所形成的知识。这类理论与我们的日常生活密切相关,帮助我们理解新闻传播中所发生的事,帮我们定位适合自身的媒介形式与内容,塑造我们对媒介及其反映的社会现实的理解和判断。比如,你平时如何寻找自己感兴趣的新闻、你在阅读新闻时如何判断其可信与否、你在社交媒体上一般会分享哪类新闻等。可以说,每个人在生活中都有自己的一套"理论",用以分析生活现象并调整自己与外界的关系,每个人也都有自己的一套"新闻传播理论",用于指导自己的新闻传播活动,进而理解媒介世界及其与现实世界的关系。

---

[1] 参见〔美〕克利福德·G.克里斯琴斯等:《传媒规范理论》,黄典林、陈世华译,中国人民大学出版社2022年版。

这五类理论不是静态的、孤立的,它们彼此有针锋相对的观点,也有交叉融合之处。随着新闻传播现象的复杂程度提高,理解和分析它们往往需要多种理论视角的综合运用。我们有时作为分析研究者,有时作为准从业者,有时作为社会行动者,在不同的视野中都有对于新闻传播现象和新闻传播规律的理解和看法。鉴于新闻传播学理论的多样化特点,我们应当对于新闻传播中不同的研究范式和不同的理论知识形态持有开放、包容的学习态度。

二、新闻传播学理论的社会功能

新闻传播学理论的社会功能体现在个体、组织、国家和人类社会四个层面。

首先,在个体层面,学习新闻传播学理论有助于理解新闻传播现象背后的原理、机制、规律,帮助分析生活中的新闻传播现象和问题。在现代社会中,传媒是人的社会化过程中的一项重要影响因素,新闻传播可以起到一种类似"导航系统"的作用,为个体与他人和社会的关系进行"定向",帮助个体适应社会。新闻传播学理论研究新闻传播系统的内在规律,掌握相关知识可以提高公民的媒介素养,提升其对媒介的主动使用能力。对于有志于进入这一行业的人,学习新闻传播学理论还可以为从事相关工作奠定坚实的学理基础,对传媒运行知其然还知其所以然,进而提高工作中的主动性和创造性。

其次,在组织层面,了解新闻传播学理论有助于改善业务流程,提升传播效能,更好地履行社会职责。传媒机构面对碎片化的用户和分散化的传播渠道,传播效果的不确定性大大增加,要使得优质内容与目标受众有效链接(engagement),就需要了解新闻传播研究的理论成果,为实际工作的改进提供参考标准和努力方向。由于传媒业面对的很多新问题也是学理方面的新议题,因此当代新闻传播学在产学研协作方面的空间很大,运用科学方法研究得到的学理成果同时也可以化解传媒工作中的疑惑,比如数据新闻中互动性工具对新闻议题理解的影响、编辑部对于网络分析(Web Analytics)的采纳意愿、新闻算法对公共议题的认知影响等。新闻传播学理论对于其他行业的机构也有实际意义,可以帮助其分析该行业的新闻议题具有什么样的媒介框架和公众形象,进而调适其组织沟通策略。

再次,在国家层面,新闻传播学理论有助于促进社会治理现代化,服务于精神文化建设。新闻业在国家治理中具有独特作用,可以促进社会意见沟通,维护社会公共话语秩序,推动社会和谐发展。新闻传播学理论积累了新闻与国家发展、国家建设、国家治理方面的研究成果,能够在推动公众理性对话、消除社会隔阂、实现社会整合方面发挥积极作用。在中国式现代化进程中,"加强全媒体传播体系建设,塑造主流舆论新格局"是新闻传播肩负的重要职责,也是新闻传播学理论要着力推进的课题。

最后,在人类社会层面,新闻传播学理论为信息社会和信息文明提供公共知识,参与塑造社会的元认知。我们正处于从工业社会迈向信息社会、网络社会、数字社会的阶段,工业文明转向信息文明,新闻传播对社会生活的渗透和影响日益深入,其影响力已经超出该职业本身,因其对公共议题呈现、舆论激发、认同协调等社会重要问题的基础性影响而成为社会运行的底层基础设施之一。新闻传播学理论既是分析和解释新闻传播现象的学问,同时也是身处媒介化社会的人不得不面对的理解当代人类生存状况的元知识。比如频繁引发关注的"假新闻",从社会层面看,不仅是一种对事实的认知活动,也是一种对现实的建构活动。在分析造假方式和核实途径的同时,更为重要的是关注与假新闻的生成、传播对应的新的社会生活场景和社会意识、社会心理,要注意到公众赋权以后的社会话语权轮替和社会共识达成模式的变化。

小 结

本章主要介绍了新闻传播学和新闻传播学理论的概况。第一,新闻传播学是在传统新闻学基础上吸收传播学的研究元素加以综合而形成的,是研究新闻传播过程及其规律的学科。第二,新闻传播学的知识体系包括应用、历史、理论三部分,狭义的新闻传播学就是指新闻传播学中的理论部分。在社会转型和技术迭代的背景下,新闻传播学的研究对象、研究方法、研究视角都在经历变化。第三,新闻传播学有其因应新闻职业而孕育、产生、发展的独特历程,其理论知识也具有自身的一些显著特征,包括与新闻传播实践的高度关联,对历史情境、体制—文化情境和媒介情境的高度敏感,以及在核心议题中体现出的关系之维。第四,新闻传播学理论呈现出多样化的面貌,可以划分为五种理论类型:社会科学理论、文化性理论、规范性理论、操作性理论、日常理论或常识性理论,对应着观察和分析新闻传播活动的不同视角和立场。这些理论知识对于个体、组织、国家以及人类社会都具有具体而重要的意义。

关键概念

| 新闻传播学 | 学科 | 知识体系 | 实践性 |
| 情境性 | 关系性 | 理论类型 | 社会功能 |

思考题

1. 新闻传播学与新闻学、传播学有何区别?
2. 新闻传播学的知识生产有什么新特征?
3. 如何理解新闻传播学与中国社会的关系?
4. 有人说"新闻无学",也有人说"新闻学无用",你如何理解新闻传播学与新闻传播实践的关系?
5. 新闻传播学理论的主要类型有哪些?
6. 分析一下你自己学习新闻传播学理论的出发点和兴趣点。你将如何学习新闻传播学理论?

拓展阅读

〔英〕奥利弗·博伊德-巴雷特、克里斯·纽博尔德:《媒介研究的进路》,汪凯、刘晓红译,新华出版社2004年版。

〔英〕丹尼斯·麦奎尔:《麦奎尔大众传播理论(第六版)》,徐佳、董璐译,清华大学出版社2019年版。

黄旦、王辰瑶:《如何重新理解新闻学——学术对话录》,《新闻记者》2016年第7期。

童兵:《理论新闻传播学导论(第二版)》,中国人民大学出版社 2011 年版。

童兵:《中国新闻学研究百年回望与思考》,《新闻爱好者》2018 年第 8 期。

童兵、陈绚主编:《新闻传播学大辞典》,中国大百科全书出版社 2014 年版。

王斌:《互联网新闻学:一种对新闻学知识体系的反思》,《编辑之友》2020 年第 8 期。

杨保军:《理论视野中当代中国新闻学的重大问题》,《国际新闻界》2020 年第 10 期。

张涛甫:《新闻学理论创新:问题与突破》,《新闻记者》2015 年第 12 期。

郑保卫:《中国新闻学百年回望与思考》,《新闻与写作》2018 年第 1 期。

Steensen, S., and L. Ahva, "Theories of Journalism in a Digital Age: An Exploration and Introduction," *Digital Journalism*, 3(1), 2015, pp. 1–18.

Wahl-Jorgensen, K., and T. Hanitzsch, "Journalism Studies: Developments, Challenges, and Future Directions," in Wahl-Jorgensen, K., and T. Hanitzsch, eds., *The Handbook of Journalism Studies* (2nd edition), Routledge, 2020, pp. 3–20.

新闻传播核心理念

第一章 新闻真实性

真实是新闻的核心特征,真实性是对新闻报道的基本要求。人们常常用"真实是新闻的生命"来强调真实性的重要性,也有人指出,新闻的定义中就包含着对真实的规定,不真实的东西就不再是新闻。互联网时代,随着信息环境的复杂化,如何发掘真相已经成为媒体和公众都必须面对的难题,这进一步凸显了新闻真实性的价值。在这一背景下,我们既要在概念层面准确把握新闻真实性的内涵和特征,也要在实践层面了解实现新闻真实性的具体方式;既要从历史维度抓住新闻真实性的理论脉络,也要从当下出发认清与新闻真实性有关的新现象。

第一节 新闻真实性的内涵

新闻真实性的概念比较复杂,比尔·科瓦齐(Bill Kovach)和汤姆·罗森斯蒂尔(Tom Rosenstiel)在《新闻的十大基本原则:新闻从业者须知和公众的期待》中将真实(truth)称为"首要且最令人困惑的原则",因为新闻从业者虽然普遍承认真实在报道中的重要性,但他们对真实应当承担何种具体义务却很难界定。[①]

[①] 参见〔美〕比尔·科瓦齐、汤姆·罗森斯蒂尔:《新闻的十大基本原则:新闻从业者须知和公众的期待》,刘海龙、连晓东译,北京大学出版社2011年版。

真实性之所以难以把握,很大程度上是因为人们对新闻与真实的关联有不同的阐释和理解,只有明确这些理解方式之间的差异,才能更好地把握新闻真实性的基本内涵。

一、对真实的多重理解

每个人对真实的理解和感受都不尽相同。新闻在何种意义上是真实的?新闻真实存在一个普遍、明确的判断标准吗?围绕这一类问题,新闻学有很多讨论,以分析层次为标准,可以将它们归纳为三类。

第一,在微观层面,真实是指新闻报道与一般事实相符。新闻报道要有一定的事实依据,记者要尽量准确地、没有偏差地对事实进行记录和呈现。同时,与事实相符也意味着新闻报道要全面揭示事实背后的复杂情况。现实生活中常常存在着谎言和欺骗,"耳听"或"眼见"都不一定为实,单一的、直观的、表面的情况不一定能代表事情的全貌,因此,记者要在报道过程中对事件进行一定的调查和甄别,尽可能全面地呈现事情的全貌,进而揭示事件背后的真相。

第二,在中观层面,真实是指新闻报道与某种普适性的真理相适应。随着新闻业的发展,人们渐渐发现新闻对现实中不同声音的呈现是不均等的,事实层面的准确和全面只是一种表面的真实,新闻业应当努力实现更积极、更本质的真实。例如,1947年,美国的新闻自由委员会(The Commission on Freedom of the Press)——又称哈钦斯委员会(Hutchins Commission)——发表了研究报告《一个自由而负责的新闻界》,强调新闻业应当成为公共讨论的载体,诚实地报道事实是不够的,还要发现事实中的真实。[①] 20世纪80年代以来,我国围绕如何实现新闻"本质真实"的问题也进行了很多讨论,但并没有形成明确的结论。通常情况下,我们很难找到判定真理的统一标准,也无法通过一套可操作的流程来发现事实中的真实,因此,新闻业往往难以承担起"本质真实"的要求。

第三,在宏观层面,真实也可以指新闻与社会现实相契合。新闻业诞生于一定的社会背景之中,又进一步建构着社会现实。社会是复杂的、多元的,新闻

---

① 参见〔美〕新闻自由委员会:《一个自由而负责的新闻界》,展江、王征、王涛译,中国人民大学出版社2004年版。

只能呈现一部分社会现实,所以有时会忽略社会中的复杂性、强化某种刻板印象。例如,很多研究者认为,新闻业常常呈现过多的负面消息,有时也会强化性别偏见和种族歧视、加剧不同国家间的意识形态对立,这表明新闻并不真实。

以上三种关于新闻真实问题的理解都有合理之处,只是在分析层次上有所差别。综合来看,符合事实是对新闻真实最基础的要求,也是实现更抽象层面的真实的前提。在实践的层面,新闻报道通常很难发现真理,也无法完全契合社会现实,因此,后两种讨论很难转化为新闻记者的职业准则,其主要价值在于帮助我们全面地认识和理解新闻业。

除了分析层次外,真理观也会影响对真实概念的理解。真理观是讨论认识的真实性问题的哲学基础,对新闻真实的讨论也暗含着不同真理观所造成的影响。符合论和融贯论是两种最普遍的真理观,其中符合论真理观强调命题与事实之间的一致,而融贯论真理观强调命题与命题之间的自恰。在经验主义取代理性主义后,经验基础上的融贯论成为主流,真理被视为经验知识体系中命题与命题之间的相互融贯。① 在此基础上,新闻的真实不仅仅是在讨论某个新闻报道是否准确、全面,也是在追问新闻业能否提供一个系统性的、可信赖的日常生活知识体系。

二、新闻真实性的基本含义

新闻真实性主要指事实的真实,即新闻报道要准确、全面地反映事件的基本情况。事实真实是对新闻工作者的基本要求,实现事实真实是新闻的社会功能得以发挥的前提。2016 年 2 月 19 日,习近平总书记主持召开了党的新闻舆论工作座谈会并发表重要讲话,讲话中提到:"要根据事实来描述事实,既准确报道个别事实,又从宏观上把握和反映事件或事物的全貌。"新闻工作的基本原则是准确报道事实,以如实地向人民群众反映客观世界中的最新变动②,在符合事实的基础上进一步鉴别出真相,最终实现新闻报道的最高价值诉求。③

---

① 曾志:《西方知识论哲学中的真理融贯论》,《社会科学辑刊》2005 年第 1 期。
② 参见《新闻学概论》编写组:《新闻学概论(第二版)》,高等教育出版社 2020 年版。
③ 杨保军:《事实·真相·真实——对新闻真实论中三个关键概念及其相互关系的理解》,《新闻记者》2008 年第 6 期。

从历史上看,新闻的真实性原则是在新闻业不断发展和成熟的过程中逐步确立起来的。在西方新闻业的发展过程中,真实性原则是在大众报业诞生以后逐渐确立起来的。以美国为例,19世纪30年代以前,新闻业尚未建成专门的新闻采集体系,这时的新闻实际上奉行的是一种"设计的真实",不同政党报刊纷纷将自己提出的政治梦想与事实混淆起来,从而导致谣言和煽情新闻的泛滥[1];到了19世纪90年代,新闻业开始兴起"信息模式",人们认为新闻应当提供不加修饰的事实,"公正、客观、审慎、冷静"等词语开始与新闻业关联起来。[2] 但是,随着社会变革以及新闻业不断走向成熟,新闻真实性也正面临着一些新的挑战。有学者认为,美国的新闻已经成为批量生产的大众化产品,具有个人化、戏剧化、碎片化等倾向,这有可能对民主事业的发展造成阻碍。[3]

在中国新闻业的发展中,新闻真实一直是党报理论中的一条重要原则。例如,1945年3月23日,延安《解放日报》在改版后发表了题为《新闻必须完全真实》的社论,文中提到,应当将毛泽东在《反对党八股》中说的"共产党……靠真理吃饭、靠实事求是吃饭"作为新闻事业的方针,新闻事业要做到"对党对人民完全诚实完全负责"[4]。1948年刘少奇在《对华北记者团的谈话》中强调,"报道一定要真实","如做错,来个'客里空',故意夸大,反映得不真实,就害死人了"[5]。到了互联网时代,我国的新闻业正面临着数字技术的冲击,而新闻真实正成为主导新闻业"再专业化"、维系数字新闻业运转的重要力量。[6] 由此可见,新闻是否真实、在多大程度上真实都关系着民众的知情权和公共信息的质量。无论在何种传媒体制下,新闻真实性原则都至关重要。

---

[1] 参见李玉洁:《美国新闻观念史研究》,燕山大学出版社2015年版。
[2] 参见〔美〕迈克尔·舒德森:《发掘新闻:美国报业的社会史》,陈昌凤、常江译,北京大学出版社2009年版。
[3] 参见〔美〕兰斯·班尼特:《新闻:幻象的政治(第九版)》,杨晓红、王家全译,中国人民大学出版社2018年版。
[4] 参见《新闻必须完全真实》,《解放日报》1945年3月23日。
[5] 刘少奇:《刘少奇选集》,人民出版社1985年版。
[6] 王辰瑶:《"新闻真实"为什么重要?——重思数字新闻学研究中"古老的新问题"》,《新闻界》2021年第8期。

第二节　新闻真实性的特征

新闻真实是事实的真实,但是新闻真实并不能完整地反映出事实,它有一定的局限性。新闻真实具有相对性的特征,具体体现为:新闻真实是操作性的真实、过程性的真实和信任性的真实,即新闻的真实性需要受众的认可。

一、操作性真实

新闻报道通常面临较大的时效性压力,面对纷繁复杂的社会现实,新闻业无法实现绝对真实,而只能致力于操作层面的真实。新闻的真实性是一种"能够在日常生活中被使用的"、实用的真实(functional truth),这种真实建立在新闻业的各种固定的程序和规则之上。① 在这一情况下,新闻真实是对事实的选择性呈现,新闻呈现出的事实往往是新闻业在特定工作要求下最易接近的那部分真相。这意味着新闻主要是一种"日常知识",新闻报道对事实的再现是相对简单、比较表浅的,所以新闻真实性可以通过新闻记者的具体工作来达成,进而供大众使用。

操作性的真实并不意味着新闻真实性是容易实现的,操作性的真实仍然是一种理想化的目标。作为对事实的一种简约化的呈现方式,新闻报道与事实本身永远有一定距离,新闻真实的实现总是面临着多种现实条件上的阻碍。这一方面要求新闻从业者坚定地以真实为目标,并在工作中尽可能地避免犯错,另一方面则凸显出连续性报道的重要性。

二、过程性真实

新闻真实的实现需要一个过程,一般情况下,一篇单独的报道无法展现全

---

① 参见〔美〕比尔·科瓦齐、汤姆·罗森斯蒂尔:《新闻的十大基本原则:新闻从业者须知和公众的期待》,刘海龙、连晓东译,北京大学出版社 2011 年版。

部真相,只有随着不同记者、不同媒体持续地跟进调查,真实才能最终被实现。马克思曾生动地论述了新闻真实的实现过程:

> 一个报纸记者在极其忠实地报道他所听到的人民呼声时,根本就不必准备详尽无遗地叙述和论证有关这种呼声的一切细节、原因和根源。撇开时间的损失和进行这项工作所需要的大量资金不说,一个报纸记者也只能把他自己视为一个复杂机体的一个小小的器官,他在这个机体里可以自由地为自己挑选一种职能。例如,一个人可以侧重于描写他从民众意见中获得的有关贫困状况的直接印象,另一个人作为历史学家则可以谈论这种状况产生的历史,沉着冷静的人可以谈论贫困状况本身,经济学家则可以谈论消除贫困的办法……只要报刊生气勃勃地采取行动,全部事实就会被揭示出来。①

所谓"报刊生气勃勃地采取行动",即"有机的报纸运动",指的是不同报道从不同角度、不同侧面切入同一事件,从而最终形成对事件的完整认识。新闻真实的过程性是认识活动客观规律的体现,由于事实的发展总需要一定的阶段,人们对事情的认识也会不断发生变化,随着认识活动的不断深入,新闻真实最终得以实现。

三、信任性真实

作为新闻业的一种工作目标,新闻真实的最终实现还有赖于受众的认可和接受。随着互联网时代新闻业的不断发展,受众对媒体的信任对新闻真实的影响越来越大,新闻真实正在由"客观真实观念"向"对话真实观念"转变。② 因此,如何构建新闻业与其受众之间的信任关系成为新闻真实性的一项重要议题。有学者认为,新闻真实是一种"假设真实",它体现着新闻业的"合法化"努力,是新闻业构建公众信任的一种重要方式③;也有学者围绕"信任性真实"的

---

① 参见《马克思恩格斯全集》第 1 卷,人民出版社 1995 年版。
② 杨保军:《论新媒介环境中新闻报道真实的实现》,《编辑之友》2017 年第 4 期。
③ 操瑞青:《作为假设的"新闻真实":新闻报道的"知识合法性"建构》,《国际新闻界》2017 年第 5 期。

概念分析了媒体和公众之间的信任关系,并提出"信任"是促使新闻真实性得以最终实现的重要环节,但衡量新闻真实性的最终标准仍然是事实的真实。①

新闻真实性的实现有赖于受众的信任,但媒体与受众间信任关系的实现是一个非常复杂的过程。基于已有的研究成果,有学者提出了广义的"新闻媒体信任"的概念,并总结出了一个分析框架,如图1-1所示:

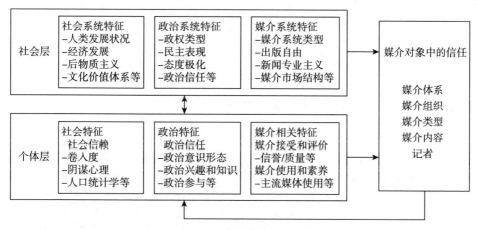

图1-1 新闻媒体信任分析框架

该分析框架对媒体信任的原因、对象和后果进行了归纳,主要确定了社会、政治和媒介等影响新闻媒体信任的相关因素。在社会层面,社会系统、政治系统、媒介系统等层面的差异与媒体信任相关,相较于个人因素,传播学研究者对社会层因素的研究还不充分。在个体层面,个体间在社会特征、政治特征以及媒介相关特征上的差异与媒体信任密切相关。例如,人际信任与媒体信任呈正相关,厌世则与较低的媒体信任感相关。此外,这些效果在不同个体、不同媒体之间的表现都不尽相同。既有研究表明,公众对新闻媒体的信任取决于被称为机会结构(opportunity structures)的各种语境化因素,在宏观层面上,机会结构可分为社会文化背景、政治制度和媒介体制,它们可以直接或间接地影响媒体内

---

① 李唯嘉:《如何实现"信任性真实":社交媒体时代的新闻生产实践——基于对25位媒体从业者的访谈》,《国际新闻界》2020年第4期。

容及受众评判这些内容的标准。①

以上研究表明,受众与媒体间信任关系的形成过程受到多重因素影响,在现实中,媒体有时会因为某些不确定的因素陷入信任危机。例如,在刘某州事件中,大众对《新京报》的不信任就是由诸多偶然性因素触发的。

案例:刘某州事件与《新京报》的信任危机

2022年1月,寻亲男孩刘某州因亲生父母的态度以及遭受网络暴力而自杀,此事引发了大量争议,其中《新京报》的相关报道被许多网友批评,甚至很多人将《新京报》视为害死刘某州的"凶手"。

☞ 事件经过

① 寻亲阶段

2021年12月6日,刘某州发布短视频称自己被养父母(现均已去世)从山西买来,希望找到亲生父母。15日,刘某州在警方帮助下成功找到亲生父母。许多媒体报道了此事,其中《新京报》分别于13日、15日采访刘某州并进行报道。

② 争议阶段

2022年1月17日,刘某州在直播中表示自己被生母"拉黑",因为他向亲生父母提出希望自己能"有个家",想让父母给他买房子或租房子。当天,红星新闻网率先采访了刘某州及其生父丁某,并于18日发布报道。丁某在报道中讲述了认亲过程和刘某州要房等情况。随后,多家媒体转载了该报道。

同时,《新京报》采访了刘某州的生母张某,并于18日晚发布了题为《寻亲男孩刘某州生母谈拉黑隐情:想平静生活》的报道。根据微博官方发布的数据,自17日开始,刘某州收到大量私信,内容大多是对他的辱骂和攻击。

---

① Nayla Fawzi, et al., "Concepts, Causes and Consequences of Trust in News Media-A Literature Review and Framework," *Annals of the International Communication Association*, 45(2), 2021, pp. 154-174.

③ 刘某州自杀

1月19日凌晨,刘某州发微博进行回应,微博中截图引用了一篇名为"寻亲男孩要求生父母买房被指白眼狼　生父首发声……"的报道。当天下午,他再次发微博否认其生母说法,并配上了《新京报》报道的截图。当天19时,《新京报》发布了一则评论,题为《被生母"拉黑",刘某州"想要有一个家"的愿望并不过分》。

1月24日,警方证实刘某州在三亚海边轻生,经抢救无效去世,与刘某州去世相关的词条迅速登上微博热搜,其中就包括"新京报"。很多网友认为《新京报》煽动了对刘某州的网络暴力,尤其是在18日的报道中,《新京报》只提及了刘某州生母一方的说辞,没有向刘某州本人进行核实,所以网友认为《新京报》是害死刘某州的罪魁祸首。随后,《新京报》删除了部分报道,关闭了微博评论。

☞ **事件分析**

刘某州事件表明,互联网时代新闻媒体的职业规范和职业伦理有待修正和完善。从新闻真实性角度来看,媒体对整个事件的报道体现了新闻真实的过程性;《新京报》遭到的批评则体现了信任关系中的复杂性。对此,我们可以从以下方面做进一步思考:

首先,媒体在单个报道中应当做到何种程度上的真实?在社交媒体中,碎片化的信息已经成为常态,但当新闻报道和新闻的消费过程都变得碎片化之后,有赖于多家媒体、多次报道来完成的过程性真实与受众的信任之间出现了巨大的张力。

其次,如何看待媒体报道与网络暴力之间的联系?一方面,不真实、不公正的报道本身就会构成对当事人的伤害;另一方面,不同类型的新闻报道可能引发不同的社会后果,这迫使媒体对自身的报道方式进行反思。

最后,媒体应当如何构建起与受众之间的信任关系?在刘某州事件中,《新京报》遭遇的信任危机实际上是一系列偶然因素所导致。一方面,《新京报》并非第一家采访报道刘某州亲生父母的媒体,而且在新京报发布报道之前,对刘某州的网络暴力就已经开始;另一方面,采访和报道刘某州亲生父母

> 本身就可以被视为实现平衡、全面的一种努力。但是，受众看待新闻的方式与媒体的想象或期待是不同的，加之《新京报》具有较大的影响力、刘某州对相关报道的评论以及受众在此前就已形成的不满和偏见，《新京报》不可避免地成为受众心目中不值得信赖的媒体的代表。

第三节　新闻真实性的实现

新闻真实性的基本含义是事实层面的准确和全面，实现新闻真实性的具体要求通常也是从这两方面提出的。但是，即便当前新闻业在观念上不断重申新闻真实的重要性，并通过政策、制度设计来保障新闻真实，新闻失实的情况仍然层出不穷。

一、新闻真实性的具体要求

事实的准确通常要求新闻报道做到以下四个方面：第一，构成新闻的基本要素（时间、地点、人物、起因、经过等）的真实；第二，对细节的描述要有根据、符合实际；第三，确保使用的背景材料真实可靠；第四，新闻所概括的事实要符合客观实际。① 2011年，新闻出版总署发布了《关于严防虚假新闻报道的若干规定》（以下简称《规定》），其中明确提出记者要实事求是，不得依照个人的主观猜测改变、杜撰事实，不得对新闻中的图片、视频等进行有损于真实性的处理，严禁道听途说、编写新闻或编造新闻中的细节等。此外，《规定》中还强调了实地采访、一手材料以及核实证据的重要性，并要求批评性报道必须有两个或两个以上的新闻来源。

事实的全面即要求报道做到平衡、客观、公正，这表明新闻真实性和新闻客

---

① 参见《新闻学概论》编写组：《新闻学概论（第二版）》，高等教育出版社2020年版。

观性在操作层面是密切相关的,听取不同利益群体的声音、做到不偏不倚,也是实现新闻真实的重要保障。中宣部等五部门2011年发布的《关于进一步规范新闻采编工作的意见》中提到,各级各类新闻媒体及其采编人员都应当坚持对新闻事实的反复求证和多方核实,确保新闻报道全面客观公正,防止因追求轰动效应或发行数量等扭曲新闻事实,防止因片面追求时效而抢发新闻,造成报道失实。

准确和全面的要求应当贯穿新闻工作的采、写、编、发等各个环节。在采访和调查的过程中,记者要对信源提供的信息进行甄别和验证,以权威信源发布的消息为主、避免轻信单一信源。在写作、制作及编辑新闻的过程中,新闻工作者应该诚实地使用新闻素材和背景资料,避免编造、歪曲或夸大事实,审慎对待图片、视频等内容,避免因人工处理造成失实的现象。

二、新闻失实的原因

造成新闻失实的原因有很多,如片面追求时效性、没有进行必要的事实核查、对事件复杂性的认识不足、片面采信单一信源等。总体上,新闻失实的原因可以分为两类:一类因素是由现实条件所限定的,从业者只能尽量减少其影响,但难以彻底避免,即结构性因素;还有一类因素是从业者操作不当造成的,是可以避免的,即主观性因素。

(一) 结构性因素

造成新闻失实的结构性因素主要有文化及媒介体制的限制、新闻工作流程的限制以及事实本身复杂性的限制。

第一,文化及媒介体制会影响报道的内容、框架和倾向性,造成潜在的不真实。文化和体制性因素对新闻真实的影响是基础性的。其一,文化塑造着人们认识世界的方式,也会影响新闻报道的方式,文化层面的失实通常比较隐蔽,与新闻媒体处于同一语境的受众对此往往很难察觉。其二,在一定的价值观或指导思想的影响下,新闻从业者会扭曲事实,从而造成某种"体制性失实",例如我国在"大跃进"时期的夸大性报道。在这些情况下,记者往往意识不到失实行为,或者即便意识到了也无法做出改变。①

新闻业是一定的文化、政治和社会条件的产物,不同媒介体制下,媒体对同一事件通常会采取不同的报道方式,这些差异体现在议题、阐释视角、信息源选取、框架等不同方面。这些差异中往往暗含着某种偏见,进而导致一定程度的新闻失实。例如,有学者分析了2015年中美主流媒体对"8·12天津港爆炸事件"的报道,指出:《人民日报》采用了"正面宣传为主导"的框架,重视对施救和善后工作的报道;《纽约时报》采用了"归因与冲突相结合"的报道框架,这种报道方式一定程度上"也是价值倾向、政治经济利益判断选择的结果"。② 这一研究启发我们,在灾难报道中应注意不同视角的平衡,如果媒体单纯重视救灾情况,可能会忽略对受灾群众现实境况的关照,而以旁观者视角来渲染灾难中的冲突性则会放大偏见,进而造成一定程度的新闻失实。

第二,新闻编辑部有一套固定的采编流程,但它并不完备。首先,新闻业非常依赖信源提供的消息,并且对权威信源抱有较高程度的信任,媒体的事实核查大多也只能做到向多个信源求证,这意味着当信源出错时,新闻业很难进行纠错。其次,新闻业对时效性的要求很高,在突发新闻的报道中,留给新闻采编以及事实核查的时间比较有限,这也会导致错误的发生。最后,在采编过程中,记者最多只能对事实进行一般性调查和相对全面的呈现,新闻机构绝非检察机关、司法机关,因而并没有充分调查真相的条件和职责。

第三,事件的发展通常有一个过程,新闻报道不可能超越事件本身的发展。新闻真实是过程性的真实,新闻报道可以真实到什么程度,通常取决于事情发展到什么程度。在不断接近真相的过程中,媒体一开始发现的真实往往都是片面的、不准确的。同时,新闻工作的性质要求报道必须有即时性,记者不可能等到事情完全结束后才开始报道,这就导致事件发生初期的新闻报道比较容易失实。

---

① 陈力丹、闫伊默:《新闻真实与当前新闻失实的原因》,《新闻传播》2007年第7期。
② 苏翌暄、陈先红:《中美主流媒体对"8·12天津港爆炸事件"报道的框架分析——以〈人民日报〉与〈纽约时报〉为例》,《武汉理工大学学报(社会科学版)》2016年第5期。

（二）主观性因素

正是因为结构性因素的制约，所以新闻真实只能是相对的真实。但在多数情况下，结构性因素并非造成新闻失实的主要原因，新闻从业者的主观因素更容易导致新闻失实，主观因素主要体现在报道理念、处理信源关系以及内容的制作和编辑等层面。

第一，在报道理念上，媒体主动制造事件会导致新闻失实。新闻是对现实中发生的事件的报道，这些事件的发生是不受媒体控制的。如果媒体为了报道而主动制造事件或推动事情的发展，就会制造传媒假事件。传媒假事件是真实发生的事件，但它的发生主要是因为媒体的刻意设计和推动，因此其内核是虚伪的。例如，记者将已经痊愈出院的患者带回医院检查，并以帮助患者治病的名义进行报道。传媒假事件是在美国历史学家丹尼尔·布尔斯廷（Daniel Boorstin）的假事件（pseudo event）概念的基础上提出的。假事件的原意是经过设计、刻意制造、适合媒体报道的事件，它一般是由政治或经济利益集团制造出来的，而传媒假事件的特殊之处在于消息来源和报道者的重合。[①] 媒体自导、自演、自报的假事件实际上是一种公关活动，其真实目的往往是提升自身的知名度、美誉度。[②] 当前，完全由媒体制造出来的假事件有所减少，但记者超越报道事实的职责、主动干预事件发展的情况仍时有发生，同时，报道本身也可能会改变事情发展的方向，记者必须谨慎考量报道方式以避免新闻失实。

需要注意的是，媒体的"新闻策划"行为不是主动制造事件，而是对报道过程、方式的提前准备，一般不会造成新闻失实。依据是否可以提前规划，盖伊·塔克曼（Gaye Tuchman）曾将媒体报道的事件划分为计划（scheduled）事件、无计划（nonscheduled）事件和非计划（unscheduled）事件，这些事件的计划方式会影响新闻工作的具体流程。其中，计划事件是指一些周期性发生的、可预期

[①] 陈力丹、周俊：《试论"传媒假事件"》，《北京大学学报（哲学社会科学版）》2006年第6期。
[②] 陈力丹、刘宁洁：《一桩典型的"传媒假事件"——论"杨丽娟追星事件"报道中传媒的道德责任》，《新闻界》2007年第2期。

的事件。① 例如,我国每年春天举行的两会就是媒体要重点关注的计划事件。此外,丹尼尔·戴扬(Daniel Dayan)和伊莱休·卡茨(Elihu Katz)曾提出的媒介事件也是一种特殊的计划事件,媒介事件专指那些供人们围观的、具有象征意味和表演性质的仪式性活动,其叙事形式包括竞赛、征服和加冕三类,例如火箭发射、人类登月等适合电视直播的活动。对这些计划事件的提前策划和组织主要是为了提升报道水平,但同时也要遵循一定的规范,尤其是要将报道策划与主动策划事件区分开,防止想当然地对事实中的部分细节进行夸大,以避免新闻报道策划"异化"为"新闻炒作"。②

第二,在处理与消息源的关系上,媒体常常会因为片面采信单一信源、事实核查不到位而造成新闻失实。首先,媒体常常为了片面追求时效性而抢发新闻,因为记者来不及对事实进行仔细确认,所以很容易造成新闻失实。其次,记者基于个人利益或偏见来筛选信源会造成新闻失实,如收取"车马费"等新闻寻租行为导致的失实。最后,出于对新闻价值的考量,媒体有时会放弃客观、平衡等原则,进而造成新闻失实。例如,有时记者会接触到一些片面但具有新闻价值的信息,但在进一步调查的过程中却遇到资料难以查证、相关当事人拒绝采访等情况,媒体如果坚持对此类消息进行报道,就容易导致新闻失实。

一般情况下,越是备受关注的、重要的新闻,越容易发生抢发、缺少查证的情况,从而造成失实;而越是片面性的信息就越具有传播价值,媒体越容易忽略真实性要求而进行报道。新闻失实一旦产生,假信息就会通过社交媒体迅速传播,即便迅速进行辟谣,假信息导致的恶劣影响也已经产生。在2022年3月的东航坠机事故中,媒体关于黑匣子是否找到的报道就是很好的例子。

> **案例:东航坠机事故中的新闻失实**
>
> ☞ **事件经过**　2022年3月21日,东航一架客机MU5735发生坠机事故。25日,各方全力寻找失事客机第二个黑匣子。10时15分,《中国民航报》通过微信公众号发布了一则消息,题为"第二个黑匣子已找到!"。该消息由

---

① 参见 Gaye Tuchman, *Making News: A Study in the Construction of Reality*, The Free Press, 1978。
② 蔡雯:《新闻传播策划与组织的理论体系建构》,《新闻大学》2001年第4期。

七名记者共同报道,正文部分仅有"真的"两字。随后,中国新闻网在微博上迅速转载了这条消息,并主持了名为"第二个黑匣子找到"的微博热搜。

约30分钟后,新华社从救援现场发来消息,对该消息进行辟谣。中国新闻网又迅速通过微博转载了辟谣消息,称黑匣子没有找到。当天14时4分,中国民航报微信公众号发布了致歉声明。

☞ **事件分析** 《中国民航报》的新闻失实是由采访环节的失误、缺乏事实核查、抢发新闻等原因共同造成的,而后,中国新闻网依然没有进行核查,并再次抢发新闻,从而扩大了假新闻的传播范围,导致媒体公信力受损。在互联网环境下,社交媒体中的阅读量、互动量、热搜榜等正逐渐融入媒体的考核指标,在社交媒体的传播机制下,新闻发布的速度与这些指标绑定在一起,因此常常出现抢发新闻的情况。在这一过程中,转载的媒体常常习惯于通过标注来源来分散失信的风险,而非进行事实核查。

第三,在内容的制作和编辑上,采访与写作的方式不当、对图片视频的过度修改会造成新闻失实。在文字类新闻中,记者为了凸显报道的故事性,有时会在叙述中加入个人的想象,或者在写作中夸大其词、放大冲突,超过了信源和资料的实际的可信限度,从而造成失实。新闻与文学一直有非常密切的关联,提升新闻的文学性无疑可以增加其可读性、提升传播效果,但坚守真实性原则应当成为新闻从业者的底线,非虚构写作的兴起为新闻的真实性与可读性的融合提供了比较好的示范。非虚构写作是20世纪60年代在美国兴起的新文学体裁,主要包括非虚构小说、新新闻报道和历史小说。其中,新新闻报道指的是在报道中融入一部分小说的写作手法,如加入丰富的个性化的细节描写、强调情节冲突、讲述复杂故事等,中国特稿写作的兴起在很大程度上受到了新新闻报道的影响。需要注意的是,新新闻报道的底色仍然是"非虚构",对写作手法的强调不能超越真实性的基本要求,否则就会造成新闻失实。

在视听类新闻、临场化新闻中,对技术的不当使用会造成新闻失实。首先,在图片类内容中,经过摄影中的景别选取、后期制作的裁剪和拼接,图片展示的新闻现场可能与现实相差甚远,从而造成受众的误解。其次,在视频类内容中,不恰当的拍摄方式、蒙太奇手法的运用、视频剪辑中的失误等也会造成失实,例如在有些电视新闻中,媒体有时会依据不同报道的需要,给同一被访者贴上不同的姓名和身份标签,这显然是一种失实。再次,随着新媒体技术的不断发展,VR、AR 直播等临场化新闻开始出现,用户可以依据自己的主观视角来观看新闻现场,这对新闻真实性构成了新的挑战。① 最后,社交媒体时代,新闻真实发生了从"新闻从业者的目击"向"公民目击"的转向。这一方面可能有助于突破原有新闻生产模式中的固有限制,带来更全面的事实真相,另一方面也可能加剧新闻失实,造成更严重的失实问题。

三、新闻失实的防范与惩戒

新闻业常常因为报道失实而导致公信力受损,甚至引发法律诉讼,秉持真实性原则既是新闻业对受众的责任,也是对自身的一种保护。防止新闻失实,应从强化职业理念教育、制定职业道德准则、规范新闻从业者采编行为等方面入手。例如,通过确保信源的可靠性、动机和立场以及编辑知晓原则,来规范对匿名信源及单一信源的使用。

对主观原因造成的新闻失实,应当予以惩戒。国内媒体往往会在管理办法中规定对采编差错的认定方法和处罚方式。一般情况下,事件的重要程度和影响力大小会影响处罚的力度,处罚方式包括罚款、警告、记过、解除劳动合同等。国外对新闻失实的惩罚一般依赖行业自律,发生新闻失实后,相关的记者和编辑通常会面临失业的风险。例如,2017 年,美国有线电视新闻网(CNN)播发了一篇报道,题为《国会调查一家俄投资基金与美政府官员的关联》。这篇文章在播发一天后就被撤下,CNN 随后发布了致歉信,记者托马斯·弗兰克(Thomas Frank)、埃里克·利希特布劳(Eric Lichtblau)(曾于 2006 年获普利策新闻奖)以及资深编辑莱克丝·哈里斯(Lex Harris)引咎辞职。

---

① 彭兰:《智媒化:未来媒体浪潮——新媒体发展趋势报告(2016)》,《国际新闻界》2016 年第 11 期。

新闻机构在发表虚假、失实报道后,应当进行更正与答辩。《中国新闻工作者职业道德准则》在1991年发布之初就明确要求发布失实新闻要主动承担责任、进行补救;2019年的修订版,明确要求媒体刊播失实报道后,应当及时进行更正和致歉并消除不良影响。更正与答辩制度是媒体自律的一个重要方面,体现出媒体有向公众提供真实信息的责任。

面对互联网中假新闻泛滥的状况,我国开展了多次有针对性的治理活动,并从制度层面规定了互联网假新闻的防范举措。2016年7月,国家互联网信息办公室印发了《关于进一步加强管理制止虚假新闻的通知》,要求各网站严禁盲目追求时效性,严禁将未经核实的网络平台内容作为新闻报道刊发,并要求各网站落实主体责任,进一步规范移动新闻客户端、微博、微信等各类网络平台的采编发稿流程,严禁不标注或虚假标注新闻来源,严禁道听途说编造新闻或凭猜测想象歪曲事实。此前,新闻出版总署于2011年印发的《关于严防虚假新闻报道的若干规定》也对消息来源的规范使用进行了强调,规定中要求自采或转发的新闻报道都必须注明新闻消息来源,如实地反映获取新闻的方式。2021年,国家互联网信息办公室审议通过了《互联网信息服务算法推荐管理规定》,要求算法服务的提供者不得生成或合成虚假新闻信息,只能对规定的单位所发布的新闻信息进行传播。

互联网时代的虚假信息治理,有赖于制度建设、策略举措和思想素养等层面的协同创新。在制度建设层面,既要明确规定媒体、平台和个人的行为规范,严格落实责任主体和惩戒措施,也要提升制度规范的可行性与专业性,提升不同责任主体对制度的认可度,以进一步促进行业自律。在策略举措层面,应推动政府机构、媒体、平台之间的协同合作,最大程度推进智能化技术、大数据技术在虚假信息治理过程中的有效使用,保障新闻媒体的本职工作,优化新媒体平台的信息呈现界面、推送算法和审核规则。在思想素养层面,既要强化新闻从业者的职业素养和职业伦理,也要培养互联网治理的创新思维,提升全社会的技术素养和信息素养。

第四节　互联网时代的新闻真实性

互联网时代,信息发布主体以及信息量的激增对新闻真实的实现构成了全新的挑战,也推动了新闻实践的创新性变革。其一,互联网中的信息结构变得越来越复杂,主要表现为假新闻数量和种类的不断增加;其二,新闻真实的过程性进一步凸显,具体表现为事实核查新闻的迅速发展;其三,实现新闻真实成为全社会面临的共同命题,个体同样需要把握探求真相的方法。

一、假新闻及其相关概念

假新闻是个古老的概念。在传统媒体时代,假新闻作为新闻真实的反面而存在——假新闻通常意味着新闻专业主义的缺失。虽然关于假新闻能否被称为新闻一直存在着争议,但这并不影响人们对这个概念的理解和使用。例如,2001—2010年,《新闻记者》杂志每年都会评选"十大假新闻"。这种"新闻打假"活动通过对主流媒体的典型职业失范行为的展示和剖析,警示新闻媒体要对新闻真实予以充分重视,《新闻记者》编辑部还曾因假新闻评选被告上法庭。从2011年开始,《新闻记者》杂志不再进行假新闻评选,而是以年度假新闻报告的形式对过去一年的假新闻进行总结和分析。

随着社交媒体的兴起,假新闻概念的意涵发生了一定程度的变化。假新闻(fake news)主要有两种含义:其一是指在社交媒体时代大量涌现的、以新闻形式出现的不实信息;其二是对传统主流媒体的政治性讥讽,这并不是指媒体对某一具体事件的不实报道,而是强调报纸中充满谎言、偏见和被歪曲的事实。对新闻媒体偏向性的反思与批判长期存在,但这一批判与假新闻一词的结合主要是受到了美国前总统特朗普的影响。在这一背景下,有学者认为假新闻的含义已经变得模糊,"编造的新闻"(fabricated news)或"伪报道"(pseudo-press)能更精确地表达假新闻的第一种含义。① 也有学者指出,假新闻强调的主要意味并非信息的虚假性,而是其迅猛的传播性,病毒性新闻(viral news)或垃圾新闻(junk news)可以更确切地表达这一层意思,这类信息的危害恰恰来自它们可以迅速而广泛地传播,就像垃圾食品对人体的危害一样。②

在国内,假新闻一般指媒体发布的失实新闻,有时也被用来泛指各种不实信息,而谣言专门用来强调个体或组织发布的不实信息。英文语境下,依据是否有主观恶意,虚假信息被区分为**"不实信息"(misinformation)**和**"误导信息"(disinformation)**,前者指无意识传播的虚假信息,后者指故意创造和分享的错误信息。误导信息的概念源自苏联国家安全委员会于1955年成立的一个名为"dezinformatsia"的部门,该部门主要从事颠覆策反活动,以给敌对国制造危机。因此,误导信息还包括"用来削弱敌方的新闻报道"的含义,这些报道半真半假,容易迷惑受众,后来人们用这个词来泛指隐蔽的宣传。③

有学者认为,假新闻的概念过于宽泛,它将不同的信息类型混杂在一起。不实信息和误导信息的二分是有益的,但不足以让我们认识到虚假信息的复杂性。为了更好地理解不同虚假信息之间的差异,可以将它们分为七类,即讽刺或戏仿(satire or parody)、误导内容(misleading content)、伪装内容(imposter content)、编造内容(fabricated content)、错误联系(false connection)、错误语境(false context)和操纵内容(manipulated content)。④

除了以上分类方式,依据假新闻在实践中表现出的不同特征,学者们还总结出了很多种与假新闻有关的概念,如反转新闻、洋葱新闻、深度伪造等。

---

① Thorsten Quandt, et al., "Fake News," in Tim P. Vos, et al., eds., *The International Encyclopedia of Journalism Studies*, Wiley, 2019, pp. 1-6.
② Tommaso Venturini, "From Fake to Junk News, the Data Politics of Online Virality," in Didier Bigo, Engin Isin and Evelyn Ruppert, eds., *Data Politics: Worlds, Subjects, Rights*, Routledge, 2019, pp. 123-144.
③ 参见〔美〕比尔·科瓦齐、汤姆·罗森斯蒂尔:《新闻的十大基本原则:新闻从业者须知和公众的期待》,刘海龙、连晓东译,北京大学出版社2011年版。
④ Claire Wardle, "Fake News. It's Complicated," https://firstdraftnews.org/articles/author/cwardle/.htm, 2022年4月1日访问。

> **知识窗：假新闻相关概念的辨析**
>
> ☞ **反转新闻（News Reversal）** 反转新闻是一个边界比较模糊的概念。一般情况下，当媒体对某一事件的报道发生了显著的变化（通常是反方向的），那么就可以将其称为反转新闻。新闻的反转通常既包括事实和报道层面的反转，也包括受众意见的反转。新闻反转的发生是一个由假至真的过程，但这一概念并不完全是对新闻真实过程性的重复强调，而是对互联网环境下出现的一种新的新闻传播现象的描述。这一现象的特殊性在于有些事实会在短时间内发生多次真假转换，而且最终很难得到一个公认的真相。
>
> ☞ **洋葱新闻（The Onion）** 洋葱新闻是一种有意虚构的、以新闻为表现形式、以政治讽刺为目的的内容，属于上述七种不实及误导信息中的第一类——讽刺或戏仿。1988 年，美国威斯康星大学麦迪逊分校的两名学生发行了刊物《洋葱报》（The Onion），其内容为恶搞新闻，即采用戏谑、讽刺的方式，基于时事，以幽默的口吻、夸大其词的方式来实现对政治事件的讨论。洋葱新闻以假为目的，在形式上类似新闻，有时让人感到难辨真假。
>
> ☞ **深度伪造（Deepfake）** "深度伪造"是计算机"深度学习"（Deep learning）和"伪造"（fake）的组合，指通过自动化手段，尤其是人工智能技术来进行智能化的内容生产。深度伪造一般依赖的是"生成对抗网络"（generative adversarial network）算法。

相较于真实、严肃的新闻，假新闻往往传播速度更快、传播范围更广，也容易激发人们的情绪反应，进而被接受和相信。一般情况下，假新闻对信息环境造成了较大干扰，不利于社会的发展。但是，也有学者发现假新闻的存在有一定合理性。例如，在 2016 年美国大选中，新闻发挥了社会抗争的功能，虽然受众可以接触的信息是多元的，并且主流媒体、事实核查网站进行了大量的事实核查，但仍然有很多受众通过社交媒体表达了对虚假信息的认同。这表明假新闻实际上反映着某种社会集体信念,是特定群体看待和处理社会矛盾的一种方式,假新闻实际上发挥着调节社会情绪的功能。①

二、事实核查

事实核查最初是指新闻机构在新闻采编过程中对信源提供的内容进行真实性验证,即报道前的事实核查。通常情况下,事实核查人员将在专业知识、消息源引语、相关背景等方面,通过结合核查人员自身的专业所长查阅档案资料、与采访对象或记者进行再次沟通和确认等多种方式进行详细核查,以防止报道中出现事实性错误。随着媒介环境的变化、"后真相"时代的到来,事实核查新闻作为一种创新的新闻形态出现。此时,对新闻报道、来源不明的公共信息乃至政治言论等内容的核查成了一种独特的新闻类型。

(一) 事实核查的发展

19 世纪早期,媒体中出现了"信息核对员"。20 世纪二三十年代,美国全国性杂志已经有了成型的核查机构。例如,《时代》周刊设立了事实核查团队,《纽约客》也设立了专门的事实核查部门。20 世纪中后期,随着新闻的社会责任理论的兴起,更多报刊陆续设立事实核查部门或开展事实核查工作。20 世纪 90 年代,"广告监看"(adwatch)诞生,其任务是核查政治广告的准确度,这是事实核查新闻的前身。

2003 年成立的 FactCheck.org 是首个无党派立场、非营利性的政治核查网站,它是由宾夕法尼亚大学安纳博格公共政策研究中心建立的。2007 年,《华盛顿邮报》推出了事实核查项目"Fact Checker",其口号是"修辞之后的真相"。同年,美国佛罗里达州的《坦帕湾时报》推出了"PolitiFact"项目,专注于对政治家的公开言论进行准确度评级。此后,《纽约时报》、美国国家公共广播电台(NPR)乃至美国当地媒体都广泛成立了事实核查项目,FactCheck.org、PolitiFact

---

① 史安斌、王沛楠:《作为社会抗争的假新闻——美国大选假新闻现象的阐释路径与生成机制》,《新闻记者》2017 年第 6 期。

和《华盛顿邮报》的 Fact Checker 等核查机构也逐渐进入主流视野。2009年，"PolitiFact"项目因为在2008年总统选举中的优异表现获得了普利策新闻奖。2010年以来，依托美国事实核查机构的发展经验，100多个事实核查团体在全球各地发展起来，并逐步形成了界定清晰的国际网络，进而走向制度化、确立起了共享的工作准则和规范。①

我国的事实核查新闻平台大多由新闻媒体和平台型媒体开设，其主要目的在于辟谣，并且主要围绕重大公共事件展开。2020年以前，国内媒体有时会发布专门的辟谣新闻或开办一定的辟谣栏目，但这些栏目没有发展为制度化、专门性的事实核查项目。例如，《人民日报》于2011年创办了"求证"栏目，其目标在于回击谣言、引导社会舆论，该栏目的内容被放在《人民日报》的要闻四版。2020年新冠疫情暴发以来，中国的事实核查类新闻开始逐步进入大众的视野。那一时期，由于谣言大量传播，各个主流媒体都发布了大量辟谣新闻，各个平台型媒体、社会组织也依托自身优势进行事实核查。其中，腾讯新闻的"较真"栏目等产生了广泛影响，类似的辟谣栏目还有新浪新闻的"捉谣记"、微信辟谣助手等。2021年以来，澎湃新闻的"明查"栏目开始运行并产生广泛影响，尤其在俄乌冲突相关新闻的核查上影响较大。

（二）事实核查项目的特点

事实核查项目的特点体现在内容、流程和社会影响等方面。

第一，从事实核查的内容来看，事实核查的对象既包括社交媒体信息，也包括政治言论和新闻报道。总体上看，世界各国的事实核查都围绕社会影响广泛的重大事件展开，不同机构往往负责核查不同的专门化内容。一般来说，欧美各国的事实核查项目以核查政治言论为主，并逐步将核查范围扩展至新闻报道和社交媒体消息；中国的事实核查项目主要关注社交媒体中的谣言。

第二，从事实核查的流程来看，可分为人工核查和算法核查两种自动核查技术。人工核查主要是调查信息来源、识别拼贴和造假痕迹，算法核查主要是

---

① 周炜乐、方师师：《从新闻核查到核查新闻——事实核查的美国传统及在欧洲的嬗变》，《新闻记者》2017年第4期。

通过传播网络进行信息溯源、通过机器学习对内容进行自动判断,有些机构会采用真实性测量量表来评判信息的可信度。首先,无论是人工核查还是算法核查,对信源进行判断都是最重要的环节。通过评判信息来源的位置、IP 地址、网站域名、作者信息等,可以有效地识别出专业的造假机构,事实核查机构一般会直接提示用户某一信息没有明确来源,平台也会将来源可疑的信息进行标记。其次,有学者将信息核查算法分为内容模型和社会情境模型两种。内容模型主要基于文章信息和文章风格来判断关键信息的正误,如通过自然语言处理技术(Natural Language Process, NLP)对不同信息进行对比分析,抓取文章的语言组织形式、叙事风格等,从中筛选出可疑内容;社会情境模型是指通过大数据技术获取信息的传播网络,通过分析该传播网络的可信度得出原始信息的可信度。①最后,在当前的信息传播环境下,事实核查需要由不同传播主体合力完成。除专门的事实核查项目外,平台在事实核查中也发挥着重要的作用,应用算法对新闻来源和内容进行初步核查逐渐成为平台的通行做法。例如,抖音发布倡议,称其可能在"内容真实存疑"的情况下减少推荐,并以此倒逼内容发布者对自身内容的真实性进行审查。

非营利机构 Africa Check 发布的"五步事实核查指南"比较详尽地反映了事实核查的步骤。Africa Check 是一个建立于 2012 年的独立非营利机构,专注运用实际证据,核查公众人物、机构和媒体所发表的主张,并以英、法双语进行报道。五步核查主要包括鉴定原始信源、查证内容、核实背景、获得许可和为你的读者列证,如图 1-2 所示。

依托不同的核查手段,事实核查新闻形成了打标签、评等级、详尽解释、分别列举等不同呈现形式。打标签即对虚假新闻网站、可疑信源、可疑信息及虚假信息等进行标注。一方面,谷歌等平台正在尝试通过标签对用户进行警示;另一方面,事实核查新闻在发布内容时一般也会打上醒目的标签,以减少被误传的概率。评等级是指对不同类别、不同程度的假新闻进行评比。详尽解释和分别列举是目前新闻媒体采用最多的形式,前者即以新闻报道的形式详尽分析

---

① 陈昌凤、师文:《智能化新闻核查技术:算法、逻辑与局限》,《新闻大学》2018 年第 6 期。

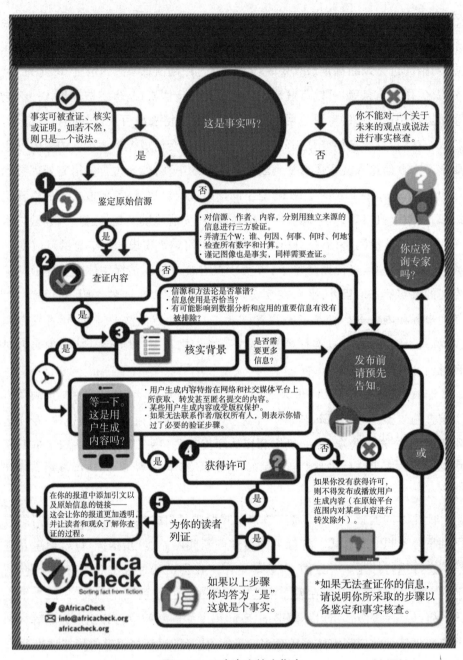

图 1-2 五步事实核查指南

虚假信息的可疑之处，后者则是围绕某一主题搜集大量虚假信息，并通过文字条目、列表、表格等形式予以集中展现。

《华盛顿邮报》"Fact Checker"栏目和《坦帕湾时报》"PolitiFact"栏目采用的"量表"形式比较有代表性。《华盛顿邮报》"Fact Checker"栏目设置了"匹诺曹指数"，用以衡量政治言论的不实程度。其中4个匹诺曹代表完全失实，如图1-3所示，1个匹诺曹则代表总体真实，但是有所隐瞒。此外，该栏目还给一些复杂议题贴上了"无法判断"的标签。《坦帕湾时报》"PolitiFact"栏目将言论分为"真实"（TRUE）、"总体真实"（MOSTLY TRUE）、"半真实"（HALF TRUE）等六类。

图1-3　附有"匹诺曹指数"的新闻报道

第三，从社会影响来看，事实核查新闻既促进了新闻业的良性发展、净化了信息传播环境，也有加剧假新闻传播的潜在风险。一方面，事实核查机构对新闻业乃至社会发展都有积极贡献，而新闻业促进了事实核查新闻的传播，社会组织为事实核查机构提供了丰富的资源支持。事实核查新闻的出现提升了用户对假新闻的警惕性，可以在一定范围内削弱谣言的社会影响。但另一方面，事实核查新闻并不能有效解决假新闻泛滥的问题，有时反而扩大了假新闻的传播范围。首先，事实核查的流程存在一定缺陷。一般情况下，核查机构考量的是事实的"可核查性"（checkability），而这种对事实的澄清并不能消除谎言和偏见。① 其次，事实核查主要是向用户提示某一信息具有不真实的风

---

① 周炜乐、方师师：《从新闻核查到核查新闻——事实核查的美国传统及在欧洲的嬗变》，《新闻记者》2017年第4期。

险,但无法撼动虚假信息的影响力,也无法从源头上遏制假新闻的生产过程或削弱结构性的社会偏见。① 还有研究指出,主流媒体的辟谣新闻反而会增强假新闻的影响力。② 最后,事实核查新闻对受众的媒介素养提出了更高的要求,事实核查新闻的传播速度往往滞后于假新闻,对其内容的认知成本也比假新闻更高。例如,澎湃新闻"明查"栏目中频繁出现的关键词包括"没有消息表明""缺乏实证""具有误导性"等,相比之下,假新闻则具有强烈的情绪化、煽动性特征,更容易造成病毒式传播。

事实核查在重大突发事件中往往扮演重要角色,例如在俄罗斯和乌克兰的军事冲突中,互联网中出现了大量谣言,不同国家的事实核查机构纷纷展开了事实核查。

> **案例:俄乌冲突中的事实核查机构**
>
> ☞ **中国** 澎湃新闻的"明查""有据核查",腾讯新闻的"较真"栏目等。
>
> ☞ **乌克兰** 2014 年启动的事实核查项目"Stop Fake"(https://www.stopfake.org/uk/fejk-gostomel-harkiv-odesa-pid-kontrolem-okupantiv-naspravdi-tse-chergova-brehnya-kremlya/)。
>
> ☞ **俄罗斯** Проверено. Медиа(https://provereno.media)、Лента.Ру(https://lenta.ru/rubrics/media/factchecking)。
>
> ☞ **其他** 专注于战争和人权类新闻核查、采用在线表格的呈现形式的"Bellingcat"(https://docs.google.com/spreadsheets/d/1bZ5uItSGLfYlCKT2kl0MEGYIF0gEhPaY68KVduwPw8M/htmlview?usp=sharing&pru=AAABf1BB1vs)、PolitiFact(https://www.politifact.com)、Verify(https://www.verifythis.com)等。

---

① 陈昌凤、师文:《智能化新闻核查技术:算法、逻辑与局限》,《新闻大学》2018 年第 6 期。
② Yariv Tsfati, et al., "Causes and Consequences of Mainstream Media Dissemination of Fake News: Literature Review and Synthesis," *Annals of the International Communication Association*, 44(2), 2020, pp. 157-173.

三、寻求真相

社交媒体时代,信息环境的不断复杂化不仅仅是新闻业面临的巨大挑战,更是每个人都需要面对的现实。当前,在虚假信息不断涌现的同时,新闻与非新闻、新闻与假新闻之间的边界也越来越模糊,新闻的内容与传统媒体时代呈现出很多差异。基于这一现实,科瓦齐和罗森斯蒂尔归纳出了四种新闻内容模式:

①"确证式新闻"(Journalism of Verification):传统的强调准确和语境的新闻;

②"断言式新闻"(Journalism of Assertion):强调即时性和传播力的新模式;

③"肯定式新闻"(Journalism of Affirmation):刻意挑选出来、对受众的观念进行肯定以构建用户黏性的模式;

④"利益集团新闻"(Interest-group Journalism):模仿新闻的模式、由专门的利益团体设计的内容。①

我们很难再按照过去对真实性的理解来把握这些不同的新闻类型,如何识别新闻背后的"断言""肯定"等成分,已经成为和如何辨别假新闻一样的难题。互联网时代的个体普遍面临着"信息超载时代如何知道该相信什么"的问题,因此,对认知方式的训练就显得尤为重要,"怀疑性认知方式"六步法正是在这一情况下提出的:

> 第一步,识别自己所接触的是什么内容。在当今各种道德观念相异甚至相悖的文化语境下,存在几种各不相同的新闻生产模式。很多新的传播形式,比如社交网络、博客和公民新闻有可能采取其中的任何一种模式进行生产。作为信息消费者,我们必须首先认清我们看的是什么内容。
>
> 第二步,识别一篇新闻报道是否完整。
>
> 第三步,评估信源。即便是记者,很多人也模糊地处理这一问题。但

---

① 参见〔美〕比尔·科瓦奇、汤姆·罗森斯蒂尔:《真相:信息超载时代如何知道该相信什么》,陆佳怡、孙志刚译,刘海龙校,中国人民大学出版社2014年版。

敏锐的信息消费者通常会意识到这一点,并质疑记者的做法。其他在经验性知识领域工作的人士,比如律师、医生、警察和社会科学家,他们对消息来源通常会有更深刻的认识。一些优秀记者借鉴了他们的方法。

第四步,评估证据。这一步涉及观察与理解之间的区别、推断与证据之间的区别。

第五步,探讨最新的新闻模式如何利用证据或干扰证据,这一步将成为判断你所看到的新闻属于何种类型的关键。

第六步,概括性地探讨是否从新闻中获得了需要的信息。记者们在怀疑所接触的信息时会采用几种检验方法,通过某些警示信号做出判断。这些不为众人所知的行业技能可以成为发现并创造杰作的关键之举。①

即便媒体提供的内容并不完全可靠,在寻求真相的过程中,新闻业提供的内容也仍然是无可替代的。在互联网时代,"因为失实的可能性大大增加,对真实的需求不但没有减少,反而增加了",人们需要信息来判断"我能够相信什么",而媒体的作用正是回答"哪里有好内容"。② 总之,当大众与新闻媒体在平台上相遇,媒体与其受众互相建构真相的过程就开始了,而当人们真正期待并且能够通过新闻来接近那些重要的真相时,新闻业也就可以期待自身使命的完全达成。

小　结

本章首先介绍了新闻真实性的内涵、特征和实现方式,进而探讨了新闻真实在互联网时代的表现。新闻真实始终是新闻研究中的重要话题,也是新闻业实践中长期遵循的基本原则。因此,理解新闻真实性既需要在概念层面厘清新闻真实的内涵和特征,也要在实践层面了解实现新闻真实性的具体方式;既要

---

① 参见〔美〕比尔·科瓦奇、汤姆·罗森斯蒂尔:《真相:信息超载时代如何知道该相信什么》,陆佳怡、孙志刚译,刘海龙校,中国人民大学出版社2014年版。

② 同上。

从历史维度抓住新闻真实性的起源与发展,也要从当今新闻业的具体实践中分析和归纳出新闻真实的新表现与新特征。

一般情况下,新闻真实性强调的是新闻在事实层面的真实。新闻理论中的真实问题涉及多种不同的学术视角,在不同的理论层次,新闻真实具有不同的含义。在微观层面,新闻真实是指新闻报道与一般事实相符合;在中观层面,新闻真实是指新闻报道适应于某种普适性的真理;在宏观层面,新闻真实指新闻与社会现实相吻合。其中,事实层面的真实是新闻具备真实性的前提和基础,因此,新闻业中的真实性原则主要强调的是新闻报道要准确、全面地反映事件的基本情况,随着新闻业不断发展和走向成熟,事实真实逐渐成为新闻的首要特征和新闻业的基本原则。

作为一种事实真实,新闻真实性的特征体现为操作性真实、过程性真实和信任性真实等方面。首先,社会现实的复杂性和新闻采编的时效性之间具有根本冲突,因此新闻业无法实现绝对真实,只能在操作层面遵循真实性的要求,它是一种实用的真实。其次,新闻真实的实现需要一个过程,单篇报道通常无法展现全部真相,只有随着不同记者、不同媒体持续地跟进报道,真实才能最终实现,马克思将这一过程称为"有机的报纸运动"。最后,新闻真实的实现还有赖于受众的认可和接受,在互联网时代,受众对媒体的信任对新闻真实的影响变得越来越大。

新闻真实性的实现既有赖于新闻业内部的观念共识与行业自律,也需要国家政策和制度设计层面的保障。然而,新闻真实是一种相对的真实,新闻伦理和管理制度的约束虽然可以减少新闻失实的产生,却无法完全避免新闻失实现象的出现。新闻失实的原因可以分为结构性因素和主观性因素。其中,结构性因素主要有文化及媒介体制的限制、新闻工作流程的限制以及事实本身复杂性的限制,新闻从业者的主观因素主要体现在报道理念、与信源的关系以及内容的制作和编辑等层面。主观因素通常是导致新闻失实的主要原因,新闻业通常会对这类主观性失实行为予以惩戒。

随着新媒体的发展,新闻真实性受到了多重冲击,这进一步重塑了新闻业践行新闻真实性原则的具体形式。在互联网中,假新闻的数量和种类都在不断增加,与此同时,事实核查新闻在全球范围内迅速发展起来,而探求和判断真相的能力则逐渐成为当代互联网用户必备的基本素养。

关键概念

真实	新闻真实性	操作性真实	过程性真实
信任性真实	新闻失实	体制性失实	假新闻
不实信息	误导信息	事实核查	断言式新闻

思考题

1. 新闻真实性的基本含义是什么?
2. 新闻真实性的特征是什么?
3. 新闻失实现象产生的主要原因有哪些?如何规避新闻失实?
4. 假新闻与谣言、新闻失实以及假事件之间是否有区别?假新闻的具体类型有哪些?
5. 事实核查的具体方法有哪些?
6. 社交媒体情境下,信任性真实的重要性不断提升,这对新闻业践行真实性原则具有怎样的冲击和启发?
7. 当今社会中假新闻增多的原因有哪些?事实核查新闻的兴起能否有效限制假新闻的产生与传播?
8. 虽然信息传播主体的不断增加带来了大量假新闻,但也极大地拓宽了人们信息接触的范围以及认知事实的视角,这些变化是否拉近了我们与真理或社会现实之间的距离?

拓展阅读

〔美〕比尔·科瓦齐、汤姆·罗森斯蒂尔:《新闻的十大基本原则:新闻从业者须知和公众的期待》,刘海龙、连晓东译,北京大学出版社2011年版。

〔美〕比尔·科瓦奇、汤姆·罗森斯蒂尔:《真相:信息超载时代如何知道该相信什么》,陆佳怡、孙志刚译,刘海龙校,中国人民大学出版社 2014 年版。

胡杨、王啸:《什么是"真实"——数字媒体时代受众对假新闻的认知与辨识》,《新闻记者》2019 年第 8 期。

李唯嘉:《如何实现"信任性真实":社交媒体时代的新闻生产实践——基于对 25 位媒体从业者的访谈》,《国际新闻界》2020 年第 4 期。

史安斌、王沛楠:《作为社会抗争的假新闻——美国大选假新闻现象的阐释路径与生成机制》,《新闻记者》2017 年第 6 期。

王辰瑶:《"新闻真实"为什么重要?——重思数字新闻学研究中"古老的新问题"》,《新闻界》2021 年第 8 期。

闫文捷、刘于思、周睿鸣:《从"核查什么"到"谁来核查":事实核查的边界协商及其规范性愿景》,《全球传媒学刊》2022 年第 3 期。

杨保军:《事实·真相·真实——对新闻真实论中三个关键概念及其相互关系的理解》,《新闻记者》2008 年第 6 期。

於红梅、潘忠党:《近眺异邦:批判地审视西方关于"后真相"的学术话语》,《新闻与传播研究》2018 年第 8 期。

Quandt, T., et al., "Fake News," in Vos, Tim P., et al. eds., *The International Encyclopedia of Journalism Studies*, Wiley, 2019, pp. 1–6.

Stephen, J. A. Ward, "Truth and Truthfulness," in Vos, Tim P., et al. eds., *The International Encyclopedia of Journalism Studies*, Wiley, 2019, pp. 1–6.

Zelizer, B., "When Facts, Truth, and Reality are God-terms: On Journalism's Uneasy Place in Cultural Studies," *Communication and Critical/Cultural Studies*, 1, 2004, pp. 100–119.

第二章 新闻客观性

客观性是新闻业的核心职业理念之一。在我国,党和国家自 21 世纪以来多次强调客观性等新闻职业规范的重要性。多年来,新闻客观性的内涵在本土化的实践中不断丰富和发展。

第一节 新闻客观性的形成

从新闻发展史的角度看,客观性原则发轫于 19 世纪 30 年代的西方新闻业,于 20 世纪初基本形成。

一、新闻客观性诞生于变革中的西方社会

19—20 世纪,美国政治经济、社会文化、科学技术的发展推动了新闻客观性原则的确立。

第一,美国政治宣传模式的变化促使报纸的内容逐步改变。1830 年以前,美国处于政党报刊(partisan newspaper)时期,报纸是政治宣传和党派斗争的工具,具有强烈的意识形态功能。彼时,不同政党以津贴的方式控制报纸,因此报纸只刊登其支持党派的正面内容,批评与贬低对方党派。对于民众而言,他们

购买报纸的时候就已经知道记者对于新闻事件的观点,如果他们想了解事件的始末和真相,往往需要购买多份报纸对比阅读。由于这一时期的新闻不够客观,它对于民主政治和公民知情权的贡献也微乎其微,因此这一阶段也被称为新闻的"黑暗时代"。1830年之后,美国的政治人物越来越多地采用在民众中直接宣传的模式进行政治宣传,取得的宣传效果也越来越明显,于是他们逐渐放弃了以报纸为主的政治宣传模式,新闻逐渐具备了客观的特征。理查德·开普兰(Richard Kaplan)对1867—1916年底特律的报纸进行内容分析发现,这一时期美国报纸中2/3的内容采用了客观新闻报道的方式。在总统选举时期,底特律的报纸中党派性的新闻报道从1868年的15%下降到1916年的5%。在非选举年,党派性新闻从1867年的18%下降到1915年的3%。[1]

第二,商品经济的发展改变了维持英美报纸运行的资金来源,这在很大程度上推动了新闻客观性的形成。18世纪60年代第一次工业革命开始后,工业产品生产量增加,资产阶级的力量愈发强大。这对新闻业的直接影响有两点:一是资本家在报纸上刊登工业产品广告的需求增加,报纸的广告收入也相应提升;二是有影响力的资本家进入新闻业,他们资助并购买报纸,美国的报团由此形成。一般而言,资本家以经济利益最大化为根本目标,这同样反映在他们经营报纸的理念中。资本家为了尽可能地提高报纸的发行量,获得更多公众的青睐和更多的收益,要求记者在报道新闻时尽量兼顾不同受众的"口味",追求立场的不偏不倚。报纸经营资金来源和报纸运营目标的变化促使政党报刊时期具有明显偏向的新闻报道方式发生了改变。

第三,社会文明的发展推动了新闻客观性的确立。英美社会教育普及和城市化进程加快,识字率的提升和城市人口的增加为报纸创造了大量潜在的受众,这直接刺激媒体不断扩大受众规模,提升发行量。在当时的美国,越来越多的读者具备识文写字的能力,但是需要注意,他们来自美国不同地域,年龄、性别、种族、文化程度、社会地位、政治立场、宗教信仰比较多元。为了使多样化的受众都认为新闻对他们而言是有价值的,新闻内容就需要兼顾他们各自的特点

---

[1] 转引自陈沛芹:《美国新闻业务导论:演进脉络与报道方式》,安徽大学出版社2010年版。

和偏好,而客观性原则以一种去除个性化的方式,满足了广泛受众的普遍需求。此外,美国的城市化进程始于19世纪50年代,那时美国城市人口比例大概为10%,而到20世纪20年代左右,美国城市人口比例已超过50%。富裕的中产阶级与受过正式教育的职业阶层开始在城市生活与地方政治中占据主导地位,而为了适应这部分人的生活方式,就需要把新闻包装成客观的、去除党派偏见而且有品位的内容。①

第四,科学哲学在认识论层面的发展促使客观性理念被新闻界接受。哲学从18世纪到19世纪经历了从不可知论到可知论的发展,这为新闻客观性被进一步认识提供了可能性。18世纪,哲学中占主导地位的是不可知论,以休谟为代表的哲学家认为人对许多事物是不可能完全认识的。19世纪,哲学家提出,经过人类的不断努力,世界是可以被认识的。哲学理念的转变使新闻工作者的职业理念发生变化,新闻从业者开始相信自己可以把外部事实比较全面地报道出来。

新闻客观性原则的确立还受到实证主义和科学自然主义(scientific naturalism)的影响。实证主义强调经验感觉的重要性,认为人们能够通过感知获取信息和知识。19世纪的这一思潮影响了新闻业,实证主义下的客观理念也由此产生。后来,随着揭黑报道和解释性报道兴起,新闻记者逐渐意识到仅凭经验获得的事实会受到主观性的影响,并且主观阐释在此类报道中占据一定比重,因而新的客观理念呼之欲出。随着20世纪20年代在美国盛行的科学自然主义及其方法应用于新闻业,记者开始使用系统的社会调查等更为严谨的方法寻找客观真相,19世纪"天真"的实证主义被逐步取代。②

第五,新闻客观性的形成受到传播技术的影响。一是照相术的发明。照相复制的理念让人们相信世界是可以被客观地呈现、还原出来的。二是电报的发明。媒体关于新闻客观性的实践和当时电报技术不够完善有所关联。詹姆

---

① 参见〔美〕兰斯·班尼特:《新闻:幻象的政治(第九版)》,杨晓红、王家全译,中国人民大学出版社2018年版。

② 参见李玉洁:《美国新闻观念史研究》,燕山大学出版社2015年版。

斯·凯瑞(James Carey)曾提出,"客观性的源头也许要通过在西部联合电报公司长线路上的空间延伸之必然性中去寻找"①。当时电报技术主要被通讯社使用,用于向媒体传递远方发生的重要事件。该技术依靠专门的交换线路和电信号发送信息,用各种编码代替文字和数字,这大大限制了新闻内容的篇幅。同时,电报技术诞生之初并不稳定,经常出现中断的情况。因此,通讯社尽量压缩发送电报的时长,使用了倒金字塔式的传播模式,最先传递事实性信息,也就是新闻事件的5W1H,以此降低信息传送失败的可能性。

二、客观性诞生于新闻业内部的实践与反思

客观性理念的形成需要从新闻业内部寻找根源。19世纪,美国极具影响力的媒体关于新闻客观性的实践产生了示范效应,其他媒体纷纷效仿。20世纪,记者和知识分子主动反思新闻实践的问题和不足,客观性作为一种"修正"新闻实践的方案被推上历史舞台。

其一,美联社和《纽约时报》推动客观性成为新闻业的基本理念。美联社成立于1848年,由纽约《太阳报》《先驱报》《论坛报》等六家报社组成,其主要目的在于利用当时的电报技术,以较低的商业成本和较快的速度传递美国和墨西哥战争的消息。由于涉及不同的报纸,需要兼顾彼此之间在政治立场上的差异,美联社在撰稿时采用了平衡和中立的方式,通过抹去政治痕迹,以一种标准化的形态获得了更多媒体的青睐。后来,美联社提出"报道事实而不报道观点"的宗旨,成为世界上第一个明确地将客观报道作为工作准则的新闻机构。随着美联社成为世界级的通讯社,它的全球影响力不断提升,其秉持的新闻客观性理念被越来越多的媒体和记者接受。

《纽约时报》的转型发展同样促使客观性原则被新闻业接受。1896年,阿道夫·奥克斯(Adolph Ochs)接手濒临破产的《纽约时报》,随后他公开提出:"要不偏不倚、无私无畏地提供新闻,不论涉及什么政党、派别和利益;要使《纽

---

① 参见李玉洁:《美国新闻观念史研究》,燕山大学出版社2015年版。

约时报》的篇幅成为研讨一切与大众有关的更宏大问题的论坛,并为此目的而邀约各种不同见解的人参加明智的讨论。"①当时,《纽约时报》作为与黄色小报区分开来的严肃大报,在美国上层社会具有相当的影响力。后来,《纽约时报》的售价降低并且发行量上升,这也使《纽约时报》秉持的客观性理念受到社会的广泛关注。

其二,记者和知识分子对于第一次世界大战以及战后的新闻实践感到失望,因而提出了客观报道的理念。当时,随着公关渗透入新闻业,媒体沦为战争宣传的工具,新闻客观性原则受到了直接挑战。

在公关方面,一战期间,美国总统威尔逊为向美国公众推销战争,发起了多起公关运动。一战结束后,公关成为一个重要的行业。1920年,华盛顿的宣传机构达到上千家,就连《纽约时报》的新闻报道也有一半以上的消息来自宣传机构。② 1926年1月14日,纽约《太阳报》的162条消息中,至少有75条出自公关人员之手,12月19日《纽约时报》的225条消息中,至少有147条出自公关人员的作品。③

在战争宣传方面,各国政府为了各自的利益利用媒体摆布事实。为了争取美国参战,英国精心策划,积极地影响美国精英和媒体。德国则通过在美国的民间组织和公司,敦促美国保持中立。美国在参战初期,针对国内由于长期孤立主义造成的反战情绪和对政府政策的普遍怀疑等状况,成立了公共信息委员会(the Committee on Public Information),统一管理国内外的宣传工作。时任总统威尔逊任命报纸主编乔治·克里尔(George Creel)领导该委员会,要求媒体只能发布有利于美国的军事新闻。克里尔承认:"这是一个纯粹的宣传机构,一个推销生意的大企业,也是世界上最大的广告业。"④

一战及战后的新闻实践引发了记者和知识分子的反思。新闻业充分意识到宣传和公关对于新闻的操纵,新闻记者急于将自身区别于并抵制宣传、公关

---

① 参见〔美〕迈克尔·埃默里等:《美国与新闻界》,展江译,中国人民大学出版社2014年版。
② 参见陈沛芹:《美国新闻业务导论:演进脉络与报道方式》,安徽大学出版社2010年版。
③ 参见曹爱民:《西方新闻理论教程》,南京师范大学出版社2015年版。
④ 参见〔美〕迈克尔·埃默里等:《美国与新闻界》,展江译,中国人民大学出版社2014年版。

等行业,从而确保自己的职业形象和社会地位。同时,当时的状况也使越来越多的知识分子认为民主陷入了危机,而为公众提供客观信息是拯救民主的"良药",一场寻求客观新闻报道的运动由此展开。

第二节 新闻客观性的内涵

新闻客观性的内涵随着社会变迁和新闻实践的深入不断丰富,当前既表现为一种职业理念,也体现为新闻生产中的操作规范(norm)。由于客观性的理念需要通过具体的写作体现出来,同时客观报道的规范是客观专业理念的必然要求,因此这两个层面应该作为一个整体来看待。①

一、作为职业理念的新闻客观性

客观性的职业理念表现为记者对于这个职业的认识,它体现为记者相信自己能够不偏不倚、公正超然地报道事实,同时也相信自己能够在新闻报道中把事实和意见区分开来。

其一,客观性职业理念强调记者应该不偏不倚、公正超然。这一要求指的是记者在报道新闻的过程中,应该对既定事实保持中立的态度,避免偏见和歪曲,尽可能按照事情的本来面目如实进行报道,公平地呈现不同人物的意见,不对事实本身以及事件涉及的主体有所偏袒。为了更好地践行这一理念,新闻从业者需要独立于报道对象,具备独立的精神和思维方式。② 在我国近代的报刊实践中,梁启超曾提出类似的理念,他提出报人要具备"五本",包括常识、真诚、直道、公心、节制,其中的公心就是指报馆和记者不能带有党派偏见,而是要站在公共的立场上,以公众利益为标准开展工作。1926 年《大公报》复刊,张季鸾在复刊号第一版上发表《本社同人之志趣》,提出了"不党、不卖、不私、不盲",

---

① 参见黄旦:《传者图像:新闻专业主义的建构与消解》,复旦大学出版社 2005 年版。
② 参见〔美〕比尔·科瓦齐、汤姆·罗森斯蒂尔:《新闻的十大基本原则:新闻从业者须知和公众的期待》,刘海龙、连晓东译,北京大学出版社 2011 年版。

"四不方针"同样反映了新闻客观性的职业理念。①

其二,客观性职业理念强调记者应该把事实与观点进行区分。新闻客观性的逻辑起点是事实是客观存在的且不以人的意志为转移。观点则是个人意志和价值观的体现,隐含着人们对客观世界的评价和期许,因此记者应该把价值判断从事实陈述中抽离出去。客观性理念体现出新闻业对"事实"的信任和对"价值观"的不信任。这一被西方新闻界广泛接受的基本要求在近代被引入中国后也受到了重视。1918年10月,北京大学新闻学研究会成立,以徐宝璜、邵飘萍、任白涛为代表的新闻人开始对新闻学原理进行系统研究,其中客观性理念作为报刊理论受到学术界重视。徐宝璜也主张新闻报道应将事实与意见分离,报纸为社会公有,应当保持独立性。

从历史的角度看,客观性作为核心的新闻职业理念之一,在新闻专业化进程中扮演了重要角色。围绕客观性的专业知识和新闻教育促使新闻作为一个职业受到社会认可。在专业知识方面,客观性上升到科学层面。在19世纪末的美国,科学已经在制度化建设中树立了权威地位,一些新闻人开始探讨新闻算不算一门科学。1919年,沃尔特·李普曼(Walter Lippmann)在《现代自由意味着什么》一文中提到了客观报道的理念,并在1920年的著作《自由与新闻》中全面讨论了客观新闻学,其中阐述了客观性与科学的联系,赋予了客观性作为科学的崇高地位。在职业教育方面,客观性理念被纳入大学的新闻课程。20世纪初,约瑟夫·普利策(Joseph Pulitzer)创办哥伦比亚大学新闻学院时提到,学院教育应该提倡正确与可靠的报道,应该训练学生把事实和意见区分开。随后,多所大学和学院开设了新闻学院、新闻系、新闻专业。在普及、规范的新闻教育体系中,客观性原则及客观报道的操作准则被广泛传播,渗透入新闻从业者的观念,直接影响着新闻实践。那时,越来越多的大学毕业生加入报社,记者团体的收入显著增加,社会地位大大提升,有人甚至声称,"我宁愿做一个记者,而不愿做一个总统"②。

---

① 参见张季鸾:《本社同人之志趣》,《大公报》1926年9月1日。
② 参见黄旦:《传者图像:新闻专业主义的建构与消解》,复旦大学出版社2005年版。

归纳而言,新闻客观性是记者团体对自己职业理念和专业知识的明确申明和维护,同样也是他们用于争夺职业管辖权的主要工具。新闻业正是通过对客观性的强调,实现了与公关、政府宣传等相近职业的区别,维护了自己作为一个职业的正当性。

二、作为实践规范的新闻客观性

将客观性理念引入新闻业的缘由是记者无法做到完全客观,但是能够通过采用一系列方法尽可能地接近客观。关于新闻客观性的操作规范可以归纳为三点。

第一,事实与意见分离。新闻报道由事实组成。客观性要求记者向公众提供客观事实但不进行价值判断,罗列不同的观点但不做评论。尤其是面对争议性和冲突性的事实,记者需要做的就是不加修饰地报道事实本身,而不需要针对事实做出自己的解释。记者的观点和评论只出现于专栏、特写等特定题材的作品中。这一新闻客观性的要求在全球范围内获得了一定共识,当前世界主要的新闻通讯社以及媒体在报道突发事件时,基本采用这一新闻报道方式。不过需要注意的是,随着社会媒体成为重要的新闻报道渠道,将事实与意见分离越来越难实现。2016年《纽约时报》的 Facebook 账号对特朗普到访报社的报道就是一个例证。

> **案例:《纽约时报》Facebook 账号对于特朗普到访《纽约时报》总部的报道**
>
> ☞ **案例介绍**　特朗普曾在确认2016年大选获胜后到访《纽约时报》总部,试图缓和与自由派媒体之间的关系,《纽约时报》当天便刊发题为《不,特朗普,我们绝不可能好好相处》(*No , Trump , we can't just get along*)的评论,批评特朗普在竞选期间的表现,称他是"骗子加冒牌货"。该评论发表在《纽约时报》的 Facebook 账号上,以标题、摘要附加全文链接的方式呈现,与该报的其他报道在形式上没有任何区别。

> **案例分析** 《纽约时报》的 Facebook 账号对于特朗普到访的报道,即对事实的呈现,同时也是报社立场的表达。在传统意义上,新闻客观性在具体操作中需要严格区分新闻和意见,记者不得干涉社论的观点,社论编辑也不得影响记者的报道。这个机制得以确立的前提是,新闻媒体在机构层面上的采编分离、独立分工,即新闻与评论之间设有"防火墙"。随着社交媒体时代的到来,不但媒体内部的机构职能难以实现,新闻用户对报道和评论的认知也逐渐含混、融合,这是以社交媒体账号为主要的新闻分发渠道带来的必然结果。新闻受众越来越难以区分"报道"和"评论"的现状,这两种"文体"之间的形式差异也日渐缩小。

第二,平衡与全面。在我国的语境下,客观全面的要求体现为对于事实不能孤立地只看到其中的某一个侧面,应该以多维度的视角观察事实的各个侧面,防止片面化、绝对化、以偏概全。① 习近平总书记在 2016 年党的新闻舆论工作座谈会上强调,新闻工作者要用好国际化传播平台,客观、真实、生动地报道中国经济社会发展情况。2019 年修订的《中国新闻工作者职业道德准则》同样提到,新闻从业者需要"把真实作为新闻的生命,努力到一线、到现场采访核实,坚持深入调查研究,报道做到真实、准确、全面、客观"。在西方语境中,客观性强调独立于政治和商业势力,主张新闻从业者通过对基本事实的核实,呈现多样化的新闻消息源,能够让不同利益方的观点得到呈现。尤其是在难以明确辨别真假对错的问题上,平衡与全面的原则可以保证视角的多元化,使得站在不同立场的不同声音得到表达,公众可以综合各种观点进行理性判断,这也体现出一定的公平性和对受众负责的态度。不过需要注意的是,目前国内外社会的议题越来越具有复杂性,这也使新闻客观性实践难以超越当前的认识边界。例如,转基因食品是一个争议性议题,其健康与否并未形成定论,因此记者在进行相关报道时,自然需要呈现不同的观点。

---

① 参见《新闻学概论》编写组:《新闻学概论(第二版)》,高等教育出版社 2020 年版。

第三,采用标准化的新闻报道模式。(1)新闻客观性经常与倒金字塔结构、5W1H的新闻要素或者其他能筛选出反映事实本质和必要信息的方法密切相关。这一写作方式强调按照事实的重要性安排新闻稿的结构,在导语中呈现最为重要的事实性信息,将分析性的文字安排在次要的位置。这一写作方式在社交媒体环境下有所发展,例如,新华社在《刚刚,沙特王储被废了》一文中发明了"刚刚体",以契合社交媒体传播规律的方式强调核心事实,获得了受众的青睐。(2)新闻客观性强调有据可循,要求记者尽可能说清事情的原委和依据,所陈述的内容要能够被核实,特别是在涉及当事人的观点时,需要交代消息源。当记者遇到消息提供者不愿透露姓名时,要做到确有其人、实有其事,不能以言为依据。[①](3)新闻客观性要求记者低调处理其作为新闻故事叙述者这一角色的作用,在采用第三人称叙事的同时,以中性、冷静的语言进行描写,避免或减少使用带有感情色彩的词语。

> **知识窗:新闻客观性与媒体公信力**
>
> 在媒体公信力(media credibility)测量中,受众感知的新闻客观是一个维度。公信力源于英文单词accountability,指的是为自己的行为负责并接受质询、为某件事解释和辩护的责任。该概念在公共生活中体现为公众对公平、正义、效率、责任的信任,是社会系统信任的一种。具体到媒体公信力,它存在于媒体与公众的互动关系中,指媒体赢得社会公众信赖的专业素质和能力。客观性标准的执行使新闻传媒在信息传播过程中处于相对超然的地位。媒体不直接与广大受众的立场、观点和利益发生冲突。这体现出媒体对受众的尊重,可以在一定程度上帮助媒体赢得更多的受众,提高媒体公信力。

---

① 参见《新闻学概论》编写组:《新闻学概论(第二版)》,高等教育出版社2020年版。

第三节　新闻客观性的实现困境

新闻客观性是一个相对的概念,绝对的新闻客观是不存在的。在具体实践中,新闻从业者、媒体组织、新闻受众等不同层面的因素均在一定程度上影响新闻客观的实现。

一、新闻从业者的认知局限

新闻是对社会现实的主观建构,它从根本上离不开新闻从业者个人对于新闻的选择和加工,无法排除新闻从业者价值判断的影响。

其一,记者的价值观念渗透在新闻工作中。记者的价值观念是国家文化、社会环境、家庭背景、宗教信仰、政治倾向、童年经历、种族、教育、朋友等诸多因素同时作用的产物,往往具有一定的隐蔽性。在日常实践中,新闻从业者的价值观念以一种无意识的状态影响着他们的工作。由此,阿拉伯国家记者与犹太裔记者对巴以冲突的报道会有所不同,美国自由主义记者和保守主义记者对于一个事件的报道可能截然不同,女性记者和男性记者关于配偶家庭暴力问题的报道也会有差异。①

其二,新闻生产是新闻从业者主观选择的过程。从选题的确定、消息源的寻找,到新闻素材的选择、标题的制作、语言的运用,都涉及新闻从业者的主观认识。例如,记者倾向于使用权威消息源。消息源和新闻事实互相构成,权威消息源被认定为适当的事实,而其他消息源则被排除在外。当记者寻求具有正当性和准正当性的领袖的回应时,这已经证明所谓的专业知识关乎的是向合适的消息源提出合适的问题,具有客观性的新闻报道在一定程度上也和社会权力产生了联系。② 再如,在新闻文本的呈现中,当记者转述消息源的话而不是采用

---

① 参见〔美〕埃弗里特·丹尼斯、约翰·梅里尔:《媒介论争:数字时代的 20 个争议话题》(第 4 版)》,中国人民大学出版社 2019 年版。
② 参见〔美〕盖伊·塔克曼:《做新闻:现实的社会建构》,李红涛译,中国人民大学出版社 2022 年版。

直接引语时,记者就已经成为翻译者,他们的理念和理解渗透其中。

其三,新闻从业者的知识是有限的,他们对于新闻事实的认知局限影响了新闻客观性的实现。一般而言,新闻从业者难以知晓事实的所有方面,即使知道也因种种限制难以一次性全部报道出来。况且,比起在某一方面深度钻研的专家型记者,新闻业更希望把记者训练成通才(generalist)和多面手,希望他们可以写出任何话题的新闻。这一方面是媒体出于经济方面的考虑,因为多面手可以承担更多的工作,而工资却是相对固定的;另一方面是因为雇用多面手讲述简单的故事被认为是向普通人传递通俗易懂的信息的有效方式。然而,多面手记者面对复杂议题时,由于知识的局限性很可能无法判断或分辨信源所提供的内容,只能以客观陈述的方式来避开价值评判,这导致此类记者更依赖消息源,他们被伪新闻蒙蔽的可能性更大。[1]

二、媒体组织的既有偏见

媒体的偏见(bias)是新闻内容中实际存在的或者人们感知到的不足,它意味着媒体机构和新闻从业者未能在特定事件、问题或政策上秉持公正、超然、平等的立场。

媒体偏见是与新闻客观性相悖的概念。偏见体现在新闻实践的多个环节,包括收集新闻线索、选择新闻、设计版面、图片选择等。可以从三个层面对其加以理解:第一是扭曲事实,也可以称之为扭曲性偏见(distortion bias);第二是记者没有做到平等地对待不同主体,这也被称为内容性偏见(content bias);第三是记者设置议程时具有意识形态倾向,也可以称之为决策性偏见(decision-making bias)。[2] 例如在美国,传统的主流媒体更偏爱自由民主的意识形态、议程和政策,整体上表现出自由主义偏向,因而在总统大选时,媒体在两党候选人

---

[1] 参见〔美〕兰斯·班尼特:《新闻:幻象的政治(第九版)》,杨晓红、王家全译,中国人民大学出版社2018年版。

[2] Robert M. Entman, "Framing Bias: Media in the Distribution of Power," *Journal of Communication*, 57(1), 2007, pp. 163-173.

中常常支持民主党候选人。此外,关于媒体偏见的研究路径当前可以归纳为三种:一是聚焦新闻从业者的观点和价值观;二是对特定议题的新闻报道进行内容分析;三是关注活动报道(campaign coverage)。①

> **案例:偏见在美国媒体中的体现**
>
> ☞ **事件经过** 在2016年和2020年美国总统大选报道中,主流媒体有关枪支合法化、堕胎和少数族裔权益等议题的报道呈现出自由主义和进步主义倾向。绝大多数新闻机构均公开或者半公开地支持限制枪支使用、支持妇女拥有堕胎权,并且放大美国国内的少数族裔受到压迫的观点。
>
> ☞ **事件分析** 以上议题是美国两个主要政党政策差异的核心体现,美国媒体的观点和民主党的政策取向相近,绝大多数媒体也公开表达对民主党候选人的支持。在这两次总统大选的报道中,新闻媒体表现出强烈的影响选举结果的意愿,而媒体对于选举的参与度越高意味着新闻客观性越弱。这一状况和美国媒体为总统候选人背书(endorsement)的传统一脉相承。背书指的是组织或者个人公开表达对某一候选人的支持。背书决策一般由编委会(editorial board)商讨决定,记者与编辑所在的新闻编辑部不得参与。同时,即使媒体机构会为某位候选人背书,在具体操作中仍然必须严格区分新闻和意见,记者不得干涉社论的观点,社论编辑也不得影响记者的报道。②

在传统的新闻报道中,媒体偏见常常通过新闻框架体现出来,这影响了新闻客观性的实现。框架意味着记者将复杂的社会事实简单化。记者按照某种常规和既有路径,迅速地选择一些信息而排除另一些信息,进而将其"包装"为新闻报道。这套框架是隐含的、固定的、不言而喻的,记者无须考虑它的合理

---

① Abeer Al-Najjar, "The International Encyclopedia of Journalism Studies," https://doi.org/10.1002/9781118841570.iejs0081,2023年7月1日访问。
② 常江、何仁亿:《客观性的消亡与数字新闻专业主义想象:以美国大选为个案》,《新闻界》2021年第2期。

性,就能习惯性地根据既有方式报道新闻。同时,记者往往难以突破新闻框架,尤其涉及意识形态的话题更是如此。西方媒体的新闻报道受到国家利益、意识形态、商业利益以及记者的个人利益和文化认同等因素的影响。在西方主流意识形态和议会政治框架内,客观性是存在的,但超越国家利益、超越意识形态的客观性是没有的。[①] 他们对客观性原则的运用存在较为明显的双重标准。一般而言,西方主流媒体报道国际议题时,记者常常为了既定的观点框架来寻找合适和合理的事实,如果事实不符合这个框架,那么他们就会将其自动屏蔽。

三、新闻受众的个人解读

事实经由新闻从业者的选择判断和编辑加工最终到达受众一端,新闻在传受双方的互动中生产意义,因而对于客观性的考察不应仅仅聚焦到新闻从业者和新闻生产端,还应将新闻受众的接收环节考虑在内。然而现实是,即使新闻记者致力于实现客观性原则,但其在接收端的效果却并不理想。这一现象可以从受众特点和当前的网络环境两个方面进行解读。

其一,新闻受众与新闻从业者对于客观性的理解不完全相同。新闻受众有自己的判断和选择标准,即使记者认为自己客观地报道了新闻事实,他们仍然难以让所有受众都感到客观。

其二,后真相的环境使客观性的存在意义不断消解。在事实错位、情感先行的环境下,受众选择性地接受事实并且依靠情感做出判断,这使得客观性理念处于困境之中。具体来说,即使新闻媒体坚守客观性原则,尽力呈现真实的事实,但受众在情感驱动下,往往容易忽略事实本身,并且人们倾向于带着既定的观点和立场阅读新闻,相信那些自己愿意相信的内容。最终,客观的新闻报道也只能获得那些原本就是支持者的认可,这些内容仍然无法获得更为广泛的公众的信任。

---

① 〔加〕赵月枝:《为什么今天我们对西方新闻客观性失望?——谨以此文纪念"改革开放"30 周年》,《新闻大学》2008 年第 2 期。

例如,2020年4月9日,《南风窗》刊发《涉嫌性侵未成年女儿三年,揭开这位总裁父亲的"画皮"》,随后公众哗然,一边倒向对文中鲍某某的声讨。然而,这篇报道使用较多篇幅呈现"李星星"一方的讲述,而对涉事另一方鲍某某却仅写道:"2020年4月1日,记者打通了鲍某某的电话。正在取保候审中的鲍某某,获知记者身份后,立刻将电话挂断,再也无法拨通。记者会持续追踪此案。"4月12日,财新网刊发报道《高管性侵养女事件疑云》。与《南风窗》的新闻报道相比,财新网的报道呈现了鲍某某的陈述与其他信源提供的信息,在新闻报道的操作层面和文字层面体现出新闻客观性的要求。然而,这篇文章却引发了公众的愤怒。迫于舆论压力,财新网次日发布官方声明,其中写道:"我们认真核查,报道确有采访不够充分、行文存在偏颇之处,已在当日撤回报道。"2020年9月17日,最高人民检察院、公安部联合督导组通报鲍某某涉嫌性侵韩某某案调查情况:"经全面深入调查,现有证据不能证实鲍某某的行为构成性侵犯罪。"回顾该事件经过可以发现,在该新闻被爆料之初,公众一致地展现出对于新闻报道中弱者的同情。他们在高度情绪化的状态下,对于不同的声音进行排斥、抵制甚至是谩骂。该新闻报道即使在一定程度上符合新闻客观性的要求,但仍然无法获得公众的信任。

> **知识窗:新闻客观性面临的质疑**
>
> 新闻客观性滑向了道德相对主义。按照道德相对主义的观点,世界上没有绝对的对错之分,也不存在客观的是非标准。新闻客观性要求新闻记者以中立的立场呈现事实、罗列多方观点,但是不可以为公众做出价值判断。由此,在有关特定议题的新闻中(如战争、烟草等),这种报道方式走向了相对主义,新闻从业者成为公共生活中冷漠的旁观者,他们在道德上漠不关心,摧毁了一个负责任的新闻界的基础。[①]

---

① 王建峰:《客观性新闻的现实困境及理念转向》,《国外社会科学》2021年第4期。

> 新闻客观性成为记者自我保护的消极策略。新闻从业者需要在有限时间内完成事实核查与新闻采写的工作,而当他们的工作出现纰漏或者被公众质疑时,新闻客观性成为一种策略。新闻从业者可以宣称自己达到专业上的客观,同时可以以此回应外界的批评和避免法律纠纷。而客观性策略的仪式性表现在,记者未必能够达到追求的目标,在追求客观性的目标和使用的手段之间也没有明确的关系。①
>
> 新闻客观性有碍公众参与民主生活。客观性要求获取确证的事实和权威消息来源,将更多话语权赋予了权力部门和政府官员,弱化了来自普通民众和弱势人群的声音,维护了各种既有权力和体制的合法性。由此,有学者批评新闻客观性是"维持现状的符码"(a code for maintaining the status quo)、"操作霸权的工具"(an instrument of domination)等。②

第四节　新闻客观性的当代发展

客观性是新闻作为一个职业而存在的核心理念,但是由于它在具体实践中面临种种困难,因此对于客观性的质疑从其被提出一直持续至今。新闻客观性或被人拥护,或被人批判,正是这样的争辩让客观性作为新闻业的基石而保持生命力。尤其是在当今数字化的环境下,随着技术、公众等不同力量介入新闻业,客观性原则在日常实践中被不断更新和改造。

---

① Gaye Tuchman, "Objectivity as Strategic Ritual: An Examination of Newsmen's Notions of Objectivity," *American Journal of Sociology*, 77(4), 1972, pp. 660–679.
② 夏倩芳、王艳:《从"客观性"到"透明性":新闻专业权威演进的历史与逻辑》,《南京社会科学》2016年第7期。

一、新闻客观性与透明性

2001年,比尔·科瓦齐与汤姆·罗森斯蒂尔正式提出新闻透明性,随后这一概念受到西方新闻界的关注,并在近年来被引入我国。新闻透明性指的是将新闻生产的"后台"适度"前台化",展现新闻生产的过程。

(一) 新闻透明性与客观性的关系

新闻透明性和客观性密切相关,透明性诞生于公众普遍质疑新闻客观性的背景。在传统新闻实践中,新闻生产处于"黑箱"状态,公众无法知晓新闻报道从无到有的过程,但是也正是"黑箱"的存在使新闻工作具有一定的神秘感,便于新闻从业者维护工作自主性和职业权威。近年来,随着互联网技术的发展,传播的实时性极大提升,这导致传统的新闻生产模式加深了公众对于媒体不够客观和存在偏见的质疑,造成媒体公信力降低。由此,新闻业提出透明性原则,希望将其作为客观性的替代概念,试图通过在日常实践中呈现新闻生产的全过程,实现重拾公众信任、重回权威地位的目标。

(二) 新闻透明性的类型划分

新闻透明性可以划分为不同的类型,例如一种分类是披露式的透明性(disclosure transparency)和参与式的透明性(participatory transparency)[1],还可以划分为生产的透明性(production transparency)、从业者的透明性(actor transparency)和对话的透明性(dialogue transparency)[2]。披露式的透明性和生产的透明性均可以理解为新闻从业者向公众呈现出完整的新闻选择过程。从业者的透明性可以理解为媒体呈现记者的个人背景信息,包括他们的简历以及政治倾向等。

---

[1] Michael Karlsson, "The Immediacy of Online News, the Visibility of Journalistic Processes and a Restructuring of Journalistic Authority," *Journalism*, 12(3), 2011, pp. 279-295.

[2] Harmen P. Groenhart and Jo Bardoel, "Conceiving the Transparency of Journalism: Moving Towards a New Media Accountability Currency," *Studies in Communication Sciences*, 12(1), 2012, pp. 6-11.

参与式的透明性和对话的透明性可以理解为媒体通过开放评论区、接受公众的质疑、使用用户生成内容等方式,让公众参与新闻生产。

(三)媒体实践中的新闻透明性

虽然学界对于新闻透明性的呼声很高,但是当前媒体对透明性的实践比较有限。究其原因有二。其一,新闻从业者受制于传统新闻理念以及对于隐私等问题的考虑,他们对于透明性理念的认识尚未达到像客观性那种高度的认知共识,许多媒体目前实践的只是低风险的、可以把控的透明性。例如,有西方学者对《纽约时报》《华盛顿邮报》《华尔街日报》《洛杉矶时报》、CNN、NPR 等六家美国主流媒体记者的访谈发现,透明性在新闻生产中的应用不仅有限,还成了一种策略式的形式,没有给予受众足够的透明性。[1] 其二,算法介入新闻生产使新闻透明的实现又多了一道屏障。算法技术处于大多数新闻从业者的知识盲区,即使他们想呈现算法在新闻生产中发挥的作用,也处于一种"有心无力"的状态。

二、新闻客观性与建设性

建设性新闻源起于北欧,后来在美国得到比较大规模的实践。这一新闻理念近年来被引入我国,受到了新闻业的高度关注。建设性新闻关注社会问题并为之提供解决方案,它在新闻报道中融入情感并努力唤起受众的积极情绪,引导受众参与社会问题的讨论与解决。建设性新闻的特点可以概括为:以积极情绪为基调,以解决现实问题为导向和目的,以鼓励公众参与为重点。

(一)新闻建设性与客观性的关系

建设性与客观性既有差异亦有联系。在客观性的要求中,新闻生产者及其发布的新闻报道需要秉持中立的态度,不偏不倚是最为基本的要求。而在建设

---

[1] Kalyani Chadha and Michael Koliska, "Newsrooms and Transparency in the Digital Age," *Journalism Practice*, 9(2), 2015, pp. 215-229.

性新闻中,记者以及新闻文本均存在立场,强调为公众做出是非优劣的价值判断,并希望将这一判断传导给公众,实现媒体对于社会事务的积极介入。新闻建设性与客观性的相同点是,二者都以社会共识和公共利益为导向,它们均强调理性原则,只不过建设性新闻更注重实践层面,强调以积极的态度去认识和解决问题,探索具有可操作性的方案。

(二)中西语境中建设性的具体内涵

建设性新闻的具体指向在西方和我国的语境中有所不同。在西方语境中,建设性新闻作为冲突报道和负面新闻的平衡策略,常常被视为应对新闻业危机的方式。也有学者基于此提出,建设性新闻是继客观性新闻对19世纪党派新闻的纠偏之后,西方新闻范式面临的第二次转型。[①] 在我国的本土语境中,新闻报道强调"正面宣传为主",舆论监督也强调科学性和合法性。从这个意义上来讲,尽管建设性新闻的概念是由西方学者最先提出的,但它的核心主张同样体现在我国的新闻实践中,我国可以将其作为主流媒体应对新媒体挑战的操作技巧。[②]

我国主流媒体在新冠疫情暴发初期的新闻报道体现了一定的建设性。2020年初,伴随着新冠疫情的暴发,一场信息疫情(infodemic)席卷全球。虽然媒体跟进事件发展、揭露现实问题、进行舆论监督是有必要的,但是媒体过度关注疫情对于社会和个人造成的负面影响,加重了公众的恐慌情绪和心理负担,导致公众回避新闻以及认知失调。由此,建设性新闻的重要性凸显出来。在新冠疫情报道中,我国主流媒体在及时报道抗疫最新进展的基础上,普及日常生活中的抗疫常识,宣传抗疫英雄与普通民众的事迹,并且通过微博评论与热线电话等方式倾听公众的呼声。这有效地疏导了社会负面情绪、释放了社会压力,在一定程度上弱化了社会冲突并优化了社会关系。

(三)建设性新闻的传播效果

建设性新闻的传播效果得到了国内外学者的实践检验。在西方,建设性新

---

① 史安斌、王沛楠:《建设性新闻:历史溯源、理念演进与全球实践》,《新闻记者》2019年第9期。
② 唐绪军:《建设性新闻与新闻的建设性》,《新闻与传播研究》2019年第S1期。

闻可以唤起公众的积极情绪,提高公众对于解决方案的认识,进而鼓励他们积极践行。① 在我国,有学者从受众情绪、媒介可信度、受众行为三个维度探究建设性新闻的本土化传播效果。研究发现,中国语境下的建设性新闻对受众形成积极情绪以及提高媒介信任度有显著的积极影响,但没有证据证实建设性新闻报道框架会带来受众更强烈的行为意图。②

> **知识窗:建设性新闻的概念延伸**
>
> ☞ 行动新闻(action journalism) 这一新闻理念出现在19世纪末,强调记者在报道事实的基础上,呼吁公众参与社会事务,推动解决实际问题,因此有学者认为这是建设性新闻的雏形。美国新闻史上黄色新闻潮中著名的报人约瑟夫·普利策和威廉·赫斯特(William Hearst)都是这一理念的坚定支持者。例如19世纪70年代,《哈泼斯周刊》和《纽约时报》坚持不懈,以社论、漫画和新闻披露一举摧毁了纽约"特威德帮"这一市政贪腐集团。1897年,赫斯特将这类由记者"坐以待变"走向"起而变之"的社会问题报道和行动策划称为"行动新闻"。
>
> ☞ 解困新闻(problem-solving journalism) 这一新闻理念强调关注具体的社会问题,要求记者在陈述这一问题是什么的基础上,还要报道该社会问题为何形成及其解决方案,强调通过证据和事实来说明解决方案的有效性。例如美国的解困新闻网站(Solutions Journalism Network)在报道东非和南非的男性接受艾滋病毒检测的可能性显著低于女性这一问题时,引入了肯尼亚政府的解决方案,即人们来接受医疗检查,相关部门就可以为他们的家畜提供免费检疫的福利。这提升了人们接受艾滋病毒检测的积极性,同时也扩大了健康教育宣传的范围。媒体通过寻找积极的解决方案,既促使舆论形成倒逼力量,也使民众树立起对客观世界的正确认知和理性判断。

---

① Klaus Meier, "How Does the Audience Respond to Constructive Journalism?" *Journalism Practice*, 12(6), 2018, pp. 764–780.

② 欧阳霞等:《情绪、信任、行动:建设性新闻本土化传播效果的实验研究》,《国际新闻界》2021年第8期。

> ☞ **公共新闻（public journalism/civic journalism）** 这一新闻理念出现于20世纪80年代末90年代初美国的新闻改革运动。它强调记者在报道事实的基础上，以主动的态度参与公共事务，组织公众、专家、政府官员就公共事务进行对话和讨论，寻求解决问题的对策，以协商的方式促进民主政治发展。例如，美国堪萨斯州的《威奇托鹰报》为了改变对于政治候选人的报道缺乏深度的状况，发起了"选举人项目"活动。在1990年至1992年的选举报道中，该报请读者帮忙决定候选人和报纸需要关注的议题，然后对读者选出的议题进行深入报道。

三、新闻客观性与情感性

情感与新闻业纠葛的关键之处在于情感是否有损新闻客观性。情感强调感性，新闻客观性强调理性，二者看似一对相悖的概念。尤其是在西方社会中，理性被视为民主社会的基石，而情感是非理性的体现，常常受到质疑。

（一）新闻文本中的情感客观存在

纵观国内外新闻实践，情感在新闻业中并不罕见，它在不同类型的媒体平台中有不同的表现方式，同时它也并不仅是数字新闻业的产物。卡琳·沃尔-乔根森（Karin Wahl-Jorgensen）分析1995—2012年美国普利策新闻奖的获奖作品时发现，其中存在着大量情感的主观表达，且以负面情感为主。[1] 与之类似，分析1993—2018年荣获中国新闻奖的一等奖作品可以发现，它们同样传达了较强的情感倾向，不过这些情感通常是正面的、集体性的。[2] 见表2-1。近年来，我国一些媒体开设了暖新闻栏目，专门用以报道日常生活中的好人好事，愉悦（joy）成为判断新闻价值的一个因素。

---

[1] Karin Wahl-Jorgensen, "The Strategic Ritual of Emotionality: A Case Study of Pulitzer Prize-winning Articles," *Journalism*, 14(1), 2013, pp. 129-145.

[2] 陈阳等:《我国报纸新闻中的情感性因素研究——以中国新闻奖一等奖作品为例（1993—2018）》，《新闻与传播研究》2020年第11期。

表 2-1　普利策新闻奖与中国新闻奖一等奖作品中的主观表达占比

	新闻人物的感受		记者对新闻人物的判断	记者对新闻事件的评价
普利策新闻奖获奖作品(1995—2012)	86%		88%	98%
中国新闻奖一等奖作品(1993—2018)	新闻人物的直接感受 22.6%	新闻人物的间接感受 61.6%	39.7%	83.6%

（二）新闻业无法回避情感

近年来，新闻业中出现情感转向，情感与新闻业的关系成为一个热点。这是因为数字化环境下，蕴含情感的新闻文本可以获得公众更高的卷入度，更容易使其进入记者的语境，这能在一定程度上延长受众的阅读时间，同时也可以使新闻文本获得更广泛的传播范围，获得更高的点击量、点赞量和转发量。在注意力稀缺的时代，情感成为媒体和新闻从业者扩大影响力的工具，也间接成为影响媒体营收状况的因素。此外，在关于突发事件和灾难事件的报道中，情感更是难以回避，当事人的情感通过他们作为消息源的讲述而被传递给公众。记者同情弱者、为他们伸张正义、呼吁公众关注弱者并未受到新闻业的排斥。2017 年，媒体对于杭州保姆纵火案的报道就是一个例证。

> **案例：杭州保姆纵火案**
>
> ☞ **事件经过**　2017 年 6 月 22 日清晨，浙江省杭州市的一个高档小区蓝色钱江发生大火，一位母亲及其三个年幼的子女因此殒命。后来警方查明火灾系广东籍保姆莫焕晶纵火导致。她原本计划通过先放火再救火来向雇主邀功、骗取钱财，不想酿成了四人死亡的惨剧。2018 年 2 月 9 日，杭州市中级法院一审判决莫某死刑。

> **☞ 事件分析** 该事件发生后,媒体就事件的始末和利益相关方进行了系列报道。在围绕这一事件产生的新闻文本中使用了丰富的情感建构策略,显示出情感已经成为记者熟练应用的一种新闻工具。① 具体来说,情感可以是记者个人的情感,也可以是新闻消息源的情感、公众的情感。对照新闻客观性原则,新闻报道排除的是记者个人的喜好、态度和判断,而报道其他主体的情感并未违背客观性的要求。在这个案例中,以消息来源面目出现在新闻中的逝者的家人和亲友是新闻中表达情感的主体,他们表达了较为丰富的情感类型,如悲伤、愤怒、惋惜等,这些不同类型的情感体现在消息来源的话语和行为中,记者并未直接表达他们的个人判断和情感。

(三) 情感性与客观性的关系

这一问题可以从两个方面理解。在职业理念层面,新闻客观性可以概括为理性认知和不偏不倚。理性认知意味着提供理性的公共论坛,不偏不倚意味着公平地对待每一个群体和每一种观点,这两个层面都提供了理解情感性与客观性关系的切口。②

一是从理性认知的角度理解情感与新闻客观性。在现实中,新闻业难以排除情感的理性认知,因为情感上的指向在很大程度上引导着记者对新闻做出价值判断和选择。记者首先需要承认自己无法排除情感的参与,接着应该思考如何让情感更有益于良好的新闻业,什么样的情感更有助于记者的理性认知、更有助于提供民主政治所需的事实。况且,情感在良好的新闻业中本就拥有一定的位置。记者对弱者情感上的关切能够塑造媒体对这一群体的认知,进而有助于推动媒体对这一群体的报道和社会对这一群体的关注。

---

① 白红义:《"媒介化情感"的生成与表达:基于杭州保姆纵火事件报道的个案研究》,《湖南师范大学社会科学学报》2018 年第 5 期。

② 袁光锋:《情感何以亲近新闻业:情感与新闻客观性关系新论》,《现代传播(中国传媒大学学报)》2017 年第 10 期。

二是从不偏不倚的角度理解情感与新闻客观性。在公共议题或公共事件中,新闻从业者自然应该秉持不偏不倚的立场,公平对待每一个群体或者每一种观点,但是记者不偏不倚的立场不一定要排除情感的卷入。由于情感在建构公众认知和行动时具有重要作用,因此不同群体情感体验的媒介呈现有可能会增加对不同群体的理解,甚至有助于共识的达成。例如在灾难报道中,对受难者情感的描述并不会危害新闻的不偏不倚,反而有助于吸引公众对灾难的情感卷入。媒体的情感实践必须是在公共原则的引导之下,它持有普遍化的立场,这并非对新闻客观性的损害。

小　　结

客观性是新闻业核心的职业理念之一。本章围绕新闻客观性展开,介绍了新闻客观性的产生背景、基本内涵、实现困境、当代发展等议题。

新闻客观性原则发轫于19世纪30年代的西方新闻业,于20世纪初基本形成。从社会背景的角度看,美国政治宣传模式的变化促使报纸的内容逐步客观;商品经济的发展改变了维持英美报纸运行的资金来源;社会教育普及和城市化进程加快为报纸创造了大量潜在的受众,直接刺激媒体追求不断扩大发行量;科学哲学在认识论层面的发展促使客观性理念被新闻界接受;照相术、电报等新技术的出现直接推动了新闻客观性的确立。从新闻业实践的角度看,美联社和《纽约时报》作为当时美国社会极具影响力的媒体,其关于新闻客观性的实践产生了示范效应,促使其他媒体纷纷效仿;记者对于第一次世界大战中媒体参与战争宣传以及公关对新闻业的侵蚀感到失望,客观性作为一种修正方案而被推上历史舞台。

新闻客观性的内涵随着社会变迁和新闻实践的深入不断丰富,当前既表现为一种职业理念,也体现为新闻生产中的操作规范。从职业理念的角度看,它体现为新闻从业者相信自己能够不偏不倚、公正超然地报道事实,同时也相信自己能够在新闻报道中把事实和意见区分开来。从操作规范的角度看,将客观性引入新闻业的初衷是记者无法做到完全客观,但是能够通过采用一系列方法尽可能地接近客观,包括事实与意见分离、平衡与全面、采用标准化的新闻报道模式等。

新闻客观性是一个相对的概念,它的实现受到新闻从业者、媒体组织、新闻受众等不同因素的影响。其一,新闻生产是从业者主观选择的过程,记者的价值观念、知识结构均会对新闻客观性的实现产生影响。其二,媒体组织在一定程度上存在偏见,这意味着媒体机构未能在特定事件、问题或政策上秉持公正、超然、平等的立场,具体体现为扭曲性偏见、内容性偏见、决策性偏见等。其三,新闻受众与新闻从业者对于客观性的理解不完全相同,这种差异化的解读同样限制了新闻客观性的实现。

近年来,随着媒体环境的变化,由新闻客观性延伸出了其他相关概念。一是透明性,它是指在日常实践中呈现新闻生产的全过程,实现重拾公众信任、重回权威地位的目标。二是建设性,它是指新闻报道关注社会问题并为之提供解决方案,在新闻报道中融入情感并努力唤起受众的积极情绪,引导受众参与到社会问题的讨论与解决中。三是情感性。情感性并非与客观性对立,事实上,新闻事件主体的情感、记者的情感均是新闻业无法回避的既定现实,并且情感也常常出现在新闻文本中,而当把情感性置于理性认知和不偏不倚的层面理解时,其并不会有碍客观性的实现。

关键概念

职业理念　　　实践规范　　　媒体偏见　　　新闻透明性
建设性　　　　情感性

思考题

1. 新闻客观性是在什么背景下诞生的?
2. 如何理解作为职业理念的新闻客观性?
3. 如何理解作为职业规范的新闻客观性?
4. 新闻客观性可能实现吗?其受到哪些因素的影响?
5. 什么是新闻透明性?新闻透明性与新闻客观性是什么关系?

6. 什么是建设性新闻？建设性新闻与新闻客观性是什么关系？
7. 如何理解情感与新闻客观性的关系？

 拓展阅读

〔美〕埃弗里特·丹尼斯、约翰·梅里尔：《媒介论争：数字时代的20个争议话题（第4版）》，中国人民大学出版社2019年版。

〔美〕比尔·科瓦齐、汤姆·罗森斯蒂尔：《新闻的十大基本原则：新闻从业者须知和公众的期待》，刘海龙、连晓东译，北京大学出版社2011年版。

〔加〕罗伯特·哈克特、〔加〕赵月枝：《维系民主？西方政治与新闻客观性（修订版）》，沈荟、周雨译，清华大学出版社2010年版。

陈沛芹：《美国新闻业务导论：演进脉络与报道方式》，安徽大学出版社2010年版。

李玉洁：《美国新闻观念史研究》，燕山大学出版社2015年版。

唐绪军、殷乐主编：《建设性新闻与社会治理》，社会科学文献出版社2021年版。

王润泽、李静：《内涵、演进与反思：新闻客观性再认识》，《全球传媒学刊》2023年第1期。

夏倩芳、王艳：《从"客观性"到"透明性"：新闻专业权威演进的历史与逻辑》，《南京社会科学》2016年第7期。

袁光锋：《情感何以亲近新闻业：情感与新闻客观性关系新论》，《现代传播（中国传媒大学学报）》2017年第10期。

Tuchman, G., "Objectivity as Strategic Ritual: An Examination of Newsmen's Notions of Objectivity," *American Journal of Sociology*, 77(4), 1972, pp. 660–679.

新闻传播运行机制

第三章 新闻从业者

由于新闻工作与各种社会主体关联密切,新闻从业者的自我认知与职业理想会受到媒体组织目标和外部压力因素的共同作用,从而形成一系列相互冲突又彼此交织的角色观念。而对记者角色的探讨又受到专业理念的影响,职业化或专业主义是 20 世纪世界范围内新闻实践的总体趋势。这种将新闻业视为一个专业的观念,对新闻研究和新闻教育都产生了深远的影响。在数字化传播技术浸润新闻业的今天,国家有关部门和职业共同体都更加关注如何培养合格的新闻从业者、如何改善新闻从业者的职业状态等重要问题。

第一节 新闻从业者的社会角色

社会角色是与人们的某种社会地位、身份相一致的一整套权利、义务的规范与行为方式。[①] 在现实生活中,社会赋予某种社会角色的规范和角色扮演者的实际表现之间往往存在距离。具体到新闻工作,新闻从业者所具有的专业角色观念和所实际扮演的专业角色之间就存在复杂的关系。新闻从业人员对自身职业角色的认知是影响新闻从业人员日常新闻工作的重要因素。

---

① 参见郑杭生:《社会学概论新修(第五版)》,中国人民大学出版社 2019 年版。

一、新闻从业者的基本角色

对新闻从业人员职业角色的调查分析，最早起源于伯纳德·科恩（Bernard Cohen）在20世纪60年代对美国华盛顿外交记者的研究。他提出新闻工作中存在两种职业角色：中立报道者和参与者，由此形成了讨论新闻从业者的职业角色是"中立者"（neutral）还是"参与者"（advocate）的二分框架。

中立者主张客观报道新闻，将事实与观点分开，用科学、实证的方法中立地反映现实。这种职业角色形成于20世纪初，伴随着客观性的出现被确立。在第一次世界大战期间，由政府主导的战时宣传连同商业力量的介入，使新闻业面临前所未有的信任危机。这种背景下兴起的中立者观念基于自由报刊理念，强调媒介传递社会信息、监测社会环境的功能，认为媒介是社会生活的传感器，记者是社会发展的旁观者，只应该客观中立地报道事实。此外，中立者的角色倾向于维持社会稳定，由于公众对话语权的拥有者保持警惕，新闻从业者单纯作为信息传递的渠道维持社会正常运行。

参与者则站在报刊社会责任理念的立场，强调媒介的选择、守望和诠释功能，认为媒介是社会进步的推进器，记者是社会发展的参与者，应该积极主动地传达社会不同阶层的声音，推动社会进步。这种职业角色兴起于资产阶级革命时期，成熟于美国19世纪末的进步主义运动，与当时美国社会促进社会公正和道德水准提高的一系列改革密切相关。参与者有时代表公众展开调查，讨论政策或批评政府，有时站在政府或社会组织一边，有时又独立于公众和政府，扮演启蒙者的角色。此外，参与者的角色常出现在社会动荡或变革的时期，给予记者极大的满足感，带有浓厚的精英主义色彩，倾向于社会变革或改革。

新闻从业者往往需要在更活跃、参与性更高的角色与更中立、更社会性的角色之间作出选择。随着美国新闻界借揭发水门事件的表现而赢得的社会声望逐渐消退，美国大众开始对新闻从业者的专业角色大加质疑。为了调查颇受质疑的参与者角色在新闻从业者的头脑中到底发展到了怎样的程度，戴维·韦弗（David Weaver）和克利夫兰·威尔霍伊特（G. Cleveland Wilhoit）开展了针对

20世纪80年代媒体记者的调查。他们以一个三方参与的角色区分来取代简单的"中立与参与"的二元对立,即阐释者、传播者、反对者。"阐释者"的角色担负着对复杂问题的分析与揭示、调查政府的主张以及讨论新出台的国家政策等几项主要职责。传播者则强调快速将信息传递给公众、聚焦在潜在的最大的受众群。[1] 反对者的角色尽管弱得多,但依然被大多数记者认同。这揭示了新闻从业者态度结构当中的一个现象:在反对者立场和信息提供者立场之间存在"桥梁"位置。

第三次针对美国新闻从业者专业角色观念的调查在1992年展开,研究者对问卷中媒介活动的选择颇受当时兴起的"公共新闻"理论的影响。韦弗和威尔霍伊特的调查结果延续了20世纪80年代已经显露的从业者角色观念多样化的趋势,而最令人兴奋的发现就是,分析受访者回答的时候出现了一种全新的专业角色——公众动员者。研究者为公众动员者这一新角色的出现提供了逻辑解释:新闻从业者用有趣的和娱乐化的新闻吸引受众,并通过议程设置的手段塑造和发展大众的知识和文化兴趣,同时让普通人有机会通过媒介表达自己的观点。[2] 公众动员者的媒介角色说明,公共新闻业的一些观念已经渗透到了新闻从业者的从业观念之中。

美国学者对新闻从业者的专业角色观念为期数十年的研究表明,一方面以独立报刊思想为基础的自由主义的媒介观在西方记者当中具有普遍的影响力,另一方面也有很多记者倾向于社会责任论对自由主义报刊理论的修正。大多数记者更倾向于中立的、信息提供者的角色,这符合将客观性当作核心职业理念的做法。但从"中立"与"参与"的二元对立,到之后的三分法、四分法,专业角色的多元化趋势不容忽视。这启示我们,新闻从业者的专业角色并不是铁板一块,而是在不同时期经历着分化和演变。

---

[1] 参见〔英〕丹尼斯·麦奎尔:《麦奎尔大众传播理论(第六版)》,徐佳、董璐译,清华大学出版社2019年版。

[2] 参见 David Weaver and G. Cleveland Wilhoit, *The American Journalist in the 1990s: US News People at the End of an Era*, Routledge, 2020。

二、中国新闻从业者的职业角色

近些年来,对于中国新闻从业者的角色研究大致可以分为以下两个方向:其一是中国新闻从业者角色的历史变迁与类型划分;其二是媒介环境变迁与新闻从业者的角色再定位。

中国新闻从业者的社会角色变迁与中国独有的政治、经济、文化背景存在紧密的内在关联,记者群体履行社会功能的自觉意识受到外部环境规定的深刻影响,这也间接决定了类型划分的判断标准和呈现形式。有学者区分了20世纪中国记者的三种职业角色:儒家模式、毛泽东模式、市场化模式①,这构成了中国新闻从业者历史变迁与类型划分研究的前提,后来的研究者大都在此基础上作进一步的发展。有研究者认为,儒家传统理念依然影响着今天的中国记者,儒家模式与毛泽东模式并非更替关系,市场化模式也非铁板一块,由此提出了宣传者、参与者、营利者和观察者等多类型记者角色并存的状态(见表3-1)。②

表3-1 一种关于中国记者职业角色的典型分类

	宣传者	参与者	营利者	观察者
记者的职业功能	传递党的政策 党的新闻工作者 喉舌、动员、引导	推动社会变迁 信息和观点的提供者 鼓吹、启蒙	获得商业利润 信息提供者	记录新闻事件 信息提供者
受众观	被启蒙的大众媒体比受众高明	被启蒙的大众媒体比受众高明	消费者受众比媒体高明	有判断力的个体受众比媒体高明
报道特征	宣传的文字评论重于事实 工作新闻和典型人物	热情的文字评论偏重于事实 重视新闻策划	煽情的文字 重视软新闻,忽视硬新闻	冷静的文字事实偏重于评论
可能面临的批评	精英倾向 报道模式单一化	精英倾向 媒介审判	新闻低俗化 假新闻	没有公德心和同情心

---

① 参见李金铨:《超越西方霸权:传媒与文化中国的现代性》,牛津大学出版社2004年版。
② 陈阳:《当下中国记者职业角色的变迁轨迹——宣传者、参与者、营利者和观察者》,《国际新闻界》2006年第12期。

新闻从业者的新旧角色并立，已经成为转型期中国新闻界的现实图景。这些职业角色共存于当下我国的新闻界，甚至共存于同一家媒体里。它们可能共享相同的思想资源，却也构成了记者自我认知过程中的冲突成分。例如，中立者的角色反映了社会稳定时期占主流的职业决策理念，通过对新闻从业者言论和观点的理性克制，强调对公众智识水准的认可。而参与者的角色则受到近代报业兴起以来文人论政传统的强烈影响，在追求社会真相、承担社会责任的过程中可能存在过于重视舆论监督职能、容易引发媒介审判的现象，这反映了记者在选择报道事实还是承担更多社会责任之间的经典冲突。

新闻从业者的职业角色是随历史发展而不断变化的意识形态，它们与特定的历史背景分不开。体制机制、媒介环境的变化，使得新闻工作者的角色内涵不断丰富。中国传媒的市场化改革、新媒体的不断成长让新闻从业者越来越认同市场的力量，而中国的新闻体制决定了其从业者又需要时刻将自身同时定位为宣传者。① 此外，媒体融合语境下媒体组织层面的变革也对新闻从业者的角色定义和角色权利产生了系统性作用，事业单位制度下的职员角色和企业管理制度下的职业角色，都为本就存在的矛盾增添了复杂的身份标志。

案例：《南方都市报》记者卧底替考报道

2015年6月7日上午，《南方都市报》在其新媒体账号上发布文章《重磅！南都记者卧底替考组织 此刻正在南昌参加高考》。此前，记者吴雪峰自2014年11月起与高考"枪手"组织成员接头，最终成功卧底拿到"身份证""准考证"参加高考。《南方都市报》卧底调查组报警后，向南昌警方提供了掌握的全部线索和材料，南昌市教育考试院与警方在考试即将结束时抓捕了涉事考生。《南方都市报》的记者卧底替考报道引发了巨大社会反响，但关于团队在暗访中是否违背新闻伦理甚至法律法规的讨论，热度俨然不逊事件本身。

---

① 苏林森：《宣传者、营利者和传播者——中国新闻从业者的角色认知》，《国际新闻界》2012年第8期。

☞ **多方观点**

① 媒体同行

有媒体人认为，卧底采访是暗访的一种，是记者为完成特定的采访任务，不公开自己的记者身份、隐藏真正的采访意图而进行的新闻采访方式。《南方都市报》记者作为卧底虽然参与了高考舞弊的过程，但对高考管理秩序的"危害"相当有限，既没有造成考场混乱，还因及时曝光揭出高考舞弊的黑洞，使教育、公安部门及时介入，打击了舞弊犯罪。① 但也有媒体人认为，利用记者这一特殊身份获取一些证据同样涉嫌犯罪，提高新闻从业者的法律素养刻不容缓。②

② 新闻学界

在接受《人民法院报》采访③时，南京大学新闻传播学院教授陈堂发指出，从坐实替考组织的违法犯罪事实考虑，记者"获取""身份证""准考证"可以谅解，但真的走进考场并实施替考行为，性质就改变了，该行为已不能被多数人接受。暨南大学新闻传播学院教授林爱珺认为，程序正义比实体正义更有意义，记者不能做破坏秩序的事，目的的合法性不能替代行为的合法性和结果的合法性。

☞ **事件分析**

从中外新闻业的生产实践和价值观念看，深度报道从业者是新闻从业者群体中最具专业理念、职业精神的典范。一些记者试图在记录与影响之间寻求平衡点，同时强调这两种功能的重要性。

暗访作为新闻记者采访调查的一种方式，曾被认为是新闻记者的权利。近些年，记者暗访或卧底后刊发的文章屡屡引发争议，一方面在于一些媒体记者采访权的行使碰触到了法律的边界，另一方面也与欺骗等"钓鱼"式取证手段有关。

---

① 张杰：《记者卧底替考，你怎么看？》，《河南法制报》2015年6月10日，第11版。
② 齐东东：《记者卧底替考争议：逼仄现实中无话找话的写照？》，http://media.sohu.com/20150608/n414642518.shtml，2022年6月10日访问。
③ 潘成功：《揭露高考替考，"卧底采访"是英雄行为吗？》，《人民法院报》2015年6月13日，第05版。

> 业内目前比较一致的观点是,暗访要谨慎使用,既不能违法,也不能人为导演。即使隐性采访打着正义的旗号,其本质上也是一种欺骗行为,存在着伦理和道德上的风险,因此选用这种采访方式要谨慎,最好在其他采访手段和获取信息的方式难以奏效的情况下,才"不得已而为之"。

以互联网为代表的新媒体已经融入人们的日常生活,深刻改变了人们的媒介接触行为和新闻消费形态,用户使用新闻的底层逻辑的转变也导致了新闻机构职业理念的调适。数据、算法、平台型媒体等智媒传播环境的典型要素,通过对日常工作行为的深度嵌入和改造,改变了新闻从业者对自己的想象。20 世纪中叶,从库尔特·勒温(Kurt Lewin)到戴维·怀特(David White)的"把关人"(Gatekeeper)研究,评判了传播渠道中存在的对信息或新闻的人为处理,特别是新闻从业者的主观意识在稿件的取舍中发挥的重要作用。澳大利亚学者阿克塞尔·布伦斯(Axel Bruns)提出的"守门人"(Gatewatcher)概念,则指出互联网的海量信息环境下新闻从业者对内容的控制能力大大降低。新时期的新闻从业者需要在做好信息采集与核实的"把关"基础上,调适对智能环境下社会需求和技术变革的响应能力,适度进化为新闻"策展人",同时具有对用户的洞察能力,对数据的分析能力,对新闻的敏锐直觉。[1]

在中国的新闻舆论环境越发复杂的今天,新闻从业者的社会角色更丰富,记者和编辑的工作职责更重要,工作难度也更大。2016 年 2 月 19 日,习近平总书记在人民大会堂主持召开党的新闻舆论工作座谈会并发表重要讲话,指出要引导广大新闻舆论工作者做党的政策主张的传播者、时代风云的记录者、社会进步的推动者、公平正义的守望者。2017 年,习近平总书记致信祝贺中华全国新闻工作者协会成立 80 周年,指出希望广大新闻工作者坚定"四个自信",保持人民情怀,记录伟大时代,讲好中国故事,传播中国声音,唱响奋进凯歌,凝聚民族力量,为实现"两个一百年"奋斗目标、实现中华民族伟大复兴的中国梦不断

---

[1] 王斌、顾天成:《智媒时代新闻从业者的职业角色转型》,《新闻与写作》2019 年第 4 期。

作出新的更大贡献。这既是总书记对新闻工作者的鼓励,也为新时代做好党的新闻舆论工作提供了行动遵循。

第二节　新闻从业者的职业化

新闻活动古已有之,但新闻作为一种职业不过几百年的历史。古汉语中的"记者"一词,经历了由一种记述者的自我称谓转变为泛指新闻工作者的新名词,又逐渐发展成新闻职业的称谓的过程。随着人们对公共生活的广泛关注,社会和职业新闻人渐渐地将挖掘新闻背后的真实、担当社会的瞭望者的职业角色定位于职业新闻人。在数字时代,新闻从业者的职业边界日益模糊,涌现出专业记者、业余记者、信息传播者等不同层级的主体[1],为新闻从业者的职业化带来了新的问题。

一、新闻工作的专业化

随着现代社会职业分工的精细化,一系列新的以知识为导向的职业以及一些历史悠久的职业都在定义或重新定义自己,并努力增加自身的合法性和权威性。例如,医学和法律就是两个具有鲜明职业标记的行业领域,许多其他职业的群体也在努力让他们的工作超越行业或工艺的地位,并取得了不同程度的成功。对新闻工作专业化、职业化的研究是理解新闻业在社会中的地位和合法性的关键。在新闻的身份动摇、新闻理想变得更加流动的时候,这种探讨尤为重要。

专业化强调在拥有更好的专业知识与专业技能的基础上,以相对自律的方式,向社会提供高质量甚至是无私的服务,同时建构职业声望和权威性。排他性的知识体系和专业权力,以及对管辖权的争夺,是职业化的核心部分。从职业的专业化角度看,专业化是某一职业的成员集体巩固与获取权威从而使之成

---

[1] 徐笛:《数字时代,谁是记者:一种分层理解的框架》,《新闻界》2021年第6期。

为专门职业并获得专业地位的过程。从职业管辖权角度看,职业的发展正是在处于同一工作领域的不同职业之间关于管辖权边界的冲突中得以完成的。新闻能否成为一门专业,核心问题在于它对事实的收集和传播的管辖权要求能否得到满足。而专业化进程的必然结果往往是专业垄断,专业与非专业的人在专业化的进程中开始分道扬镳。

19世纪末,在欧美社会出现的专业化运动是催生新闻专业主义的重要前提,从某种意义上说,新闻专业主义是专业化运动在新闻业的延伸。哈罗德·威伦斯基(Harold Wilensky)在《美国社会学杂志》上发表的题为"全员职业化?"的文章,把职业的演化过程划分为五个阶段:以这个职业为全职或全日制(full-time)的工作;建立了专门的训练学校;形成了专业协会;赢得法律支持以能自主掌管自己的工作;专业协会公布正式的道德规则。① 即,一个从事某职业的群体通过上述步骤而成为专业群体。这篇被广泛引用的文章建立了一个专业化标准的基本框架,新闻研究者参考这一框架,对新闻专业主义进行分析。从社会的视角来看,新闻职业是一种以职业为基础的社会关系模式,它有不同于政治权力和自由市场的一整套理念和信仰体系,而这种理念和信仰落实到个体也就内化为新闻从业者的专业信念、价值观念、行为标准和从业实践的权威精神。②

世纪之交时,中国学者开始广泛关注社会转型期新闻从业者的职业状况,凸显新闻行业在中国专业化的完成。1997年,中国人民大学舆论研究所和全国记协国内部在全国范围内开展了新闻工作者的抽样调查,对新闻工作者的基本情况、专业特征、职业满意度、角色认知与职业意识、职业道德意识和媒介接触行为进行了全面、系统的调查。2002年,陆晔、俞卫东对上海地区新闻从业者的职业状况、职业理想、媒介观与伦理观、媒介接触和使用行为等方面进行了考察。这份调查报告敏锐地捕捉到在收入水平较为理想的情况下,媒体人对竞争压力和职业社会地位的忧虑。之后,越来越多的研究分析了中国新闻从业者的专业理念和职业进程(见表3-2)。

---

① Harold Wilensky, "The Professionalization of Everyone?," *American Journal of Sociology*, 70, 1964。转引自黄旦:《传者图像:新闻专业主义的建构与消解》,复旦大学出版社2005年版,第6页。
② 吴飞:《新闻从业者职业权威理念的实证分析》,《新闻记者》2010年第3期。

表 3-2　对中国新闻从业者职业状况的部分实证研究

	调查主体及抽样方法	部分主要结论
中国新闻工作者职业意识和职业道德	中国人民大学舆论研究所和全国记协国内部（1997 年）全国 10 个省、自治区、直辖市的中央及地方 183 个新闻单位中的 2002 位新闻从业者	1.我国新闻从业者的稳定性较高 2.我国新闻从业者有较为强烈的职业自豪感，对职业的社会地位的自我评价较高 3.我国新闻从业者大体上形成了对社会主义市场经济条件下新闻媒介所承担的多样的社会功能的系统性认识
2002 年上海新闻从业者调查报告	陆晔、俞卫东（2002 年）在上海地区出版发行的综合性日报、上海两家电台和两家电视台内从事新闻采编工作的人员共 515 个有效样本	1.上海新闻从业者当中的中年从业者是职业忠诚度最高的群体，新闻从业者对自身地位的评价显著影响对工作的满意度 2.互联网已经是新闻从业者经常使用的工具，年龄越大、从业年限越长，在新闻采编过程中使用网络越少
上海地区网络新闻从业者的基本职业状况	陶建杰、张志安（2010 年）对总部位于上海的主要新闻网站的从业者进行了问卷调查，共发放问卷 276 份	1.网络新闻从业者呈现年轻化、高学历、高流动性特征，有较强的职业可塑性 2.由于独立采访权缺乏法律保障、职业身份模糊、管理不规范等，网络新闻从业者的职业声誉和职业自豪感远低于传统媒体的从业者
中国网络新闻从业者职业生存状况调查报告	东方网、复旦大学新闻学院（2013 年）全国 60 家网站的 1631 位网络新闻从业者	1.网络新闻从业者已普遍认为自己是"新闻从业者"的有机组成部分 2.网络新闻从业者心目中最接近"理想媒体"的是凤凰卫视和《南方周末》
北京地区新闻从业人员择业动机	中国人民大学马克思主义新闻观研究中心（2018 年）北京地区的 320 位新闻从业者	1.北京地区新闻从业者具有较远大的职业理想与较强的社会责任意识，宣传者和参与者是大多数受访者认同的职业角色 2.个人能否实现个性化发展也成为新闻从业者进行职业选择时考虑的重要因素

资料来源：作者整理。

> **知识窗：边界工作与新闻业的职业边界**[①]
>
> 边界工作是科学社会学家托马斯·吉尔因（Thomas Gieryn）在研究科学划界问题时提出的重要概念，即"科学家选择性地赋予科学体制（其从业者、方法、知识存量、价值和工作的组织）一些特性，以建构一条将一些知识活动区别为'非科学'的社会边界"。
>
> 吉尔因认为，科学家在科学与非科学之间建构边界，大致有以下三种类型。（1）扩张（expansion），即通过强调科学家与其他专业人士的优劣对比使自身处于有利地位，从而进入被其他专业或职业占据的领域。（2）驱逐（expulsion），即通过给竞争者贴上"假冒的""越轨的""业余的"等标签将其界定为局外人而逐出专业领域，实现对权威和资源的垄断。（3）保护自主性（protection of autonomy），即将责任归于外来的替罪羊而使内部成员免责，阻止国家、资本等外部力量的干预。
>
> 对新闻业边界工作的研究，主要关注记者如何扩展了新闻的传统边界，使一些新的领域进入新闻的领域；新闻共同体如何驱逐那些被贴上"越轨"标签的记者或新闻组织，以公开确立自己的合法边界；新闻从业者如何面对外部力量对新闻业的影响与威胁；等等。总的来说，边界工作揭示的是一个局内人的视角，即在一个新的媒介生态中，新闻职业群体如何通过特定的话语策略在边界竞争中维护自身的职业地位。

二、辩证认识"新闻专业主义"

新闻专业主义的概念源自西方，概而论之，就是新闻媒介必须以服务大众为宗旨，新闻工作必须遵循真实、全面、客观、公正的原则。[②] 这种专业主义是指一个职业的成员所坚持的一个共享的规范、规则和实践的体系，这些规范、规则

[①] 参见白红义：《新闻业的边界工作：概念、类型及不足》，《新闻记者》2015年第7期。
[②] 参见李良荣：《新闻学概论（第六版）》，复旦大学出版社2018年版。

和实践培养了一种职业自我意识或职业认同。通过职业培训和社会化的培养,新闻从业者逐渐形成了对自己作为专业社区成员的观念。[1]

西方的新闻专业主义(Journalistic Professionalism)思想起源于美国。19世纪中后期,随着便士报和独立报刊的产生,与报纸相关的工作在社会中成为一种正式并得到人们认同的职业。第一次世界大战后,专业主义的思想更加深入人心,美国新闻工作者开始尝试确立适当的专业规范。[2] 1923年,美国报纸编辑人协会制定了《报业信条》。1934年,美国记者公会制定了《记者道德律》。1947年,新闻自由委员会的报告《一个自由而负责的新闻界》正式提倡媒介专业化:"我们建议将自己的职能视为从事专业化水平的公共服务。"[3]在新闻自由委员会发布报告后的50年间,委员会的多数建议成为新闻界自律的基础。至20世纪中期,新闻专业主义发展成为诠释和评判新闻事业的主导话语。马加利·拉尔森(Magali Larson)认为,立足美国本土实践的专业主义强调新闻业应该与社会有所区别,既与一切政治经济权力保持距离,也要体现对于一般公众而言的专业门槛。[4]

归纳起来,新闻专业主义呈现出以下几个方面的特征。一是客观性。客观性是新闻专业主义的核心内容,也是西方新闻业的基石。新闻工作者在进行"把关"时要按照新闻价值的中立标准而非个人好恶进行选择。二是独立性。独立性指的是从事自己的工作而不被内部和外部力量控制的自由。新闻媒介的运作不应臣服或接受除行业规范之外的权力或权威的控制。三是公共性。新闻专业主义要求传媒具有社会公器的职能,为公众提供公共服务,充分发挥守望社会的监督职责,保障公众的知情权,满足公众的信息需求。

新闻专业主义的合理性与普适性一直存在争议。特别是西方新闻从业者

---

[1] Karin Wahl-Jorgensen and Thomas Hanitzsch, eds., *The Handbook of Journalism Studies*(2nd edition), Routledge, 2020, p. 105.
[2] 郭镇之:《舆论监督与西方新闻工作者的专业主义》,《国际新闻界》1999年第5期。
[3] 转引自中共中央宣传部理论局、马克思主义理论研究和建设工程办公室编:《2007年马克思理论研究和建设工程参考资料选编》,学习出版社2008年版。
[4] Magali S. Larson, *The Rise of Professionalism: A Sociological Analysis*, University of California Press, 1977, p. X.

在追求新闻专业主义理想的过程中,由于现实因素的制约,常常陷入理想与现实的悖论,使得西方所标榜的"自由""客观""公正""独立"等新闻专业主义神话时刻面临着被解构的风险。

从理论的角度看,对新闻专业主义的认识在不断发展。首先,自"把关人"理论以来,把新闻从业者个体和组织、制度等结合起来观察,打破了新闻学"职业化"或"专业主义"的研究视野,专业主义的理想受到了一定的消解。其次,新闻专业主义作为一种对实际新闻生产"专业权力"的追求,面临着与其他权力相互监督和制约的问题。① 新闻业从来没有形成真正的行业壁垒,虽然这种壁垒可能是必要的,但未必是社会最好的选择。最后,新闻专业主义作为一种操作性价值伦理,因为涉及人的认知问题,所以面临哲学层面的挑战。如作为新闻专业主义核心信条之一的客观性,在现实层面就是一个很难完成的使命,受到个体经验和认知方式的复杂影响。

从实践的角度看,新媒体时代特别是技术的革新与公民新闻学运动为新闻专业主义的实现带来了新的困境。近些年来,新闻从业者将新闻界的危机"诊断"为一种"盈利"的危机和"商业模式"的危机,商业主义话语秩序的形成排除和替代了专业主义的话语资源。② 新媒体技术掌握了到达受众的渠道,被认为超越传统媒体占据了影响力和营销能力的先机。媒体的商业分支变得更发达,采编部门以商业导向的"涨粉丝"和"吸引眼球"作为编辑原则,而围绕专业主义的工作或实践类型被边缘化或被抑制,新闻从业者理想主义的身份认同不断瓦解。

新闻专业主义曾让新闻业找到了支撑自身的理念,也因为承担了新闻理想、政治民主、新闻自由等众多期待,而在讨论的全过程中存在碎片化、负荷过重的情形,阻碍了其历史使命的实现。在当今的传媒格局中,需要用更加开放和与时俱进的视野看待新闻业职业化的进程,既要看到新闻专业主义被提出时

---

① 芮必峰:《新闻专业主义:一种职业权力的意识形态——再论新闻专业主义之于我国新闻传播实践》,《国际新闻界》2011年第12期。
② 李艳红、陈鹏:《"商业主义"统合与"专业主义"离场:数字化背景下中国新闻业转型的话语形构及其构成作用》,《国际新闻界》2016年第9期。

与当时美国新闻业发展所处历史阶段的契合性,又要看到其基本理念随着信息技术和社会环境的变革发生的嬗变,特别是在文化与体制多样性的全球新闻业比较中,注意不同地区在追求新闻专业化过程中的理念差异和实践差异。

> **知识窗:全球视野中的新闻专业主义**[①]
>
> 若以全球比较的视野来认识新闻专业主义,会有哪些出乎意料的结论?过去的经典研究都将专业主义视为一套既定的职业特征,认为其可以量化为个体的角色认知、职业态度、价值观以及人口统计学特征等一系列指标,具有明确的价值取向。但近些年,人们开始对"专业主义"一词持以怀疑的态度,研究对象也从个体层面转向了结构和文化层面。学者们开始反思专业主义的形成,尤其是美国式的新闻专业主义在全球的扩散。
>
> 韦弗在2012年出版的《21世纪全球记者》中,调查了来自31个国家和地区的共计29 000名记者。时隔十多年,再度收集全球范围内新闻记者的数据,韦弗发现几乎更难证明存在一种全球新闻文化的趋向,记者的价值观在很大程度上取决于其社会、政治和文化背景。劳伦斯·平塔克(Lawrence Pintak)在2014年的论述中指出,阿拉伯国家的新闻记者通过伊斯兰哲学价值来认识新闻职业,其角色观念来源于伊斯兰教义中的说真话、追寻正义和公共利益等理念,而不是西方的新闻专业主义。类似的发现打破了此前新闻专业主义自西方向东方蔓延并成为全球普遍价值观的观点,也说明新闻职业观的形成除了受到全球标准的影响之外,还受到本地价值观,诸如文化、政治风气以及宗教信仰的影响。
>
> 专业主义不应当被视为某一特定职业所必须具备的某些特征,而是该职业获得自治及管辖权的过程。它不是单一价值取向的,而且不是职业角色规范的单一来源。从世界各地的案例可见,非西方记者的角色存在鲜明的差异化与地方化特色,这也说明"专业主义"的概念应当具有全球包容性。新闻从

[①] 单波、林莉:《比较新闻学的新问题与新方法》,《山西大学学报(哲学社会科学版)》2016年第4期。

> 业者的专业精神在世界各地并没有固定的标准，而是和历史传统等社会文化因素息息相关。例如，一般说来，大多数记者更愿意充当客观的信息传递者和中立的社会记录者，强调在不同社会团体间保持观点平衡，但这种实践风格并非普遍规范，欧洲大陆新闻史上缺少对新闻规范的共识，并且政党对于传媒有着强大影响，这些因素都为形态各异的新闻文化提供了具体的发展条件。

第三节　新闻从业者的职业发展

重视新闻从业者的职业发展是新闻事业发展的必然要求。新闻事业的队伍既包括新闻从业人员，即新闻媒体的负责人、管理人员与从事新闻工作的编辑、记者，这是当下新闻事业发展的基础，也包括新闻事业的后备人员，如高校新闻院系的大学生，这是未来新闻从业人员的主要来源。

一、新闻从业者的职业能力

当前，社会思潮的多元化使思想领域的斗争日益激烈，这更需要社会主义主流价值观的引领。只有提高记者的职业能力，才能促进新闻行业的良好发展，才能担负新闻舆论工作的职责使命，才能更好地做党的政策主张的传播者、时代风云的记录者、社会进步的推动者、公平正义的守望者。新时代也赋予了新闻记者新的历史使命，提升记者的职业能力也就具有了较强的迫切性、重要性和明确的价值诉求。

（一）新闻从业者的基本素养

新闻从业者要坚持马克思主义新闻观，尤其要强化党性，掌握马克思主义基本理论，能够运用马克思主义的立场、观点、方法去观察问题、分析问题，在错综复杂的局面中坚持正确的政治方向。① 2019 年新修订的《中国新闻工作者职业道德准则》明确指出:新闻工作者要坚持用习近平新时代中国特色社会主义思想武装头脑,增强"四个意识"、坚定"四个自信"、做到"两个维护",牢记党的新闻舆论工作职责使命,不断增强脚力、眼力、脑力、笔力。应不断提高传播力、引导力、影响力、公信力;自觉承担社会责任,做政治坚定、引领时代、业务精湛、作风优良、党和人民信赖的新闻工作者。

新闻从业者要熟悉、理解党的方针政策和法律法规,加强思想道德修养。在从事新闻工作的全过程中,自觉遵守国家法律法规,遵守党的新闻工作纪律,恪守新闻职业道德,遵守新闻采访规范,尊重和保护新闻媒体作品版权。要坚持以人民为中心的工作导向,保持人民情怀,及时回应人民群众的关切和期待,畅通人民群众表达意见的渠道。要坚持新闻真实性原则,努力到一线、到现场采访核实,报道做到真实、准确、全面、客观,坚持网上网下"一个标准、一把尺子、一条底线"。

新闻从业者要转变观念模式,遵循新闻传播规律和新兴媒体发展规律,强化互联网思维,顺应全媒体发展要求。要创新理念、内容、体裁、形式、方法、业态等,适应分众化、差异化传播趋势,重视新媒体舆论规律和用户信息消费规律,敢于打破思维定式和路径依赖。要善于运用网络新技术新应用,要熟悉网络化工作,借助社交平台开发和维护各种社会关系,形成自己的沟通渠道。要注重培养面对压力的能力、沟通合作的能力,主动适应"全时在线"的舆论环境,强化时间意识。

新闻从业者要把握职业核心素养,全面提升信息的采集、核实、制作能力,学会发现社会事实的新闻价值。对新闻事实的发现,以及对事实中新闻价值的认知,是贯穿于新闻采访、写作、编辑等操作环节的新闻思维活动,是新闻事件的主导性思维,也是新闻工作者的基本职业素质。② 新闻从业者要明确事实信息的重要性,牢记通过全面的调查认知事实真相;要形成良好的新闻价值判断体系,善于发现新闻价值;要深化对创作体裁、切入点等要素的思考,选择合适

---

① 参见李良荣:《新闻学概论(第六版)》,复旦大学出版社 2018 年版。
② 参见张征:《新闻发现论纲》,中国人民大学出版社 2006 年版。

的新闻表达方式。同时,新闻从业者要了解环境、了解受众、了解媒体,掌握新闻写作的基本方法。

(二)新媒体时代新闻从业者的专业能力

数字媒体的发展,使得对新闻从业者专业能力的要求也在发展。就像新闻业本身一样,新闻从业者需要的专业能力并没有单一的固定公式,这是一个永远在变化和演变的列表。在过去时代重要的新闻技能,未必适合今天的新闻业。① 新形势下的新闻从业者被寄予许多期待,他们需要具备的本领可以从心理学家、研究人员、作家、分析师等多样的职业人员身上找到。当然,他们还应该对自己的职业抱有充沛的热情。识别这些专业能力要素对新闻业的未来至关重要,这不仅是一个对新闻学者而言重要的研究问题,也是一个直接影响媒体机构生存能力的经济问题。

2013年,美国的波因特研究院在一项名为"未来新闻业竞争能力"的调查中,考察了2900名业内人士、教育工作者、学生以及独立记者,确认了新闻记者应该掌握的37项关键技能(见表3-3)。②

表3-3 波因特研究院调查中新闻记者的37项关键技能

知识、态度、个人特质,以及价值观	好奇;准确;很好地处理压力与截稿期限;很好地处理批评意见;拥有宽广的知识视野;拥有良好的社交技能;成为一个好的团队成员;熟悉新闻伦理;了解其他文化;了解政府知识;了解媒介环境;熟悉版权法;熟悉新闻法;了解媒体运营知识;拥有好的新闻判断力;熟悉当下事件;选择可信的信息;成为一个团队领导;进行变革和创新的能力
新闻采集	分析与整合规模庞大的数据;利用网络进行联系和发展信源;在一个高水平基础上搜索网络信息;精通采访技术;在不依赖互联网的情况下,搜索新闻和查证信源;以一种历史的视角来看待新闻;解释统计数据与图表

---

① 参见 Howard I. Finberg and Lauren Klinger, "Core Skills for the Future of Journalism," The Poynter Institute for Media Studies, 2014, https://www.poynter.org/wp-content/uploads/2019/05/CoreSkills_Future-ofJournalism2014v2.pdf。

② 同上。

（续表）

新闻生产	新闻叙事能力；以流利的语言来写作；使用正确的语法来写作；掌握各种类型的新闻写作技能；了解受众的期望与需求；语言表达技能
技术或多媒体生产	使用超文本标记语言或其他计算机语言工作的能力；拍摄与编辑视频；拍摄与编辑图片；记录与编辑音频；使用视觉与图形技术讲故事的能力

从专业知识的角度看，网络化的内容生产要求新闻从业者具备过硬的专业知识。在波因特研究院的调查结果中，关于"新闻采集""新闻生产"的许多技能条目都与此相关。传统意义上的新闻从业者可能是某一领域的专家，但现在的媒体机构越来越需要"通才型记者"，他们不仅要会采访、写作、社交，还要跨领域掌握移动音视频处理、计算机语言工作等新技术。此外，讲故事依然是记者工作的重要方面，提升新闻叙事的能力，以流畅、规范的方式传递信息，依然是新闻生产领域不可忽视的专业要求。

从经营管理的角度看，日渐市场化的传媒行业要求新闻从业者具备项目管理技能——这是一种跟进项目全程、了解其如何组合，并最终能够做出相关产品的技能。[①] 波因特研究院的调查结果中，关于"知识、态度、个人特质，以及价值观"的不少技能条目与此相关。这是因为报道的形式不再像一次性的成品，而变得越来越像一系列项目式行为的组合。在新闻编辑室中的人手不断减少的情况下，如何规划报道的规模、调配成员的分工与协作，都正在变得越来越重要。

从技术实践的角度看，不断迭代的新传播技术要求新闻从业者善于利用媒介接触和互联网使用的便利条件。波因特研究院的调查结果中，关于"技术或多媒体生产"的技能条目与此相关。随着博客、微博、微信等的崛起，社交媒体已经成为中国新闻从业者工作和个人生活的重要工具。对互联网工作功效的认知、对社交媒体表达的正向态度以及机构的鼓励，是影响他们运用社交媒体

---

① 王帆：《专业记者不会消失，但必须改变自己——记者职业面临的挑战与未来》，《新闻记者》2013年第4期。

的重要因素。[1] 新闻从业者应当养成数据意识,具有数据挖掘、分析与可视化的能力,尝试掌握技术整合的能力以及多内容、多形态内容制作的能力,学会在不同的传播渠道进行信息发布。

> **知识窗:数据新闻的能力要求**[2]
>
> 数据新闻发端于英美精英媒体的新闻创新实践,随后开始向全球扩散。中国的数据新闻在近些年也得到快速发展,新华网、财新、澎湃新闻等媒体都培养了自己的数据新闻团队。
>
> 数据新闻诞生之初,数据被等同为数字,由此在狭义上,数据新闻是"在数字中挖掘故事,并利用数字来讲故事的新闻报道"。随着实践的持续展开,数据的内涵得到扩充,图像、声音、颜色、类型、地理位置信息、关系等都被视作数据,用来生产新闻。虽然从业者对数据新闻的具体界定各异,但对其构成要素存在一些共识:一是数据新闻基于可被结构化的信息,无论这种信息是数字抑或文本;二是对信息的可视化呈现;三是具备新闻价值。
>
> 调查显示,数据新闻从业者更倾向于为了学习新知或因为喜欢某种新鲜事物而走上数据新闻岗位。在价值认知方面,受访者认为制作数据新闻最重要的是新闻敏感和价值判断。对于制作数据新闻所需的各项能力,得分最高的是良好的新闻判断,接下来是团队合作,编程能力排在末位。传统的新闻记者核心能力——采访——被降格,其评分均值仅在编程能力之上。
>
> 总体而言,数据新闻从业者具有较高受教育水平、较为积极的工作态度,喜欢尝试新鲜事物,对数据新闻的发展前景也有较为正面的评价。

---

[1] 周葆华:《中国新闻从业者的社交媒体运用及其影响因素:一项针对上海青年新闻从业者的调查研究》,《新闻与传播研究》2014 年第 12 期。

[2] 徐笛、马文娟:《中国内地数据新闻从业者调查——基本构成、所需技能与价值认知》,《新闻记者》2017 年第 9 期。

二、新闻从业者的职业教育

国家、社会和公众对新闻从业人员的职业期待和要求,决定了新闻从业者必须具备良好的专业素质和职业素养,而这些素质与素养的形成需要一个教育和培养的过程。对新闻从业者的职业教育,是新闻人才培养的重要手段,也是新闻队伍建设的重要环节。

(一)高等院校的新闻职业教育

新闻院校的专业教育是最正规、最系统的新闻教育途径,为中国新闻业的规模化、专业化源源不断地输送了大量人才。各大高等院校新闻院系的在校生是传媒行业从业者的后备军,他们在新闻教育中接受的各种知识和能力的训练,被从业者普遍认为在培养新闻工作者时起到了重要的作用。同时,他们对新闻职业的认同状况直接影响着未来新闻行业的劳动力供给。例如,新闻业的行业典范,如名记者和重要事件,就会通过新闻教育对从业者的职业选择产生深远的影响。

在传媒行业,新的技术正在取代一系列重复性强、创造性弱的工作岗位,也给新闻传播业带来了新分工、新职业、新岗位。在媒体融合发展不断推进的过程中,媒体的人才需求也一直在发生变化。[1] 一方面,传统媒体在推动融合与转型的过程中,缺乏熟悉新媒体传播规律、掌握新型信息传播技术的人才,部分传统岗位的从业者与媒体融合的整体进程脱节。另一方面,平台媒体和自媒体勃兴,大量政府、企业等机构成为信息传播的主体,传播主体的多元化创造了大量传媒行业的工作或实习岗位,也产生了巨大的人才缺口。这些变化使得新闻从业者往往需要同时掌握采访写作的本领、图像和视频编辑技术,即制作完整多媒体作品的能力,成为"全媒体记者"。

在此背景下,全球新闻传播业都在谋求改革和转型,新闻传播教育也面临着迫切的调整需要。近几年,美国哥伦比亚大学新闻学院、加州大学伯克利分

---

[1] 参见蔡雯:《媒介融合推进下的新闻教育变革》,中国人民大学出版社2021年版。

校传播系、雪城大学公共传播学院等一批顶尖新闻传播院校都进行了教学改革,以使人才培养能顺应新媒体时代变革的需要。① 相比于欧美新闻学的话语体系,中国新闻实践的历史脉络和现实实践更加复杂。2016年12月,习近平总书记在全国高校思想政治工作会议上指出:"我国有独特的历史、独特的文化、独特的国情,决定了我国必须走自己的高等教育发展道路,扎实办好中国特色社会主义高校。"国内的一些重点院校通过改革课程设置、加强教材建设、拓展实践教学等举措进行人才培养模式的创新,并取得了初步的成果。

中国人民大学新闻学院始建于1955年,是中国共产党创办的新中国第一所高等新闻教育机构。经过六十多年的发展,成为新中国记者摇篮、马克思主义新闻学研究重镇、新闻传播教育工作母机、新闻传播教育改革创新引领者、全球新闻教育交流合作重要平台。近年来,人大新闻学院在新媒体环境下的教育改革探索一直为全国新闻传播院校关注。从育人模式的角度看,中国人民大学新闻学院通过开设新的专业方向、跨专业联合创办实验班、推动校企合作等方式探索复合型专业人才的培养路径。从技术教育的角度看,中国人民大学新闻学院通过建设实验中心、开设跨媒体传播实验课程等方式增进学生对技术工具的了解,培养其走上新闻岗位后的工作适应能力。

采取跨学科的培养模式培养复合型新闻人才,采取跨国合作的培养方式提升学生的国际视野,采取"部校共建""媒校共建"的途径促进社会资源和教育资源的整合,已经成为国内新闻院系创新新闻人才培养模式的共识。在课程改革上,国内新闻院系不断加强马克思主义新闻观教育,因校制宜优化教学方案,通过加强实验课程建设帮助学生掌握新技术。在教材建设上,形成了"马工程"教材、全国重点规划教材、各院系自主规划的教材等层次丰富的教材体系,以及一批在学界业界有较大影响的学术期刊。在实践教学上,校园学生媒体和校外实习基地的建设为在校生提供了多形态的应用实践机会。

新闻专业实践是新闻人才培养的重要环节。对于面临是否选择新闻职业的青年群体来说,如果说新闻传播相关教育使其获得从事新闻工作的能力并树

---

① 转引自李晓静、朱清华:《智媒时代新闻传播学硕士培养:业界的视角》,《现代传播(中国传媒大学学报)》2018年第8期。

立职业志向,实习经历则可使其获得对新闻工作的从业体验,教育和实习过程共同对新闻实习生职业认同产生重大影响。① 近年来,新闻院校毕业生去传统媒体就业的人数大幅下滑,但他们去传统媒体实习的意愿却依旧高涨。② 不过,在传统新闻媒体实践中,承受较强压力、投入超额时间是实习生的常态,甚至存在"付费实习"的现象。能否提高新闻实习生的从业体验、改善实习生的综合权益,关系到这一群体的职业认同和职业选择意愿,应得到新闻传播教育界和业界的共同重视。

(二) 新闻从业者的在职教育

在新闻教育中,除了针对新闻传播学科专业学生的学校专业教育以外,还有对新闻从业人员的在职教育。这是对学校专业教育的一种补充和延续,属于继续教育的一种形式。③ 在职教育是对在职新闻从业人员进行的教育和培训,它通常由新闻机构与新闻院校联合组织实施,是提升新闻媒体在职人员素质的重要手段。此外,还有针对即将走上新闻从业岗位人员的岗前培训。在职教育和岗前培训可以采取多样化的形式。参加培训的人员可以脱产学习,也可以在职学习;可以短期学习,也可以参加较为长期的学历、学位教育类的学习;可以参加提高性质的研讨学习,也可以参加成人教育序列的学习。

在中国,新闻从业者的在职教育通过纳入统一计划的方式予以实施。早在 1984 年,中宣部办公厅就通过印发相关文件对新闻干部的在职教育做了具体的安排和部署。经过几十年的发展,新闻从业者的在职教育和岗位培训已经基本实现了经常有序,与新闻机构人员的动态平衡相得益彰。2022 年,国家新闻出版署、人力资源和社会保障部、国家广播电视总局、国家互联网信息办公室联合印发了《新闻专业技术人员继续教育暂行规定》,对新闻专业技术人员继续教育的总体原则、管理体制、内容形式、考核监督等作出了明确要求。建立健全新闻

---

① 韩晓宁、王军:《从业体验与职业志向:新闻实习生的职业认同研究》,《现代传播(中国传媒大学学报)》2018 年第 5 期。
② 牛静、赵一菲:《"倒贴钱"的实习如何可能?——新闻媒体实习生劳动过程中的同意制造与"理想游戏"》,《新闻与传播研究》2020 年第 4 期。
③ 参见郑保卫:《新闻理论新编(第二版)》,中国人民大学出版社 2015 年版。

专业技术人员继续教育长效机制,是为了提升新闻专业技术人员的政治素养和业务能力,对加强新闻舆论工作队伍建设、推动新闻舆论工作守正创新具有重要意义。

新闻记者证是我国新闻机构的新闻采编人员从事新闻采访活动时使用的有效工作身份证件,由国家新闻出版署统一印制并核发。新闻采编人员从事新闻采访工作必须持有新闻记者证,并应在新闻采访中主动向采访对象出示。新中国成立初期,全国没有统一的"记者证",当时的记者证一般由所属新闻机构自主发放。随着新闻从业人员的数量不断增加、社会背景日益复杂、不同媒体间流动日渐频繁,传统的记者证发放和管理方式已经无法适应传媒业健康有序发展的要求。2005年制定、2009年修订的《新闻记者证管理办法》,规范了新闻记者证的发放、使用及管理,保障了新闻记者的正常采访活动,维护了新闻记者和社会公众的合法权益。

新闻采编从业资格证,全称《中华人民共和国新闻采编从业资格培训合格证书》,是在我国从事新闻采编的从业必备证件。该证是合法取得记者证的前提,没有该证的从业人员不得申领记者证。2019年10月,国家新闻出版署下发《关于开展2019年新闻采编人员岗位培训考试的通知》,决定在2019年全国统一换发新版新闻记者证之前,对全国新闻单位的采编人员开展岗位培训考试,培训考试内容为习近平新时代中国特色社会主义思想、马克思主义新闻观、新闻伦理与政策法规、新闻采编业务等部分。新闻采编从业资格证与岗位培训考试的制度安排有利于在新时期进一步规范新闻记者证管理,改善新闻从业者的知识结构,提高新闻队伍的整体素质。

国家和地方重视互联网新闻从业者的在职教育。随着《互联网信息服务管理办法》《互联网新闻信息服务管理规定》等一系列行政法规的出台和完善,我国逐渐建立起以属地管理原则为基础的网络内容治理规则,形成了配套的专设属地网信管理机构。2017年7月,由北京市网信办、首都互联网协会党委党校、中国人民大学新闻学院联合举办的北京属地主要网站网络信息服务从业人员培训班开班,主要来自属地新浪网、搜狐网、腾讯网等网站,以及部分来自市属传统媒体、新媒体和区委新媒体的从业人员,接受了全日制脱产培训。这种属地主要网站网络信息服务从业人员的在职教育是提高互联网从业人员政治素养及业务水平的一项重要举措,旨在加强全媒体人才的培育,为在不同媒体、不同体制单位工作的从业人员提供了在同一平台进行学习、交流的机会。

三、新闻从业者的职业状态

新闻从业者的生存状态向来是一个广受关注的话题。一个发人深省的事实是,当前新闻从业者在职业认知领域普遍存在专业认同危机和自我认知危机。① 这种新闻从业者在职业理念和技能转变的过程中遭遇的危机既包括现实层面的收益问题和生存压力,也包括心理层面的职业困惑和心态变化。近些年,国内学者对新闻从业者进行了维度丰富的生存状况调查,对不同行业、不同代际新闻从业者的现状都有所分析。总体来看,受到待遇下滑、发展空间有限、新的技能难以适应等直接原因的影响,如今新闻从业者的职业状态存在工作满意度不高、职业倦怠蔓延、离职倾向增强等问题。

(一) 新闻从业者的职业压力

新闻从业者是一个高压力的职业,面临来自政治、经济和文化等诸多方面的压力。近十几年,在市场经济和新媒体冲击的压力语境中,新闻从业者的社会地位受到影响,在自我身份认同方面存在一定的困惑。在新闻业已经成为一份职业的共识之下,一种将其视为劳动或工作的批判视角也被开启。这类研究将新闻从业者视为劳动者或雇工职员,探索新闻从业者在职业化的发展过程中,除了专业主义的精神感召之外,形成职业压力的结构性制约因素,包括工作性质、个人逐利、技术冲击、制度演变等几个面向。②

互联网时代加速的新闻生产,是导致新闻从业者职业压力增大的工作性质因素。由于新闻机构是个"因时而作"的组织,因此时间性对生产中的组织和个

---

① 王军、丁汉青:《理想与现实的差异:新闻从业者职业认知危机的现状及其影响效果研究》,《新闻大学》2021 年第 3 期。
② 陈科:《中国新闻记者职业化研究的路径及其理论渊源》,《新闻界》2019 年第 2 期。

体施加了严格的约束。① 很多媒体的采编流程,从采访到写作、审核、发稿,所有环节的时间都大幅度压缩,新闻记者对工作节奏的感知发生很大变化,形成了普遍的时间焦虑。媒体编辑部普遍践行新闻提速,"打提前量"成为新闻生产的主流话语,新闻生产的整体链条拉长,编辑、记者的工作时间增加,不同编辑、记者的时间习惯的差异被放大②……这些因素都在工作体验层面造成了新闻从业者持续性的紧张,永动机式的工作模式传递了焦虑的新闻编辑部文化。

物质生活压力的增大,是新闻从业者职业压力增大的个体逐利因素。相比于二三十年前,职业新闻人的社会地位在近些年有所下降是不争的事实,职业新闻人的生存和职业前景都带有令人忧虑的不确定性。一方面,传统媒体在与互联网平台的竞争中不占优势,使得新闻从业者的薪酬福利相对下降,对于仍未探索出有效的新盈利模式的媒体来讲更是如此。另一方面,在新闻业整体式微的语境下,新闻从业者所感受到的社会地位、职业成就感和荣誉感等"补偿性收入"也同时下降,使职业认同危机越发严重。③

互联网技术的冲击,是新闻从业者职业压力增大的技术冲击因素。新媒体技术的横空出世,既为传统媒体塑造了新的竞争对手,也冲击着新闻从业者的专业理念和知识结构。先前,内容和渠道都曾经是新闻业的稀缺资源,且基本垄断在传统媒体手中。但机器人写作与翻译、自动剪辑等技术改变了媒体的生产流程,算法又实现了对受众的精准新闻推荐,传统媒体影响力的下降威胁着从业者基于影响力建构的成就感。互联网环境下受众的用户化,更使得不受控制的娱乐诉求经由眼球效应传导给新闻从业者,使后者的价值感知产生矛盾。

媒体的市场化改革,是新闻从业者职业压力增大的制度演变因素。21世纪以来,全国范围内媒体的市场化进程和事业单位的人事制度改革都对媒体内部的分配制度产生影响。媒体人与媒体组织的关系被改造成企业化的劳动雇佣

---

① 白红义:《因时而作:新闻时间性的再考察》,《国际新闻界》2018年第6期。
② 王海燕:《加速的新闻:数字化环境下新闻工作的时间性变化及影响》,《新闻与传播研究》2019年第10期。
③ 丁汉青、苗勃:《结构中的个体:新闻职业认同危机溯源》,《新闻爱好者》2020年第1期。

关系,新的绩效考核制度让业绩与个人收入直接挂钩,这与外部的市场化制度和政治体制一起,构成了当下新闻产制复杂而独特的制度环境。① 这种从"大锅饭"到"挣工分"的薪酬制度变迁培育和强化了媒体从业者的功利化取向,一定程度上压缩了新闻从业者的专业自主权。

(二) 新闻从业者的职业流动

职业流动是指劳动者在不同职业之间的变动,即职业类型或职业类别的变动。新闻从业者的职业流动,与新闻业的"危机"话语在全球范围内的弥漫有关。近些年,行业生态变化和组织绩效的衰退,让越来越多的新闻从业者职业忠诚度有所下降,面临"是走是留"的职业选择。除了宏观层面的结构化因素、中观层面的行业和组织因素、微观层面的个人因素以外,技术的使用因素对新闻从业者的职业困境与职业转型有显著影响,特别是比较传统的平面媒体、广播电视媒体从业者,面对2010年以来互联网的迅猛发展,迎来了艰难抉择的时期。

在移动互联网兴盛前,大部分媒体人的职业流动范围主要集中在不同类型的媒体之间,身份与角色转换力度较小。随着传媒市场化的深入和各种新办媒体的出现,我国新闻从业者的流动性呈逐渐增强的趋势,新闻从业者的身份、性别、职务、所在单位的性质等因素与其流动性紧密相关。② 总的来说,新闻从业者的职业流动,主要包含以下三个方面的情形。

其一,新闻从业者在行业内转型而非转行。这种转型既包括传统媒体的采编管理,也包括新媒体的采编管理。针对2010—2013年新闻人实名认证微博的抽样研究发现,选择了职业转型的新闻人,大多数转向了行业内的新媒体机构或岗位,例如网络媒体、自由撰稿人等,而非彻底的转行。③ 这种行业内的转型,一方面有助于原来人力资本的传承,另一方面也能缓解新旧职业文化之间

---

① 夏倩芳:《"挣工分"的政治:绩效制度下的产品、劳动与新闻人》,《现代传播(中国传媒大学学报)》2013年第9期。
② 苏林森:《新闻从业者职业流动状况及其影响因素》,《新闻界》2012年第2期。
③ 丁方舟、韦路:《社会化媒体时代中国新闻从业者的认知转变与职业转型》,《国际新闻界》2015年第10期。

的冲突。许多离开一线调查报道岗位的调查记者,都继续在其他媒体机构从事采编或管理工作,这种流动的过程为他们带来了职业晋升的机会。①

其二,新闻从业者转型从事公关营销、教育等其他相关行业。尽管这些工作可能和新闻职业角色存在一定的价值规范冲突,但工作的亲缘性又为前新闻人提供了一种再续理想的新路径。例如,公关行业的工作,特别受惠于前新闻人在媒体从业期间所积累的人力资本和社会资本;教育行业的工作,则青睐前新闻人的思维能力和写作水平。即使是进入公益、电商、法律等非媒体领域的前新闻人,也大多相当重视所在行业和岗位的资讯生产。

其三,新闻从业者自主进行媒体创业。这种创业行为往往自我定位为"媒体创业者"或"内容创业者",通常以相对低成本的生产方式,在传统新闻业外创建小型媒体公司、推出新的媒体产品或推广新的媒体运作模式,并致力于商业模式创新与可持续发展,与传统媒体形成竞争或补充关系。② 许多参与创业的媒体人曾尝试在融合转型的时期推进媒体内部创业创新实践,但因种种限制而难以如愿,于是选择走出体制进行媒体创业。然而,不同于创业者们宣称媒体创业的颠覆性力量,新闻业的坚守者们仍然坚持基于大机构生产的新闻业的主导地位,将个体化的初创媒体视为其补充。

尽管一批精英人士从传统媒体离职,调查记者数量直线下降,职业记者的角色权威也受到明显挑战,但相当一部分人仍对新闻业抱有信念并采取行动,成为当下新闻场域的新行动者。③ 这些前媒体人并没有从新闻场域"退场",其内容生产、传播能力反而在新环境下凸显。他们有时可能将某些可能与公共议题相关的新闻线索以"爆料"的方式发布于社交媒体平台,有时又凭借专业素养发表针对当下的新闻事件及新闻从业者的同行评议。这类前媒体人的积极参与可以被视为职业习性的延续,同时还能达到为自己争取创业资本的效果。

---

① 曹艳辉:《"双重推力"与"单维拉力":中国调查记者的职业流动研究》,《新闻大学》2019 年第 7 期。
② 陈楚洁:《"从前有一个记者,后来他去创业了"——媒体创业叙事与创业者认同建构》,《新闻记者》2018 年第 3 期。
③ 陈立敏:《从"记者"到"积极行动者":前媒体人的新闻参与研究》,《新闻大学》2021 年第 5 期。

> **案例：新闻从业者的公众形象调查**
>
> 　　2004年记者节前夕，东方网与《新闻记者》杂志组织起一批全国知名的新闻网站，进行了"中国新闻记者公众形象"网络调查。当时的调查结果是比较乐观的：大多数中国网民对记者的公共形象持正面评价，近八成网民认为记者行业对推动社会进步有很大意义。
>
> 　　2012年记者节前夕，复旦大学传媒与舆情调查中心完成了"2012年中国记者节年度公众调查"。调查结果表明，公众对记者节的认知度不高，对新闻工作者群体不够了解。更为重要的是，公众高度体谅和理解新闻工作的辛苦和风险，不再将新闻职业想象为一个风光和令人羡慕的职业。
>
> 　　记者为什么成了"不可爱"的人？有学者指出，网络时代的新闻生产者和使用者的关系更加复杂，新闻传播的过程中增加了多种"冲突"可能，任何一种"冲突"都可能导致争议事件的发生，而每一篇争议报道都有可能让记者"挨骂"。[①] 这种职业权威所遭遇的冲击，从某种程度上倒逼都市新闻从业者形成了阶层共同体，在一些关键时刻守望相助。

小　结

　　新闻从业者的基本角色分为中立者和参与者。中立者主张客观报道新闻，将事实与观点分开，用科学、实证的方法中立地反映"现实"。参与者主张媒介是社会进步的推进器，记者是社会发展的参与者，应该积极主动地推动社会进步。在我国，随着实践的发展，新闻从业者的专业角色在不同时期经历着不同的分化和演变，形成了宣传者、参与者、营利者和观察者等多类型记者角色并存的状态。互联网对新闻消费的影响引发了新闻机构的职业理念调适，"守门人"

---

　　① 王辰瑶：《记者为什么成了不可爱的人？——兼论网络时代新闻生产者、使用者的"冲突"》，《新闻记者》2015年第8期。

"把关人"等概念反映了新时期新闻从业者对自己的想象。而在中国的新闻舆论环境越发复杂的今天,新闻从业者的社会角色更丰富,记者和编辑的工作职责更重要,工作难度也更大。

对新闻工作专业化、职业化的研究是我们理解新闻业在社会中的地位和合法性的关键。新闻能否成为一门专业,核心问题在于它对事实的收集和传播的管辖权要求能否得到满足。新闻专业主义是专业化运动在新闻领域的延伸,西方新闻专业主义思想起源于美国,呈现出客观性、独立性、公共性的特征。不过,新闻专业主义的合理性与普适性一直广受争议。从理论的角度看,对新闻专业主义的认识在不断发展。从实践的角度看,新媒体时代特别是技术的革新与公民新闻学运动为新闻专业主义的实现带来了新的困境。

新闻从业者的职业能力包含基本素养和新媒体时代的专业能力两个方面。在基本素养方面,新闻从业者要坚持马克思主义新闻观,熟悉、理解党的方针政策和法律法规,转变观念模式。在专业能力方面,新闻从业者要具备过硬的专业知识,培养项目管理技能,善于利用媒介接触和互联网使用等便利条件。此外,新闻从业者接受的职业教育是新闻人才培养的重要手段。新闻院校的专业教育是最正规、最系统的新闻教育途径,对新闻从业人员的在职教育则是对学校专业教育的一种补充和延续,属于继续教育的一种形式。在实践中,新闻从业者是一个高压力的职业,需要在多重压力下调适身心,也可以通过职业流动的形式明确自身的发展方向。

关键概念

中立者　　　参与者　　　专业化　　　边界工作
职业能力　　职业教育　　职业认同　　职业流动

思考题

1. 西方对于新闻从业者的职业角色认知经历了怎样的发展过程?
2. 新闻业职业角色中的二分法、三分法、四分法分别是什么?
3. 如何理解我国新闻从业者的职业角色?

4. 什么是"新闻专业主义"？应如何在比较视野中看待其内涵？
5. 我国新闻从业者应该具备哪些职业能力？在新媒体时代应满足哪些新要求？
6. 为什么当前新闻从业者面临较大的职业压力？造成这一现象的原因是什么？
7. 我国新闻从业者的职业流动有何特点？

拓展阅读

陈楚洁：《"从前有一个记者，后来他去创业了"——媒体创业叙事与创业者认同建构》，《新闻记者》2018年第3期。

丁方舟：《创新、仪式、退却与反抗——中国新闻从业者的职业流动类型研究》，《新闻记者》2016年第4期。

丁汉青、王军、苗勃：《新闻从业者职业认同危机研究》，人民日报出版社2019年版。

樊亚平：《中国新闻从业者职业心态史1912—1949》，中华书局2021年版。

黄旦：《传者图像：新闻专业主义的建构与消解》，复旦大学出版社2005年版。

李艳红、陈鹏：《"商业主义"统合与"专业主义"离场：数字化背景下中国新闻业转型的话语形构及其构成作用》，《国际新闻界》2016年第9期。

路鹏程：《难为沧桑纪废兴：中国近代新闻记者的职业生涯1912—1937》，东方出版中心2021年版。

王辰瑶：《记者为什么成了不可爱的人？——兼论网络时代新闻生产者、使用者的"冲突"》，《新闻记者》2015年第8期。

夏倩芳：《"挣工分"的政治：绩效制度下的产品、劳动与新闻人》，《现代传播(中国传媒大学学报)》2013年第9期。

周葆华、查建琨：《网络新闻从业者生存状况调查报告》，《新闻与写作》2017年第3期。

周睿鸣、徐煜、李先知：《液态的连接：理解职业共同体——对百余位中国新闻从业者的深度访谈》，《新闻与传播研究》2018年第7期。

第四章 新闻传播受众

受众研究是新闻传播学中基础而重要的一个领域,它与新闻传播的效果以及社会影响密切相关。首先,受众一直具有多重含义。随着互联网的发展,这一概念的复杂性正在进一步增强。因此,类型学的讨论一直是受众研究的基础。其次,区分受众的不同类型归根结底是为了理解受众的基本特征、行为方式以及逻辑。从受众的媒介使用出发,我们可以更深入地理解和把握新闻传播的受众特征,进而以受众的视角来重新审视新闻传播的过程。最后,对受众媒介使用的中观、微观层面的讨论往往基于截然不同的理论视角,而随着互联网时代受众研究的不断深入发展,这些理论视角都得到了不同程度的发展,因此,从受众学说演变的角度来系统掌握受众研究内部的分歧与变迁也很重要。

第一节 受众的类型

受众是一个非常古老的概念,自从人类社会出现了表演、竞技等供人们观看的活动,受众就已经产生了,而现代意义上的新闻传播受众则是伴随着大众媒体的出现而产生的。然而,受众是一个非常通俗、笼统的概念,这为理论讨论带来了一定的挑战。另外,互联网的发展在很大程度上重塑了新闻传播的过程以及受众,正如麦奎尔所强调的,人们对受众这一词语非常熟悉,但它"所指代的事物本身却消失了"①。这并不是说在互联网时代受众已经不复存在,而是强调我们应当全面地、创新地理解受众的含义,不能以原始的眼光来看待受众。

一、受众的基本含义

受众(audience)通常指媒介内容的接收者,在我国港台地区也被译为"阅听人"。在大众传播时代,受众通常被限定在内容传播的末端,到了互联网时代,受众能够以多种形式介入内容生产环节,但其主要角色仍然是接收者。具体来看,受众的含义可以从以下几个方面来把握:

第一,从外延上看,受众的含义比较笼统和宽泛,泛指各种大众传播过程中的接收者。受众是对读者、听众、观众等不同人群的统称,这些不同类型的受众之间通常有很大差异。此外,即便是读者、观众等人群本身也处在不断变化的过程中。在不同时期、不同社会情境下,受众往往表现出截然不同的特征。因此,受众并不是对特定群体的精确概括,而是一个简单的、常识性的概念,而这种简单正体现出受众概念的优势和"迷人"之处。与此同时,我们也要注意它的潜在隐患,防止理解上的混乱。②

第二,从内涵上看,受众与传播者相对应,应当在传受关系中来理解受众。受众一词在中英文语境下都有一定程度的被动性含义,并体现出一定的线性传播过程的意味。在大众传播时代,受众与传播者之间有着明晰的边界,二者在信息量、专业能力和技术等方面都具有明显差距。随着新闻传播业的变革,受众的反馈路径不断增多,并得以介入媒体内容的生产过程,受众与传播者之间的边界变得越来越模糊,传受关系变得更加复杂。在这一背景下,受众的位置及其被动性特征发生了一定程度的转变,受众概念在当前传播情境中的适用性也遭到质疑。但事实上,互联网时代专业的内容生产者并没有消失,而尽管受众会对新闻媒体的内容提供方式感到不满,但是大多受众仍满足于自己的接收

---

① 参见〔英〕丹尼斯·麦奎尔:《麦奎尔大众传播理论(第六版)》,徐佳、董璐译,清华大学出版社2019年版。
② 参见〔英〕丹尼斯·麦奎尔:《受众分析》,刘燕南等译,中国人民大学出版社2006年版。

者角色①,这表明即便受众的行为及其特征正在发生变化,但其接收者的身份仍然成立。

第三,从理论史上看,新闻传播学的受众概念与大众传播的效果研究密切相关。受众是传播过程的末端和落点,受众对媒介内容的接收方式和接受程度是传播的效果和影响的直观表现。有学者将效果研究视为受众调查的第一种传统②,而讨论受众媒介使用方式的使用与满足理论也常常被视为一种效果研究。在这一语境中,传播效果实质上就是媒介内容对受众产生的作用,这种作用方式有时被理解为受众的被动接收,有时也被理解为受众的主动使用。

总体上,受众概念主要是强调传播过程中的消费或使用环节,而对这一环节的阐释方式可以是开放和多元的。正因如此,对受众分类进行讨论是理解受众的前提。

二、受众的分类

学界对受众进行分类的方式有很多,地点、时间、媒介、主动性以及人口统计学因素等都可以作为划分受众类型的标准。例如,依据地点可以划分出不同地方媒体的受众,依据时间可以分出"日间时段"(daytime)和"黄金时段"(prime time)受众等。③ 总体上看,这些分类方式诞生于不同语境之中,且彼此之间存在交叉,因此无法准确反映出受众的总体特征及其与媒介、社会之间的关联。相比之下,麦奎尔从来源和层次两个维度对受众进行的分类具有更强的理论启发性,如表4-1④所示:

---

① Laura Ahva and Heikki Heikkilä, "Mass, Audience, and the Public," in Tamara Witschge and C. W. Anderson, eds., *The Sage Handbook of Digital Journalism*, Sage, 2016, pp. 315-325.
② Klaus Bruhn Jensen and Karl Erik Rosengren, "Five Traditions in Search of the Audience," *European Journal of Communication*, 5(2), 1990, pp. 207-238.
③ 参见〔英〕丹尼斯·麦奎尔:《受众分析》,刘燕南等译,中国人民大学出版社2006年版。
④ 参见〔英〕丹尼斯·麦奎尔:《麦奎尔大众传播理论(第六版)》,徐佳、董璐译,清华大学出版社2019年版。

表 4-1 受众的类型

层次		来源	
		社会	媒介
层次	宏观	社会群体或公众	特定类型媒介的受众
	微观	社会中的个体	特定渠道或具体内容的受众

注:具体表述有修改。

在来源上,受众一方面可以被看作社会中的一般的群体或个体,他们只是被特定的媒体选中为接收者;另一方面也可以被视为由媒介创造出来的特殊人群,他们因特定的媒介技术而产生、为内容所吸引或被内容生产者发掘和维系。在层次上,从宏观的角度来看,受众是受到媒介的总体性影响或具有某种普遍社会特征的群体;从微观的角度来看,受众是某种具体媒介内容的接收者或具有差异性的社会个体。依据来源和层次,受众可以分为四种类型,对受众的时空分布、主动性与被动性等讨论大多可以纳入这一框架。

第一类受众是社会群体或公众。与媒体内容的生产过程一样,人们的媒介接触行为也是一种社会性的过程,因此,受众的社会属性和特征会影响其媒介使用和传播的效果。对这一社会群体的认识可以从不同角度来切入。其一,大众社会理论认为受众是原子化、同质化的,这是一种对大众总体特征的抽象概括;其二,一些学者在社会关系中理解社会群体,例如阶层、家庭、政治倾向等,这些研究往往关注的是受众的媒介使用行为与社会交往、环境认知及政治参与之间的关系;其三,也有一些研究从性别、年龄、职业、受教育水平等角度来描述社会群体的特征。

第二类受众是社会中的个体。当从个体层面来理解受众时,受众之间的差异性和受众行为的主动性往往会得到更充分的体现。使用与满足理论中的受众形象就是典型的社会个体,这一传统下的受众研究往往从受众个体的属性和特征来解释及预测其媒介消费行为。作为具体的行动者,社会个体类型受众的媒介接触行为是主动的、有选择的,但不同个体的行为也会表现出一定的普遍性规律。

第三类受众是特定类型媒介的受众。每一种具体的媒介都关联着一些特定的消费者和迷恋者群体,具体包括报纸、杂志、广播、电视、电影和互联网平台等。不同媒介的受众群体通常是高度重合的,但他们之间在对不同媒介的偏好和使用频率上仍然存在差距。媒介受众对广告商和宣传者而言非常重要,使用特定媒介进行宣传时除了要考虑不同媒介的受众规模与人口统计学特征以外,还必须对具体的媒介使用场景进行考虑,例如适合于在家庭环境中传播的信息应当选择电视进行宣传,私人化的信息则应该选择杂志来传播。①

第四类受众是特定渠道或具体内容的受众。这一类型的受众是指某种具体媒介产品的消费者,主要面向受众与媒介产品之间多样化的互动方式,例如"追剧者"、报纸杂志栏目的爱好者、广播电视节目的粉丝等,文化研究所关注的主要就是这一类型的受众。随着互联网的发展,对此类受众的研究还在不断增多。

以上四种受众类型实际上构成了受众研究中的四类研究对象,当从不同角度对受众进行考察时,研究者关注的是不同的问题,并得出了完全不同的结论。这一受众分类方式产生于大众传播时代,随着技术的发展,受众的特征和类型都发生了变化,其适用性需要被重新审视。但不可否认的是,这一分类方式对当今的受众研究仍然具有一定的启发性,在对这些不同类型的受众的研究中,新闻传播学对受众的认识和理解得以不断深化,并形成了分析受众的不同视角。

三、受众观

受众观是指理解受众的固定化理论视角,它不是依据明确的标准而划分出的受众类型,而是在不同理论背景下形成的关于受众的话语。不同的受众观对受众的特点、行为方式及其在传播过程中发挥的作用有不同的理解,这些受众观从不同层面揭示了社会现实,共同组成了受众概念的完整图景。现有的几种比较成熟的受众观主要从社会关系、权利关系和媒介技术三个方面出发,形成了各有侧重的受众分析框架。

---

① 参见〔英〕丹尼斯·麦奎尔:《麦奎尔大众传播理论(第六版)》,徐佳、董璐译,清华大学出版社2019年版。

(一) 社会关系中的受众

大众传播媒介诞生于一定的社会背景之中,并对社会发展造成了诸多影响,对受众的研究也无法脱离这一前提。媒介受众处在一定的社会关系之中,但由于这些社会关系复杂而多变,所以不同时期的不同学者对受众在社会关系层面的属性形成了不同的理解。

第一,作为大众的受众。大众是指原子化、同质化、被动孤立、易受暗示的群体,他们是伴随工业化和现代化进程而产生的。大众受众观来自 19 世纪以来兴起的大众社会理论,这一理论认为,现代化进程中人与人之间的传统纽带的局面逐渐被打破,虽然人与人之间的联系更加复杂,但人与人之间的距离却大大增加了。原子化大众与魔弹论的直接效果论相互印证,这一观点的出现与大众传播的兴起密切相关,并与人们对新技术和宣传手段发展的恐惧相关。大众受众观中的受众形象是被动和无力的,社会精英能够通过大众传媒对大众进行控制和操纵,而面对组织化传播活动的受众则毫无抵抗能力。这种受众观主要体现的是西方个人主义的价值观,并透露出对现代工业社会的悲观情绪,反映了人们对受操纵、丧失个性和理性、文化及道德滑坡等现象的担忧。[①]

第二,作为群体的受众。作为群体的受众是对大众受众观的反驳,强调应当在更微观的层面来考察群体关系对媒介使用行为的影响。20 世纪三四十年代,以保罗·拉扎斯菲尔德(Paul Lazarsfeld)为代表的社会学家在实证研究中发现,受众并非完全孤立,他们处于基于地域、共同利益等社会关系形成的群体之中,同一群体拥有某些共享的历史、身份和行为习惯,当大众媒介与这些社会关系发生作用时,大众媒介内容实际上充当着某种社会行动的素材,其真实影响的产生受到个体间关系的制约。这一观点将受众的媒介接触行为视为一种主动选择的过程,这一选择过程是被社会关系所塑造的。因此,受众并不是完全被动的,大众媒介并不能完全支配受众。

第三,网络中的受众。网络中的受众是指将受众视为网络中的节点,在多

---

① 参见〔英〕丹尼斯·麦奎尔:《受众分析》,刘燕南等译,中国人民大学出版社 2006 年版。

重、彼此交错的社会关系中分析受众。随着社会关系研究的不断深入,学者们越来越倾向于将复杂的社会互动化约为关系网络。例如,罗纳德·伯特(Ronald Burt)提出的"结构洞的社会资本"讨论的就是个体在网络中的位置与其社会资本之间的关系,他认为社会资本就是网络中的行动者被赋予的控制信息和资源的程度。① 互联网的发展使得网络视角下的社会互动分析得到了进一步的发展,当前大量的受众研究都是在这一思路下展开的。例如,社会网络分析和大数据挖掘等新方法在受众研究中的运用为社会关系的量化分析提供了方法论支持,而行动者网络理论等新的分析路径则为受众研究开辟了新的理论进路。

(二) 权利关系中的受众

大众传媒具有公共性,它既是一种公共资源,又为人们参与公共事务提供必要的信息资源和交流渠道。因此,媒体与受众之间以及受众内部总是存在一定的权利关系,受众不仅是信息的接收者,也是社会公共事务的参与者、媒体公共服务的消费者和互联网用户。

第一,作为社会公共事务参与者的受众。作为公共事务参与者的受众是公众(public)或人民,公众和人民的概念本身就带有很强的权利主体的意味。公众概念根植于西方民主制度之中,在新闻传播层面,公众的权利主要包括对公共信息的知晓权和对公共事务的表达权等,舆论(public opinion)、公共领域(public sphere)以及新闻业的民主功能等都与此密切相关。人民一般用以指称社会主义国家的权利主体,在中国的语境下讨论新闻业、舆论和受众角色等议题时,"人民当家作主"是一个重要的政治背景。2016 年 2 月 19 日,习近平总书记在党的新闻舆论工作座谈会上发表讲话,提到党的新闻舆论工作要"坚持以人民为中心的工作导向"。2020 年 9 月,中共中央办公厅、国务院办公厅印发了《关于加快推进媒体深度融合发展的意见》,其中强调"要走好全媒体时代群众路线,坚持以人民为中心的工作导向,坚持贴近群众服务群众,创新实践党的群

---

① 参见 Ronald S. Burt, *Structural Holes: The Social Structure of Competition*, Harvard University Press, 1992。

众路线,大兴'开门办报'之风,把党的优良传统和新技术新手段结合起来,强化媒体与受众的连接,以开放平台吸引广大用户参与信息生产传播,生产群众更喜爱的内容,建构群众离不开的渠道"。

第二,作为媒体公共服务消费者的受众。这种观点是在大众传媒经营过程中形成的,如果将大众传媒生产的内容视为产品,那么受众则是市场或消费者。在传统媒体时代,大众媒体为了实现利益的最大化,会将受众按照社会人口统计学指标或其他标准进行划分,以了解他们的特征和需求,并以此调整内容生产的策略和方案。但是,基于人口统计学特征划分的受众群体并不能准确反映受众内部的差异性以及受众间的深层社会关系,而对受众和传播者之间的买卖关系的片面强调,可能会忽视媒介产品自身的公共属性以及背后更加复杂的传播关系,从而弱化受众的权力主体属性。

第三,作为互联网用户的受众。随着新媒体技术的出现,受众这一权利主体的固有特征正在被重塑,用户一词主要反映的就是这一变迁过程。首先,当今的受众并不完全是媒介内容的消费者,他们的媒介使用行为本身就成为内容的一部分。其次,受众的信息获取渠道和意见表达渠道都得到了拓展,互联网已经发展成为包含信息、娱乐、政务等内容的综合平台,互联网用户的权利主体属性也随之加强。最后,传播环境的变化也带有无秩序、非理性等负面特征,因而也对受众的媒介素养提出了更高的要求。与此同时,如何全面提升互联网信息服务和治理水平也成为世界性的难题。

(三) 媒介技术中的受众

自大众传播诞生以来,媒介技术一直处于不断更迭的过程之中,而受众除了作为媒介内容的接收者之外,还是媒介技术的使用者。从媒介技术影响的角度出发,受众有时以受害者的形象出现,有时又以获益者的形象出现。这些看法都具有一定的启发性,但也都带有一定的技术决定论色彩,在一定程度上忽略了社会发展过程中的延续性特征。

一方面,人们常常将受众视为新技术的受害者。作为受害者的受众观源于人们对新技术的忧虑和恐惧,新技术的出现往往会对既有的社会秩序构成一定的挑战,而这种不安定因素的出现总会引发人们的担忧。其一,这种担忧带来的最为显著的议题是新技术对青少年的危害,如电视中的暴力内容可能会毒害青少年、青少年对技术产品的过度使用与依赖等;其二,人们往往将信息环境中的非理性、泛娱乐化、情绪化、后真相等特征或趋势归因于新技术的影响;其三,也有学者认为技术本身就带有各种各样的偏向性,其中的某些偏向可能会对社会发展造成负面影响,例如,尼尔·波兹曼(Neil Postman)所论述的"娱乐至死"讨论的正是电视这一技术形式的娱乐偏向可能会消解严肃的公共议题,改变人们的思维和认知方式。

另一方面,受众有时也会被视为技术变革的获益者。新技术的出现不仅会挑战旧的社会秩序,也有可能在一定程度上为不同的行动主体进行重新赋权,进而纾解既有的社会矛盾。互联网兴起之初,人们往往认为它具有开放、平等、民主等特性,可以促进公共领域的重建。但随着新技术与社会的不断融合,传统的社会关系格局又逐渐被复制到新技术环境之中,这种技术乐观主义的理念也逐渐被打破。例如,互联网的发展促使新闻业的运行不断透明化,新闻生产的后台不断开放,这为受众主动参与和理解新闻生产过程提供了可能性,但是技术并不能完全消解受众的被动性,新闻业的后台背后还可能存在着"隐蔽的深后台",而受众的被动性有可能被进一步强化。[①]

总体来看,新闻传播学中的受众概念具有理论层面的丰富性和延续性,在研究中具有无法替代的优势。"用户""使用者"等概念并不能完全涵盖或替代受众概念,但它们是在互联网时代理解受众的一种重要方式,这些概念启发我们去反思长期以来对受众被动性的强调。在理论分析中,受众概念所蕴含的"受"的意味正在被不断淡化,研究者使用受众一词通常指向一般的媒介内容接触者,进而试图基于受众群体的具体行为进行理论概括和探讨,而非要在性质层面上继续强调这一群体的被动特性。

---

① 王斌、李岸东:《隐蔽的"深后台":开放式新闻生产中的传受关系——以〈中国青年〉对卓伟的报道为个案》,《国际新闻界》2018 年第 4 期。

第二节 受众的媒介使用

作为一种分析性概念,受众强调的是群体与媒介内容的关联性,因此受众的媒介使用是它与其他群体相区分的关键。在理论史上,关于受众媒介使用相关的研究非常丰富,其中最经典的就是使用与满足研究。另外,文化研究在意义生产的层面扩充了受众媒介使用问题的讨论维度,并逐渐发展为又一重要的研究脉络。在互联网时代,在新媒介技术的影响下,受众的媒介使用呈现出越来越丰富的新特性,这成为学者们当前的研究重点。

一、受众的使用与满足

"使用与满足"理论集中代表了早期的受众媒介使用研究,该理论在传播学史中长期流行,并得到了不断的发展。"使用与满足"理论强调的是受众使用媒介过程中的动机和需求,以及这些需求如何通过媒介使用而得到满足,换言之,它强调的不再是媒介对人们做了什么,而是人们用媒介来做什么。"使用与满足"理论站在受众的立场上,通过分析受众对媒介的使用动机和获得需求满足,来考察大众传播给人类带来的心理和行为上的效用。该理论认为受众通过对媒介的积极使用,制约着媒介传播的过程,并指出使用媒介完全基于个人的需求和愿望。

(一)理论起源

关于"使用与满足"研究的起源存在争议,但一般认为该理论最早是由伊莱休·卡茨提出的。早在20世纪40年代,拉扎斯菲尔德、伯纳德·贝雷尔森(Bernard Berelson)等学者就分别对广播节目广受欢迎的原因、读报行为的动机等进行了研究。研究发现,通常被认为肤浅的日间广播肥皂剧对妇女听众有特别的意义,尤其是能够为家庭妇女提供一个释放感情的机会①;报纸则能够给读者带来安全感,并帮助人们创造生活中的共同话题②。1958—1960 年,威尔伯·施拉姆(Wilbur Schramm)、埃德温·帕克(Edwin Parker)等人在美国和加拿大调查了儿童使用电视的情形,发现儿童看电视最重要的动机因素是娱乐解闷、满足幻想等。③

20 世纪六七十年代,使用与满足研究路径的基本假设正式确立起来。1973 年,卡茨、迈克尔·格里维奇(Michael Gurevitch)和哈达萨·赫斯(Hadassah Hass)从关于大众传播媒介的社会及心理功能的文献中总结出了 35 种需求,并把它们分为五大类,分别为认知(获得信息、知识和理解)、情感(情绪的、愉悦的或美感的体验)、个人整合(加强可信度、信心、稳固性和身份地位)、社会整合(加强与家人、朋友等的接触)和纾解压力(逃避和转移注意力)。④

除此之外,麦奎尔等学者也通过自己的研究总结出了不同的分类标准。使用与满足路径得到了大量研究者的关注,并取得了丰富的研究成果。这些研究成果各有侧重,但总体上都基于相似的假设,达到了相互印证、相互补充的效果。

(二) 基本假设

使用与满足理论的假设一般围绕使用/接触(use/exposure)、需求(need)、动机(motivation)、满足(gratification)和期望(expectation)这几个关键概念展开。其中,使用/接触是指受众对媒介内容的选择、注意与偏好等;需求和动机都用以描述受众在媒介使用过程中的心理特征,二者在有些研究中会被混用,但不

---

① W. Lloyd Warner and William E. Henry, "The Radio Day Time Serial: A Symbolic Analysis," *Genetic Psychology Monographs*, 37, 1948, pp. 3-71.

② Bernard Berelson, "What 'Missing the Newspaper' Means," in Paul Lazarsfeld and Frank Stanton, eds., *Communications Research, 1948-1949*, Harper & Brothers, 1949, pp. 111-129.

③ 参见 Wilbur Schramm, Jack Lyle and Edwin B. Parker, *Television in the Lives of Our Children*, Stanford University Press, 1961。

④ Elihu Katz, Hadassah Haas and Michael Gurevitch, "On the Use of the Mass Media for Important Things," *American Sociological Review*, 38(2), 1973, pp.164-181.

同研究分别从需求和动机的概念出发构建理论模型;满足是指受众特定需求的实现,需求的实现以期望—价值理论为基础(如图4-1所示)。

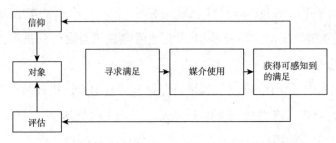

图4-1　寻求和获得媒介满足的期望—价值模型①

使用与满足理论的假设具体包括以下几点:第一,人们的媒介使用行为是理性的、积极的、目标导向的,他们能够在媒介接触中获得满足感;第二,受众的特定需求具体体现为各种各样的动机,受众意识到自身的需求,并能够对自身的动机进行识别和报告;第三,社会和心理因素影响着受众对媒介内容的期望,这种期望影响媒介接触过程,带来了需求的满足或其他后果;第四,受众在媒介接触过程中的期望、动机、选择行为、满足感等都可以被测量。

(三) 反思与创新

首先,学界关于使用与满足研究能否称得上一个理论一直存在争议,因为它的研究偏向于描述,概念化过程存在较大缺陷,结论也比较烦琐。事实上,卡茨本人在最初提及使用与满足时强调的是开辟一种受众导向的研究,而非构建一种具体的理论。因此,使用与满足研究代表的主要是一种研究路径,而不是统一的理论。

其次,使用与满足研究具有较强的行为主义和功能主义的特征。对受众使用行为动机的描述往往与受众使用的现实情境之间存在差距,使用与满足研究难以完全穷尽受众媒介使用过程中的动机,也无法预测受众在具体情境下的媒

---

① Philip Palmgreen and Jay D. Rayburn, "An Expectancy-Value Approach to Media Gratifications," in Karl Rosengren, Lawrence A. Wenner and Philip Palmgreen, eds., *Media Gratifications Research: Current Perspectives*, Sage, 1985, pp. 61-73.

介使用方式。

再次,也有学者指出使用与满足研究过于强调受众个人因素对媒介使用的影响,忽略了结构和社会因素的作用。① 在使用与满足理论的后续发展过程中,有学者不断引入新的变量,概括新的理论模型,这在一定程度上回应了对该理论的批评。例如,结构性、个性和习惯等因素也被纳入了讨论范围。

最后,数字技术改变了信息传播的渠道、模式和使用方式,使用与满足研究在这一背景下得到了进一步的发展。但由于学科建制的成熟化和学术研究的专业化,互联网时代的使用与满足研究相较于早期变得更加分散和琐碎,学者们关注的往往是不同国家、不同媒介和不同用户群体的媒介接触行为,这些研究成果很难被整合起来。大体上看,互联网时代使用与满足研究的进展主要包括两个方面:其一,对使用动机分析的扩展,如关系维护、同伴身份确认、说服他人、地位提升、加入虚拟社区、表达乐趣、解决问题甚至保持冷静等;其二,进一步证明了媒介使用满足感的来源,主要包括人们的心理倾向和状态(例如焦虑、抑郁、对自控能力的信心、孤独),在个人环境中与他人的联系程度(现实生活社交充实的人似乎更有动力在网络空间中扩大社交联结,而现实生活中缺乏社交联结的人也可以在网络中寻找新的伙伴),以及家庭以外的社会活动水平(包括旅游、体育、娱乐和文化等方面)。②

二、受众的意义解读

文化研究的兴起为受众的媒介使用行为研究提供了一种全新的思路,即从意义的解读、生成和阐释的角度来理解受众行为。在这一路径下,对受众媒介行为的理解方式不再是从外部去测量和归纳受众的动机,而是深入受众的媒介行为来把握其意义塑造的过程。最早对受众的意义生产行为做出系统性概括

---

① Philip Elliott, "Uses and Gratifications Research: A Critique and a Sociological Alternative," in Jay G. Blumler and Elihu Katz, eds., *The Uses of Mass Communications: Current Perspectives on Gratifications Research*, Sage, 1974, pp. 249-268.

② Elihu Katz, Jay G. Blumler and Michael Gurevitch, "Uses and Gratifications Research," in Tim P. Vos and Folker Hanusch, eds., *The International Encyclopedia of Journalism Studies*, John Wiley & Sons, 2019, pp. 1-8.

的是斯图亚特·霍尔(Stuart Hall)的编码—解码理论,在此基础上,新受众研究进一步丰富了受众意义解读过程的阐释框架。

(一) 编码—解码理论

霍尔提出的编码—解码(encoding/decoding)理论是对大众传播中意义生产过程的解释框架。编码指信息传播者将所传递的讯息、意图或观点转化为具有特定规则的代码,解码指信息接收者将上述代码按特定规则进行解读。[①] 该理论认为主导意义并不是通过直接的意指传递的,而是通过隐含的、自然化的编码来实现。隐含主导意识形态的符码并不是透明的,不会被受众简单地接受,受众要借助解码才能获得意义。编码—解码理论的基本框架如图4-2所示:

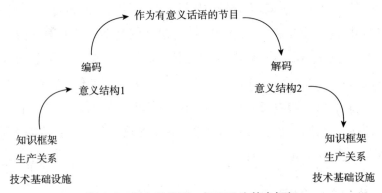

图 4-2 霍尔的编码—解码理论基本框架

霍尔认为,广播节目必须通过富有意义的话语来产生编码信息,产品只有在语言规则之下才能"实现"。在信息能够产生"效果"、满足"需要"或被"使用"之前,它必须首先被作为有意义的话语加以适当利用,并被有意义地解码,正是这组解码的意义产生效果、影响、娱乐、引导或说服,以及复杂的感知、认知、情感、意识形态或行为后果。

从受众研究的角度来看,编码—解码理论改变了对受众的理解方式,开辟了一种全新的受众研究进路。

---

① Stuart Hall, "Encoding/Decoding," in Meenakshi Gigi Durham and Douglas M. Kellner, eds., *Media and Cultural Studies: Keyworks*, John Wiley & Sons, 2012, pp. 117-127.

首先，编码—解码理论突破了对传播过程的线性理解方式，这使得理解受众的前提发生了改变。霍尔认为，在社会结构差异的影响下，传受双方对符码的使用是不对称的，而正是这种不对称要求我们重新理解和关注受众研究。传统的传播学研究"在编码、解码对称性的问题上陷入神话"，学者们自然地将解码过程视为编码的"逆向重复"[①]，但事实上，大众传播过程中的符码并不精确，这为多元化的意义解读过程提供了可能性。

其次，编码—解码理论肯定了受众的能动作用，塑造了一种更为积极的受众形象。早期大众传播研究将受众视为被影响和改变的对象，虽然群体受众观和使用与满足理论都在一定程度上强调了受众行为的主动性与差异性，但这些理论强调的受众对媒介内容的选择或使用本质上仍然是一种直接的接受过程，此外，它们还强调社会因素或心理因素对受众行为的支配性影响。编码—解码理论则将受众的反馈视为一种意义再生产的过程，而这一意义再生产过程虽然是在意识形态所限定的语言结构之下完成的，但受众对符码的解读既可能是霸权式或协商式的，也可能是对抗式的。

最后，编码—解码理论不仅改变、拓宽了受众研究的主要议题和边界，也为反思受众研究在大众传播中的位置提供了理论启发。编码—解码理论通过文本的多义性解放了受众的主动性，从而确立了以意义解读为中心的受众研究取向。需要强调的是，霍尔并非单方面强调受众的意义解读，而是强调传播过程中编码和解码时刻的相互作用。也就是说，霍尔将媒介内容从生产到消费的循环视为意义的再生产过程，因而媒介内容的生产过程也在很大程度上与受众相关联。以新闻生产的流程为例，媒体并不简单、直接地选择和记录事件，它始终在特定的意义框架之中对事件进行阐释，并以各种形式赋予新闻事件一定的意义。在这一过程中，新闻工作者必须对"大多数社会成员所共享的共识"以及人们的认知边界有清晰的判断，只有将新闻表述嵌入社会共识结构，有

---

① 陈力丹、林羽丰：《继承与创新：研读斯图亚特·霍尔代表作〈编码/解码〉》，《新闻与传播研究》2014年第8期。

效的新闻传播活动才能达成。正因如此,新闻总是在捍卫和维系既有的社会秩序。①

在编码—解码理论之后,越来越多的研究开始关注受众在日常生活中对媒介内容的意义解读,新受众研究是其中的一个典型代表。

(二) 新受众研究

20世纪80年代开始,以民族志方法进行的受众研究开始在欧洲兴起。其中,从戴维·莫利(David Morley)到洪美恩(Ien Ang)等一系列学者对电视观众的研究产生了广泛影响,这一类研究后来被约翰·科纳(John Corner)称为"新受众研究"。新受众研究的"新"主要体现在三个方面:其一是着眼点上更关注受众及讯息接受过程,而不是内容文本被生产的过程;其二是方法上更依赖定性调查,具体包括参与式观察、深度访谈和焦点小组等,而非量化统计、内容分析或文学批评;其三是立场上更倾向专注于描述受众置身的日常生活及文化情境如何影响特殊个体的媒体讯息接受行为,同时认为人口统计学变量、社会结构、大众文化意识形态、文化霸权等因素的影响是有限而模糊的。②

新受众研究尤其强调在日常生活的语境中来研究受众。日常生活世界涵盖关于"家庭、技术和邻里关系的日常经验",以及公共或个人的神话性、仪式性的日常经验,"这些经验界定了我们文化经验的基本模式"。③ 驯化(domestication)理论正是对受众在日常生活世界中的媒介使用行为的概括,驯化过程实质上是受众将媒介吸纳进生活世界并进行意义重建的过程。"驯化"一词最初是指将野生动物驯服为家禽的过程,罗杰·西尔弗斯通(Roger Silverstone)用"驯化"一词来指代电视的家居化过程,并基于媒介技术在家庭中的使用来讨论人

---

① 黄典林:《意义建构与权力再生产:论斯图亚特·霍尔的新闻观念》,《现代传播(中国传媒大学学报)》2020年第11期。
② 曹书乐、何威:《"新受众研究"的学术史坐标及受众理论的多维空间》,《新闻与传播研究》2013年第10期。
③ 〔英〕罗杰·迪金森、拉马斯瓦米、哈里德拉纳斯、奥尔加·林耐编:《受众研究读本》,单波译,华夏出版社2006年版。

们如何在日常生活中重塑了技术,从而实现其社会和文化层面的意义。媒介技术的驯化主要在受众的消费过程中实现。首先,消费者通过购买行为调用了传媒技术;其次,对电视机等技术产品的置放和展示可以实现某种意识形态的客体化(objectify);最后,通过使用技术,我们将其纳入日常生活。[①]

与受众的媒介使用过程类似,新闻生产流程中也存在新闻的驯化。新闻驯化是指新闻媒体在报道国际新闻事件时,通过各种手段促使新闻报道与国内受众的政治、历史、社会与文化等方面建立起意义的连接。媒体的新闻驯化策略在很大程度上是为了拉近本国受众与国际新闻事件之间的距离,从而更有效地实现新闻传播。与此同时,受众在新闻接触的过程中,仍然会依据自身的意义结构来重新理解新闻,这也可以被理解为一种"驯化"过程。总体上看,这一过程正体现出霍尔所强调的编码和解码时刻的互动,新闻生产和消费过程中的驯化就是意义再生产的过程。

三、互联网时代受众的媒介使用特征

凭借互动、开放、便捷等优势,互联网已经逐渐发展成为人们日常生活中最重要的媒介。根据中国互联网络信息中心(CNNIC)2024年3月发布的第53次《中国互联网络发展状况统计报告》,截至2023年12月,我国网民规模为10.92亿,人均每周上网时长26.1小时,手机网民规模为10.91亿,占比99.9%,在这一背景下,受众的媒介使用行为发生了较大变化,并呈现出一系列新的特征,这些新特征集中体现在参与性、社交性和个性化三个方面。

(一)参与性

参与性指的是互联网时代的受众对媒介内容的消费行为超越了简单的接受或使用,他们对媒介内容生产、互动和分发等环节的介入不断加深。受众的参与行为不是互联网时代才出现的,但互联网极大地扩展了受众参与的广度和

[①] 潘忠党:《"玩转我的 iPhone,搞掂我的世界!"——探讨新传媒技术应用中的"中介化"和"驯化"》,《苏州大学学报(哲学社会科学版)》2014年第4期。

深度,这使得受众的参与从有限的、被规定的参与转向了多种形式的、相对自主化的参与。目前,学者们围绕受众可以实现多大程度的参与、何种形式的参与以及受众的参与意愿有多高等问题进行了大量零散的研究,但尚未形成系统的理论框架。

受众参与性的具体形式主要体现在内容生产和互动讨论两个方面。

一方面,互联网时代,受众成为重要的内容生产主体。"参与式新闻"(participatory journalism)、"公民新闻"(citizen journalism)、"互动新闻"(interactive journalism)等一系列概念都意在强调受众对新闻生产过程的广泛参与,这些概念各有侧重,但针对的现象基本一致。其中,"参与式新闻"的概念含义比较宽泛,一般来说凡是有受众参与的新闻都可以笼统地称为参与式新闻。相较而言,"公民新闻"的概念有更为明晰的界定和渊源,它是指公民个体或群体搜集、报道、分析和散布新闻或信息的行为。随着互联网技术的发展,媒体和公众都越来越多地使用互联网搜集和传递信息,公民新闻也得到了进一步的发展。在2012年伦敦地铁爆炸案中,公民新闻彰显了自身的独特优势。在这场灾难中,专业媒体无法第一时间深入现场,而亲历者通过互联网传递的现场情况成为媒体最重要的消息来源。

另一方面,受众对媒介内容互动和讨论过程的参与,极大地丰富了内容传播形式,并对内容传播过程产生了全方位的影响。新媒介技术拓展了受众的媒介参与形式,除了最基本的对内容的接收以外,受众可以通过检索、点赞、转发、评论、投票等多种形式参与到内容之中。同时,受众参与的痕迹本身也成为媒介内容的组成部分,不同受众行为的重叠和汇集过程也是媒介内容可见性的塑造过程。在这一背景下,受众可以策略性地追求可见性,从而将个人化的生活事件转化为公共事件。[1] 通过这些参与形式,新闻在一定程度上转换为由受众主导的对话,媒体需要维护自己与受众之间的关系,而记者有时也需要从读者那里获得启发。[2]

---

[1] 刘鹏:《"全世界都在说":新冠疫情中的用户新闻生产研究》,《国际新闻界》2020 年第 9 期。

[2] Jake Batsell, *Engaged Journalism: Connecting with Digitally Empowered News Audiences*, Columbia University Press, 2015.

> **知识窗：其他与受众的参与性有关的概念**
>
> ☞ **产消者（prosumer）** 产消者是由生产者（producer）和消费者（consumer）组合形成的词语，是指互联网时代的受众集新闻生产者、传播者、消费者身份于一体的现象。产消者概念主要是从角色的角度对受众参与性的概括。
>
> ☞ **反向议程设置** 反向议程设置是指公众在互联网中构建新议程、形塑传统媒体议程的现象。反向议程设置体现了受众参与行为对新闻生产流程的影响，是从机制和影响层面对受众参与性的强调。
>
> ☞ **众包新闻** "众包"的概念源自经济学领域，指公开外包。众包新闻是指新闻机构依托互联网技术，从受众那里获取报道素材、选题和资金支持等。众包新闻是媒体和受众之间的一种合作方式，它从传受关系的角度反映了受众的参与性。
>
> ☞ **众筹新闻** 学者一般将众筹新闻视为一种特殊的众包新闻，它的具体流程通常是新闻媒体或记者个体通过平台发布报道计划，进而筹措资金、开展报道，募捐成功后，报道者还会及时通过各种方式向捐赠者展示报道进展。
>
> ☞ **目击新闻** 目击新闻是指普通民众可以通过智能手机和社交媒体快速报道突发事件，因而民众观察和记录的现实也可以成为新闻。目击新闻的出现一方面为专业媒体带来了更加丰富多元的信源，但另一方面也造成了谣言和虚假信息的广泛传播。

受众参与性的提升改变了传统的新闻生产模式，这对新闻业和社会信息环境造成了双重影响。其一，受众参与带来的积极影响是，它最大限度地实现了公众的媒介接近权，公民新闻不会受到经济利益、组织制约等因素的干扰，因此在报道新闻时拥有更大的自由度和灵活性。其二，受众参与也存在很大局限性。受众在媒介体制中并不具备资本、力量和专业水平等方面的优势，所以受众的参与优势是相对的,同时其非专业的劣势非常明显,业余的、未受过训练的普通人往往以个人化和具身化的方式对新闻事件进行描述,新闻质量无法得到保证。

(二) 社交性

社交性是指受众之间以及受众与特定媒介内容之间的社会互动,它为互联网受众的媒介使用提供了动力。从背景上看,对受众的社交性的强调是伴随着社交媒体的发展而产生的,但关于受众社交性的讨论在大众传播时代就已经存在了。在"大众"概念中,参与者之间的互动很少,或者完全不存在,而"公众"的概念正好与此相反,它是在充分的社会互动的基础上产生的,"大众"和"公众"构成了从被动受众到主动受众的"连续体的两端"。①

从表现形式上看,受众的社交性主要体现为社交网络传播、社会化协作和社交行为的弥散性。

第一,互联网改变了传统的新闻分发方式,社交网络成为新闻扩散的重要渠道。大众传播时代,新闻媒体的内容分发方式是点对面的。其中,点指的是媒体机构,面指的则是特定的受众,媒体机构与其受众主要是"单线"联系。相较而言,互联网中的受众是网络中的一个个节点,不同个体之间以错综复杂的线索连接在一起,而媒体与特定受众之间的纽带则被相对弱化了。因此,受众的社交性与新闻的传播效果密切相关。正是在这一背景之下,受众之间的分享行为既被新闻业所重视,也成为一个重要的研究议题,许多学者提出将可分享性(shareability)作为一种新的新闻要素纳入新闻价值研究。

第二,在互联网发展的进程中,受众间的社会化协作逐渐成为一种全新的内容生产方式。维基百科是受众间社会化协作的典型案例之一,其基本机制是通过大量受众对同一词条的反复编辑、修改和补充,最终达到内容的完善。近年来,共享文档成为社会化协作的一个重要平台。例如,2021年7月河南郑州暴雨成灾后,一个发布求救信息的共享文档被不断转发,最终成为一个大型的

---

① Laura Ahva and Heikki Heikkilä, "Mass, Audience, and the Public," in Tamara Witschge and C. W. Anderson, eds., *The Sage Handbook of Digital Journalism*, Sage, 2016, pp. 315–325.

信息中转站,在救灾过程中发挥了重要作用。基于社交平台提供的开放的分布式结构,用户可以通过"众筹"的形式来实现信息的汇集、查证和共享,从而实现分布式新闻报道。在突发事件的即时报道、信息共享以及辟谣等方面,受众间的大规模信息协作具有传统媒体所无法比拟的优越性。

第三,互联网中的社交行为是弥散性的,具有全时、全地的特点。数字技术的便利性让受众能够摆脱地域和时间的限制,从而实现全球化、全时性的社会交往。在这一背景下,受众的媒介使用行为从关注特定内容转向关注连接本身,他们不仅通过特定内容来感知世界,而且通过社交行为来参与世界。在日常的社交之中,"永久在线、永久连接"(permanently online, permanently connected)逐渐成为互联网受众的常态,受众已经不仅在特定时间、空间内使用媒体。这表明受众的行为与心理研究应当超越传统的媒介使用路径,转而关注受众与媒介永久连接的新生活方式。[①]

目前,新闻媒体正积极尝试理解和接纳受众的社交性,这也在正反两方面影响着新闻业的发展。从积极的角度来看,传统媒体的新闻消费行为本就带有一定的社交性,强化新闻的社交属性可以进一步加强新闻传播的效果、扩大新闻的影响力。从消极的角度来看,对社交性的强调可能意味着迎合受众的偏好,从而在一定程度上降低新闻的质量。

(三)个性化

个性化的含义是指受众媒介使用行为的差异性,这种差异性主要体现在媒介接触的意愿上。在以往的研究中,受众始终具有群体和个体的双重身份。随着算法技术的出现以及信息服务水平的不断提高,受众的个体角色正在被不断强化,受众的个性化特征以及受众间的差异性得到了越来越多的强调。

在表现形式上,受众的个性化特征主要包括接触内容的个性化和使用方式的个性化两个层面。

第一,算法技术影响下接触内容的个性化。目前,互联网平台普遍采用算

---

① 周葆华:《永久在线、永久连接:移动互联网时代的生活方式及其影响因素》,《新闻大学》2020年第3期。

法技术进行内容分发,依据用户的兴趣来为其推送个性化内容,这对媒体的社会环境守望的基本功能构成了一定挑战。对此,学者们围绕信息茧房、过滤气泡、回声室效应等关键概念展开了分析,论证了算法技术可能带来的认知窄化风险以及规避风险的基本路径。在这一观点中,受众再一次被视为新技术的受害者,受众自身的社会性、能动性等特征在一定程度上被忽视。实际上,受众对媒介内容的选择性接触始终不是互联网时代的产物,而算法对受众的影响主要并不在于塑造了个性化的信息环境,而在于将受众的个性化需求化约为一种数字逻辑下的、单一的偏好标签。

第二,多元信息渠道下媒介使用方式的个性化。在互联网环境下,受众的信息近用方式发生了很多细微的变化,在受众对新闻内容的使用方面,有三个新鲜的概念正在引起关注。首先是媒介菜单(media repertoire),指受众选择的不同媒介产品的组合。互联网为受众提供了丰富的信息接口,而不同受众在媒介使用过程中分别形成了个性化的媒介消费组合,这些媒介组合形式一般可以分为七类,分别是工具型、社群型、游戏型、泛娱乐型、资讯型、短视频型和实惠型。其次是新闻的偶遇式接触(incidental news exposure),指受众并不通过固定渠道获取新闻,而是在互联网上无意间接触新闻。数字化环境下,由于不同平台、不同媒体的分发行为复杂交错,用户接触新闻内容的随机性大大增强,呈现偶遇式新闻接触。最后是新闻回避(news avoidance),指受众有意或无意地避开新闻资讯。有学者认为,新闻回避的原因包括新闻过载、群体冲突、媒体公信力丧失等,新闻回避现象可能会消解新闻的公共性。[①]

以上关于受众个性化特征的分析主要基于受众参与意愿的差异性。具体来看,受众对不同类型内容的参与意愿是有差异的,所以接触的内容是个性化的;受众对不同媒介形式和公共事务的参与意愿也是有差异的,所以使用媒介的方式也是个性化的。除此之外,受众对媒介技术和媒介内容的理解方式也是个性化的,其中讨论比较充分的一点是媒介属于公域还是私领。不同个体对社交媒体是公域还是私域的理解完全不同,甚至同一个体在不同情况下也会有不

---

① 强月新、孔钰钦:《后真相时代下的回避新闻及其现实影响:基于一种辩证视角》,《编辑之友》2022年第1期。

同的理解方式,这一方面是由受众自身的知识结构所限定的,另一方面则是因为互联网平台本身就具有无法界定的多重属性。正是因为互联网具有这种包容性,所以受众的个性化特征才被不断地放大,也正是在这一背景下,对共性、共识和公共性的坚守和追求才显得尤其重要和珍贵。

总体上看,受众媒介使用的参与性、社交性和个性化等特征既是传统的延续,也是互联网时代的新产物;既是媒介环境变迁的产物,也推动着媒介环境的进一步变化。2021年末到2022年初,"丰县生育八孩女子"事件引发了广泛关注,这一事件生动地反映出互联网时代受众的参与性、社交性和个性化特征。

案例:"丰县生育八孩女子"事件

☞ 事件经过

① 案件起因

自2021年开始,关于董某民的视频开始在抖音出现。董某民时年56岁,是江苏省徐州市丰县欢口镇人,家中有8个孩子需要抚养,其父亲已经去世,家中还有一位残疾的弟弟和80多岁的母亲。2021年末,欢口镇举办了为低保户献爱心的活动,某镇干部将董某民一家选为典型。在这一过程中,董某民逐渐为当地人所熟知,很多人为其捐赠现金和物资。随后,越来越多的抖音用户陆续来到董某民家中进行"打卡式"献爱心,拍摄了很多董某民及其孩子的视频。2022年1月,一些来"打卡"的抖音用户在董某民家中的小屋内发现了一位衣着单薄、牙齿脱落、脖子锁着铁链的女性。相关视频发出后,许多网友怀疑"铁链女"是被拐卖至此。同时,有一些疑似为当地知情者的网友肯定了这一说法,并指出该女子长期被董某民及其父亲和弟弟强奸。该事件在全网引起了大量讨论,激起了人们的愤怒情绪。

② 调查过程

1月28日,丰县县委宣传部就此事发布了情况说明,称"生育八孩女子"为杨某侠,1998年与董某民领证结婚,不存在拐卖行为,该女子患有精神疾病,经常无故殴打孩子和老人。有网友结合该女子的口音等信息,对通报进行了详细分析,并进一步提出了质疑。1月30日,丰县联合调查组进一步回应了舆论质疑,再次强调不存在拐卖,并称杨某侠因打骂老人被董某民锁住,接下来会将该女子送往精神病院,并对董某民这一涉嫌违法的行为展开调查。网友又进一步对两份通报中的矛盾之处进行了分析,并对案件细节提出了新的疑问。其间,还有两名网友自发前往丰县探究真相,行动受阻后与当地警方发生了冲突,因"寻衅滋事"被拘。2月7日,徐州市委、市政府联合调查组发布了新的通报,通报指出很可能存在拐卖行为,并指出"生育八孩女子"确为杨某侠,杨某侠疑似从云南省被拐来的小花梅。2月10日,调查组发布通告称通过DNA比对等方式进一步确认了该女子的身份,并对涉案人员进行刑事拘留。然而,这两份通告并没有打消大众的疑虑,有人进一步对小花梅的亲属、邻居和童年玩伴等进行了探访,但仍不能确认其身份,名为"寻找小花梅"的文章迅速刷屏。此后,还有人通过照片比对等方式指出铁链女的真实身份可能是失踪的四川女子李莹。

从左至右分别为早期的小花梅、近期的"生育八孩女子"和失踪女子李莹

③ 最终结果

2月17日,江苏省委省政府决定成立调查组,对该事件进行彻查。2月23日,调查组发布了最终的调查结果,确认八孩母亲为被拐卖至丰县的小花梅,小花梅的照片与铁链女子不符是年龄增长、牙齿脱落等原因造成的。另外,还有17名领导干部受到问责处罚。但该通报发出后,仍有一些网民对此结果持怀疑态度。

☞ 事件分析

"丰县生育八孩女子"事件中,网民率先发现了受虐女子的存在,并在很大程度上推动了事件的发展,这表明互联网时代受众的媒介使用方式发生了很大转变。在该事件中,受众对董某民家的随机探访是发现拐卖案件的起因,受众对"生育八孩女子"身份的怀疑、受众的愤怒情绪以及在此过程中凝结成的舆论是推进真相发掘的动力,而正是受众多样化的参与方式构成了讨论的基本素材,最后,如何彻底打消受众的怀疑成为互联网时代媒体权威和政府公信力建设面临的一大难题。

丰县事件体现出以下特点。

第一是参与性。丰县事件因受众参与而起,进而引发了更多人的关注。在这一过程中,受众扮演的是"产消者"角色。受众对现场情况的直接记录、对官方通报的不断质疑、对图文信息的分析处理等构成了新闻内容本身,即便媒体不对此事进行深入报道,该事件仍然获得了极高的关注度。

第二是社交性。阅读、点赞、转发等"弱"参与方式同样具有巨大的影响力。即便不直接参与讨论,互联网用户的分享、转发、点赞甚至阅读本身都可能转化为数据,从而提升信息的可见度和影响力。不同用户的媒介使用行为交织在一起,最终构成了一幅完整的新闻使用图景。

第三是个性化。受众的参与方式是多样化、个性化的。受众既可以对已有信息进行分析判断,也可以主动进行信息的搜集;既有一部分受众通过社交媒体参与了事件的讨论,也有人选择进入现场了解真相,还有很多人只是旁观了事件的发展过程,也有人会主动回避相关信息。

第四是受众的媒介使用行为往往受到情绪的驱动,尤其是愤怒情绪。在丰县事件中,除了对事情真相的关注外,受众也围绕拐卖妇女儿童罪展开了讨论,如电影《盲山》、罗翔谈拐卖妇女儿童罪的刑罚等话题都引发了共鸣。这表明,受众对"生育八孩女子"的关注始于朴素的正义感,而事件的发展过程也是公众的愤怒情绪反复被激发并不断累积的过程。

第三节 受众学说的演变

自大众传播诞生以来,受众学说经历了多个阶段的发展变化,学者从不同角度出发对受众学说进行了归纳。其中,最有代表性的划分方式是麦奎尔总结的受众研究三大类型,分别为"结构性"(structural)、"行为性"(behavioral)和"社会文化性"(sociocultural),如表4-2所示:

表4-2 麦奎尔关于三种受众研究传统的比较

	结构性	行为性	社会文化性
主要目的	描述受众构成,统计数据,描述社会关系	解释并预测受众的选择、反应和效果	理解所接收内容的意义及其在语境中的应用
主要数据	社会人口统计数据,媒介及时间使用数据	动机、选择行为和反应	理解意义。关于社会和文化语境
主要方法	调查和统计分析	调查、实验、心理测试	民族志、定性方法

这三种受众研究传统最初是根据研究目的的差异划分出来的,但目的层面的差异未必完全与理论路径相契合。为了更好地呈现不同研究路径的差异,本节以麦奎尔的分类为基础,将结构性和行为性研究合并起来讨论,并补充了价值导向研究,即传播政治经济学视野下的受众研究。

一、效果导向的受众研究

效果导向的受众研究主要关注媒介内容到达受众的过程,研究者一般从受众的人口统计学特征、内容的固有影响以及受众的需求与使用等方面来解释和预测媒介内容的到达。麦奎尔所描述的结构性和行为性的研究传统都属于效果导向的受众研究路径。其中,结构性研究指的是伴随媒介工业的需要而产生的受众测量或调查,这些研究试图通过受众构成来预测媒介到达率,从而实现受众群的维系和拓展;行为性研究指的是传播效果和受众使用研究,这类研究主要考察媒介内容的特性与受众行为之间的社会学或心理学关联。结构性和行为性研究的差异主要在于研究路径而非研究目的,因为媒体行业所主导的受众测量本质上是为了实现更好的传播效果,只不过受众测量研究注重受众的人口学属性对传播效果的影响,而行为性研究试图直接了解效果产生的具体机制。因此,受众测量、媒介对受众的影响、受众的媒介使用都可以称为效果导向的受众研究。

第一,受众测量研究起源于媒体产业内部,是大众传播效果研究的一种"另类"路径。首先,受众测量与传媒的经营活动密切相关,它强调生产者与消费者之间的经济关系、交易关系。虽然不同类型的媒体组织采取的经营方式不尽相同,对受众测量的使用方式也有很大差异,但总体上看,媒体的运行总是要依赖广告商或受众的直接付费,而这与媒体产品能在多大程度上到达并维系受众密切相关。其次,受众测量开辟了一条以经验性手段探究媒介到达问题的路径,推动了对受众概念和传播效果研究的关注。早期的受众调查往往缺乏组织性,专业化水平也较低,但在媒体行业间商业竞争需求以及政治宣传需求的共同作用下,对受众、传播效果的测量方式和手段不断完善,传播学的效果研究也在这一过程中得到迅速发展。最后,受众测量路径有明显的缺陷,它强调受众的经济属性,却忽视了受众的社会和政治属性。传统的受众测量研究将受众视为媒介产品的市场或消费者,媒体经营者将受众视为被管理和控制的对象,受众的特征往往体现为一串串统计数字,个体成员之间不存在社会关系、互动行为以及身份认同。

电视收视率调查是一种典型的受众测量,随着媒介技术的变革,受众调查的形式和手段也在不断发生变化。

案例:作为效果导向受众研究的收视率调查

21世纪初,中国的电视收视率调查迅速发展,助力我国电视业的产业化和市场化。但随着数字化时代的到来,收视率指标的弊端开始显现。第一,在传媒影响力上,媒体影响力涉及接触环节(行为环节)、保持环节(情感忠诚度环节)和提升环节(行动环节),而收视率在很大程度上代表的是"开机率",只涉及接触环节。第二,收视率本身的客观性遭到了质疑,对于同一个栏目,不同调查公司使用不同的调查手段往往会给出不同的结果。第三,对收视率的一味追求冲击了其他评价指标,有时反而会影响电视内容的质量。

在这一背景下,有学者提出了"电视全效指标体系",以系统性评价电视内容对受众的影响,这个指标体系包含6个一级指标和8个二级指标。其中,一级指标分别为知名度、关注度、收视度、推荐度、满意度和集中度。第一,知名度包括两个二级指标,分别为网络上传统媒体的报道数量和论坛、博客、贴吧等平台上的议题数量,这两个指标与相关信息出现的数量有关,而数量越大知名度就会越高。第二,关注度主要是网民评论的数量,包括论坛、博客、贴吧等平台上主帖后面跟帖的数量。第三,收视度包括内容在互联网上的点击量和下载量,为二者加权赋值可以得出具体的收视度。第四,推荐度指媒介内容在不同位置的呈现,以网页为例,位置越靠前表明其推荐度越高。第五,满意度是指评论中网民正面观点和意见的构成,正向评价越多,代表满意度越高。第六,集中度是指网民的人口统计学特征、社会影响力等的分布。[①] 此外,也有学者提出了"电视节目网络人气指数体系(IPI)",将网络人气量化为发布量、回复量和浏览量,并从不同平台上的网络关注和网络评价两方面来衡量电视节目的人气。[②]

近年来,大数据等新技术也被逐渐应用到电视受众调查之中,而随着媒体融合的发展,电视节目正越来越多地在互联网平台中播出,这使得电视评价指标越来越重视网民的参与和讨论,电视节目制作者纷纷在社交媒体上开设账

[①] 喻国明、李彪:《收视率全效指标评估体系研究——以电视剧为例》,《现代传播(中国传媒大学学报)》2009年第4期。

[②] 张树庭、张文良、余延姝:《电视节目网络人气指数体系(IPI)的初步建构》,《现代传播(中国传媒大学学报)》2010年第12期。

号,积极地与受众进行互动。与电视节目的评价相类似,也有学者提出了互联网中的"议题传播效果评估指标体系",包含五个一级指标和一系列二级指标,具体为曝光(二级指标为信息总量、传播者总量、原创性、传播效率)、触达(二级指标为触达总量、触达比例、阅读量、认可度、留存度)、互动(二级指标为参与度、分享度、活跃率、互动频率、互动峰值)、社群(二级指标为规模、密度、传播广度、传播深度、社群集中度、群际传播能力)和演化(二级指标为爆发时间、爆发速率、峰值信息量、保持能力、生命周期)。[1]

总体上看,内容指标的改变体现出受众群体的媒介接触行为正在发生变化,而从业界到学界都对此现象有了更细致的分析。当前,受众之间通过互联网进行互动、讨论的现象仍在不断增加,这不仅影响了对电视内容影响力的评判,同样也对新闻、各类文化和娱乐内容产品的价值评估起到重要作用。

第二,数字技术重塑了受众测量和传播效果的发生机制,受众数据的呈现形式及其影响发生了变化,其中新闻业对受众数据的使用成为一个重要表现。传统新闻业的受众构成一般比较稳定,新闻从业者通常不会进行受众测量,而是通过想象来把握受众,并确信自己对受众有足够的了解。他们很少使用受众反馈,不相信受众测量的用处,认为受众测量与新闻选择"毫无关联"。[2] 随着新媒介技术的发展,受众的反馈数据逐渐成为内容呈现过程的重要组成部分,新闻机构也开始将受众监测引入新闻生产流程。一方面,北美、欧洲乃至非洲等不同国家和地区的新闻编辑部都广泛采用了受众监测技术,国内媒体也通过大屏展示传播效果和热点新闻排行榜,并借此进行受众的画像分析。[3] 另一方面,即便没有专门的受众监测技术,记者、编辑也会依照数字平台所提供的阅读、转发等数据来衡量受众对新闻的兴趣,受众的反馈数据已经成为新闻生产流程中无法拒绝或忽视的要素。受众监测改变了新闻生产的流程,在编辑部

---

[1] 汤景泰、徐铭亮:《指标构建与核心流程:社交媒体内容传播效果的综合评估》,《现代传播(中国传媒大学学报)》2022年第4期。

[2] 〔美〕赫伯特·甘斯:《什么在决定新闻》,石琳、李红涛译,北京大学出版社2009年版。

[3] 白红义:《点击改变新闻业?——受众分析技术的采纳、使用与意涵》,《南京社会科学》2019年第6期。

中,不仅新记者必须不断适应即时反馈数据的反复呈现,有经验的传统记者也需要"重新社会化"以适应媒介技术的变化。① 受众监测技术将受众的形象变得数字化、直观化,但它未必能比传统的新闻从业者更准确地抓住受众的需求,如果说新闻业在长期发展过程中把握住了受众普遍、共性、稳定的信息需求,那么受众监测则更容易抓住受众那些偏激、短暂、流动的情绪化需求。

第三,在传受关系层面,效果导向特别是行为性的受众研究得出了许多不同结论,形成了多重阐释框架。一方面,从大众传播效果理论的发展过程来看,受众的形象在选择性、主动性和受操纵、被动性之间发生了多次摇摆。以魔弹论为代表的直接效果论认为,受众是脆弱的、完全被动的;拉扎斯菲尔德等人提出的有限效果论则强调了受众的选择性,受众形象的主动性有所提升;此后,在议程设置等信息环境取向的效果理论中,受众的角色仍然偏向于被动;使用与满足研究则将受众的动机视为媒介接触的前提,进一步强调了受众的主动性;到了互联网时代,人们普遍认为受众拥有更强的参与性和主动性。另一方面,聚焦于传受关系的总体特征及其变迁,一部分学者提出了差异性的阐释框架。例如,有学者从生态学角度来理解传受关系,指出传播者和受众处于共同的传播系统之中,二者是协同进化关系,并形成"双螺旋"的结构,实现这一关系的途径是信息互动,动力是制约因子的变动。② 也有学者指出,互联网区别于传统媒介的主要特点在于互动界面,这一界面重构了传受关系,通过互动界面,用户与用户、用户与媒介之间形成了双向反馈。③

在受众研究的发展过程中,效果导向的研究传统占据着主导地位,这一情况在互联网时代仍然在延续。效果导向研究面向的是最为直观的传播过程,因此其结论往往在传播实践层面具有较强的指导性。

---

① Edson C. Tandoc and Mike Jenner, "Analysing Analytics: How Journalists' Role Conceptions Influence How They Use Audience Metrics," *Journal of Applied Journalism & Media Studies*, 5(3), 2016, pp. 423-439.
② 丁汉青:《重构大众传播中传播者与受传者之间的关系——"传"、"受"关系的生态学观点》,《现代传播(中国传媒大学学报)》2003年第5期。
③ 张佰明:《以界面传播理念重新界定传受关系》,《国际新闻界》2009年第10期。

二、意义导向的受众研究

意义导向的受众研究主要指文化研究路径的受众分析传统,其主要观点是媒介使用是在一定社会文化背景中进行的,而使用媒介的过程就是赋予文化产品一定意义的过程。文化研究路径下的受众研究经过了两个阶段,即接受研究(reception research)和受众民族志(audience ethnography)[1],这在一定程度上与编码—解码理论和新受众研究相对应。在这一过程中,受众的形象从社会个体转变为"阐释群体"(interpretive communities),即对大众媒介具有某种共同假设和社会实践的群体。[2] 解释性社区的构建并不是要取代甚至改进许多其他研究媒体使用和效果的富有成效的研究领域。戴维·莫利等学者在1980年关于英国广播公司(BBC)《全国新闻》(Nationwide)节目的受众研究中强调,应当将受众视为一个文化性的群体,而不是从个体的集合或刻板的人口学分类角度来理解他们。[3] 与此同时,以电视新闻为研究对象、以文本分析为方法、基于编码—解码理论发展而来的研究成果不断涌现,丰富了文化研究视角下的受众形象。

在文化研究中,对特殊群体的分析一直具有非常重要的作用。这里的特殊群体包括偏离主流视野的、受到社会规范压制的或参与"越轨"行为的各类人群,其中得到受众研究较多关注的包括亚文化群体、性别化的受众和媒介迷群。

第一,亚文化群体。学界对亚文化群体的关注始于20世纪初,芝加哥大学社会学系在对城市化与社会问题的研究中,特别关注了"边缘群体""异常群体"。第二次世界大战后,英国伯明翰大学文化研究中心从抵抗文化霸权的视角出发,在"意义"层面对亚文化进行了系统性解读。20世纪80年代兴起的"后亚文化"研究弱化了亚文化分析中的阶级和政治意味,更强调青年人生活方式和消费方式对亚文化的影响。青年群体的媒介接触行为是在其生活经验之

---

[1] Pertti Alasuutari, ed., *Rethinking the Media Audience*, Sage, 1999, pp. 1-21.
[2] Thomas Rlindlof, "Media Audiences as Interpretive Communities," *Annals of the International Communication Association*, 11(1), 1988, pp. 81-107.
[3] 参见〔英〕戴维·莫利、夏洛特·布伦斯顿:《〈全国新闻〉:电视与受众研究》,李鹏译,中国人民大学出版社2022年版。

中或特定社会环境所限定的身份定位构造之下形成的,对不同类型的亚文化群体来说,媒介的使用普遍发挥着身份表达和增强身份认同的作用。[①] 从社会主流规范的层面来看,亚文化群体通常是不被理解的,而与亚文化群体相关的媒介内容往往也被主流所排斥和厌恶,而正是通过对这些特殊内容的使用,亚文化群体内部形成了认同,并与主流的标准相区隔和对抗。

第二,性别化受众。受众研究对性别议题的关注一方面受到女性主义理论的影响,另一方面也与对特定受众行为的调查发现有关。在对媒介内容文本的分析中,研究者往往会发现社会中的性别不平等在媒介符号层面被不断复制,这可能会进一步巩固和强化女性受到的社会性歧视。在媒介接触问题上,女性往往表现出一系列特殊偏好和使用习惯,如电视观看与家庭劳动的结合、通过肥皂剧纾解情感等,这些习惯凸显了女性在日常生活世界中所扮演的社会性角色。

第三,媒介迷群。媒介迷群涉及粉丝文化。受众对媒介的使用过程同时也是与媒介互动和联结的过程,这种联结的对象既可能是媒介中的人物也可能是媒介产品本身。唐纳德·霍顿(Donald Horton)和理查德·沃尔(Richard Wohl)提出的准社会互动(para-social interaction)概念即指受众与电视中的人物发生的互动,虽然观众不会与电视中的人物发生直接的社会交往,但这种互动的体验却是真实的。同样,受众有时对媒介产品本身也会形成某种联结体验,进而成为特定的"媒介迷",如歌迷、影迷、书迷等。媒介迷群往往涉及高度的情感和行为投入,在群体内部还会形成特殊的交往和行动规则,即粉丝文化,迷群内部通过一系列交往行为建立起复杂的联系,也与外群体不断进行区隔。粉丝文化通常面临着非理性、不成熟、过度狂热等批评,伴随着媒介技术的不断发展,远程参与、线上互动已经成为粉丝文化的主要形式。

在迷群研究中,景观(观展)/表演范式(Spectacle/Performance Paradigm,SPP)理论提供了一个非常重要的分析视角,也有学者将其视为受众研究的一种新范式。

---

① 参见 Dick Hebdige, *Subculture: The Meaning of Style*, Methuen, 1979。

> **知识窗：景观（观展）/表演范式**
>
> （1）**定义** SPP 理论由英国社会学学者尼古拉斯·阿伯克龙比（Nicholas Abercrombie）和布莱恩·朗赫斯特（Brian Longhurst）提出，这一理论借用了印度裔美国人类学家阿尔君·阿帕度莱（Arjun Appadurai）提出的"媒介景象"观，以形容当代无处不在的媒介景观。该理论关注的是受众通过媒介景观建构日常生活并通过媒介消费进行认同建构与再建构的过程。
>
> （2）**价值** 如今，社交媒体已经在一定程度上成为观展和表演的舞台，SPP 理论对于互联网时代的受众研究具有非常重要的理论价值。该理论同样归属于意义导向的理论，它也从受众的生活世界出发来理解受众的媒介接触行为。但不同于传统文化研究对文本的强调，SPP 理论具有更为广阔的理论视野，可以将更多的媒介交往行为纳入分析的范围，并且更强调受众行为的心理动因。
>
> （3）**局限性** 同时，这一理论视角也有一定的局限性，这些局限性在很大程度上恰恰是由其优点所造成的。首先，SPP 理论提供了宽泛的理论分析视角，但也因此在概念界定和理论论述上变得模糊和宽泛，难以实现分析层次的深入。其次，该理论对受众心理动因的强调是其与社会文化研究路径相区隔的一个重要特点，但同时丧失了文化研究内蕴的对社会结构等宏观因素的观照能力。最后，从景观/表演层面来切入受众的媒介接触能够为受众分析提供新的启发，但这不足以反映受众媒介接触过程的完整特征，也没有给出明确的可操作的研究方法，理论的可累积性并不强。[①]

意义导向的受众研究尤其强调受众在媒介使用中的主动性、参与性，而互联网则为受众的主动参与提供了更多渠道和可能性，这使得社会文化研究视角下的受众分析在互联网时代得到了迅速发展。不过，与此同时，由于社会文化

---

① 幸小利：《新媒体环境下的受众研究范式转换与创新》，《国际新闻界》2014 年第 9 期。

研究的概念体系、方法路径和研究对象都比较宽泛,因此在理论创新上也面临着困境。

三、价值导向的受众研究

价值导向的受众研究是指传播政治经济学视野下的研究。与文化研究相类似,传播政治经济学路径的研究同样强调受众的意义生产过程,不过与此同时,传播政治经济学更强调受众的意义创造行为的价值属性,传播者与受众之间复杂的价值关系是该研究路径的主要讨论内容。随着平台经济的发展,受众内容消费中的价值因素呈现出更多的复杂面向,这促使传播政治经济学视角下的受众研究得到了进一步的发展。

第一,受众商品论是传播政治经济学中的一个重要观点,它对互联网时代价值导向的受众分析仍有重要的借鉴意义。受众商品论由加拿大学者达拉斯·斯迈思(Dallas Smythe)提出,1977年他发表的《传播:西方马克思主义的盲点》一文标志着该理论的形成。斯迈思认为,大众媒介生产的信息和娱乐等内容不是其最重要的产品,它们只是引诱受众的"免费午餐",而受众才是真正的商品,媒体将受众出售给广告商,从而获得媒体运作的资金。受众商品论尤其强调受众媒介使用行为的价值性,享用"免费午餐"不仅是消磨时光的过程,而且是通过媒介进行的再生产和劳动,这种劳动创造的价值最终体现在商品的广告附加值中。在这一过程中,受众付出了真实的劳动、生产了剩余价值、消耗了自己的闲暇时间,但并没有得到相应的报偿,反而承担着受众商品化过程中的经济后果。

第二,随着生产和消费环节的融合,平台在多重意义上剥削着受众生产的剩余价值。作为产消者的受众实际上正在承担传统媒体从业人员的必要劳动和剩余劳动,加之观看行为产生的剩余劳动,这三种劳动产生的价值都被平台无偿占有了。[①] 首先,尤里安·库克里奇(Julian Kücklich)提出的"玩工"(play-

---

① 姚建华、徐偲骕:《劳动的"媒介化"与媒介的"劳动化":数位劳动研究的内涵、现状与未来》,《新闻学研究》2019年第141期。

bour)概念恰当地体现出了在受众媒介使用过程中产生的价值剥削,"玩工"是指通过玩耍形式在其闲暇时间内创造价值的用户。① "玩工"是一种无偿的劳动力,他们通过自发对游戏内容进行修改的行为为游戏平台创造价值,并吸引更多的用户加入。其次,在大多数互联网平台上,受众生产的内容本身就构成了平台上其他受众消费的内容,在发布内容的过程中,受众充当了免费劳工的角色。最后,除了受众生产的内容以外,受众媒介使用过程中产生的"数字痕迹"同样也被商品化②,用户只要参与到平台之中,就会不可避免地为平台贡献剩余价值。

第三,随着劳动过程的媒介化,劳动者的工作模式发生了复杂的变化,新媒介技术异化为侵害劳动者利益的工具。一方面,社交媒体正在一定范围内成为工作工具或监视器,人们的休闲时间因此被不断侵占。另一方面,互联网平台促使零工经济蓬勃发展,如网络主播、外卖员等,这些零工的劳动权益保障并不充分,而平台的算法技术、雇主的不平等合约、不稳定的劳动力供需关系等都威胁着数字时代零工的劳动权益。近年来,关于工作时长、劳动合同等劳动者权益的讨论不断增多,传播学学者也越来越多地关注到算法技术下的外卖员、网络主播的情感劳动等特殊议题,但"非异化劳动"的实现仍面临着重重挑战。

在价值导向的研究传统中,受众始终难以摆脱价值层面的被动地位。在这一视角下,技术的发展使得受众的表达权、传播权得到了一定提升,但也让受众经济层面的权益受到了更严重的损害。价值导向的受众研究往往具有很强的批判性色彩,这种立场先行的批判性既决定了其理论深度,也在一定程度上成为此类研究无法摆脱的桎梏。

总体上,以上三种受众研究传统有着相对独立的发展路径和差异化的理论旨趣,但随着受众研究的发展,不同的研究传统正在走向融合。这一融合过程

---

① Julian Kücklich, "Precarious Playbour: Modders and the Digital Games Industry," *Fibreculture Journal*, 5(1), 2005.
② 姚建华、徐偲骕:《全球数字劳工研究与中国语境:批判性的述评》,《湖南师范大学社会科学学报》2019年第5期。

在很多具体研究中都有所体现。例如,有学者强调要在多维空间之中把握媒介接触的时间,具体来讲可以涵盖五个维度,分别是媒介维度、行为维度、空间维度、关系维度和心理维度[①];又如,有学者在全国四个主要城市进行了大规模随机抽样问卷调查,以期全面考察中国公众媒介素养的基本状况,研究对人口统计学因素、政治认识、媒介使用时间等方面都进行了验证,结果发现媒介素养的高低与性别、年龄、受教育水平和家庭收入等人口统计因素相关,同时也受到政治认知、人际讨论模式和媒介使用方式的影响。例如,热心公共事务的公民对信息的批判、质疑能力更强,新闻内容比娱乐性内容更能培养受众的信息处理能力,报纸、网络比电视更有助于培养受众的信息处理能力。[②] 虽然这些研究主要探讨的是受众的行为或人口统计学特征,但同时都关注到了受众的具体媒介使用场景,这在一定程度上又与意义导向的研究传统相吻合。

小　结

本章主要介绍了受众的类型、受众的媒介使用以及受众学说的演变。第一,受众是一个复杂的概念,准确把握受众的不同类型是理解受众研究的前提。第二,在受众研究中,受众的媒介使用是一个核心话题,其理论成果主要来自两种研究路径,其一是媒介内容的使用与满足路径,其二是文化研究视角下受众的意义解读路径。在互联网时代,受众的媒介使用行为发生了变化,并体现出参与性、社交性和个性化的特征,这启发我们重新思考受众的行为过程和心理特征。第三,无论是受众的概念还是受众的媒介使用理论,实际上都诞生于特定的研究背景中,并归属于效果导向的、意义导向的或价值导向的等不同的研究路径。

---

① 喻国明、吴文汐、许子豪:《在多维空间的解析中把握媒介接触时间——关于媒介注意力测量新范式的探讨》,《现代传播(中国传媒大学学报)》2010年第10期。
② 周葆华、陆晔:《受众的媒介信息处理能力——中国公众媒介素养状况调查报告之一》,《新闻记者》2008年第4期。

首先,对受众的分类涉及三个层次的问题,即受众的概念、分类标准和受众观。受众是读者、听众、观众等不同群体的统称;它始终处在传受关系之中,并与传播者相呼应,所以也被称为受传者。依据不同的标准,我们可以将受众划分成多种类型,其中最重要的分类方式是从来源和层次两个维度将受众分为四类,分别是社会群体或公众、社会中的个体、特定类型媒介的受众以及特定渠道或具体内容的受众。这四种受众分别来自不同的理论资源,并对应着不同的受众观。受众观是指一种体系化的理解受众的视角,可以划分为社会关系视角、权利关系视角和媒介技术视角。

其次,与受众的媒介使用相关的研究可以归纳为三类,分别是使用与满足类研究、意义解读类研究和互联网时代受众的媒介使用特征。使用与满足理论将受众的媒介接触过程视为特定动机和需求下的行动,并讨论媒介使用如何使得这些需求得到满足,互联网时代的研究者对这一理论的发展主要体现为对动机类型、使用媒介的范围以及满足感的来源等层面的补充。使用与满足理论的贡献在于其凸显了受众的主动性,提供了一个分析受众媒介接触行为的基础框架,其局限性在于概念体系不够严谨、研究过于细碎、预测性不足等,因此,使用与满足更像是一种研究路径而非具体的研究。霍尔的编码—解码理论为受众研究开辟了新的路径,这一路径更关注受众在媒介使用过程中的意义建构,此后的新受众研究仍然围绕意义建构过程展开,但更关注受众的日常生活世界。互联网时代受众的媒介使用具有鲜明的参与性、社交性和个性化的特点,这些特点并不是在互联网环境下才形成的,但互联网为受众的参与、社交等行为提供了更丰富的渠道、更复杂的形式和更个性化的选项。

最后,受众研究可以分为效果导向、意义导向和价值导向三种传统。其一,效果导向的研究主要是结构性的和行为性的研究,它具有较强的现实性,是受众研究乃至新闻传播学研究的主流。其二,意义导向的研究主要关注受众对符号的意义解读,突出受众的主动性,尤其是特殊群体的意义重构过程。其三,价值导向的研究关注的是受众、传播者、广告商、平台等主体之间的经济利益关系,尤其注重阐释受众所创造的剩余价值是如何被剥削的,这一视角具有较强的批判性。

受众研究始终绕不开对传受关系的讨论,而对传受关系的讨论总与主动、被动相关。透过不同的研究脉络,我们可以还原出一个丰富和立体的受众形象,这一"立体受众"很难被简单地概括为主动的或是被动的,其只是体现出各种各样的可能性,但又被笼罩在各种各样的危险之中。

关键概念

受众	群体	大众(mass)	使用与满足
媒介接触	编码—解码	新受众研究	产消者
众包新闻	媒介菜单	偶遇式接触	新闻回避
受众测量	阐释群体	受众商品论	玩工

思 考 题

1. 有学者指出,受众的含义过于宽泛,学术研究中应当尽量避免使用这一词语。你如何看待这种观点?
2. 受众具体包括哪些类型?这些不同类型的受众之间具有怎样的关系?
3. 受众研究主要有哪些类型?它们之间有怎样的区别?
4. 使用与满足理论常常因为假设过于简单而受到批评,甚至有人认为它不能被称为一种理论,这种批评是否合理?
5. 使用与满足理论和文化研究都强调受众的主动性或积极性,两者之间有何区别?
6. 新媒体的发展拓展了受众参与的广度和深度,使得受众参与行为从有限的、被规定的参与转向了多种形式的、自主化的参与,这是否意味着互联网时代的受众拥有更强大的表达权?
7. 媒介技术的发展是否颠覆了既有的受众研究理论?哪种导向的研究路径更适合互联网时代的受众?

拓展阅读

〔英〕戴维·莫利、夏洛特·布伦斯顿:《〈全国新闻〉:电视与受众研究》,李鹏译,中国人民大学出版社 2022 年版。

〔英〕丹尼斯·麦奎尔:《受众分析》,刘燕南等译,中国人民大学出版社 2006 年版。

〔英〕罗杰·迪金森、拉马斯瓦米·哈里德拉纳斯、奥尔加·林耐编:《受众研究读本》,单波译,华夏出版社 2006 年版。

曹书乐、何威:《"新受众研究"的学术史坐标及受众理论的多维空间》,《新闻与传播研究》2013 年第 10 期。

王斌、李岸东:《隐蔽的"深后台":开放式新闻生产中的传受关系——以〈中国青年〉对卓伟的报道为个案》,《国际新闻界》2018 年第 4 期。

幸小利:《新媒体环境下的受众研究范式转换与创新》,《国际新闻界》2014 年第 9 期。

姚建华、徐偲骕:《劳动的"媒介化"与媒介的"劳动化":数位劳动研究的内涵、现状与未来》,《新闻学研究》2019 年第 141 期。

周葆华:《永久在线、永久连接:移动互联网时代的生活方式及其影响因素》,《新闻大学》2020 年第 3 期。

Tandoc, E. C., and Mike Jenner, "Analysing Analytics: How Journalists' Role Conceptions Influence How They Use Audience Metrics," *Journal of Applied Journalism & Media Studies*, 5(3), 2016, pp. 423-439.

Jensen, K. B., and Karl Erik Rosengren, "Five Traditions in Search of the Audience," *European Journal of Communication*, 5(2), 1990, pp. 207-238.

Ahva, L., and Heikki Heikkilä, "Mass, Audience, and the Public," in W., Tamara and C. W. Anderson, eds., *The Sage Handbook of Digital Journalism*, Sage, 2016, pp. 315-325.

Rlindlof, T., "Media Audiences as Interpretive Communities," *Annals of the International Communication Association*, 11(1), 1988, pp. 81-107.

第五章　新闻传播媒介

新闻传播媒介所传递的内容及其产生的效果是早期传播学学者关注的重点,作为信息传播渠道与载体的技术与媒介,长期以来未能得到人们的充分关注。而在20世纪末,电子媒介和网络媒介伴随着信息革命浪潮成为人们日常生活中的主流媒介,新的网络化传播技术以前所未有的力度冲击着传统的大众传媒。这一变化引导媒介环境学派的学者重新审视媒介的技术属性,关注媒介技术的特征、作用、演变历程及其对人类社会的影响,探索媒介与时空的关系、媒介融合的理论与实践等重要话题。在新媒介逐渐融入日常生活的今天,网络社会、平台社会等新概念都证明媒介的力量正以前所未有的程度重塑社会结构,形成了媒介化的社会现实。

第一节　新闻传播媒介的类型与演化

对传播媒介的考察,既要关注一系列与媒介有关的重要概念和概念之间的关联,也要关注媒介的多种主要类型及类型之间交替演进的历史。无论是历史悠久的口语媒介、印刷媒介,相对年轻的电子媒介、网络媒介,还是正深刻影响作为"赛博格"用户的智能媒介,都展现出媒介形态变化过程中一些相对稳定的原则和规律。

一、媒介、媒体与传媒

在引介西方传播学经典著作的过程中,中文学界对重要概念 medium(及其复数形式 media)的翻译有媒介、媒体、传媒等。随着新闻传播学科的发展,媒介、媒体和传媒逐渐成为一组相互关联,而在实际使用中又有所区别的概念。具体来说,媒介一般是指传播信息符号的物质载体,包括传递信息的载体、渠道、中介物、工具或技术手段等;媒体通常是指从事新闻工作的专业机构,特指采集、加工制作并传播信息的社会组织;传媒的含义更为宽泛,往往既包含媒体(传播机构、传播组织)又包含媒介(载体、手段、渠道)。

媒介是使人或事物双方发生关联的各种中介,是传播内容的物质载体,媒介对人的主观世界的影响、媒介演变与社会进步的关联等是新闻传播学科的重要话题。在实际分析与应用中,可以归为媒介的载体多种多样。以物理性质划分,它既包括体语、服饰等实物媒介,语言、广播等声波媒介,也包括烽火、电影、电视等光波媒介;以社会联系划分,它既包括书信、传真、电话等人际、群体、组织传播媒介,也包括书报、电视、互联网等大众传播媒介。[①] 由此可见,媒介一词既可以指代某一种具体的传播媒介,也可以表示某一类传播媒介的集合。

媒体是大众传播媒介的集合体,即某一类而非某一个具体的大众媒介,如报纸媒体、期刊媒体、广播媒体、电视媒体等。将媒体理解为从事新闻传播活动的行业或若干机构组织,反映了作为集合体的媒体概念在实际使用中的演变。媒质,即媒体的材质,是区分媒体类型的重要参照标准,如基于模拟媒质的媒体常被称为传统媒体,基于数字媒质的常被称为数字媒体。多媒体就是多种媒体的综合,一般包括文本、声音和图像等多种媒体形式。信息时代人们经常使用的网络媒体既体现了大众传播时代的媒介特征,也有群体、人际传播的媒介效果。

传媒可以是大众传播媒介、传媒机构的简称,也可以是它们的统称,传媒除了表达媒介的意思之外,也能指代传播信息的行业。根据媒介建制理论,大众传播始终存在于一套媒介建制的框架中,包括媒介组织自身的运营规则以及社

---

① 谢金文、邹霞:《媒介、媒体、传媒及其关联概念》,《新闻与传播研究》2017 年第 3 期。

会对它们的要求。① 传媒行业的核心活动就是信息与文化的生产及发行,而媒介作为一种建制在"公共领域"中承担作用和责任。媒介、媒体、传媒这三个词语在日常使用中逐渐形成了约定俗成的含义,其整体趋势是让"媒介"回归介质载体的本意,让"媒体"承担更多机构层面的内涵,而让"传媒"体现最广泛的代表整个行业的意义。②

除此之外,新媒体、社交媒体等与传播媒介相关的重要概念,则反映了技术迭代对人们信息生活的影响。

新媒体(new media)一词自20世纪60年代以来风行世界,它是指一种在卫星传输和计算机普及的双重驱动下,利用数字技术向用户提供信息和服务的传播形态。在人们的普遍观点中,新媒体的判别往往以是否通过计算机传播和呈现为标准,但媒体理论家列夫·马诺维奇(Lev Manovich)认为,计算机媒体革命既影响了传播的所有阶段,包括信息的获取、操纵、存储和分发,也影响了所有的媒体类型,包括文本、静态影像、运动影像、声音和空间建构等。③ 新媒体的一大特征是数字化呈现,所有的新媒体对象,无论是完全由计算机创建出来的,还是从其他的媒体资源转化而来的,都是由数字符码构成的。新媒体的另一大特征是模块化,所有的媒体元素都表现为离散采样的集合,例如每个网页都由相互独立的媒体元素构成,人们可以单独访问其中的每个元素。

社交媒体(social media),又称社会化媒体,是最近20年互联网关键的变革因素之一,真正代表了网络传播对传统大众传播的冲击。一般认为,社交媒体是基于用户社会关系的内容生产与交换平台,这从根本上变革了新闻等各类信息的传播模式。④ 在Web 2.0的传播模式下,一切内容类互联网产品都由用户主导,用户既是网站内容的浏览者,也是网站内容的创造者。社交媒体将内容

---

① 参见〔英〕丹尼斯·麦奎尔:《麦奎尔大众传播理论(第六版)》,徐佳、董璐译,清华大学出版社2019年版。

② 张忠民、阳欣哲、张国良:《新闻传播学领域对"媒介"、"媒体"、"传媒"三词使用现状分析——以文献计量方法对四种专业核心期刊的研究》,《新闻记者》2010年第12期。

③ 参见〔俄〕列夫·马诺维奇:《新媒体的语言》,车琳译,贵州人民出版社2020年版。

④ 彭兰:《社会化媒体、移动终端、大数据:影响新闻生产的新技术因素》,《新闻界》2012年第16期。

生产与用户的社交行为相结合,将用户而非运营者置于媒体平台的核心地位。借助微博、微信、论坛网站等各类社交媒体,海量用户分享意见、经验和观点,助推热门话题的形成与传播。在社交媒体的影响下,公民新闻也成为与专业媒体平分秋色的新闻生产模式。

二、主要的新闻媒介类型

传播的发展史,就是人类在社会实践中不断创造和使用新的传播媒介的历史。而在所有媒介类型中,尤为重要的是大众媒介:这种媒介具有特定的传播目的,运用长距离向大众进行传播,并且形成了与生产、发行相关的社会组织形式。[①] 在开放的现代化社会,传播技术展现出强大的发展潜力。

(一) 口语媒介

口语媒介是人类借助有声语言传播思想的声音符号系统。口语传播是人类传播活动的第一个发展阶段。早期人类基于需要,发出含有意义的声音,并把声音与特定的经验或行为联系起来,这些声音便具有了行为的意义。口语媒介将声音与周围事物或环境相关联,是一种能够表达复杂含义的音声符号系统。[②] 作为一种相对原始的传播形式,即使在当今现代化的信息传播样态中,诉诸语言的口语也依然能在许多情境中提供不可替代的信息传播效果。

口语媒介与人最基本的感觉系统密切相关。在人的五种感觉器官,即视觉、听觉、嗅觉、味觉和触觉中,视觉和听觉在外部信息的获取过程中扮演了不可忽视的作用。视觉是人类最重要的一种感觉,人获得的外界信息大约80%来自视觉,动作、手势、表情等视觉形象在面对面的交流中扮演着重要的角色。[③]而听觉本质上就是一种侧重传播与交流的感觉,能够接受比视觉更丰富的信息,也是人们每时每刻都身处其中的信息渠道。在语言已经出现但文字记录手

[①] 参见〔英〕丹尼斯·麦奎尔:《麦奎尔大众传播理论(第六版)》,徐佳、董璐译,清华大学出版社2019年版。
[②] 参见郭庆光:《传播学教程(第二版)》,中国人民大学出版社2011年版。
[③] 参见彭聃龄主编:《普通心理学(第五版)》,北京师范大学出版社2019年版。

段尚未普及的农业社会,人们用谚语、歌谣等口语形式传承生活经验。

在社会生活特别是人际交往中,口语是信息最直接、最普遍的表达途径。但作为音声符号的口语只能在极近的距离内构成有效传播,也因为转瞬即逝的特点而不具备记录性,受到时间和空间的双重限制,只适用于较小规模群体的近距离信息传播。即使在以口语传播为主的时代,口语也并非唯一的传播手段,人类不断发明和采用早期的体外化媒介,如用结绳或图形符号等约定的实物来传递和交流信息,用烟火的信号接力保持远距离联络等。[①] 以口语为代表的多种原始媒介,反映出人类对身体机能的初步认知以及对信息传播效率的初步追求。

(二) 印刷媒介

文字的出现是人类进入文明社会的标志。文字在语言的基础上产生,依附语言而存在,并通过使听觉符号转变为视觉符号,拓展了传播媒介的历时性。所有的古老文字都起源于象形符号。随着各文明发祥地的变迁,大约在公元前1500 年,世界上的文字呈现出两个发展方向:其一是向完善象形文字的方向发展,使之抽象化,形成现在世界上几乎唯一的现代象形文字体系——汉字;另一个发展方向是从原始象形符号转变为各种以字母为基础的拼音文字体系。[②] 但在文字出现以后,人类经历了很长的手写传播阶段,手写传播成本高、效率低,无法满足规模传播的要求。

印刷术的发明是现代媒介的先导。11 世纪,北宋年间的毕昇发明了活字印刷术,虽然当时的中国缺乏规模化新闻传播的社会需要,但印刷术还是通过国际交往慢慢流传开来。15 世纪,德国人古登堡在中国活字印刷和油墨技术的基础上创造了金属活字排版印刷,使得文字信息的大量复制成为可能。活字印刷术在欧洲的兴起推动了文艺复兴运动,也促使新闻公报式的印刷新闻纸在欧洲诞生。直到 17 世纪中叶,明朝末年的《京报》才将活字印刷运用到邸报的生产过程中。

[①] 参见郭庆光:《传播学教程(第二版)》,中国人民大学出版社 2011 年版。
[②] 参见陈力丹:《世界新闻传播史(第三版)》,上海交通大学出版社 2016 年版。

伴随着读写能力的普及,工业革命背景下的印刷术革新催生了近代报刊,使得印刷媒介开始在社会生活中扮演越来越重要的角色,给政治、文化和教育等领域带来了巨大影响。① 政党报纸、精英报纸、大众报纸等不同类型的报纸在欧美地区如雨后春笋般涌现,报纸发挥的作用也从最初的记载贸易与商务消息,扩展到包括各类时事新闻、娱乐内容、广告信息的整个公共领域,这一过程反映出不同社会阶层的具体诉求和对印刷媒介影响力的认可。随着书面语言运用的日益普遍,知识得到大范围的普及,识字与否也因此一度成为识别社会权力的新标志。而在数字印刷技术日臻成熟的今天,印刷媒介的出版效率大大提升,各种类型的纸质书籍和报刊进入千家万户。

(三)电子媒介

电子媒介是通过电子信号传输实现的存储与传递信息的电子技术信息载体。电子媒介的起源可以大致分为有线和无线两条路径,前者起源于莫尔斯发明的有线电报和贝尔发明的电话系统,后者则以马可尼的无线电通信实验为标志。② 有线或无线的电报、广播、电视,构成了电子媒介的主要媒体形态。20世纪中期以后,电子信号逐渐从模拟信号的形式转换为数字信号的形式,数字技术在计算机通信领域的应用为互联网传播的发展奠定了基础。

在近一个世纪的媒介历程中,广播和电视是两种最主要的电子媒介,它们都是在电报、电话、摄影、录音等早先技术的基础上发展起来的。广播和电视的共同特征是接受国家公共部门的规制,往往采取高度集中的发行模式。③ 相比之下,广播媒介的特征是仅出现声音符号,契合受众对便携、灵活的需求,具有一定的交互可能。电视媒介的特征是提供更加多样的内容种类,同时存在视觉和听觉两种感觉通道,能够同时提供个人的或者家庭的连接,但参与强度往往并不高。广播和电视长期占据主流大众媒介的地位,但它们都在近些年面临着

---

① 参见郭庆光:《传播学教程(第二版)》,中国人民大学出版社2011年版。
② 同上。
③ 参见〔英〕丹尼斯·麦奎尔:《麦奎尔大众传播理论(第六版)》,徐佳、董璐译,清华大学出版社2019年版。

新兴媒介的强烈冲击。

总的来说,电子媒介真正从时间和空间的双重维度突破了传播速度的物理限制,通过提供可高精度保存与复制的人类体外声音与影像信息系统,提高了知识经验积累与文化传播继承的效率与质量。电子媒介的发展与计算机的诞生相辅相成,后者极大地丰富了信息活动的可能性。由于提供了比以往更多元的媒体形态,电子媒介在拓展人们的文化生活空间的同时,也为之后传播媒介的深度融合奠定了基础。

(四)网络媒介

网络媒介是指运用电子计算机网络及多媒体传播信息的媒介技术,它是当今社会生产生活中最重要的媒介之一。网络媒介以电信设施为传输渠道,以个人终端为收发工具,具有复合性、联通性、开放性等特征。如今的网络同时具有技术平台、传播媒介、经营平台等多重属性,这些属性相互融合、彼此渗透,使网络传播呈现出复杂的社会与文化景观。①

网站是网络媒介形成初期的典型形态,是利用网络页面发布信息、提供服务并与受众进行互动的传播形式。20 世纪 90 年代初以来,网站是被使用得最为广泛的网络传播媒介。从信息集成的角度看,门户网站是网站发展的一种成熟形态,是提供某类综合性互联网信息资源并提供有关信息服务的应用系统,又可分为搜索引擎式门户网站、综合性门户网站、地方生活门户网站等。此外,还有个人门户网站,即以个人为中心的上网入口。中国主要的门户网站有百度、新浪、网易、搜狐、腾讯网等,它们有的提供强大的搜索引擎和其他各种网络服务,有的则是以新闻信息、娱乐资讯为主的集成式网站。

社交媒体是网络媒介发展期的典型形态。以微博为代表的社交媒体,具有大众化传播的社交化特征,是互联网平台将信息传播与用户社交有机结合的尝试。这类社交媒体由于具有海量的用户基础和稳定的用户黏性,能够作为公共信息系统和社会动员系统发挥作用,提升了信息特别是新闻的即时推广效率,成为主流媒体吸纳新受众、提升影响力的重要渠道,也利于以粉丝共同体为代

---

① 彭兰:《网络传播概论(第四版)》,中国人民大学出版社 2017 年版。

表的网络社群的形成。而社交媒体内容的碎片化、传播的移动化、交流的开放性等特征,潜移默化地培养了网民群体的媒介使用习惯。

客户端是网络媒介成熟期的典型形态。客户端主要指智能手机、平板电脑等设备中的应用程序,起源于苹果公司为用户提供内容和服务的方式,即软件开发商基于 iOS 系统开发相关应用程序,再通过应用商店将其提供给用户。客户端本质上是垂直内容的移动化包装,简化了移动终端用户获取信息的过程、降低了传播成本。过去在电脑终端上以网站形式存在的媒体和服务,如今都在移动终端化身为客户端。媒体自有客户端的建设,就是主流媒体融合发展的重要举措。但由于相对封闭的软件生态和平台方对用户使用习惯的直接规制,客户端的发展道路一直存在争议。

(五) 智能媒介

智能媒介是以大数据、云计算、物联网、人工智能等技术为基础,重构新闻生产与传播全流程的媒介,技术是智能媒介发展的基础。在智能媒介出现前,新技术结合社会需求形成新的媒体形态并变现的过程往往存在时间差。而在智能媒介兴起的时代,移动通信技术和智能终端技术都以极其迅捷的速度更新迭代,技术驱动的一系列新媒体进一步拓展了以往由人主导的媒体空间,在已经网络化的媒体内容传播渠道之外,又通过改变人和媒介的互动方式创造了新的交互关系。

新媒体和传统媒体的竞争是促进智能媒介发展的重要动力。例如,诞生于 2015 年的封面新闻以原创性为显著特征,借助数据挖掘、机器学习与写作、兴趣推荐算法等前沿技术,确立了移动优先、视频优先、故事优先的主题,是国内较早提出打造智能媒体的新型主流媒体。此后,智能媒介的发展理念逐渐得到业界的广泛认同,成为国内媒体机构竞相发展的重要方向。2018 年 10 月 31 日,中共中央政治局就人工智能发展现状和趋势举行第九次集体学习,习近平总书记强调,人工智能是新一轮科技革命和产业变革的重要驱动力量,要深刻认识加快发展新一代人工智能的重大意义。

通过实现新闻采、写、编、发全流程的智能化,智能媒介既改变了新闻生产与推送的具体环节,也为用户提供了更加高效的信息服务,优化了受众的感官和认知体验。在新闻生产方面,传感器技术优化了信息源,开辟了信息采集的新维度;智能机器人辅助了新闻报道,机器人写作、AI主播等技术,提升了新闻生产的数量和速度,降低了生产成本和失误率。在新闻分发方面,智能媒介构建了内容产品推送的个性化数据通路,一批大数据资源平台以个性化为服务基础,优化整合了各层次新闻信息,为用户与内容的匹配提供了新的模式。[①]

然而,对尚未成熟的人工智能的运用也带来了新的价值忧虑,特别是在后真相时代的主题下,信息茧房问题和回声室效应越发突出。[②] 智能媒介时代的个性化信息服务在促进一部分信息传播的同时也会造成另一些信息被遮蔽,需要平衡个性化传播与公共性传播。媒体机构在恰当运用机器、数据等技术手段助力新闻报道的同时,也要坚持专业主义的精神,在复杂的线索中追求更高的专业标准。同时,在人机协同的过程中也要通过人的力量纠正机器的偏误,不断健全机器时代的新约束与新伦理。

> **案例:网络媒介时代的用户生成内容**[③]
>
> 2020年春天,关于武汉地区新冠疫情的信息传播经历了以自媒体披露为主的信息呈现阶段和疫情信息公开后多元角逐的媒体表现阶段,呈现出UGC(用户生成内容)、PGC(专业生成内容)、PUGC(专业化与用户联手生产内容)共存的特点。
>
> 一些新颖的报道形式在此次疫情报道中被广泛应用,如"中国电信"官方账号在央视频开通的关于火神山和雷神山医院的"慢直播"(图5-1)。专业媒体借助独有的报道资源优势,基于一个固定的场景进行阐释,致力于进行全时、相对整体的呈现。"直播造医院"契合了特殊背景下大批网民的心理与信息获取需求,提供了一般报道无法提供的"在场感"与"陪伴感",是网络媒介时代PGC的特色形式。

---

① 参见彭兰:《移动化、智能化技术趋势下新闻生产的再定义》,《新闻记者》2016年第1期;喻国明、兰美娜、李玮:《智能化:未来传播模式创新的核心逻辑——兼论"人工智能+媒体"的基本运作范式》,《新闻与写作》2017年第3期。

② 参见彭兰:《更好的新闻业,还是更坏的新闻业?——人工智能时代传媒业的新挑战》,《中国出版》2017年第24期。

③ 参见栾轶玫、张雅琦:《新冠肺炎疫情报道中的信息呈现与媒体表现》,《新闻战线》2020年第3期。

图 5-1　新冠肺炎疫情初期的 PGC 内容

与此同时,许多武汉地区的网友通过拍摄视频短片等具体形式,向外界展示人民群众抗击新冠疫情的生活状态。值得一提的是 PUGC 的生产模式,这是专业机构与用户联手进行内容生产的方式。例如,央视新闻与 UP 主"食贫道"合作摄制的 26 部《武汉 Vlog》,从日常生活这一侧面记录了国内疫情由恶化到逐渐好转的过程,被研究者视为 PUGC 的典范。

三、媒介演化规律

在技术的赋能下,新的媒介形态不断涌现并迅速演进。在承续以往媒介形态的基础上,新兴媒介的演进规律有迹可循。有一种主流观点认为,传播媒介的形态变化是在一系列因素的相互作用中发生的,新媒介并非无缘无故地凭空产生,而是与旧媒介有着不可忽视的关联。

（一）媒介形态变化的原则

媒介形态即媒介的生存状态(包括媒介的外部形态和作为内部结构的传播符号)、生存依据、传播方式(包括受众接受媒介信息的形式和途径)以及由此展示的媒介功能与特征。① 罗杰·菲德勒(Roger Fidler)在《媒介形态变化:认识新媒介》一书中,提出了媒介形态变化(mediamorphosis)的概念。他指出,新媒介具有相对的便利性、兼容性、复杂性、可靠性、可感知性等特征,而新媒介技术从初创到获得成功大约要经历三十年的时间,这反映出新技术的发展具有一定的阶段性。总的来说,媒介形态变化会遵循以下六个原则:

(1) 共同演进与共同生存:一切形式的传播媒介都在一个不断扩大的、复杂的自适应系统内共同相处和共同演进。每当一种新形式出现和发展起来,它就会长年累月和程度不同地影响其他每一种现存形式的发展。

(2) 形态变化:新媒介绝不会自发地和孤立地出现——它们都是从旧媒介的形态变化中逐渐脱胎出来的。当比较新的形式出现时,比较旧的形式就会去适应并继续进化而不是死亡。

(3) 增殖:新出现的传播媒介形式会增加原先各种形式的主要特点。这些特点通过我们称之为语言的传播代码传承下去和普及开来。

(4) 生存:一切形式的传播媒介,以及媒介企业,为了在不断改变的环境中生存,都被迫去适应和进化。它们仅有的另一个选择,就是死亡。

(5) 机遇和需要:新媒介并不是仅仅因为技术上的优势而被广泛地采用的。开发新媒介技术,总是需要有机会,还要有刺激社会的、政治的和/或经济上的理由。

(6) 延时采用:新媒介技术要想变成商业成功,总是要花比预期更长的时间。从概念的证明发展到普遍采用往往至少需要人类一代人(20—30年)的时间。②

在《媒介形态变化:认识新媒介》一书中,菲德勒梳理了媒介变革的进程,并以此为基础对未来的媒介生活提出大胆的假想。菲德勒的媒介形态变化说,格外关注过去、现在和新出现的媒介形态之间的相似之处和相互关系。他认为,

---

① 杨军:《媒介形态变迁与阅读行为的嬗变——以印刷媒介与网络媒介为例的考察》,《图书馆工作与研究》2006年第2期。
② 参见〔美〕罗杰·菲德勒:《媒介形态变化:认识新媒介》,明安香译,华夏出版社2000年版。

新媒介并不是自发地、独立地产生的,而是从旧媒介的形态变化中逐渐产生的。当新形式出现时,旧的形式通常不会死亡,反之会继续演进和适应新的媒介环境。① 此外,他分析了媒介进程中的技术、社会接受条件、组成结构等各个方面,认为媒介形态变化有许多动因,如可感知的社会需要、媒介竞争与政治压力、社会和技术革新的相互作用。具体而言,创新扩散过程中的率先使用者以及各种社会需要与保守力量的角力,都会影响媒介形态变化的进展。②

媒介形态的变化无疑会影响广大受众的感知,因此菲德勒进一步反思了媒介发展走向与人类未来的关联。从印刷媒介到电子媒介,人类似乎在不断追求更拟真、更丰富的多媒体体验。在技术提供可能性的情境下,大众往往会期望尽可能多地参与媒介,并且希望媒介展现最真实的图景。媒介对世界的复制,也使人们的生活似乎越来越便利。不过,菲德勒指出,广播、电视、计算机等多种声影媒体的混杂使人们的生活情形从以文字为中介的内容转向了以图像为中介的互动,这使人们本该拥有的语言能力似乎难以避免地淹没在"便利信息"的快速轰炸中。

菲德勒的媒介形态变化理论影响了世界范围内的许多学人,后续的研究也成为媒介形态变化说的现实例证。例如,菲德勒认为新的媒介形式的出现与发展,会程度不同地影响其他每一种现存形式的发展,但一种新媒介对现存媒介的影响方向和影响程度是不同的。公共关系与广告事业对传播注意力资源的关注,就佐证了媒介与信息过剩的时代症候。随着网络成为数字传播时代人们新的生存和生活背景,传统媒介都在努力与网络媒介结合以争夺受众的注意力。

(二)看待媒介演化的新视角

媒介形态变化理论从规律性的角度关注不同介质形态的变化和形态背后的语法规则、传播性能等话题。近些年,学者关于媒介演化的讨论在更广泛的层面讨论了包含媒介形态变化在内的话题,进一步阐释了媒介自身介质变化和

---

① 李沁:《沉浸媒介:重新定义媒介概念的内涵和外延》,《国际新闻界》2017年第8期。
② 参见〔美〕罗杰·菲德勒:《媒介形态变化:认识新媒介》,明安香译,华夏出版社2000年版。

社会变化之间的关联,并提出了更复杂的评价系统来看待媒介的更迭。

保罗·莱文森(Paul Levinson)是著名的媒介理论家,被誉为"数字时代的麦克卢汉"。作为北美媒介环境学的新一代领军人物,他吸纳了达尔文的生物进化论、坎贝尔的哲学进化认识论等理论资源,提出了以媒介进化论(media evolution)为代表的媒介思想。莱文森的媒介进化论认为,媒介会通过适应人的选择而实现进化,而这种进化会带来社会的进步。总的来说,莱文森从媒介进化的角度理解文明的变迁,关注特定社会语境下媒介与具体文化形态相结合的具体方式,形成了带有技术乐观主义色彩的媒介(史)观。从媒介对社会关系的影响角度,他高度评价媒介的进化对文化的去中心化和知识生产民主化的意义。

在这一整体史观的引导下,他相继提出"补救性媒介""人性化趋势"和"玩具、镜子和艺术"等三个重要理论。"补救性媒介"是指技术的进化同知识的进化一样,也是被人类试错的过程,而后来的媒介技术是对先前的媒介技术的补救。① "人性化趋势"是指媒介应当适应人类的选择而生存,以人的需要为发展的尺度,只有满足人类感官平衡需求的媒介形式才能在媒介生态中有立足之地,当一种媒介技术对人类不再具有价值和生命力时,它就失去了存在的意义。② "玩具、镜子和艺术"形象地点明了在早期媒介往往被当作玩具,后来媒介逐渐被视为传达现实、与现实互动的镜子,再往后媒介不仅能够反映现实还能够超越现实,成为后现实的艺术。

从可供性的维度进行分析也是一个评价媒介演化的标准和尺度。"可供性"的概念来自美国心理学家詹姆斯·吉布森(James Gibson),指人在特定场所行动的可能性,是一种存在于人与环境之间经由人的感知所形成的特定关系。③ 2017年,学者潘忠党较早提出了新媒体的可供性(affordance),并将其分为信息

---

① 梁颐:《理解媒介环境学》,北京大学出版社2020年版,第95页。
② 参见常江、胡颖:《保罗·莱文森:媒介进化引导着文明的进步——媒介生态学的隐喻和想象》,《新闻界》2019年第2期。
③ 参见James Gibson, *The Ecological Approach to Visual Perception*, Houghton Mifflin, 1979。转引自潘忠党、刘于思:《以何为"新"?"新媒体"话语中的权力陷阱与研究者的理论自省——潘忠党教授访谈录》,《新闻与传播评论》2017年第1期。

生产可供性(production affordances)、社交可供性(social affordances)和移动可供性(mobile affordances)三个部分(参见表5-1)。各类媒介平台或应用形式都能够根据这三种可供性的维度被衡量,在三种可供性上水平越高的媒体,往往就是越"新"的媒体。

表 5-1　媒介可供性的构成①

	生产可供性	社交可供性	移动可供性
1	可编辑	可致意	可携带
2	可审阅	可传情	可获取
3	可复制	可协调	可定位
4	可伸缩	可连接	可兼容
5	可关联		

在媒介可供性的构成框架中,生产可供性指向媒介的灵活性与为用户赋能的水平,社交可供性指向媒介调动情感表达和反映社会关系网络的能力,移动可供性指向媒介的场景转向和智能驱动。② 从生产可供性的角度来看,评估媒体组织调动资源的灵活性和用户在信息生产中的能动性,需要考察媒体组织是否能够灵活地实现内容编辑与审查回顾,是否能保障内容在不同平台的传播效力,是否能顺利实现与其他平台的资源共享。从社交可供性的角度来看,今天媒体组织进入了更为全面的"泛内容"而非单一新闻内容的生产时代,内容本身也更能体现出现实社会中的情感属性和社交属性。从移动可供性的角度来看,具有更高水平的可供性的媒介体现了信息生产与消费"场景化"转向的趋势和智能设备的普及。由此可见,媒介演化的过程不仅是元素或界面的整合,媒介新效能的激活也并非只是传播渠道的简单叠加,而是反映出特定的技术属性与用户所处的特定环境在互动关系中的相互作用。

---

① 潘忠党、刘于思:《以何为"新"?"新媒体"话语中的权力陷阱与研究者的理论自省——潘忠党教授访谈录》,《新闻与传播评论》2017年第1期。
② 喻国明、赵睿:《媒体可供性视角下"四全媒体"产业格局与增长空间》,《学术界》2019年第7期。

在互联网迅猛发展的今天,"高维媒介"成为理解互联网与传统媒介的区别和关联的新视角。有传播学者认为,正如在人们日常感知到的"四维"空间之外还可能存在新的维度的空间,互联网就是某种意义上的高维媒介,比传统媒介多出了一个维度,生长出新的社会空间、运作空间和价值空间。① 作为高维媒介的互联网,并不是用传统媒介的运作和管理方式就能成功应对的。传统媒介始终是一种以机构为元素构造起来的传播系统,与之相比,互联网最大的特点是激活了比机构更为基本的社会基本要素——个人。互联网时代宣告以个人为基本单位的传播能量被激活,包括个人操控社会传播资源的能力、个人的信息需求与偏好、个人闲置的各类微资源等,而个人的解放又反过来重构了媒介生态,使多元主体共存的大流量开放平台成为基础系统,各类信息节点在平台间共同参与信息的生产、分享与价值创造,并在共同体的作用下达到动态平衡。②

第二节　作为技术手段的新闻传播媒介

技术是使某种媒介呈现出具体形态的关键因素,也在某种程度上决定了媒介对人类社会能够产生的影响。近几十年间,几代学者通过关注作为技术的传播媒介,为传播学贡献了发人深省的理论资源,并使媒介环境学成为与经验学派和批判学派鼎立的第三学派。时间和空间这两个人类社会的重要维度都不同程度地受到了媒介演变的影响,媒介技术的革新重塑了人类在日常生活实践中的时空观念。近些年媒介融合的进程,集中反映了新闻传播媒介形态变化的技术背景和深远影响。

---

① 喻国明:《互联网是一种"高维"媒介——兼论"平台型媒体"是未来媒介发展的主流模式》,《新闻与写作》2015年第2期。

② 喻国明等:《"个人被激活"的时代:互联网逻辑下传播生态的重构——关于"互联网是一种高维媒介"观点的延伸探讨》,《现代传播(中国传媒大学学报)》2015年第5期。

一、媒介环境学派

媒介环境学(Media Ecology)是将媒介当作环境的研究,主要研究媒介本身的传播特性及生存规律,以及媒介对人的影响。从 20 世纪 60 年代末开始,以尼尔·波兹曼为代表的学者推动了媒介环境学的制度建设,作为一门学科的媒介环境学开始进入传播学的主流视野。

(一) 环境学派的媒介研究

如果兼顾生物学意义上的世代和学术思想传承的时代,媒介环境学若以 20 年为一代,迄今大致走过了三代人的历程。① 20 世纪 50 年代以前成名的帕特里克·格迪斯(Patrick Geddes)、刘易斯·芒福德(Lewis Mumford)等人是先驱,50 年代成名的哈罗德·伊尼斯(Harold Innis)、马歇尔·麦克卢汉(Marshall McLuhan)等人是第一代,尼尔·波兹曼、沃尔特·翁(Walter Ong)等人是第二代,保罗·莱文森、约书亚·梅罗维茨(Joshua Meyrowitz)等人是近些年活跃的第三代学者。林文刚、何道宽等华人学者,则在媒介环境学引入中国的过程中发挥了重要的桥梁作用。

哈罗德·伊尼斯把传播技术视为政治和经济进步的基础,他最主要的观点是:一种新的媒介的长处,将导致一种新的文明的产生。一切文化都必须在时间上延续,在空间上延伸。在《传播的偏向》一书中,伊尼斯系统地叙述了媒介偏向理论。他认为,媒介的偏向主要分为口头传播和书面传播的偏向、时间的偏向和空间的偏向,媒介因此也可以被分为两大类:偏向时间的媒介和偏向空间的媒介。某种媒介的特征决定了它们承载的信息更适合时间上的纵向传播,还是空间上的横向传播。例如,以石刻文字为代表的媒介难以运输但更为耐久,它承载的信息更适合在时间上纵向传播;而以莎草纸为代表的媒介十分轻便,占有空间上的优势,有利于信息的横向传播。②

---

① 何道宽:《媒介环境学辨析》,《国际新闻界》2007 年第 1 期。
② 参见〔加〕哈罗德·伊尼斯:《传播的偏向》,何道宽译,中国人民大学出版社 2003 年版。

马歇尔·麦克卢汉最负盛名的论断无疑是"媒介即讯息"(the medium is the message)。在麦克卢汉之前,人们大多轻视媒介技术的存在,只关注媒介技术所承载的内容。麦克卢汉的观点打破了"媒介技术仅是外在形式"的观点,引导人们重视媒介技术对信息的反作用,而且将这种反作用放到了极重要的位置。① 麦克卢汉认为,媒介技术是人类认识活动的工具,为人类打开了通向新的活动领域的大门,因而媒介发展的历史,也是人的物质世界和精神世界被不断"延伸"的历史,这些"延伸"在不断地重塑人的感知与思维。麦克卢汉另一个著名的论断正是"媒介是人的延伸"。他把媒介技术比作人体或人类感官的延伸,并提出了"感官的平衡"的概念。他指出,使用不同的传播技术会影响人类感觉的组织。例如,文字与印刷媒介是视觉器官眼睛的延伸,广播是听觉器官耳朵的延伸。麦克卢汉尤其强调,电视是全身感觉器官的延伸。② 此外,麦克卢汉还认为电子媒介打破了旧的时空概念,使得人与人之间的时空距离骤然缩短、整个地球变成了"地球村"。

相比于乐观的麦克卢汉,尼尔·波兹曼对媒介技术的思考具有更鲜明的批判色彩。他认为,媒介技术对人类社会具有破坏性的影响,新的技术会形成新的垄断,影响文明的方方面面。在名篇《娱乐至死》中,他明确指出了电视传播在政治、宗教、教育等领域对印刷传播的替代,以及这种趋势对整体文化的新的控制。技术往往被认为是万能的,但它却并不是中立的。在他看来,任何一种工具都存在观念上的偏见,都倾向于将世界建构成某种特定形态,强化某种特定的感官、态度或技能。③ 波兹曼还关注了儿童这个特别的代际群体的生活状态与主流媒介的关联。在《童年的消逝》一书中,他指出:新兴的电子媒介导致童年和成年的分界线日益模糊,成人和儿童在行为举止、说话方式、处事态度等方面越发难以分辨。④ 如果说印刷术是与童年概念的形成和发展相适应的媒介形态,那么电子媒介的发展让儿童接收到的信息从内容和数量上都变得不受控

---

① 参见梁颐:《理解媒介环境学》,北京大学出版社2020年版。
② 参见张咏华:《媒介分析:传播技术神话的解读(第二版)》,北京大学出版社2017年版。
③ 参见梁颐:《理解媒介环境学》,北京大学出版社2020年版。
④ 参见〔美〕尼尔·波兹曼:《童年的消逝》,吴燕莛译,广西师范大学出版社2004年版。

制,视觉文化本身的低理解门槛使得过去基于有限文本的信息等级制度开始崩溃。

约书亚·梅洛维茨是继伊尼斯、麦克卢汉之后又一位重要的媒介研究学者。他在《消失的地域：电子媒介对社会行为的影响》一书中提出的媒介理论,就受到了麦克卢汉观点的深刻影响,特别是将媒介本身视为环境而非单纯的手段去考察。此外,欧文·戈夫曼(Erving Goffman)的"拟剧论"社会角色理论也为梅罗维茨观察人们通过媒介发生的相互作用提供了参考。在梅罗维茨的媒介理论中,情境是一个核心概念。不同于传统情境决定论者对自然场所或物质场所的关注,梅罗维茨强调要以人们接触信息的机会为焦点探讨情境的定义,要把媒介环境,即媒介的运用所造成的信息环境放在重要位置上考虑。① 基于此,他进一步指出：不同行为的分离取决于不同情境的分离,媒介的变化通过改变社会情境的形式而促使人们的行为发生变化。例如,由于广播和电视的受众群体有不同的特点,同样的文本经由不同的媒介传播就会有截然不同的效果。毋庸置疑,电子传播媒介的普及使得许多旧有情境的界限被打破,造成旧有方式的合并或消失。

（二）作为第三学派的媒介环境学

作为媒介研究领域之一,媒介环境学形成了体系宏大、特点鲜明的媒介观念。

其一,媒介即环境。媒介环境学将媒介当作一种环境来研究,这是媒介环境学的核心命题之一。媒介环境学主张泛媒介论、泛环境论、泛文化论,换言之,一切技术都是媒介、环境和文化。② 从狭义上的大众媒介,到口语、字母文字、象形文字等语言符号,再到莎草纸、羊皮纸等物理介质,都可以被纳入媒介的范畴。媒介及环境的思想可以溯源至格迪斯的人类生态思想和芒福德的社会生态理论,他们关注技术塑造城市环境过程中的生态问题,强调道德关怀。后来的媒介环境学者也致力于研究人类生存于其中的媒介环境,并力图为达成人和环境的平衡提出希冀。这一旨趣造就了媒介环境学独特的立场,如传播媒

---

① 参见张咏华：《媒介分析：传播技术神话的解读（第二版）》,北京大学出版社2017年版。
② 何道宽：《媒介环境学：从边缘到庙堂》,《新闻与传播研究》2015年第3期。

介不是中性的、透明的和无价值标准的渠道,媒介的物质属性和符号形式具有规定性的作用,对信息从编码到解码的全过程其至支撑传播过程的物质设备都会产生影响。

其二,媒介的偏向。媒介环境学认为,每一种媒介都有独特的偏向,不同媒介的技术属性决定了它们能够实现不同形式的传播。一方面,媒介技术承载的是信息,而不同种类的信息所需要的符号以及符号的架构方式是不同的;另一方面,不同物质载体的物理性能不同,也使得不同载体具有不同的偏向。[①] 例如,伊尼斯认为媒介可以分为时间偏向和空间偏向的媒介,麦克卢汉将其发展为媒介的感官偏向,梅罗维茨提出了媒介的前区偏向和后区偏向。媒介偏向理论也引出了媒介环境学的另一命题,即媒介促成的各种心理或感觉的结果,以及社会、经济、政治、文化等方面的结果。[②]

其三,媒介史观。媒介史研究是媒介环境学派的又一核心研究范式,它以技术为维度,将人类传播史大致划分为口语时代、文字时代、印刷时代和电子媒介时代等前后接续但又有所重叠的时期。媒介环境学者关注在每个时期占主导地位的媒介的变迁和流变,以及主导媒介在社会历史中的地位和作用。此外,学者们也对单独的媒介技术的历史进行了考察,如波兹曼对印刷媒介和电子媒介的对比探究、沃尔特·翁对原生口语文化和次生口语文化的界定等。

其四,媒介对人的影响,以及技术生活中人的主体性问题。例如,伊尼斯考察了媒介对文明的影响,麦克卢汉研究了媒介对人的感知、心理和社会的影响,波兹曼研究了电子媒介对童年的影响及对印刷文化的侵蚀。媒介环境学试图探究媒介技术是否使人们的生活变得更好,尤其是新的媒介环境对权力状况的影响。当下人类日常生活的显著困惑,无疑是技术的垄断和支配造成的权力结构改变,以及在海量信息冲刷下自我认知的摇摆与失落。媒介环境学学者理想的未来媒介,往往是能呼应人的本能生命需求的媒介。

关于媒介环境学派,一个争论已久的问题是:媒介环境学派的学者是技术决定论者吗?媒介研究中的"技术决定论"一般指硬技术决定论,即强调技术对

[①] 参见梁颐:《理解媒介环境学》,北京大学出版社2020年版。
[②] 参见〔美〕林文刚:《媒介环境学:思想沿革与多维视野》,何道宽译,北京大学出版社2007年版。

事物产生的作用是绝对的、必然的。有观点认为,媒介环境学派并不认为技术是社会历史变化的唯一因素,他们承认多种因素对社会历史变化的影响和人在媒介面前的主观能动性,不认为社会将在技术的规定下朝着一个既定的方向演进,而只是强调媒介本身与社会图景的宏观变化有着莫大的关系。① 总的来说,由于媒介环境学学者研究的是媒介本身,且希望技术与人类和谐共存,所以容易被误解为对技术的态度是技术至上、是技术决定论者。

媒介环境学派兴起之后的几十年间,全球范围内与媒介研究有关的学派和思潮,除了美国学者波兹曼创立的媒介环境学派,还有以德国学者弗里德里希·基特勒(Freidrich Kittler)为代表的媒介技术哲学、法国学者雷吉斯·德布雷(Régis Debray)的媒介学以及西北欧的媒介化理论等。这些理论的立场相互区别,但在认为要高度重视媒介的物质性,即媒介的形式、技术,以及肯定媒介对社会强大的组织和建构能力方面达成了共识。②

二、媒介与时空的关系

时间(time)和空间(space)是构成社会存在的两个基本维度,同样也是形塑新闻呈现面貌的两股重要力量,因而时间性(temporality)和空间性(spatiality)成为新闻的两种基本属性和新闻学研究的主要议题。

(一) 媒介与时间

人类关于时间的认知不断发生着变化,在过往对媒介的研究中,时间作为变量多次出现。③ 在农业社会,人们依靠自然信息塑造时间。这种自然时间是以天文规律、季节流转、植物生长等自然现象为参照标准的时间体系,带有农业社会缓慢变迁、稳定平衡的特征。在工业社会,人们依靠钟摆、手表塑造时间。钟表时间与自然时间不同,其划分的小时、分和秒等时间单位是具备可计算特

---

① 李明伟:《媒介环境学派与"技术决定论"》,《国际新闻界》2006 年第 11 期。
② 胡翼青、王焕超:《媒介理论范式的兴起:基于不同学派的比较分析》,《现代传播(中国传媒大学学报)》2020 年第 4 期。
③ 邵培仁、黄庆:《媒介时间论——针对媒介时间观念的研究》,《当代传播》2009 年第 3 期。

征的人造时间,在现代化的社会中长期扮演工业生产组织者的角色。

在电子媒介时代,时间参考的标准呈现出媒介化的趋势,当今社会人类的时间观念正是电子媒介技术和媒介内容共同作用的结果。① 一方面,新的传播媒介充当了手表的替代角色,最大的转移无疑流向移动终端。另一方面,以电视为核心的媒介通过节目编排、媒介事件、塑造观众的仪式化消费这一逐渐深入的过程,对人们日常生活的时间安排产生结构性影响。这种媒介时间的形成是技术和内容共同作用的结果,呈现出即时性、零散化、无序性等特点。② 在现代社会,持有时间压缩立场的技术大行其道,从电报到广播的发展历程,强调的就是信息能够瞬间到达受众面前的媒介所具有的比较优势。在这种技术压缩时间的背景下,大众传播的内容越发以碎片化的、迅速更迭的,而非整体的面貌出现,这也使受众在消费媒介内容时将完整的时间切割分配至许多不同的领域。受众端的变化传导到生产端,推动了新闻理念的变化,如今的新闻内容越发以短小作品的形式呈现。新闻从业者对内容时序结构的重新安排,反映了媒介时间的无序性如何顺理成章地重塑了人类思维。

在网络媒介塑造的文化环境下,社会事件(客观时间)、新闻时间(文本时间)、阅读时间(阅听众主观感知时间)之间的时间差正被努力压缩,信息以光速传导,"此时此刻"成为电子媒介的共同经验,传媒组织与受众都潜移默化地认同新闻报道的"即时"原则。③ 媒介化的时间正在逐步代替或补充过去线性的、不可逆的时间形式。④ 网络媒介对时空经验的改写,给人们带来了强烈的精神冲击,特别是时空紧张的感觉。⑤ 这种社会现实特别契合社会学家安东尼·吉登斯(Anthony Giddens)所提出的"时空分延"(time-space distanciation)概念。在高度现代性的时代,时空交汇使得从时间角度来测量的距离"收缩",人们的日

---

① 卞冬磊、张稀颖:《媒介时间的来临:对传播媒介塑造的时间观念起源、形成与特征的研究》,《新闻与传播研究》2006年第1期。
② 同上。
③ 卞冬磊:《再论媒介时间:电子媒介时间观之存在、影响与反思》,《新闻与传播研究》2010年第1期。
④ 张梦晗:《重塑惯例:媒介化时间对新媒体社会的建构》,《浙江传媒学院学报》2016年第1期。
⑤ 陈力丹、毛湛文:《时空紧张感:新媒体影响生活的另一种后果》,《新闻记者》2014年第1期。

常生活被重构,远处发生的事件对个体的影响变得越来越普遍,人们之间的互动也不再受时空邻近这一要求的限制。[①] 时空的分离与重组成为现代社会发展的两大重要动力,时间与空间在全球范围内的统一协调深化了全球化的趋势,而现代沟通手段的发展又使人们日常生活的私密性受到侵蚀。

从生活状态的批判视角考察,以法兰克福学派新一代学者哈特穆特·罗萨(Hartmut Rosa)为代表的学者从时间维度对当代社会进行诊断,认为现代化发展的核心就是社会加速机制。在现代化的进程中,媒介技术的发展使人对时间的感知被不断解构,媒介时间的来临和社会事务量的增加加深了人们感知的时间危机,个体的时间主权问题逐渐演变为一种社会"新异化"的症状。[②] 从传播形态的社会视角考察,不断翻新的媒介时间冲击了大众传播时代新闻传播的体制化机制,通过对人与人之间交往关系的再造,使得传播的要素发生了根本性的变化,这意味着一种新的传播形态正在浮现。[③] 新的传播技术和媒介时间允许网络社会的每一个节点随时随地积极参与,受众早已不再是被动的信息接受者,大众传播时代专业化的信息生产与传播模式,正逐渐让位于以社交媒体为中心的个人化的信息生产与传播模式。

新闻行业与时间密切相关。新闻机构本质上就是时间性的(temporal)组织,时间性对生产中的组织和个体施加着约束,成为形塑新闻面貌的一股主要力量。[④] 这种新闻的时间性首先体现在价值层面,每一次技术革命都在加深新闻行业对时间的追逐,时效性、即时性等都在实践的发展中成为重要的新闻价值要素。新闻的时间性还体现在内容层面,与时间相关的文本是新闻内容借以呈现现实世界的重要组成部分,渗透入新闻作品的叙事方式、内容符号、交互方式。如今,不断加速的时间与数字时代的新闻业相结合,塑造了新形势下新闻

---

① 向德平、章娟:《吉登斯时空观的现代意义》,《哲学动态》2003年第8期。
② 连水兴、邓丹:《媒介、时间与现代性的"谎言":社会加速理论的传播批判研究》,《现代传播(中国传媒大学学报)》2020年第6期。
③ 张华、韩亮:《社群化传播:基于新媒介时间的新传播形态》,《现代传播(中国传媒大学学报)》2020年第2期。
④ 王海燕、范吉琛:《新闻的时间性变迁:生产、文本与消费》,《新闻记者》2018年第10期;王海燕:《加速的新闻:数字化环境下新闻工作的时间性变化及影响》,《新闻与传播研究》2019年第10期。

编辑室的时间观念,传统的结构化的时间循环在不同维度中逐渐消解,随时生产、随时回应成为新闻行业的时间现实。

(二) 媒介与空间

信息传播技术的革新影响着人类的时空感知和空间观念的更迭,而人类也是在不断拓展和再造的空间中开展包括传播活动在内的社会生活,传播与空间二者经由人类交往实践呈现出一种互相建构的关系。[①]

在古代中国社会,制约传播行为的地理要素来自三个方面:城市及其发展、交通网络,以及在城市和交通逐步发达基础上的区域人口流动。印刷术的发明,使得知识生产超出了以往非常有限的区域,信息能够流向更广泛的人群和地方。印刷媒介既提高了传播速度和效率,扩大了信息流通的人群范围和数量,又通过核定信息内容标准,构筑了统一的阅读市场。空间偏向的印刷媒介前所未有地联结起原来分隔的地理空间,也带来了新的"社会距离":早期印刷媒介特有的知识色彩使其宣讲和呈现的世界迥异于现实的日常生活,带来了空间的分隔。

印刷媒介实现了文字信息的大量生产和大量复制,而电子媒介最重要的贡献之一就是实现了信息的远距离快速传输。在电报出现以前,信息的流通与人的流通是等速度的,但电子通信工具的出现使得空间距离不再成为人类沟通信息的严重阻碍。电子媒介的两个特性使其对空间的联结与印刷媒介有所不同。一是快速,远方的现场被即时拉近到此时此地;二是形象,电话里的声音和电视里的画面都是生动地再现彼处的人与物。随着电子媒介日益渗入人们的日常生活,对远处空间和情境的复制在规模上和种类上都成为密集发生的常态,远方空间和现处空间的关系突破了"边缘—中心"的模式,二者的交织也反映了人们生活中日益紧密的嵌入关系。

在电子媒介时代,特别是网络媒介时代,社会空间越来越与"媒体空间"密

---

① 王斌:《从技术逻辑到实践逻辑:媒介演化的空间历程与媒介研究的空间转向》,《新闻与传播研究》2011年第3期。

不可分,呈现出空间媒介化与媒介空间化的趋势。① 如果说电子媒介时代以前空间与媒介的关系主要表现为人类通过不断发展传播媒介来拓展对实在空间的控制范围,那么网络时代的媒介则是在不断建构虚拟空间的过程中展现出生产社会关系和社会结构的潜力。与 PC 时代的互联网传播相比,移动时代的空间观念又具有了新的意涵,集中体现为场景的意义大大强化。场景的概念既涵盖空间环境,也涵盖基于行为与心理的环境氛围,移动传播的本质就是基于场景的服务。② 把"场景"一词作为重要概念引入传播学始于罗伯特·斯考伯(Robert Scoble)和谢尔·伊斯雷尔(Shel Israel)的著作《即将到来的场景时代》,他们认为场景时代的到来依托五大技术的支撑,即"场景五力":大数据、移动设备、社交媒体、传感器和定位系统。场景的作用,是在移动传播中促进用户与生产者、用户与产品及用户之间的连接、集合甚至价值变现,旨在优化人们在感受社交、内容、游戏等多种类型服务时的体验。

当下,互联网和移动媒体的结合很大程度上改变了新闻生产和消费的空间性面貌。

从新闻生产的角度看,盖伊·塔克曼(Gaye Tuchman)"新闻网"的经典隐喻不再能够概括新闻线索获取空间的全部特征。新闻生产主体的地理空间边界消融,借助智能终端,新媒体的受众已经能够"参与"和"体验"正在发生的新闻,成为数字时代"新闻网"中的一个节点。由于社会各阶层的广泛受众群体都充当了新闻线索发现者、提供者、生产者的角色,"捕大鱼"便不再是新闻线索的唯一衡量标准,每个个体都能够从"网眼"中发出声音。新闻线索的获取不再受空间的禁锢,新闻的内容和意义都变得格外生动。③

从新闻消费的角度看,新闻消费的场所和可能性不断发生变化,受众也因此有着不同的消费体验。终端设备跟随个人的特性使得人们越来越倾向于随时随地消费新闻,"伴随"成为移动终端使用情境的一个典型特征。新闻的使用

---

① 李彬、关琮严:《空间媒介化与媒介空间化——论媒介进化及其研究的空间转向》,《国际新闻界》2012 年第 5 期。
② 彭兰:《场景:移动时代媒体的新要素》,《新闻记者》2015 年第 3 期。
③ 何镇飚、王润:《新媒体时空观与社会变化:时空思想史的视角》,《国际新闻界》2014 年第 5 期。

变得无处不在,受众可以同时和持续地体验多个空间。受众能够通过移动设备在社交网站、聚合网站、传统媒体网站等之间不断往返,多平台消费越来越成为一种常态。总之,新媒介技术以空间的形式介入新闻生产实践,打通了新闻生产与受众和社会之间的壁垒,把一切社会要素纳入了一个"共在"的空间范畴。

> **知识窗:新闻编辑部的迁移**[①]
>
> 传统的新闻编辑部一般是位于城市中心位置的"地标式建筑",与政府部门、银行等公共建筑相媲美,地理位置和建筑形象极具影响力,也赋予了新闻工作者一种"社会公器"的自豪感。而随着移动互联网技术的发展和传统报纸行业的衰落,原本占据着重要地理位置的报业机构开始重置其生存的空间场所,美国的 A. H. 贝罗集团(A. H. Belo)、先锋集团(Advance)、甘乃特报业(Gannet)、考克斯报业集团(Cox)等大大小小的报业集团都在出售它们的办公大楼,欧美的传统新闻媒体掀起了一股编辑部卖掉老办公楼、打造全新融合媒体编辑部格局的"搬迁"浪潮。
>
> 哥伦比亚大学 TOW 数字研究中心发布的题为《移动编辑部:后工业时代新闻的空间与地点》(Moving the Newsroom: Post-Industrial News Spaces and Places)的研究报告就从新闻业为应对现代化挑战(modern challenges)而出现的空间变化入手,探究了实体空间的转变如何影响新闻业的数字化进程以及实体空间与数字空间的关系。报告指出,新闻生产地理空间迁移的原因一方面是经济上的,即出于削减开支的考虑,另一方面则是创建对数字环境更敏感的工作流程,重塑工作方式,提高工作效率。
>
> 在我国,传媒业的类似变革也在展开,比如人民日报社的中央厨房、新华社的智能化编辑部等。人民日报社的中央厨房从组织架构和空间布置的角度重新设计了融媒体中心,打破了过去媒体板块分割的运作模式,统筹了采访、编辑和技术力量。新华社的智能化编辑部通过一次采集,N 次加工,多元

[①] 陶文静:《搬迁:后工业时代新闻生产的空间与地点》,《新闻记者》2014 年第 8 期;赵红勋:《新媒体语境下新闻生产的空间实践》,《新闻界》2018 年第 7 期。

> 分发,让新闻生产通过智能化创新,提速、提量、提质、提效,打通了在线新闻生产的"最后一公里"。借助新技术实现空间压缩,编辑部成为一种集成器式的中枢状组织,把新闻生产的各种要素纳入数字化空间。

三、媒介融合

在这个万物皆媒的时代,不同的媒介形态"融合"在一起并随之产生了"质变",形成了新的媒介形态。许多与媒介有关的要素,如媒介的所有权、传播功能等也逐渐聚合在一起。与此同时,人们对媒介融合的理解也在不断加深,媒介形态变化对新闻业的影响成为一个非常重要的研究话题。

(一)理解媒介融合

媒介融合(media convergence)是指各种媒体呈现多功能一体化的趋势。融合(convergence)一词与大众传播的关联,源于20世纪70年代中期计算机和网络的发展,特别是计算机与通信技术的整合。数字技术的发展使得媒介形式开始向数字媒介转变,所有的传播技术都快速融合成了数字形式。1978年,麻省理工学院媒体实验室创办人尼古拉斯·尼葛洛庞帝(Nicholas Negroponte)用一个图演示了三个相互交叉的圆环趋于重叠的聚合过程,这三个圆环分别代表了计算机工业(电脑业)、出版印刷业和广播电影工业,如图5-2所示。[①] 1983年,美国马萨诸塞州理工大学教授伊契尔·普尔(Ithiel Pool)在《自由的技术》一书中推广和普及了媒介融合的概念,指出媒介融合的本义是多种媒介呈现出多功能一体化的趋势。

整体上看,媒介融合是一个历时性的概念。20世纪90年代末开始,一些涉及媒介融合的西方著作被译介到我国。与此同时,一些国内学者也对媒介融合的概念作出了影响深远的界定。蔡雯指出,媒介融合是"在以数字技术、网络技

---

① 孟建、赵元珂:《媒介融合:作为一种媒介社会发展理论的阐释》,《新闻传播》2007年第2期。

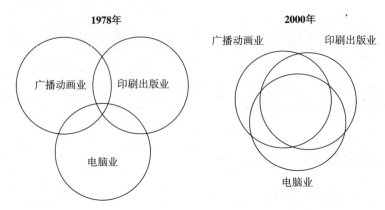

图 5-2 尼葛洛庞帝提出的三圆交叠说

术和电子通信技术为核心的科学技术的推动下,组成大媒体业的各产业组织在经济利益和社会需求的驱动下通过合作、并购和整合等手段,实现不同媒介形态的内容融合、传播渠道融合和媒介终端融合的过程"[1]。早期的媒介融合展现为通过对主流媒体的直接收购与大规模兼并实现的跨媒体所有权集团化,不同类型媒体间的整合是媒介融合的主要表现形式,这种整合的动因很大程度上源于传统媒体的生存压力。

随着国内外学者对媒介融合概念的认识和把握不断更新,人们逐渐意识到媒介的数字化改造从更加根本的角度挑战了传媒业,媒介融合的内涵与外延也拓展到了媒介技术融合、媒介业务融合、媒介所有权融合、媒介政府规制融合等层面。[2] 其中,技术融合发挥着最本质的作用,使得媒介的信息源、传输渠道和接收终端向着共通、兼容、多功能一体化的方向发展。业务融合是指各种传播媒介在行为、目标等业务实践层面的交叉越发频繁,使得媒介的业务形态、业务技能、业务战术、业务战略向着融合的方向发展。所有权融合是指不同媒介在融合、兼并过程中实现的所有权的集中,典型表现是较大型的传媒集团的出现。政府规制融合是指公共部门在法律、机构、行为等层面形成的媒介融合的外部环境,良好的政府规制可以促使媒介融合向着健康、有序的方向发展。

---

[1] 蔡雯、王学文:《角度·视野·轨迹——试析有关"媒介融合"的研究》,《国际新闻界》2009 年第 11 期。

[2] 刘颖悟、汪丽:《媒介融合的概念界定与内涵解析》,《传媒》2012 年第 1 期。

目前,国外媒介融合研究主要有三种视角:媒介技术的视角、文化研究的视角、政治经济学的视角。[①] 媒介技术的视角强调媒介融合的技术基础与驱动作用,最初提出"融合"概念的学者,以及有技术背景的学者往往持这种类型的观点,他们基于媒体的形态构成和形态发展来定义媒介融合。文化研究的视角的主要代表者是亨利·詹金斯(Henry Jenkins),其关于媒介融合与融合文化的论著在西方社会产生了深刻影响。他认为,媒介融合一词涉及技术、产业、文化和社会变迁等方方面面,并不完全取决于媒介终端,而是在更多时候通过个体消费者彼此间的社会交往而实现。政治经济学视角的代表人物是克劳斯·延森(Klaus Jensen),他在论著中区分了媒介的三个维度:人际传播、大众传播、网络传播。[②] 延森将伴随着书籍、电影、广播和电视而诞生的媒介类型统称为大众传媒,即第二维度的媒介。由个人计算机、手机等接入互联网的终端组成的数字媒介则是第三维度的媒介,它整合了大众传媒和各种不同类型的人际传播。

媒介融合不仅在中观层面涵盖了传媒产品形态融合、传媒组织机构融合等方面,也在宏观上产生了深远的社会影响,在微观上影响了个体参与传播活动的效果。在传统的思路中,媒介融合就是人如何利用不同媒介传输不同内容,但媒介融合还指向社会形态的变化,即以数字技术为元技术平台,将不同维度上的媒介重新整合为一体,形成一个全球化的、涌动的"网络社会",而媒介组织是这个网络中的一个节点。[③] 当下,具有沉浸传播特征的媒介形态,具有以人为中心、无时不在、无处不在、无所不能的传播功能,传播者也是接受者,共同进入沉浸体验,是共创共享的泛众媒介。[④] 在沉浸传播的过程中,人、媒介、环境互为彼此,互相交融。网络直播、虚拟现实等实践中涌现出的新的媒介形态,已经说明了当下媒介融合对人认知世界的方式的深刻重塑。

[①] 郭毅、于翠玲:《国外"媒介融合"概念及相关问题综述》,《现代出版》2013 年第 1 期。
[②] 参见〔丹〕克劳斯·延森:《媒介融合:网络传播、大众传播和人际传播的三重维度》,刘君译,复旦大学出版社 2012 年版。
[③] 黄旦、李暄:《从业态转向社会形态:媒介融合再理解》,《现代传播(中国传媒大学学报)》2016年第1期。
[④] 李沁:《沉浸媒介:重新定义媒介概念的内涵和外延》,《国际新闻界》2017 年第 8 期。

(二) 媒介形态变化对新闻业的影响

媒介形态的变化本质上是由媒介相关要素(技术、符号、介质等)组成的统一体不断更新进化的过程。① 首先,媒介形态的实质是各种技术的支持与显现。其次,不同媒介形态都有各自的典型符号系统。最后,不同媒介形态的信息承载介质不同。新的媒介形态对先前的媒介形态的补充过程,表面上表现为符号系统的补充,实质上则是媒介技术、媒介介质的新发明、新创造。媒介的进化本质上是技术的进化,新的传播技术通过社会化媒体集成起来,改变了传统新闻业的格局。因此,媒介融合不仅是不同媒介的整合与互动,还包括不同媒介形式在信息采集、制作、传播过程中的全方位合作,是对传统新闻业务形态的整合与重构。②

当下的主流媒介形态通过引入机器的因素,重塑了新闻业中多方主体的关系。影响数字新闻的机器,既包括以计算机、手机为代表的智能终端,也包括各类算法、软件等软性机器。③ 从基础结构的角度来看,一方面,权威媒体之外越来越多的人类主体加入了新闻系统,另一方面,作为新主体的机器也直接影响从信息采集、信息加工到信息分发的整个传播过程,形构了开放的、智能的、网络的新闻生产系统。从思维方式的角度来看,人—机互动的过程要求新闻从业者认识到数据思维、算法思维等机器思维的重要性,通过转变思维方式来开拓新闻制作的路径,可视化新闻、具身传播等新的发展方向都体现了机器对数字新闻系统创新性的影响。

数字新闻创新性的一个重要变化,在于可视化从过往新闻文本的内容点缀逐渐成为数字新闻产品的核心叙事。④ 当今的主流媒介形态形构了以视频为代表的动态视觉文化,通过短视频新闻等新兴新闻样态影响新闻业。在短视频新闻中,除了报道事件的成分,还有加入的文字提示、配音配乐及加速、延缓原有

---

① 杨保军:《扬弃:新闻媒介形态演变的基本规律》,《新闻大学》2019 年第 1 期。
② 刘寒娥:《媒介融合背景下新闻业务形态的整合与发展》,《内蒙古大学学报(哲学社会科学版)》2008 年第 4 期。
③ 彭兰:《数字新闻业中的人—机关系》,《新闻界》2022 年第 1 期。
④ 李梦颖、陆晔:《虚拟可导航空间与情感体验:可视化作为数字新闻核心叙事的中国经验与理论前瞻》,《新闻界》2021 年第 7 期。

视频的素材等新增元素,这些构成了公众了解新闻事件的微观语境。换言之,短视频新闻同时在进行新闻生产和语境生产。① 对微观语境的重视强化了短视频新闻生产中呈现逻辑之于事实逻辑的补充地位,同时迎合了对视听元素与信息元素的需求满足。用户怀着近乎猎奇的心态进入短视频平台或一般社交媒体的短视频推送渠道,在沉浸与卷入两种不同体验的共同作用下产生一般快感,其接受新闻内容的过程呈现出一系列认知事实的新特征。

数字新闻创新性的另一个重要变化在于一系列推动虚拟和现实融合的新技术创造出了全新的叙事场景。② 在21世纪的第二个十年,虚拟现实(Virtual Reality,VR)、增强现实(Augmented Reality,AR)及可穿戴设备等配套技术不断涌现。其中,VR借助计算机设备生成逼真的三维视觉、触觉、嗅觉等多种感官体验的虚拟世界,从而使处于虚拟世界中的人产生身临其境的感觉,而AR是在真实环境中增添或者移除由计算机实时生成的可交互的虚拟物体或信息。沉浸式新闻(Immersive Journalism)就是用VR等拍摄设备记录新闻现场,并将处理后的素材发送至用户终端,为用户呈现身临其境的虚拟现实场景,从而使用户能与场景进行互动的新闻形式。这样的新闻叙事离不开用户的参与,能全面地调度人的感觉和行为系统,实现了时效性和真实性经验的双重分发,人感知事实的维度得到极大拓展。③

第三节　作为社会结构的新闻传播媒介

新闻传播媒介不仅作为技术手段发挥作用,还通过与人类社会生活的深度融合释放出结构性力量。媒介化与媒介逻辑的概念,概括了媒介对其他原本不相关领域的影响:社会各领域都依照媒介的逻辑呈现和互动,成为建构

---

① 王斌、李曜宇:《从事实逻辑到呈现逻辑:短视频新闻的微观语境生产及其影响》,《广西师范大学学报(哲学社会科学版)》2022年第1期。
② 喻国明、谌椿、王佳宁:《虚拟现实(VR)作为新媒介的新闻样态考察》,《新疆师范大学学报(哲学社会科学版)》2017年第3期。
③ 段鹏、李芊芊:《叙事·主体·空间:虚拟现实技术下沉浸媒介传播机制与效果探究》,《现代传播(中国传媒大学学报)》2019年第4期。

社会的框架性存在。网络社会、平台社会等理论,反映了新媒介技术所促生的新社会结构。

一、媒介化与媒介逻辑

媒介发挥着强大的作用,具体体现为它掌握了一定的自主权和权威,能够使得其他系统或多或少地服从于媒介逻辑。① 这种对媒介与媒介逻辑的服膺,构成了媒介化的社会现实。

(一)媒介化

媒介化(Mediatization),是指媒介的效力开始渗透到曾经与之分离的领域,并且以自身的逻辑改变这一领域既有的系统规则,使之不得不适应"媒介逻辑"的过程。② 媒介化强调当下媒介与其他社会范畴相互建构的过程,理论假设如下:媒介形式的意义要胜过其内容,媒介塑造的文化形态越来越社会现实化,甚至直接出现了媒介造就的行动场域和社会场域。③ 媒介化的概念既强调多种形态的媒介和信息技术在得到人们应用的过程中,构成了公共生活的基础设施,也强调技术的逻辑正在改变社会生活的方方面面,特别是影响传播发生和形成的各种关系。

媒介化研究兴发于北欧,受到英国文化研究、媒介社会学等学术传统的影响,代表学者包括施蒂格·夏瓦(Stig Hjarvard)、克努特·伦德比(Kunt Lundby)、克劳斯·延森等人。1933 年,美国社会学家欧内斯特·曼海姆(Ernest Manheim)第一次使用"媒介化"这一术语,用媒介化描述印刷媒介的传播过程,被认为是现代媒介化研究的开端。20 世纪 70 年代以来,施蒂格·夏瓦成为现代媒介化研究的代表人物,他在《文化与社会的媒介化》等著作中阐释了"媒介化理论"

---

① Stig Hjarvard, *The Mediatization of Culture and Society*, Routledge, 2013。转引自周翔、李镓:《网络社会中的"媒介化"问题:理论、实践与展望》,《国际新闻界》2017 年第 4 期。

② 戴宇辰:《媒介化研究:一种新的传播研究范式》,《安徽大学学报(哲学社会科学版)》2018 年第 2 期。

③ 胡翼青、杨馨:《媒介化社会理论的缘起:传播学视野中的"第二个芝加哥学派"》,《新闻大学》2017 年第 6 期。

的框架、内涵及演变过程。2008年,索尼亚·利文斯通(Sonia Livingstone)在国际传播学会(ICA)发表的题为《一切事物的媒介化》的演讲,阐释了媒介化研究与其他传播学研究之间的关系,使这一概念变得国际化。

在传统的媒介研究中,媒介总是被视为一种与社会、文化相分离的"中介性"要素。媒介化研究的学者沿袭了麦克卢汉关注媒介技术并将媒介视作社会组织者的观点,但又与侧重静态描述媒介影响的旧媒介研究划清了界限。他们认为,媒介已经开始摆脱传统传播研究中的"中介性角色",而开始逐渐地"影响"乃至"控制"社会形态的构型过程。① 如果说早期媒介环境学的经典研究是将"媒介"作为一个研究主体,进而反思媒介与社会之间的关系,那么媒介化的研究路径则强调媒介与社会生活之间的关系,尤其是媒介与社会实践的关系。这种从"媒介研究"到"媒介化研究"的转向,将媒介实践视为一种动态性的过程,强调了媒介在社会制度与个体实践两个层面的建构作用,具有浓厚的建构主义色彩。

此外,媒介化与中介化(Mediation)也是一对相互关联又有所区别的概念。"中介化"关注从传者到受者的传播回路内部,研究的是特定空间或事件中的传播活动。中介过程起到类似桥梁的作用,描述的是两个或多个对象或元素的连接或者相互之间关系的转换,具有功能主义的色彩。与侧重微观或中观层面的中介化不同,"媒介化"是一个在相对宏大层面的概念,描述的是媒介效果向宏观社会效应的一种延展,立足点在于理解媒介所造成的复杂的社会后果②,以及媒介在文化和社会中的结构变迁。

当下,媒介化已经渗透到中国社会的多数领域,利用媒介化理论研究中国的媒介化现象可以使我们从更深刻的理论层面、更全面的历史视野考察媒介与社会、文化的辩证关系。不过,由于中西制度和社会文化环境不同,媒介化的表现并不完全一致。③ 从技术更迭的历史视角看,尽管中国几乎与西方同步进入

---

① 戴宇辰:《媒介化研究:一种新的传播研究范式》,《安徽大学学报(哲学社会科学版)》2018年第2期。
② 周翔、李镓:《网络社会中的"媒介化"问题:理论、实践与展望》,《国际新闻界》2017年第4期。
③ 侯东阳、高佳:《媒介化理论及研究路径、适用性》,《新闻与传播研究》2018年第5期。

媒介化社会,但中国的媒介化在移动支付等新的技术使用方式上已经展现出与西方的差异。此外,中国的媒介和政治体制与西方不同,舆论生态中的媒介也形成了它自身的运作规律。例如,宣传思想工作部门与新闻媒体不断掌握网络传播的规律进行舆论引导,个人和组织利用媒介逻辑吸引关注的行为也越来越多。

(二) 媒介逻辑

1979 年,戴维·阿什德(David Altheside)和罗伯特·斯诺(Robert Snow)提出了媒介逻辑的概念,关注社会制度的逻辑如何受到媒介形式的影响。他们最初的想法是建立一个理论框架,以更好地分析大众媒体的形式以及媒体对制度和社会行为的影响,重点是电视、广播和报纸等大众媒体系统及其影响甚至改变社会的力量。媒介逻辑与媒介化的过程密切相关,媒介化的另一层含义就是社会各领域依照媒介逻辑进行呈现和互动的运作方式。也就是说,媒介会根据自身的媒介逻辑对经验材料进行有选择的呈现,最终形成某种社会现实,成为建构社会的一种框架性存在。不仅是媒介自身,其他社会机构也会按照媒介逻辑来进行运作。[1]

媒介逻辑的运作,暗示着存在一种"媒体文法",掌控着诸如时间应当如何被使用、内容产品应当如何被排序、语言或非语言内容设备应当如何被使用等问题。[2] 媒体所提供的主要内容类型,无论是新闻、娱乐还是广告,都会遵循一定的标准化的形式,植根于传播媒介在特定社会文化的熏陶与漫长发展过程中形成的各种组织传统或受众观念,并通过媒介的形式进行表达。麦奎尔指出,媒介逻辑遵循新颖、直观、简洁、冲突、戏剧等容易引发受众关注的原则,媒介逻辑的一大驱动力就是寻找新的信源和潜在的名人。而在新闻机构努力吸引更多受众的同时,作为新闻来源的受众也分享着相似的媒介逻辑,双向建构着"以用户为中心"这一日益凸显的理念。

---

[1] 顾烨烨、莫少群:《媒介化研究:理论溯源与研究路径》,《全球传媒学刊》2022 年第 2 期。
[2] 参见〔英〕丹尼斯·麦奎尔:《麦奎尔大众传播理论(第六版)》,徐佳、董璐译,清华大学出版社 2019 年版。

媒介逻辑并不是一个统一、普遍、可被描述的概念，它受到具体社会文化和互动关系的影响。就新闻事业而言，不同地区的媒介体制、专业主义精神、媒体行业的潜规则等都会影响特定媒介所展现出的内容和形式，进而影响着媒介逻辑。① 对于同一类事件，不同地区、不同背景的媒体可能会选择截然不同的报道策略。但总的来说，社交媒体时代新闻来源的无边界特点一定程度上淡化了媒体的属地特征，主流媒体和社会机构大胆采用网络短视频等新的用户生成内容作为自身论述的一部分，将用户生成内容引发的热点作常规式的处理，建构为有组织的媒体事件。②

媒介逻辑成为社会运行的主要逻辑，在社会生活中扮演着操作系统式的角色。在媒介逻辑强大渗透力的影响下，先前的机构或信息发布节点逐渐演化为社会基础设施，这种宰制性的权力使新闻生产的过程受到更多非人因素的左右。如今风行的平台媒体多以算法为支撑，它们的运作就依靠一套隐秘的"可见性"生产逻辑，这套逻辑贯穿于信息生产、分发和审核等价值链的全环节。③ 这类算法媒体作为信息与受众之间的中介，成为具有中介权力的把关人，具有重要的现实社会建构意义。网络媒介时代的全新媒介逻辑也对新的治理逻辑提出了要求，需要从国家规制、平台自律、算法素养等多方面建立综合协同治理体系。

二、新媒介影响下的社会结构

随着经济当中出现了基于信息的工作，理论知识成为经济中的关键因素，以后工业社会、信息经济等为代表的概念反映出信息变革在量上的积累所引发的质变对社会结构的影响。在《信息社会理论》一书中，社会学家弗兰克·韦伯

---

① 李红艳、刘碧瑶：《地方媒体对群体性事件的解读——以"上海普陀事件"与"广州增城事件"的报道为例》，《新闻学研究》2014 年总第 120 期。
② 李立峰：《范式订定事件与事件常规化：以 YouTube 为例分析香港报章与新媒体的关系》，《传播与社会学刊》2009 年第 9 期。
③ 罗昕：《算法媒体的生产逻辑与治理机制》，《人民论坛·学术前沿》2018 年第 24 期。

斯特(Frank Webster)从科技、经济、职业、空间、文化等方面诠释了信息社会的概念。① 然而,尽管信息的重要性与日俱增,但人们始终未能就信息社会的确切概念达成共识。② 基于此,一些学者选择用网络社会、平台社会等概念代替信息社会,来描述现代社会的革命性变化。

(一) 网络社会

网络社会是曼纽尔·卡斯特(Manuel Castells)在《网络社会的崛起》一书中提出的概念。他指出,"作为一种历史趋势,信息时代的支配性功能与过程日益以网络组织起来。网络建构了我们社会的新社会形态,而网络化逻辑的扩散实质地改变了生产、经验、权力与文化过程中的操作和结果……因此,我们可以称这个社会为网络社会(the network society)"③。网络社会是一种具有广泛意义的社会结构,是指新经济所带来的与信息化、全球化相平行的社会结构。由相互连接的节点构成的网络,在信息时代的社会里扮演了核心角色。

卡斯特的网络社会理论,提出了以下几个方面的重要观点:

其一,信息高新技术渗透下的新经济形态。卡斯特关注信息在经济领域的渗透,论证了以信息科技革命为物质基础的新经济形态,概括了信息化、全球化和网络化这三大基本特征。④ 其中,信息化突出表现为新经济行动者的竞争力从根本上取决于生产、处理和应用基于知识的信息的能力,这让成熟工业经济所包含的生产力潜能得到彻底发挥。全球化突出表现为生产、消费和流通的核心活动及其组成要件均是在全球范围内组织的,经济运作的规模化对经济活动

---

① 参见〔英〕弗兰克·韦伯斯特:《信息社会理论(第三版)》,曹晋等译,北京大学出版社 2011 年版。
② 参见〔英〕丹尼斯·麦奎尔:《麦奎尔大众传播理论(第六版)》,徐佳、董璐译,清华大学出版社 2019 年版。
③ 〔英〕曼纽尔·卡斯特:《网络社会的崛起》,夏铸九、王志弘译,社会科学文献出版社 2001 年版,第 569 页。
④ Manuel Castells, *The Information Age: Economy, Society and Culture*, Vol. 1, *The Rise of the Network Society*, Wiley-Blackwell, 2010. 转引自张咏华:《媒介分析:传播技术神话的解读(第二版)》,北京大学出版社 2017 年版,第 185 页。

运作者的传播能力提出了更高的要求。① 网络化突出表现为依托企业网络之间互动的全球网络重构了生产与企业的组织形式,采用网络化逻辑组织的水平化公司对传统的大型企业产生冲击。

其二,基于数字化技术的传播系统变迁。② 卡斯特从互联网的万维网(WWW)形式、互联网蕴含的文化因素等方面出发,提出了"互联网星系"的概念,以与"麦克卢汉星系"(以电视为主导媒介的传媒系统)相区别。卡斯特认为,网上的虚拟社区和网上社区是一种新的社群形式,特别适合发展人与人之间的多重弱纽带,帮助个人以低成本确立身份、交换信息。虚拟社区和实体社区在不同的现实层面上运作,将大众传播和人际传播的特点相结合。

其三,真实虚拟的网络文化和人类生活时空维度的变迁。③ 卡斯特用"真实虚拟的文化"一词指称在数字化和网络化的新型传播系统中诞生的人类文化。这种网络社会的文化模式促进了文化使用者的分众多元,导致社会分层的趋势加深。而多媒体以多种多样的方式容纳了绝大多数文化内容,以海量的非历时超文本的形式构建了新的符号环境。这种文化现实进一步推动了人类生活时空维度的变迁。在空间层面,流动空间(space of flows)是网络社会的基本特征,人流、物流、技术流、资本流、信息流等流动力量将空间纳入不断变化的关系结构。④ 在时间层面,网络社会打破了过去生物或社会的时间节奏,形成了既随时即时却又无始无终的新的时间性。

此外,卡斯特的网络社会理论还关注信息的权力与认同问题。网络社会的崛起引起了社会生活的复杂变化,其中最突出的变化是社会权力结构的变化。来自基层社会,并以社会认同构成的信息权力,成为新形势下最有活力、影响最广泛的新型权力。⑤ 同时,在网络活动中,缺场式的交往迅速扩展,新的社会认

---

① 参见张咏华:《中外网络新闻业比较》,清华大学出版社2004年版。
② 参见张咏华:《媒介分析:传播技术神话的解读(第二版)》,北京大学出版社2017年版。
③ 同上。
④ 刘涛、杨有庆:《社会化媒体与空间的社会化生产——卡斯特"流动空间思想"的当代阐释》,《文艺理论与批评》2014年第2期。
⑤ 刘少杰:《网络化时代的权力结构变迁》,《江淮论坛》2011年第5期。

同不断形成,来自广大社会成员的认同权力改变了社会权力结构。① 在权力结构和社会结构的变迁中,网络社会存在不确定性的认同危机,为考察传播在社会共同体建设中的作用提供了新的视角。

(二) 平台社会

近年来,随着社会的移动化、数字化转型加速,互联网平台已经逐渐成为组织和架构社会几乎所有领域的方式。荷兰学者何塞·范·迪克(José van Dijck)的《平台社会:互联世界中的公共价值》一书,是西方学界对平台社会进行论述的重要著作。范·迪克立足于新闻、城市交通、卫生健康和教育等四种平台类型,分析了平台社会的运行机制,探讨了在平台化社会中重建公共价值的具体路径。②

范·迪克的平台社会理论,提出了以下几个方面的重要观点:

其一,平台的概念及其运行机制。范·迪克将平台定义为旨在组织用户之间(包括企业实体和公共机构)进行交互的一种可编程的数字体系结构。③ 在此基础上,在线平台形成了"平台生态系统"(platform ecosystem),且成为影响人们日常生活的支配性力量。范·迪克认为,平台有两种类型:基础平台与行业平台。数据化、商业化和选择性,是平台最突出的运行机制特征。

其二,社会的平台化在给人们的生活带来极大便利的同时,也对传统的公共价值构成了挑战。范·迪克探讨了新闻、城市交通、卫生健康和教育等承担不同的公共价值的典型传统公共行业如何受到互联网平台的冲击。例如,如今全球各地的新闻行业从生产、分发到商业化的各个环节都非常依赖某些基础性互联网平台提供的功能,新闻从业者的独立性和新闻报道的全面性都受到平台可供性的制约,而用户的喜好也对传统的新闻价值产生冲击。

---

① 刘少杰:《网络化时代的社会结构变迁》,《学术月刊》2012年第10期。
② 席志武、李辉:《平台化社会重建公共价值的可能与可为——兼评〈平台社会:连接世界中的公共价值〉》,《国际新闻界》2021年第6期。
③ José van Dijck, Thomas Poell and Martijn de Waal, *The Platform Society: Public Values in a Connective World*, Oxford University Press, 2018, p. 9.

其三，平台社会背景下公共价值的重建路径。范·迪克认为，既要从平台的三个运行机制特征，即数据化机制、商业化机制、选择化机制入手，将公共价值植入平台生态系统，又要立足于三方面的主体，即市场参与者、社会、政府，探讨平台社会的公共价值重建。前者的出发点是使平台生态系统更加透明、更负责任，将数据、商业模式等与平台相关的新问题纳入可信赖的治理体系。后者的出发点是使互相区别又有所重叠的监管者、开发者、用户等主体群策群力，引导平台社会在国家、市场和社会之间取得平衡。

近些年，平台社会呈现出一系列新的发展趋势。[①] 首先，平台逻辑使不同行业在平台化的过程中进一步关联起来，几乎所有的行业平台都越发依赖极为相似的机制，最典型的平台逻辑案例包括个性化服务和免费的商业模式。其次，平台化与全球化、媒介化等重要概念之间的关联日益紧密。例如在政治层面，平台生态系统很大程度上已经成为一种地缘政治的力量，影响全球化的阶段进程。最后，用户的能动性问题和平台可供性之间存在矛盾关系。一方面，如今的互联网用户有足够的技术素养在平台上施展才华；但另一方面，由经济力量驱动的平台往往会在架构设计等层面影响用户自由使用平台的程度。

在平台时代，新闻业也呈现出了崭新的样貌。社交平台和技术公司在便利了新闻用户消费新闻的同时，也对新闻机构造成了巨大影响，以 Facebook 为代表的互联网巨头对新闻业特别是传统媒体开展了内容生产的收编、利益格局的重组。平台媒体向传播权力中心跃进，在行业链条上表现为传统媒体转变为单纯的新闻生产者的退守，新闻的传播权力被平台媒体接管；在生产和传播的过程上表现为算法代替新闻编辑成为新的把关人，新闻选择的权力被牢牢地把控在平台媒体手中；从市场份额上看，平台媒体在很短的时间内吸引了大量的用户，使本就处于危机之中的传统新闻业的生存空间更加狭小。[②]

---

① 参见〔荷〕何塞·范·迪克、孙少晶、陶禹舟：《平台化逻辑与平台社会——对话前荷兰皇家艺术和科学院主席何塞·范·迪克》，《国际新闻界》2021年第9期。

② 白红义：《重构传播的权力：平台新闻业的崛起、挑战与省思》，《南京社会科学》2018年第2期。

> **知识窗：连接与反连接**
>
> 媒介的发展史，某种程度上也是连接的进化史。互联网发展的一个重要线索，就是人与人之间连接关系的演变。范·迪克在《连接：社交媒体批评史》一书中通过考察几个处于不同维度的巨头平台（Facebook、Twitter、Flickr、YouTube 和 Wikipedia），在连接文化的背景下分析社交媒体平台与社交活动的协同演变，对平台的技术、用户和内容予以全面考察。他所提出的"连接"概念，涉及社交媒体背后自动系统的（被）操纵，以及人与人之间关系的（被）编码。这种连接通过中介化的媒介让人与人获得社交亲密度，通过媒介感知他人的存在。[①]
>
> 而在数字化生存成为绝大多数人生活状态的今天，长期连接、过度连接带来的负面效应越发凸显。国内学者彭兰提出了"反连接"的概念，关注今天的人们所面临的过度连接的重负，例如强互动下的倦怠与压迫感、圈层化对个体的约束及对社会的割裂、线上过度连接对线下连接的挤占、人与内容过度连接的重压等问题。[②] 新冠疫情一度引发的世界范围内的居家隔离，使线上渠道成为近乎不可替代的连接方式。无接触社会强化了虚拟场景的地位，元宇宙等概念的勃兴，使得"连接"与"反连接"的张力变化更加复杂。

小　结

媒介、媒体与传媒是一组相互关联又有所区别的概念，其中媒介是使人或事物双方发生关系的各种中介，是传播内容的物质载体。主要的新闻媒介类型包括口语媒介、印刷媒介、电子媒介、网络媒介、智能媒介等。罗杰·菲德勒提出的媒介形态变化概念认为，媒介形态变化遵循一定的原则，是在一系列因素

[①] 参见〔荷〕何塞·范·迪克：《社交媒体批评史》，晏青、陈光风译，中国人民大学出版社 2021 年版。
[②] 彭兰：《连接与反连接：互联网法则的摇摆》，《国际新闻界》2019 年第 2 期。

的相互作用中发生的,新媒介并非无缘无故地凭空产生,而是与旧媒介有着不可忽视的关联。此外,媒介进化论、新媒体的可供性、高维媒介等概念都从不同层面提供了看待媒介演变的新视角。

媒介环境学是将媒介当作环境的研究,学派迄今大致走过了三代人的历程。哈罗德·伊尼斯提出了传播偏向理论,将媒介分为偏向时间的媒介和偏向空间的媒介。马歇尔·麦克卢汉通过"媒介即讯息""媒介是人的延伸"等著名论断,把媒介技术比作人体或人类感官的延伸,引导人们重视媒介技术的作用。尼尔·波兹曼从批判的视角思考媒介技术对人类社会的破坏性影响,关注儿童的生活状态与主流媒介的关联。约书亚·梅罗维茨继承了麦克卢汉、戈夫曼的理论资源,通过对情境的探讨把握媒介环境的重要意义。包括上述学人在内的媒介环境学,形成了媒介即环境、媒介的偏向、媒介史观等体系宏大、特点鲜明的媒介观念。

时间和空间是构成社会存在的两个基本维度,也是形塑新闻呈现面貌的两股重要力量。媒介与时间的基本关系经历了农业社会、工业社会、电子社会的演变,当今社会人类的时间观念呈现出媒介化的趋势,人对时间的感知涌现出新的危机,新闻行业的时间性也受到影响。媒介与空间的基本关系也受到了传播技术革新的影响,电子媒介实现了信息的远距离快速传输,呈现出空间媒介化与媒介空间化的趋势。移动传播时代空间观念具有了新的意涵,集中体现为场景的意义大大强化。当下,互联网和移动媒体的结合很大程度上改变了新闻生产和消费中的空间性面貌。

媒介融合是各种媒体呈现多功能一体化的趋势,至今仍然方兴未艾。随着国内外学者对媒介融合概念的认识和把握不断更新,人们逐渐意识到媒介的数字化改造从根本上挑战了传媒业,媒介融合的内涵与外延也拓展到了媒介技术融合、媒介业务融合、媒介所有权融合、媒介政府规制融合等层面。目前,国外媒介融合研究主要有三种视角:媒介技术的视角、文化研究的视角、政治经济学的视角,反映出媒介融合不仅在宏观上产生了深远的社会影响,也在微观上影响了个体参与传播活动的效果。此外,媒介融合还是传统新闻业务形态的整合与重构,数字新闻业人—机互动的关系增强了数字新闻的创新性,带来可视化新闻、具身传播等新的发展方向。

媒介化是指媒介的效力开始渗透到曾经与之分离的领域,并以自身的逻辑改变这一领域既有的系统规则。不同于过去的媒介研究,媒介化的研究路径强调媒介与社会生活之间的关系,尤其是媒介与社会实践的关系。而媒介逻辑与媒介化的过程密切相关,媒介化的一层含义就是社会各领域依照媒介逻辑进行呈现和互动的运作方式。媒介逻辑已经成为社会运行的主要逻辑,在社会生活中扮演着操作系统式的角色。不过,媒介逻辑并不是一个统一、普遍、可被描述的概念,它受到具体社会文化和互动关系的影响。

网络社会是曼纽尔·卡斯特提出的概念,是指一种具有广泛意义的社会结构,即新经济所带来的与信息化、全球化相平行的社会结构。网络社会理论提出了信息高新技术渗透下的新经济形态、基于数字化技术的传播系统变迁、真实虚拟的网络文化以及人类生活时空维度的变迁等方面的观点。平台社会是范·迪克提出的概念,这一理论关注互联网平台的概念及其运行机制、社会的平台化对传统公共价值构成的挑战和平台社会背景下公共价值的重建路径。在平台时代,新闻业也呈现出了崭新的样貌,社交平台和技术公司在便利了新闻用户消费新闻的同时,也对新闻机构造成了巨大影响。

关键概念

媒介	媒体	传媒	媒介环境学派
媒介即讯息	媒介是人的延伸	媒介融合	媒介化
媒介逻辑	网络社会	平台社会	反连接

思考题

1. 媒介、媒体和传媒三个概念之间有什么区别?
2. 媒介环境学派的代表人物和代表性观点主要有哪些?
3. 麦克卢汉提出"媒介即讯息"和"媒介是人的延伸",如何看待这两者之间的关联?
4. 谈谈你对媒介融合的理解。

5. 怎样理解媒介形态演变与社会发展之间的关系?
6. 媒介技术的变迁对新闻业的发展产生了哪些影响?总体上看,这些影响是利大于弊还是弊大于利?
7. 媒介技术为什么能够被理解为一种环境?媒介环境学派的不同学者分别如何论证了媒介的环境属性?

 拓展阅读

〔德〕弗里德里希·基特勒:《留声机 电影 打字机》,邢春丽译,复旦大学出版社2017年版。

〔荷〕何塞·范·迪克:《社交媒体批评史》,晏青、陈光凤译,中国人民大学出版社2021年版。

〔法〕雷吉斯·德布雷:《普通媒介学教程》,陈卫星、王杨等译,清华大学出版社2014年版。

〔俄〕列夫·马诺维奇:《新媒体的语言》,车琳译,贵州人民出版社2020年版。

〔英〕曼纽尔·卡斯特:《网络社会的崛起》,夏铸九、王志弘译,社会科学文献出版社2001年版。

〔德〕西皮尔·克莱默尔:《作为文化技术的媒介:从书写平面到数字接口》,吴余劲、叶倩、吴璟薇译,《全球传媒学刊》2019年第1期。

〔美〕约书亚·梅罗维茨:《消失的地域:电子媒介对社会行为的影响》,肖志军译,清华大学出版社2002年版。

戴宇辰:《走向媒介中心的社会本体论?——对欧洲"媒介化学派"的一个批判性考察》,《新闻与传播研究》2016年第5期。

潘忠党:《"玩转我的iPhone,搞掂我的世界!"——探讨新传媒技术应用中的"中介化"和"驯化"》,《苏州大学学报(哲学社会科学版)》2014年第4期。

王斌:《从技术逻辑到实践逻辑:媒介演化的空间历程与媒介研究的空间转向》,《新闻与传播研究》2011年第3期。

Peters, J. D., *The Marvelous Clouds: Toward a Philosophy of Elemental Media*, University of Chicago Press, 2015.

第六章 新闻内容生产

新闻内容生产是新闻学界和业界共同高度关注的议题。对于新闻内容生产的研究是打开"黑箱"的过程,关注的是具体事件(events)如何转变为新闻报道(news)的过程。这一过程离不开对于新闻的价值判断,也涉及个体、组织、社会等因素的控制和影响。近年来,随着技术的发展与普及,新闻内容生产的过程愈加复杂,新闻呈现的样态也更加多元。本章内容从新闻生产相关经典理论与概念出发,呈现其在新传播环境下的发展与更新,最后结合当前新闻实践状况,落脚到新闻生产的新样态与新趋势。

第一节 新闻价值与新闻选择

在新闻业中,并非所有的信息都能够被称为新闻并被报道出来,因而新闻从业者需要建立一套价值标准进而从海量的信息中筛选出有价值的新闻。由此,如何选择新闻、如何判断新闻价值成为研究者关心的问题。

一、新闻价值的概念形成

新闻价值是一套决定新闻被选择或排除的规律性标准,记者和编辑运用这套标准进行新闻的判断、选择、写作与呈现。

新闻价值经历了从行业用语到学术概念的发展。它首先来源于新闻记者在实践中的经验总结,经由教科书、教学传授、职业培训等途径传播开来,逐渐被新闻从业者所内化,成为新闻生产中的"默会知识"。① 需要注意,新闻价值不同于新闻的价值。新闻价值是对新闻本身的认识,它强调客体具有某种要素、属性和功能,从而成为新闻价值客体。② 而新闻的价值是对新闻功能的价值判断,它关注的是新闻对人的价值,以及由人构成的社会的价值。③ 本节内容聚焦于新闻价值。

17世纪至19世纪末是新闻价值概念形成的萌芽阶段。1690年,德国人托比亚斯·朴瑟(Tobias Peucer)较早提出判断新闻价值的标准。根据他的总结,新奇的征兆、怪异的食物、政府的更替、战争的发生、和平的实现等值得记忆和知晓的事件应该被记者公开报道。④ 随着美国新闻业在19世纪30年代进入廉价报刊时期,媒体在商业利润驱动下以及报业集团的竞争中,往往为了获得更多收益而研究读者的喜好、迎合读者的兴趣。由此,煽情化和轰动性的事件受到记者的格外青睐,新闻业迎来了"黄色新闻潮"。不过,虽然当时廉价报刊轰动一时,但是其判断新闻价值的标准饱受诟病,其并未获得包含《纽约时报》在内的精英媒体的认可。

在我国,第一份以营利为目的的报纸《申报》于1872年诞生。它提出"凡国家之政治,风俗之变迁,中外交涉之要务,商贾贸易之利弊,与夫一切可惊可愕可喜之事,足以新人听闻者,靡不毕载"⑤。这体现出《申报》判断新闻价值的准则,不过由于《申报》的创办者是英国人,这样的描述,基本上是西方早期新闻价值的中文表达。纵观我国历史,以官吏任免、臣僚奏章和皇帝起居等为主要内容的古代邸报,在新闻价值判断上突出了维护政治统治的取向,尽管西方新闻业对于我国近代新闻的影响不可忽视,但真正决定我国近代新闻价值取向的还

---

① 白红义:《重访"新闻价值":一个新闻学中层理论的构建与创新》,《新闻与写作》2021年第11期。
② 参见杨保军:《新闻理论教程(第四版)》,中国人民大学出版社2019年版。
③ 杨保军:《论新闻的价值根源、构成序列和实现条件》,《新闻记者》2020年第3期。
④ 参见《新闻学概论》编写组:《新闻学概论(第二版)》,高等教育出版社2020年版。
⑤ 转引自王维江:《"清流"与〈申报〉》,《近代史研究》2007年第6期。

是我国社会和文人历来重视政治传播的文化传统。①

从 20 世纪初至 21 世纪初,新闻业逐步形成了关于新闻价值的概念共识。第二次世界大战后,西方新闻业关于新闻价值的探讨逐渐深入。其中,约翰·加尔通(Johan Galtung)和玛丽·霍尔姆博·鲁格(Mari Holmboe Ruge)的研究发挥了关键性的作用。这两位来自挪威奥斯陆和平研究所(Oslo Peace Research Institute)的学者关心的核心问题是什么样的国际新闻能够出现在挪威本地的报纸中。他们提出的新闻价值要素包括相关性、及时性、简要性、预见性、意外性、连续性、契合性、精英、精英国家、消极性。② 这篇论文发表后引发了欧洲学者的强烈关注。学者从概念定义、样本选择、研究方法等不同层面质疑这一研究并且开展了新的经验研究,对以上要素进行删减和补充,形成了新闻价值的五要素说、六要素说,等等。也是在这一阶段,经典的新闻价值五要素说,即及时性、接近性、显著性、重要性、人情味,被新闻业界和学界普遍接受。③

在这一时期,新闻价值同样引起了我国报人的关注。不过,当时的报业实践以及新闻学教材关于新闻价值的讨论在很大程度上参照了西方的新闻价值标准,没有形成成熟的中国特色新闻价值体系,即使民国时期诸如徐宝璜等学者提出要研究中国自己的新闻学,但终因时机不成熟而仅仅停留于倡议层面。④

21 世纪以来,研究者进入了对于新闻价值概念的反思与更新阶段。随着互联网等数字化技术全面介入新闻生产,具体实践中判断新闻价值的标准也随之而变化,构成新闻价值的要素需要被重新审视。学者们基于互联网环境下的新闻报道以及社交媒体环境下的新闻报道,再次掀起研究新闻价值的热潮,其中比较重要的是托尼·哈尔卡普(Tony Harcup)和迪尔德丽·奥尼尔(Deirdre O'Neill)的两个研究。2001 年,两位学者基于加尔通和鲁格在 1965 年提出的新

---

① 杨奇光、王润泽:《数字时代新闻价值构建的历史考察与中西比较》,《新闻记者》2021 年第 8 期。
② 参见〔英〕保罗·布赖顿、丹尼斯·霍伊:《新闻价值》,周黎明译,中国人民大学出版社 2014 年版。
③ 参见《新闻学概论》编写组:《新闻学概论(第二版)》,高等教育出版社 2020 年版。
④ 王润泽、张凌霄:《新闻价值的西方生产路径与话语权的确立》,《现代传播(中国传媒大学学报)》2019 年第 11 期。

闻价值的十二要素,通过对英国报纸的分析,提出了他们的新闻价值列表,具体有:权力精英、名流、娱乐、意外、坏消息、好消息、重要性、相关性、跟进、报纸议程(newspaper agenda)。① 在2017年,两位作者对上述条件进行了一定程度的更新。他们通过研究社交媒体中的新闻,提出了一套当代新闻价值标准,具体包括独家性、坏新闻、冲突、意外、视听性、可分享性(shareability)、娱乐、戏剧性、跟进(follow-up)、权力精英、相关性、重要性、名流、好新闻、新闻组织议程(news organization's agenda)。② 此类检视社交媒体中新闻价值要素的研究还有很多,如可分享性(shareability)、愉悦性(joy)、期望性(expectation)等新新闻价值要素由此产生。

我国学者也展开了对于互联网环境下新闻价值的研究,同时还将中西比较的视野引入其中。例如,研究发现,及时性、接近性等经典新闻价值要素均被中西方所解构,我国新闻业更注重将是否具备沟通性和共情性作为新闻价值判断的依据;对于社交媒体平台上的新闻而言,中西方均注重冲突性和感官体验,我国更加注重借助基于平台属性特点的算法调节工具将公共价值纳入新闻价值判断的体系;西方对于数字时代新闻价值要素的划分更为具体和细致,我国新闻价值的判断体系则更为宏阔且注重突出新闻价值促进社会治理的现实效用。③

二、新闻价值的构成

目前关于新闻价值的概念和分类并未完全形成共识。这些多元的讨论从不同角度和不同层次揭示了新闻价值这一概念所包含的各种意义。在此背景下,本部分内容并非为了对新闻价值进行标准化的定义,而是力求实现对于这一概念的立体化呈现。

---

① Tony Harcup and Deirdre O'Neill, "What is News? Galtung and Ruge Revisited," *Journalism Studies*, 2(2), 2001, pp. 261–280.

② Tony Harcup and Deirdre O'Neill, "What is News? News Values Revisited (again)," *Journalism Studies*, 18(12), 2017, pp. 1470–1488.

③ 杨奇光、王润泽:《数字时代新闻价值构建的历史考察与中西比较》,《新闻记者》2021年第8期。

(一) 新闻价值的定义

中西方有多种对于新闻价值的定义,其可以概括为要素说、标准说、功能说、源流说、话语说五个类型。

第一,目前学界共识程度比较高的是新闻价值的要素说与标准说。

要素说认为,事实包含的足以构成新闻的各种要素的总和构成了新闻价值。[1] 这些要素例如新鲜性、重要性、显著性、接近性、趣味性等。要素说是一种物质的视角,它更强调新闻事实,认为新闻价值存在于事件本身。不过,这一视角在一定程度上忽略了媒介体制对编辑决策的影响,强调新闻机制的客观性而自然化了政治、经济权力的影响。

标准说认为,新闻价值即为新闻从业者判断一个事件是否可以成为一条新闻的一系列系统化的评价标准。标准说基于一种认知的视角,它更强调新闻从业者在其中的作用,而这种判断新闻价值的"直觉"很可能因人而异。这也就决定了新闻价值的标准说是一个相对的概念,具有一定模糊性。

第二,也有部分学者在新闻传播效果层面定义新闻价值,形成了新闻价值的功能说和源流说。

功能说认为,新闻价值是新闻传播最终所能取得的传播效果。功能说以受众的接受为前提,其强调新闻能够满足受众的需求,诸如满足人们的知晓、认识、教育、审美等诸多需要。在此基础上,功能说同样强调新闻产生的社会效应。社会效应大的新闻更具有新闻价值,社会效应小的新闻其价值更小。[2]

源流说把新闻价值分为源和流,即由新闻价值因素和新闻价值表现两个方面构成。新闻价值因素指的是一个事件得以成为新闻的规律性因素。新闻价值表现包括新闻从业者对于事实的选定情况、受众对于新闻的关注程度以及新闻最终取得的社会效果。这一观点是要素说、标准说、功能说的综合。[3]

第三,西方新闻学界尝试从新的角度定义新闻价值,话语说是其中影响力

---

[1] 参见《新闻学概论》编写组:《新闻学概论(第二版)》,高等教育出版社 2020 年版。
[2] 参见甘惜分主编:《新闻学大辞典》,河南人民出版社 1993 年版。
[3] 参见《新闻学概论》编写组:《新闻学概论(第二版)》,高等教育出版社 2020 年版。

比较大的创新性观点。

话语说认为,新闻价值是被新闻从业者和媒体组织直接或间接的话语所赋予的。一方面,语言可以直接表达、指示、强调、突出新闻价值;另一方面,新闻框架化、视觉呈现、语言风格等也可以间接地体现新闻价值。在这一路径下,学者综合语言学、符号学等理论创新研究方法并展开实证研究。例如,莫妮卡·贝德纳雷克(Monika Bednarek)和海伦·卡普(Helen Caple)发明了可以用于同时分析文本和图片的新闻价值的话语分析法(Discursive News Values Analysis, DNVA)。[1] 特赖因·达尔(Trine Dahl)和克杰斯蒂·弗洛特姆(Kjersti Fløttum)进一步运用该方法分析了英国《卫报》和《每日邮报》中气候报道相关的新闻标题与图片。研究发现,两份报纸具有相似的价值观,并且文本和图片在大多数情况下相辅相成,强调了相同的新闻价值,不过偶尔也有例外情况,如《每日邮报》的文本传递出消极性而图片却强调积极性。[2]

(二) 新闻价值要素的不同维度

从20世纪至今,新闻研究中关于新闻价值要素的分类层出不穷,关于其如何分类的争论持续存在,目前尚未形成一套具有普遍适用性的分类标准。分类的差异和学者的主观认知有关,不过还需注意的是,分类的差异同样源于研究对象和样本的差异。一般而言,不同类型的媒体组织(如主流媒体与市场化媒体)和不同主题的新闻报道(如时政财经之类的硬新闻与体育旅游之类的软新闻、国内新闻与国际新闻等)侧重不同的新闻价值要素。也就是说,新闻价值要素在规定一件事实成为新闻事实的作用上是不同的。本部分内容并非要穷尽前人关于新闻价值的所有分类,也并非要提出一套标准化的类型划分,而是希望通过对于既有新闻价值要素的分类与归纳,建立不同层次的认识新闻价值要素的维度。

---

[1] Helen Caple and Monika Bednarek, "Rethinking News Values: What a Discursive Approach Can Tell Us about the Construction of News Discourse and News Photography," *Journalism*, 17(4), 2016, pp. 435-455.

[2] Trine Dahl and Kjersti Fløttum, "Verbal-Visual Harmony or Dissonance? A News Values Analysis of Multimodal News Texts on Climate Change," *Discourse, Context & Media*, 20, 2017, pp. 124-131.

第一,时间维度的新闻价值要素,包括时新性、及时性、不确定性等。以时新性为例,它具有两层含义:一是事件新,即新闻报道距离事件发生的时间越近,新闻价值越高;二是内容新,即数据、事件、文件等存在已久,但新闻从业者可以通过新的方式(如数据新闻、新闻动画等)对其进行新的解读与呈现,由此这些看似陈旧的内容同样具有了新闻价值。再以不确定性为例。当事实处于无法知晓的模糊状态时,若新闻报道能够尽早消除人们对于事实的焦虑等待,消除人们心中的不确定感,则该新闻具有更高的新闻价值,国内外关于新型冠状病毒的溯源报道即为例证。

第二,社会维度的新闻价值要素,包括重要性、显著性、异常性等。重要性是指事实所具有的社会意义。它可以从事实影响人数的多少、事实对社会影响时间的长短、事实影响空间范围的大小、事实影响人们实际利益的程度四个方面衡量。[①] 根据这一标准,中国共产党第二十次全国代表大会的召开、我国脱贫攻坚战取得全面胜利等事件具有新闻价值。显著性是指事实受到人们关注的程度,它往往和某一地区或人物的知名度相关。例如,和国家首都、政治领袖、科学精英、商业名流等相关的事件往往具有新闻价值。异常是指对于人们所认知的正常现象的偏离。所谓的"狗咬人不是新闻,人咬狗才是新闻"强调的正是这个方面的新闻价值。

第三,关系维度的新闻价值要素,包括冲突、反差等。新闻倾向于强调冲突、纠纷和斗争,因而即使在比较平静和谐的情形下,新闻也会强化冲突的显现。[②] 在具体的新闻报道中,冲突表现为体育竞技、政治论战、商业竞争、外交斡旋、军事战争等。[③] 反差则存在于对比之中。一般而言,事实在比较中带来的反差越大,越具有新闻价值。

第四,心理维度的新闻价值要素,如接近性、利益相关性等。就接近性而言,新闻中的事实与该新闻的受众心理距离越近,则其越具有新闻价值。例如,如果新闻事件中的人物与新闻受众具有相似的年龄、受教育程度、经济收入,相

---

① 参见杨保军:《新闻理论教程(第四版)》,中国人民大学出版社 2019 年版。
② 参见〔美〕迈克尔·舒德森:《新闻社会学(第二版)》,徐桂权译,中国人民大学出版社 2020 年版。
③ 参见陈力丹:《新闻理论十讲(修订版)》,复旦大学出版社 2020 年版。

同的生活地域、宗教信仰等,那么该新闻更容易引起受众的共鸣。此外,与受众切身利益密切相关的事实通常也具有新闻价值,例如蔬菜价格、汽油价格、住宅价格的调整等。

第五,情感维度的新闻价值要素,如趣味性、亲和力、人情味等。事实的趣味性是对受众求新、求异心理的满足,其往往受到受众喜爱,因而具有一定新闻价值。具有人情味的事实则容易激发起人们的情感,调动受众的同理心,引发情感共鸣,因而此类事实也被认为具有新闻价值。近年来,众多媒体所生产的正能量新闻、暖新闻中的好人好事和感人事迹,正是突出了这一层面的新闻价值。

需要注意的是,几种主要的新闻价值要素既具有相对的独立性,又具有内在的联系性。例如,社会维度的重要性、显著性、异常性与关系维度的冲突和反差,指的都是正常事物发展预期之外的新闻事实,特别是那些"坏消息"。此外,尽管受众的需求有很多新变化,但是从新闻业的发展历史看,新闻价值的最底层要素依然是对事实不确定性的消减。

(三) 新闻价值的新要素

新闻价值是历史建构的产物,其中一些新闻要素被沿用至今,同时也有一些新闻价值的新要素被添加进来。本部分内容选取当前相关研究比较充分的可分享性和愉悦性进行介绍。

第一,可分享性。哈尔卡普和奥尼尔研究了 2014 年 Facebook 和 Twitter 上分享量最高的内容包含的新闻价值要素,发现社交媒体中最常见的新闻价值是娱乐,这些新闻最常被广泛分享,由此他们提出了新闻价值的可分享性。不过他们也指出,可分享性是个模糊的概念,究竟是什么特质让一个故事比另一个更容易分享是很难确定的,可分享性可以笼统地指那些更可能在社交媒体上被分享和评论的新闻。[①] 可分享性的实质是,受众对于新闻的分享行为是基于使用者对于该新闻对自身的价值进行判断的,而当这种新闻分享行为在极大程度

---

① Tony Harcup and Deirdre O'Neill, "What is News? News Values Revisited (again)," *Journalism Studies*, 18(12), 2017, pp. 1470-1488.

上影响新闻传播的效果时,受众的价值评价将影响到新闻媒体的价值判断。诚然,在数字化环境下,新闻是否具有分享价值变得越来越重要,而通过技术手段了解受众的阅读行为有助于媒体生产出更具分享性的新闻,不过需要警惕过度追求点击量可能造成的新闻生产的过度商业化。

可分享性强调的是受众对于新闻价值的影响。在这一思路下,也有学者提出了与可分享性类似的新闻价值要素。例如有学者提出了公众反应(public response)概念,它指的是注意力数字指标的循环(growing circulation of attention metrics)和自我强化的注意力的动态变化(self-reinforcing dynamics of attention),而这是由记者明确地告诉他们的受众什么是热点,以及受众在普遍谈论的内容驱动的。① 此外,也有学者认为"预期的接受"(expected reception)是一种新新闻价值。它指的是记者在结合以往的用户数据表现来选择新闻时,会根据潜在选题来预测用户的新闻体验(预期的观众体验,expected audience experience)、用户看完该新闻后的行为(预期的观众行为,expected audience behavior)以及平台算法的推荐机制(预期的算法行为,expected algorithmic behavior)。②

第二,愉悦性。新闻价值的提出具有一定偶然性和建构性。如果当前的新闻价值判断引导人们走向消极、恐惧和绝望,那么我们可以选择提出一种新的新闻价值。佩里·帕克斯(Perry Parks)提出应该将愉悦视为一种新闻价值。作者认为,将愉悦确立为新闻价值有助于记者和读者重新认识事件的情感特征,从而能够唤起人们的幸福感、满足感和勇气。愉悦性这一新要素呼应了情感在数字新闻业日益受到重视的趋势。它具体由八个方面构成,分别是洞察力(perspective)、谦逊(humility)、幽默(humor)、接受(acceptance)、宽恕(forgiveness)、感激(gratitude)、同情(compassion)和慷慨(generosity)。③ 一般而言,正面新闻可以给人们带来愉悦的情感体验。有学者分析了美国主要登载正面新闻的网站(如 Good News Network、HuffPost 等),发现这些网站上的新闻报道基

---

① Silke Fürst and Franziska Oehmer, "Attention for Attention Hotspots: Exploring the Newsworthiness of Public Response in the Metric Society," *Journalism Studies*, 22(6), 2021, pp. 799–819.

② Lisa Merete Kristensen, "Audience Metrics: Operationalizing News Value for the Digital Newsroom," *Journalism Practice*, 17(5), 2021, pp. 991–1008.

③ Perry Parks, "Joy is a News Value," *Journalism Studies*, 22(6), 2021, pp. 820–838.

本都着重强调经典新闻价值理论中的娱乐价值和情感价值,报道内容往往与人们的善良行为或英雄行为相关,其中视频类新闻常通过大量呈现儿童或是宠物的视觉形象来唤起受众的情感。①

> **案例:用户点击与新闻价值**
>
> **☞ 案例介绍** 近年来,用户点击新闻后形成的实时行为的数据引发了国内外新闻媒体的高度关注。在国外,《纽约时报》《华盛顿邮报》等国外媒体编辑室设立了很多数字监测屏,上面跳动着报社各数字平台新闻生产、发布、反馈、传播、转发的实时数据。此外,这些媒体还与用户数据分析公司建立合作关系。路透新闻研究所通过调查全球 130 位来自传统媒体与数字媒体的管理人员发现,65%的媒体使用第三方数据分析平台 Chartbeat。Chartbeat 公司宣称,其主要为新闻媒体服务,目前已与 60 余个国家的 6 万多个媒体合作,为它们提供网络实时数据与历史数据分析,用于辅助媒体生产新闻。在我国,微博、微信等社交媒体为媒体机构和新闻从业者提供实时新闻传播数据,并且新华社、人民日报社等媒体也创建了自己的智能化的用户数据分析系统用于日常的组织管理与新闻生产工作。
>
> **☞ 案例分析** 数字化技术能够为新闻生产提供更为精确和丰富的用户点击数据,可以帮助媒体机构实时了解用户行为,例如每篇报道的阅读量、点赞量、分享量、阅读时长,以及导流机制,等等。那些数值较高的报道意味着其得到了更多的用户点击,这种直接的数字反馈会影响后续新闻的选择,挑战了传统的新闻价值观念。然而,数值的高低并不能完全反映新闻价值的大小。
>
> 从数据方面看,媒体获得的用户点击数据并不一定是真实的用户点击情况,数据操纵与流量造假的现象并不罕见。尤其是在一些媒体自建的新闻客户端,其算法工程师可以设置加权算法,对新闻页面中呈现的点击量等进行调节。于是,那些媒体认为重要的新闻呈现的点击量、转发量等数据就会是比较可观的。

---

① Karen McIntyre,"What Makes 'Good' News Newsworthy?," *Communication Research Reports*, 33(3), 2016, pp. 223–230.

从受众方面看,受众的点击行为并非都意味着其内心对于新闻内容的认可,即受众的使用行为与其价值认知判断的分离现象需要引起警惕。当前,一些新闻存在"标题党"的现象,其通过使用"噱头"、诉诸情感等方式吸引受众点击,从而赚取流量。然而,传播数据的高低难以反映受众对于新闻的准确评价。具体来说,受众点击并阅读新闻内容之后的真实心理感受是难以被数据量化的,尤其是受众浏览新闻之后对于内容的失望情绪和负面评价难以通过点击量体现出来,而这些受众的真实评价往往比传播数据更有价值。

从传播过程的角度看,点击量高低受到传播起点与传播议题螺旋的影响。当前,媒体"抢首发""赶时效"的现象越来越明显。这是因为在算法新闻分发的环境下,一则新闻发布的速度越快,其越可能获得更高的点击量,而这则新闻在算法推荐的影响下,又更可能被推送给更多新闻受众,同时也更可能进入社交媒体的各类"热搜榜",这进一步提升了该新闻的"可见性"。由此,传播议题的螺旋引发了点击量的螺旋。

三、价值判断与新闻选择

新闻选择是一个综合判断的过程。自现代新闻业产生以来,新闻媒体就面临着两对矛盾:一是无限的事实和有限的传播能力之间的矛盾,其反映的问题是选择什么事实进行报道;二是媒体偏好与公众偏好具有差异,其反映的问题是媒体机构的选择如何才能与社会公众的需要相吻合,为人们所接受。[1] 由此,新闻从业者在判断新闻价值时需要考虑多方面的因素。在我国,新闻选择尤其需要考虑媒体的社会责任和社会效益。能否传递正能量、弘扬主旋律以及服务于国家发展目标是新闻从业者判断新闻价值时所秉持的重要标准。同时,新闻从业者选择新闻时还需兼顾其所在媒体组织的特征,即新闻业中经常出现的行

---

[1] 参见《新闻学概论》编写组:《新闻学概论(第二版)》,高等教育出版社2020年版。

业术语——媒体"调性"。当然,新闻从业者也需要结合公众喜好。不过,公众的情况是复杂的,他们的社会角色、文化水平、个人偏好是不同的,而媒体只有挑选那些符合公众共同需求的新闻进行报道,才更容易形成广泛的影响力。

新闻价值的实现是一个协商的过程。其一,报纸头版日复一日保持高度的平衡,而这正是源于绵延不断的编辑协商。利昂·西格尔(Leon Sigal)通过研究《纽约时报》和《华盛顿邮报》头条上的所有报道发现,编辑通过价值协商,最终使每个新闻部门在头版上的新闻条数大致平均分布,而绝大多数不平衡的情况只是头版上没有任何都会新闻。① 其二,编辑在协商新闻价值时,往往也会考虑人际关系的因素,他们努力维持人际关系的平衡,避免使讨论的火药味过于浓重。需要注意的是,协商是存在边界的,并且关于边界的划分具有一定的共识。具体来说,重要性、显著性、趣味性等新闻价值的诸多要素存在等级秩序。如即使一则娱乐新闻或体育新闻具有较强的趣味性,也鲜有一家综合类报纸的编辑将其推荐为头版头条。再如,在传统媒体中,专版编辑需要听从领地编辑对于新闻重要性的判断,他们在协商中承认并认可政治(领地报道职责)既优先于家庭,也优先于财经事务(专版报道职责)。②

在数字化环境下,随着算法介入新闻生产,新闻选择与价值判断的复杂性进一步提升,算法新闻判断成为备受关注的议题。算法新闻判断有两种方式:一种是个性化新闻推荐,即根据用户过去的行为和偏好,推送对他们而言有价值的新闻;另一种是通过自动化新闻(automated journalism)技术直接为受众生产新闻。后一方式类似于机器人新闻,其需要事先编写好算法程序,之后的写作便不再需要人工干预。

算法判断不仅是新闻业现有职业逻辑的延伸,也是一种新的聚合体,这个聚合体包括行动者网络、生产新闻的系列实践、对合法性判断形式的论证,以及能够合法化的知识类型假设。③ 这引发了新闻业的担忧,原因有二:其一,算法

---

① 转引自〔美〕盖伊·塔克曼:《做新闻:现实的社会建构》,李红涛译,中国人民大学出版社 2022 年版。
② 同上。
③ 〔美〕马特·卡尔森、张建中:《自动化判断?算法判断、新闻知识与新闻专业主义》,《新闻记者》2018 年第 3 期。

新闻判断的逻辑挑战了传统新闻从业者新闻判断的专业逻辑,甚至在一定程度上具有替代人工判断的可能性,这使新闻业的职业权威发生动摇;其二,算法新闻判断秉持不同的新闻价值观,其关心的问题不再是传统新闻判断中的"什么值得关注",而转变为个性化的追问,即"这个人想要什么",这是对新闻业自主性的威胁。

第二节　影响新闻内容的因素

对于影响新闻内容的因素的探究是打开新闻生产"黑箱"的过程,是传播控制研究中的重要议题。帕梅拉·休梅克(Pamela Shoemaker)和斯蒂芬·里斯(Stephen Reese)将影响新闻内容生产的因素从微观到宏观排列成了一个层级模型(hierarchical influences model),也被称为"洋葱模型"。这一模型从内圈到外圈分别是个人、生产常规、媒介组织、媒介外部因素、社会制度。[①] 这五种力量在新闻生产的过程中互相交织,影响对于新闻信息的筛选与呈现。本节从这一模型出发,稍加修改,主要讨论个人、组织、社会对于新闻生产的影响。

一、个人因素

个人因素对于新闻生产的影响可以结合把关人(gatekeeper)理论进行分析。把关人是一种隐喻,具体指的是在新闻生产过程中对新闻进行挑选、写作、编辑、修改的人。

把关人的概念最早由勒温提出。他以家庭餐桌上的食物为例,讨论了来自不同渠道(channels)的食物如何经过不同的关卡(gate)最终出现在餐桌上,而其中的把关人是家庭中购买、运输或准备食物的人。[②] 在这篇1947年发表的遗稿中,勒温还提出把关不仅适用于食物的选择,而且适用于新闻传播的渠道,不

[①] 参见 Pamela J. Shoemaker and Stephen D. Reese, *Mediating the Message*, Longman, 1996。
[②] Kurt Lewin, "Frontiers in Group Dynamics: II. Channels of Group Life; Social Planning and Action Research," *Human Relations*, 1(2), 1947, pp. 143–153.

过他并未就这一想法展开研究。①

1949年,勒温的学生怀特在《新闻学季刊》(Journalism Quarterly)上发表了一篇题为《把关人:对新闻选择的个案研究》的论文,进一步发展了把关人理论。② 怀特选择了一位40多岁、具有25年新闻从业经历的男性编辑为研究对象。这位男性被称为盖茨先生(Mr. Gates)。怀特请求盖茨保留收到的新闻稿,并在下班之后回忆稿件被取舍的原因。结果发现,盖茨收到的稿件中,只有1/10的内容被采用,其中国际性政治新闻、全国性政治新闻和人情趣味新闻占据了绝大多数,而这恰好符合他个人的新闻偏好,而关于其他未被采用的稿件,盖茨要么认为它们不值得刊登,要么认为已经选用了同类稿件。

1991年,格伦·布莱斯克(Glen Bleske)以盖茨女士(Ms. Gates)为例重复了怀特的研究。研究发现,虽然盖茨女士使用了更为先进的新闻生产技术,但是她仍然依据自己的主观偏好选择新闻,也常常出于版面空间不够的考虑而放弃一些新闻。她与盖茨先生一样,也不承认通讯社各类新闻的分布会对她产生影响。此外,盖茨女士的性别身份基本没有影响她选择新闻的标准。③ 在20世纪后半期,类似的研究还有很多。大多数研究都以怀特的把关人研究为起点进行论述,进而不断丰富把关人理论的内涵。

进入互联网时代以来,由于新闻分发渠道的多元化以及用户的主动性、选择性和参与性增强,新闻受众同样扮演起了把关人的角色。简·辛格(Jane Singer)把受众称为二级把关人(secondary gatekeepers)。当媒体在互联网和社交媒体上发布新闻之后,受众点击量的情况决定了提升或者降低该条新闻对于二级受众的可见性。④ 卡琳娜·芭兹莱-纳昂(Karine Barzilai-Nahon)提出了网络把关(network gatekeeping)的概念。互联网环境下,关口的多样性弱化了特定

---

① 参见〔美〕休梅克:《大众传媒把关 Gate keeping(中文注释版)》,张咏华注释,上海交通大学出版社2007年版。
② David Manning White, "The 'Gate Keeper': A Case Study in the Selection of News," *Journalism Quarterly*, 27(4), 1950, pp. 383-390.
③ Glen L. Bleske, "Ms. Gates Takes Over: An Updated Version of a 1949 Case Study," *Newspaper Research Journal*, 12(4), 1991, pp. 88-97.
④ Jane B. Singer, "User-generated Visibility: Secondary Gatekeeping in a Shared Media Space," *New Media & Society*, 16(1), 2014, pp. 55-73.

把关人的控制能力,受众成为把关决策的重要影响者而非仅是接收者。① 此外,受众以点击量、浏览时长等数据化的方式对新闻把关施压影响,参与式把关(participative gatekeeping)的概念也由此产生。②

在把关人的理论内涵有所更新的同时,也有学者基于此提出了新的理论概念。其一是看守人(gatewatcher)。澳大利亚学者阿克塞尔·布伦斯在2003年指出,互联网的开源性削弱了传统把关人的删选功能,受众绕过这层删选机制即可直接接触到海量信息并作出反馈。此时,把关人无法像水库的闸门一般完全地控制(keep)住新闻,而是更像一名足球场上的守门员,对球门进行看守(watch),对新闻进行防守拦截。新闻从业者从把关人到看守人的转变,使他们只能践行传统把关人角色的部分角色,其工作重点转移到信息的搜集和处理上,而这也意味着他们从控制角色转变为共建角色。③

其二是策展人(curator)。策展(curation)一词主要源于艺术展览业与博物馆业,其中策展人的职责是对于特定事物进行收集、整理、归纳、展示和推介,从而增加这些事物的价值。在数字化环境下,这一概念同样适用于新闻业。由于媒体组织的专业控制和社会大众的开放参与之间形成了强大的张力,组织化新闻生产正在变成新闻策展。④ 在具体工作中,新闻策展人主要通过寻找、辨别、选择、验证、组织、描述等工作,对网络中的优质内容进行整合、编辑、加工。⑤ 此时,新闻策展人的角色不同于传统把关人和看守人的地方在于他们不再纠结于新闻生产者和消费者的角色区分。他们在新闻的敏锐直觉的基础上,更关注对流量的导引、对个人信息需求的洞察和对互联网闲置传播资源的激活。⑥

---

① Karine Barzilai-Nahon, "Toward a Theory of Network Gatekeeping: A Framework for Exploring Information Control," *Journal of the American Society for Information Science and Technology*, 59(9), 2008, pp. 1493-1512.

② Nicole Blanchett, "Participative Gatekeeping: The Intersection of News, Audience Data, Newsworkers, and Economics," *Digital Journalism*, 9(6), 2021, pp. 773-791.

③ Axel Bruns, "Gatewatching, Not Gatekeeping: Collaborative Online News," *Media International Australia*, 107(1), 2003, pp. 31-44.

④ 陆晔、周睿鸣:《"液态"的新闻业:新传播形态与新闻专业主义再思考——以澎湃新闻"东方之星"长江沉船事故报道为个案》,《新闻与传播研究》2016年第7期。

⑤ 彭增军:《记者何为?》,《新闻记者》2016年第10期。

⑥ 王斌、顾天成:《智媒时代新闻从业者的职业角色转型》,《新闻与写作》2019年第4期。

二、组织因素

组织因素影响下的新闻生产可以和新闻生产社会学相联系。新闻生产社会学关心的是新闻从业者如何调用工作常规(routines)将大千世界转变为新闻故事。常规是指新闻工作者用来完成工作的一系列模式化的、重复性的实践和形式。① 它帮助新闻从业者有效地应对新闻生产的不确定性,也可以提升媒体组织的工作效率、降低组织的风险与运营成本。新闻常规体现在新闻生产的各个环节,包括如何找选题、如何寻找消息源、如何采访、如何写作、如何编辑等各个方面,不过其可以简要地分类为时间常规、空间常规、消息源常规。

(一)时间常规

新闻业是"因时而作"的行业。时间既是媒体组织从事新闻生产工作所能仰赖的重要资源,又对生产中的组织和个体施加着严格的约束,是形塑新闻面貌的一股主要力量。②

时间常规指的是生产新闻的节律。它体现在组织和个人两个层面。从组织层面看,时间常规体现为媒体机构的新闻生产周期。如媒体定期召开选题会,在特定时间前截稿并出版新闻产品。在纸媒时代,日报报道的范围通常为出刊日前一日所发生的所有新闻。截稿、编辑时间大多为出刊日前一天的晚间至夜间,而印刷则从前一日夜间开始至出刊日当天凌晨,并于出刊日当天早上派送至订户及零售点。晚报一般是下午2点左右出版,截稿时间在每天早上,报道的内容是从前一天上午到当天上午的事件。从个人层面看,时间层面的常规体现在记者和编辑必须在截稿时间前完成稿件,避免报纸"开天窗"。因此,记者必须善于规划和利用时间,因为记者无法完全掌控采写的进度,他们往往受到采访对象的时间安排的影响,甚至是事件本身发展的影响。③

---

① 参见 Pamela J. Shoemaker and Stephen D. Reese, *Mediating the Message*, Longman, 1996。
② 白红义:《因时而作:新闻时间性的再考察》,《国际新闻界》2018年第6期。
③ 王海燕:《加速的新闻:数字化环境下新闻工作的时间性变化及影响》,《新闻与传播研究》2019年第10期。

时间常规得以建立在很大程度上得益于"典型化"的策略。在有限的时间里,媒体不能对所有的特质对象进行个性化加工,只能把这些对象压缩到已知的类型中,比如将新闻分为硬新闻、软新闻、突发性新闻、发展性新闻和连续性新闻,然后按照既定的流程去处理。① 这些特定的分类和程式化的流程帮助媒体和新闻从业者更有效地应对随时变化的新闻工作,从而使无序变得有序,在时间层面控制新闻生产过程。

互联网环境下,时间常规变化的主要体现是新闻生产的节奏不断加快。在传统意义上,新闻是一种短暂易逝的商品,它的价值随着时间的流逝而迅速下降,而数字化的环境进一步加剧了新闻的"易逝性"。这是因为数字化技术取消了截稿时间的限制,媒体可以通过在 24 小时内随时发布新闻创建"瀑布流",新闻在理论上可以处于实时更新的状态。由此,事件发生和新闻报道之间的时间间隔越来越短,传统的及时性准则被即刻性(right now)取代。为了应对这一时间特征的变化,新闻从业者不得不加快新闻生产速度并且增加新闻更新频次(加速的时间),改变新闻生产的先后顺序(提前的时间)、延长工作时间(拉长的时间)、牺牲个人生活时间(冲突的时间);②媒体组织不断尝试固化时间周期节律,并且据此调整组织架构。③ 这造成的影响是,新闻从业者需要保持永动机式的工作状态,被迫陷入了"赶工游戏"和"仓鼠轮"(hamster wheel);媒体中出现了"24 小时不打烊"编辑部以及焦虑的编辑部文化;新闻报道中转载内容的比例提高。④

(二) 空间常规

新闻生产常规在媒体组织中表现为一张"新闻网"(news net)。对于媒体机

---

① 参见〔美〕盖伊·塔克曼:《做新闻:现实的社会建构》,李红涛译,中国人民大学出版社 2022 年版。
② 王海燕:《加速的新闻:数字化环境下新闻工作的时间性变化及影响》,《新闻与传播研究》2019 年第 10 期。
③ 周睿鸣:《锚定常规:"转型"与新闻创新的时间性》,《新闻记者》2020 年第 2 期。
④ 陈阳:《每日推送 10 次意味着什么?——关于微信公众号生产过程中的新闻节奏的田野观察与思考》,《新闻记者》2019 年第 9 期。

构而言,无论当日有无事件发生,它们都要按时足量地"出货"。为了捕捉有价值的新闻并将新闻洞(版面和时段)填满,媒体机构将记者像捕鱼撒网一样散播开去,但是由于人力与财力所限,新闻网的本意是将大鱼收入囊中,因此新闻网往往结在警察局、法院、市政府这样的公共机构。①

记者在空间分布上的网状结构,在很大程度上影响着新闻的构成。哪里最容易稳定地供给新闻素材,媒体机构就给哪里分配记者,那些不在这张新闻网上的社会事件,难以被媒体捕捉到,因而难以被报道出去。为此,媒体机构在编织新闻网时形成了三个具体策略。一是"蹲点",即媒体的在地理意义上的领土或者地盘。它表现为媒体在特定地点设置分社、办事处或者记者站。二是"跑口",即组织层面的专门化。媒体在经常出产新闻且掌握垄断信息的机构内布置专线或者跑口记者,这些"口子"集中于政府部门、企业、公共机构等,记者须定期联络与拜访,不遗漏重要线索。三是"进组",即报道题材的专门化。记者依照报道题材而被分配到国际新闻、地方新闻、社会新闻、财经、体育、娱乐等"条线"(news beat)上。

互联网环境下,社交媒体成为新闻网中的重要节点。究其原因,近年来越来越多具有影响力的新闻是由网民首先在互联网上爆料,而这些来自社交媒体的内容在新闻从业者日常工作中的作用日趋凸显。② 比如,微博就对传统媒体新闻从业者的信息获取和搜集产生影响,尤其是在突发事件的新闻报道中,微博的作用更为显著。③ 当前,随着新闻点击量、转载量等数据指标在编辑部中备受重视,关注社交媒体的各类热点话题榜、了解网民的心理动态,更是成为新闻从业者每日必不可少的工作环节。

---

① 参见〔美〕盖伊·塔克曼:《做新闻:现实的社会建构》,李红涛译,中国人民大学出版社 2022 年版。
② 白红义:《冲击与吸纳:互联网环境下的新闻常规》,《现代传播(中国传媒大学学报)》2013 年第 8 期。
③ 申琦:《在线消息源使用中的"把关人"角色研究——以上海新闻从业者使用微博作为消息源现象为研究对象》,《新闻与传播研究》2016 年第 10 期。

(三) 消息源常规

记者与消息源的关系也需要遵循新闻常规,即新闻从业者在选择新闻消息源时存在一定的路径依赖。西格尔分析了1949年至1969年间《华盛顿邮报》与《纽约时报》的头版新闻,结果发现美国及外国政府官员占所有消息来源的大约3/4。① 此后对消息来源的研究也都有类似的结论,学者们发现一些特定的组织或个体更容易成为消息来源,权威部门、社会精英、专家、男性等更多地出现在新闻报道中。

不论是在传统媒体时代还是在数字化时代,新闻从业者对于权威消息源的偏爱几乎并无改变。这是因为对于新闻从业者而言,选择消息源时权力与效率至关重要。在权力方面,许多消息来源之所以被选择,即是因为新闻消息源握有权力,具有较高的社会地位,能够从容地应对媒体,并且深孚众望言辞可信。这种现象被视作消息源的中心化。那些具有权力的消息源通过将日常事件提升为新闻事件从而主导了新闻。这种权力结构体现为消息源可信度的"层级制度"的存在,也就是消息源在政治上越接近政府,对媒体而言就越具有可信度,这也意味着"最有权力的消息来源,恰恰也是最有效率的"②。在效率方面,相较于其他产品,新闻生产具有明确的时间限制,效率的重要性也由此彰显。而新闻业效率的存在,是为了分配三种稀缺的资源:人员、时段或版面、生产时间。正是在这样的前提下,新闻从业者在瞬息万变的政治、经济、社会及受众环境中不断审视、考量,进而实现常规化的新闻生产,种种复杂的互动与博弈由此成型,作为社会过程的新闻生产也才得以实现。③

在新闻生产过程中需要警惕对于匿名消息源的使用。一方面,新闻从业者使用匿名消息源是获取重大新闻极为重要的途径。很多通过匿名消息源传递出来的消息,极大地促进了信息的自由流动,保障了公众的知情权,维护了公众

---

① 参见 Leon V. Sigal, *Reporters and Officials: The Organization and Politics of Newsmaking*, D. C. Heath, 1973。

② 参见〔美〕赫伯特·甘斯:《什么在决定新闻:对 CBS 晚间新闻、NBC 夜间新闻、〈新闻周刊〉及〈时代〉周刊的研究》,石琳、李红涛译,北京大学出版社 2009 年版。

③ 同上。

的利益。但另一方面,被公众认可的匿名消息源应受到保护的特权却也会被新闻业的少数人用来谋一己之私。除此之外,那些虽然没有主观意愿,但不具备良好新闻素养的记者对匿名消息源的核实与印证不足就加以使用,结果也会有损公共利益,同时损害社会公信力。因此,新闻从业者应该尽量不使用匿名消息源。在不得不使用匿名消息源的情况下,应当对消息源要求匿名的原因做出合理的评估与判断,应当做到至少有一名编审人员知道匿名消息源的真实身份,在报道中尽量解释匿名消息源的背景,同时信守承诺,并做好承担履行这一承诺带来的法律后果的准备。

> **案例:澎湃新闻的新闻生产常规**[①]
>
> ☞ **案例介绍** 2014年7月22日,澎湃新闻上线。它是上海报业集团力推的新媒体项目之一,以新闻客户端、新闻网页、社交媒体等平台为传播终端。它也是上海《东方早报》的转型之作,其早期的采编人员几乎全部来自《东方早报》。经过多年实践探索,澎湃新闻树立了响亮的媒体品牌,建立了相对稳定的新闻生产常规,为媒体转型融合走出一条示范性的先行之路。
>
> ☞ **案例分析** 在时间常规方面,澎湃新闻设置了不同于传统媒体的、更为灵活机动的截稿时间。具体来说,澎湃新闻设置了早、中、晚三个班次,编辑每天三班倒,每班8小时。每次稿件何时发布取决于当班管理者的决断,同时也取决于用户新闻消费的时段特征。于是,截稿时间被分解为两种情形:短篇稿件尽速提交;长篇稿件同从前一样,记者可在相对充裕的时间内采写,时机适宜时再提交发布。这可以被粗略地理解成"即时"和"深度"两种新闻需要不同的作业时间。
>
> 需要注意,记者在生产新闻时看似没有"死限"(deadline),但却一直在和时间赛跑。这是因为澎湃新闻采用了"瀑布流"式的新闻刷新机制,新闻按发布时间以倒序出现在用户面前,用户首先看到的是最新发布的新闻。这

[①] 周睿鸣:《锚定常规:"转型"与新闻创新的时间性》,《新闻记者》2020年第2期。

样设置的优势是,新闻页面处于实时更新的状态,最新的消息总是第一时间被推送到最易于阅读的头条,并且用户可以无限制地翻阅不断更新的条目。但其不足在于,新闻发布的时间先后不能与稿件的新闻价值相提并论。对此,澎湃新闻为了突出个别更具价值的新闻报道,保证其不被"瀑布流"卷走下沉,开设了"头条"和"推荐"等若干人工置顶新闻的位置。

在空间常规方面,澎湃新闻对传统的条线进行细分,围绕其主打时政新闻的媒体定位编织了"新闻网"。虽然澎湃新闻仍然存在传统的条线划分,但不同的是,这些条线被进一步细化。以时政新闻为例,其栏目设置"打虎记"关注反腐倡廉相关新闻,"人事风向"关注我国省部级及以上级别的党政人事变动,"舆论场"侧重报道社会热点议题。这些被分割的栏目更像是高度聚焦、针对某一细分的用户群体,承载某些社会议题的领域,其并非像传统媒体那样追求展现政治生活的全貌。这一现象和澎湃新闻的定位密切相关。它作为一个数字化的原生媒体,打破了《东方早报》以上海和长三角地区为主要发行地的空间限制,其目标受众不再仅仅分布于媒体总部所在地,而有可能弥散到全国乃至世界各地,因此需要生产出广大用户都可能感兴趣的内容。

在消息源常规方面,澎湃新闻在关注传统的权威消息源之外,依托线上线下资源主动挖掘新闻线索。以人事报道为例,澎湃新闻的记者早读《人民日报》等各级党委机关报、晚观《新闻联播》,不时浏览集中人事变动消息的数据库和论坛。在缺乏线下消息源的情况下,他们一是将政治人物的相关信息在搜索引擎中组合检索,不断甄别;二是寻找并总结官方通报中的规律,如除特定人名和职务之外,通报中使用的不同动词往往具有不同含义。此外,澎湃新闻记者通过社交定制并挖掘消息源。在社交媒体上,记者对频繁释放人事变动信息的各类账号设置分组,定期浏览。在这种情况下,记者可能不再需要抽时间与消息源面对面,也不必专门致电,只要刷新自己的微博或微信朋友圈就可以看到消息源的动态。他们无意间陈述的事实、发表的观点、转发的内容很可能就成了媒体记者的新闻线索。

三、社会因素

影响新闻生产的因素除了微观的新闻从业者和中观的新闻机构之外,还有宏观层面的原因,其中,市场、技术、文化是三个不可忽视的重要方面。

(一)市场力量

经济环境和企业组织是市场力量的不同体现,它们均能在不同程度上影响媒体的内容生产。

经济环境影响新闻生产。我国媒体机构的收入主要来自经营性收入以及国家行政拨款,而当经济发展减缓乃至下行时,媒体机构的营收状况也会受其影响,这间接影响媒体对于新闻业务和人力资源的投入。这可能带来的连锁反应是媒体直接用于新闻生产的经费减少。典型的体现是,媒体难以在第一时间引入用于生产新闻的新技术和行业专家,尤其是在新技术产生的传播效果不确定的情况下,媒体在该方面的经济投入会更加谨慎。此外,媒体营利收入的减少同样影响新闻从业者的薪资。随着从业者感受到新闻工作的时间投入与经济回报之间的不对称性,他们的懈怠感进一步增强,离职现象也由此产生,而这将进一步降低媒体组织的新闻生产效率。

企业组织影响新闻生产。其一,企业是新闻媒体的消息源,间接地影响新闻生产。其二,企业与媒体签订合作协议,通过购买报纸版面或者社交媒体中的位置,对其产品和品牌进行推广。其三,企业发起公关活动。企业宣布新战略、新产品时,常常通过召开新闻发布会的方式邀请记者参加,并且为记者提供公关新闻稿等,希望媒体对其战略或产品进行"曝光"。

此外,企业组织对于新闻生产宏观层面的影响不容忽视。这体现为企业不仅影响什么内容可以成为新闻,而且决定了新闻报道的内容结构。在西方社会,企业组织可以参与媒体经营,大多数媒体为企业私有,并且随着媒体兼并以及集团化加剧,媒体在经济上的独立性下降。这意味着,媒体在需要报道出资企业相关事件时,需要兼顾企业的利益、维护企业的形象,因而大多从积极的方面对其进行宣传,而当涉及企业负面事件时,则选择沉默不语。

在我国,随着媒体融合向纵深发展,新兴媒体与传统媒体在诸多方面呈现交叉融合的格局,新媒体在业务模式、资本运营等方面对传统媒体产生影响。例如自2012年起,阿里巴巴在传媒领域的投资动作频频,实现了在新闻客户端、社交媒体的布局。2015年12月11日,阿里巴巴集团在香港宣布与南华早报集团达成协议,收购《南华早报》以及南华早报集团旗下的其他媒体资产。阿里巴巴此举一方面是建立自己的发声渠道,能够更有效地应对电商平台负面新闻,另一方面是为其进入全球市场争夺话语权。[1]

(二) 技术发展

自现代新闻业诞生以来,技术变革始终是影响新闻生产的重要因素。从历史的角度看,技术迭代对于新闻业的影响从未缺席。无论是电报、电话、广播,还是电影和电视,它们作为技术发展的直接体现,始终扮演了新闻业"作战之武器"的角色。[2] 具体来说,电报技术提升了消息传递的速度,催生了倒金字塔的新闻写作方式,提升了媒体生产新闻的效率,同时通讯社的产生也和电报技术相关。电话普及之后,它成为记者联系消息源、采集新闻、核实信息的重要工具。广播则进一步改变了报纸新闻生产中的时空观念,新闻生产的及时性大大提升,新闻的传播范围也大为扩宽。电影和电视技术直接促进了视听新闻的诞生,这使媒体建立了有别于以往的新闻生产流程、常规、播发机制等,同时它也对新闻从业者的职业技能提出了新的要求,拍摄、剪辑等成为记者和编辑的基本功。

数字化环境下,各类新技术更是为重构新闻业提供了可能性。大数据、算法、人工智能、虚拟现实(VR)、增强现实(AR)、无人机等技术成为新闻生产创新的持续动力。新技术丰富了新闻呈现方式,创造了一套与技术相匹配的生产理念与生产流程,甚至更新了新闻价值判断标准乃至新闻的定义。在应用了算

---

[1] 邓理峰:《经济实体,还是意识形态实体?——阿里巴巴媒体收购的行动逻辑及其社会影响》,《现代传播(中国传媒大学学报)》2017年第1期。

[2] 杨奇光、王润泽:《电子媒介时代新闻生产的历史逻辑——基于中国经验的考察》,《新闻大学》2021年第11期。

法技术的新闻游戏中,传统的文字、声音、图像媒介的报道形态转化为融合化的交互游戏,实现了新闻文本呈现状态的更新。再以虚拟现实技术为例,在主要运用该技术的沉浸式新闻中,其突出的是用户的参与和体验,强调的是用户在与事实之间的互动关系中的判断和理解,因而新闻成了用户对重构的事实的临场感知。①

(三) 文化因素

文化是一个广义和模糊的概念,它对于新闻生产的影响渗透在个人、组织等多个层面。其中需要注意的是,文化中蕴含着复杂的权力关系,意识形态常常通过文化对新闻生产施加影响。

丹尼尔·哈林(Daniel Hallin)在研究越南战争期间的新闻报道时,提出了一个媒体保持意识形态的模型。他认为新闻报道可以划分为三个领域:一致同意的领域(sphere of consensus)、合理争议的领域(sphere of legitimate controversy)、异常的领域(sphere of deviance)。② 在一致同意的领域,记者从事新闻报道时的确定性很高,他们可以大胆地表明立场,如报道与社会主流价值观相符的内容、批判与谴责战争的发起等;在合理争议的领域,新闻从业者常常在意识形态允许的范围内,采用客观中立的报道方式,平衡地提供多方观点,避免得出具有倾向性的结论;在异常的领域,媒体在报道主流之外的异常事件时,放弃了中立的立场,转而戴上"有色眼镜",如美国媒体的国内报道相对客观公正,但是对与其意识形态相悖的一些国家的报道却常常带有较明显的负面色彩。③

意识形态对于新闻生产更为极端的影响是媒体有意生产假新闻并将其用于国家之间的斗争。这一现象在两次世界大战以及冷战期间极为明显。第一次世界大战时,有国家出于军事利益考虑,在军营中散发写满假新闻的小册子;第二次世界大战时,假消息通过电波散布出去;冷战时期,假新闻进一步被意识

---

① 陈昌凤、黄家圣:《"新闻"的再定义:元宇宙技术在媒体中的应用》,《新闻界》2022 年第 1 期。
② Daniel C. Hallin, *The Uncensored War: The Media and Vietnam*, University of California Press, 1989.
③ 参见刘海龙:《大众传播理论:范式与流派》,中国人民大学出版社 2008 年版。

形态化,资本主义阵营和社会主义阵营中的意识形态矛盾主导了国际新闻的内容和方向,国际新闻中充满了偏见与仇视。在当前的数字化环境中,意识形态叠加先进的互联网技术进一步影响新闻文本的生产与传播,社交机器人等计算宣传方式的运用使国与国之间的权力争夺到达新层面。①

第三节　新闻内容生产的趋势

互联网环境下,新闻业各种新业态层出不穷。短视频新闻、数据新闻、自动化新闻、虚拟现实新闻、无人机新闻、慢新闻、众筹新闻等诸多新样态越来越普遍。本节内容选取发展成熟程度比较高的短视频新闻、数据新闻、自动化新闻,介绍它们的新闻特征、生产过程及其发展困境。

一、短视频新闻生产

目前,受众注意力被各种各样的社交媒体平台所分散,短视频成为比较契合受众碎片化的媒介使用习惯的新闻形式。短视频新闻以新闻事实为核心内容,长度一般介于15秒到5分钟,以各类社交媒体为传播渠道。近年来,我国主流媒体纷纷布局短视频业务。新京报的"我们视频"、上海报业集团的"澎湃视频"、浙江报业集团的"浙视频"等已经形成品牌效应,在社交媒体上收获了众多粉丝。

(一) 短视频新闻的内容特征

短视频新闻具有独特的选题偏好、呈现方式、传播语态等。它以报道社会新闻和国际新闻为主。有学者通过研究人民日报的抖音账号发现,其聚焦于主题人物、政论观点、热点事件和温情故事四类内容。② 同时,短视频新闻大多采

---

① 赵永华、窦书棋:《信息战视角下国际假新闻的历史嬗变:技术与宣传的合奏》,《现代传播(中国传媒大学学报)》2022年第3期。
② 张志安、彭璐:《混合情感传播模式:主流媒体短视频内容生产研究——以人民日报抖音号为例》,《新闻与写作》2019年第7期。

用直击核心事实的呈现方式。由于短视频的时长限制,其大多采取了"去故事化"的方式,减少铺陈,直击现场,弱化记者的角色,甚至是用"幻灯片式"的形态将事件的高潮和核心迅速地传播给观众。[①]

短视频新闻大多传递了积极的情感。除了重大紧急的突发新闻外,"暖新闻"日趋成为当下新闻类短视频的集中选题。其以小切口、小角度,突出新闻事件的正能量意义,强调以短小精悍的暖心故事在最短时间内唤起用户的情绪共鸣。同时,由于这类视频具有强化由情感体验而产生的价值认同的作用,它也被主流媒体视为弘扬正能量和加强舆论引导的新方式。

短视频新闻纷纷拥抱社交化的语言风格。对话式的推进、口语化的讲述、年轻化的表达成为短视频新闻提升传播效果的利器。例如在《新闻联播》的衍生栏目《主播说联播》中,主播简明扼要地表达出视频中的核心内容,同时也以抛出问题的方式启发用户思考,最后再在视频末尾予以解答,形成首尾呼应的结构。不仅如此,主播在"说"新闻的过程中,常常使用"老铁"等网络语言,打破了观众对于严肃的主流媒体的印象,适应了新媒体平台的传播规律,收获了大量年轻粉丝。

(二) 短视频新闻的生产模式

短视频新闻有两种生产模式:一类是由媒体完成选题、拍摄、剪辑的工作,即专业化的内容生产(professional generated content, PGC);另一类是先由公众提供视频素材,再由专业编辑对其剪辑加工,即用户与专业媒体协同生产(professional user generated content, PUGC)。

在短视频新闻生产的 PGC 这一模式下,编辑、记者寻找新闻选题,并且由专业团队完成视频的拍摄、剪辑和包装工作。同时,媒体也会挖掘常规性视频报道中的独家场景,围绕新闻现场展开内容策划。例如,在重大新闻报道中,主流媒体可以进入现场进行直播,而在直播结束后,编辑往往会将长视频中的精彩片段进行剪辑,拆分成短视频进行二次传播。此外,记者充分利用新闻现场,

---

① 晏青、张佳欣:《主流媒体短视频新闻特征与对比研究——基于"人民日报""央视新闻""澎湃新闻"官方微博视频内容分析》,《中国出版》2019 年第 24 期。

以自拍的方式制作 Vlog，展示重大新闻事件报道的后台工作，强调通过个人的主观体验过程来吸引用户关注。这一方式经常用于全国两会、国庆阅兵等时政类新闻的报道之中。

在短视频新闻生产的 PUGC 这一模式下，媒体大多采用"众包"的思路，建立庞大的线下拍客团队并且为拍客提供专业培训，确保源源不断地获得海量的、具有一定质量的视频新闻素材。媒体获得视频素材之后，便会安排专业编辑判断其新闻价值，对其进行筛选、剪辑和包装。这一视频生产方式有效降低了媒体拍摄视频的成本，其以更低的投入获取了更多资源，使内容产出更具"性价比"。目前这一模式在新京报的"我们视频"、人民网人民视频、梨视频等媒体中得以应用。

（三）短视频新闻的发展困境

内容同质化降低了由不同媒体机构所生产的短视频新闻的识别度。在选题上，多数媒体组织偏爱社会新闻中的冲突性事件以及好人好事。在消息源上，越来越多的媒体组织与公安、消防、交通运输等政府部门合作，对这些部门提供的原始视频素材进行剪辑和包装。在呈现上，短视频新闻大多由片头、新闻画面、字幕、背景音乐、片尾等要素构成，多数媒体沿用了此类模板化的呈现方式，只是对视频的主色调进行调整。在配乐上，短视频新闻使用的背景音乐的风格类型较为一致，甚至存在"撞乐"的情况。整体而言，短视频新闻表现出陷入生产定式的趋势，这不利于媒体在各类短视频平台占领舆论阵地，甚至会对媒体形象产生负面效应。

短视频内容的过度煽情化对新闻的舆论引导功能产生了负面作用。在视频画面、文字解说、背景音乐的共同渲染下，短视频新闻存在情绪输出过度的问题。例如，在有关好人好事的视频报道中，新闻画面经过剪辑加工后经常配以煽情的音乐，并且视频标题中也频繁出现"感人""感动""泪目""心疼""太好哭了"等表述。此类渲染氛围的背景音乐、耸人听闻的标题成为许多短视频新闻博取眼球和获得流量的手段，但其不免降低了短视频新闻的格调。同时，部分短视频新闻过度诉诸感性，引发了用户的极端情绪，削弱了新闻的严肃性、专业性,掩盖了客观事实。此外,就舆论引导来说,过度煽情的正面报道看似占领了舆论阵地,而实际上舆论引导效果可能并不理想,甚至会大打折扣。

> **案例:短视频新闻生产之新京报"我们视频"**
>
> 　　新京报的"我们视频"成立于2016年9月11日。截至2018年9月,"我们视频"的全网视频生产总数超过20 000条,月产量达2500条,直播场次超过千场,约占新京报采编总量的1/3,实现了热点突发全覆盖。①
>
> 　　在专业内容生产模式下,"我们视频"以直播和短视频两种方式实现了对各类社会重要议题和突发事件的报道。针对重大新闻事件,"我们视频"一般采用时长约一两个小时的直播进行实时跟踪,随后再挑选直播视频中的精彩之处进行"拆条",制作成短视频;针对突发性新闻,"我们视频"常常采用40秒到4分钟的短视频形式快速反应。这两种视频形式分别借助"实时报道"和"快速报道"尽可能地保证新闻的时效性,让用户掌握第一手资料。
>
> 　　在用户与专业媒体协同生产的模式下,"我们视频"成立了UGC运营团队拍者组。虽然拍客提供的素材无法完全达到新闻视频的要求,但拍客的快速反应可以与专业记者的核实采访、剪辑加工相结合。在拍客"报料"的模式下,用户在内容生产端发挥了重要作用。通过收集和采纳用户所提供的视频线索与素材,"我们视频"可以更快获取第一手新闻现场的核心画面,增加内容的多样性。这一模式成为"我们视频"批量创造"爆款"产品的重要路径。

二、数据新闻生产

　　数据新闻也被称为数据驱动新闻(data-driven journalism),是指基于数据的挖掘、处理、统计、分析和可视化呈现的新型新闻报道方式。目前国内的数据新

---

① 新京报:《"我们视频"两周年视频生产超2万条　将覆盖所有报道领域》,2018年9月13日,https://m.bjnews.com.cn/detail/155153243614205.html,2023年7月15日访问。

闻生产已经建立了相对比较成熟的机制,形成了一些比较知名的数据新闻产品的品牌。

(一)数据新闻的内容特征

数据新闻在我国经过多年的探索和实践,形成了一定的内容特色。当前我国数据新闻涉及的议题类型分布不均,主要以国内的社会民生类选题为主。有研究统计了两个数据新闻微信公众号的议题发现,涉及国内的数据新闻占83.6%,涉及国际的新闻报道仅占16.4%,而在关于国内话题的数据新闻中,出现频率最高的议题主要和环境健康、社会民生、经济发展有关。[1]

在具体内容上,我国大多数数据新闻定位于向大众描述事件经过或普及常识,而非追踪和调查新闻事件或社会问题。这导致很多数据新闻在一些不痛不痒的软新闻领域做简单的话题重复,在很大程度上和主流重大新闻报道相互隔离,从而逐渐面临被边缘化的危险。[2]

在视觉呈现方面,我国数据新闻大多使用了静态的信息图表。理论上讲,动态交互技术让数据新闻报道更具趣味性,令用户有更强烈的在场感,增强了数据新闻与用户之间的相关性和背后联系,优化了用户的新闻体验,然而,动态类图表在现实中的使用程度并不高。静态信息图表虽然表现力有限、互动性较弱,但是其制作难度与时间成本都相对更低,因而更受数据新闻工作者的欢迎。

(二)数据新闻的生产过程

生产数据新闻遵循特定的工作流程。概言之,首先通过反复抓取、筛选和重组来深度挖掘数据,接着聚焦专门信息以过滤数据,进而开掘隐藏于宏观、抽象数据背后的新闻故事,最后再以形象、互动的可视化方式呈现新闻。[3]

---

[1] 唐铮、丁振球:《数据新闻的社交化传播之困——基于两个数据新闻微信公众号的定量研究》,《新闻记者》2020年第11期。

[2] 方洁、高璐:《数据新闻:一个亟待确立专业规范的领域——基于国内五个数据新闻栏目的定量研究》,《国际新闻界》2015年第12期。

[3] 方洁、颜冬:《全球视野下的"数据新闻":理念与实践》,《国际新闻界》2013年第6期。

第一,根据新闻议题收集与挖掘相关数据。数据新闻工作者可以在政府网站、互联网开源数据网站中寻找所需的数据。同时,他们也可以利用编程语言技术,在搜索引擎、社交媒体等平台抓取所需的数据。

第二,清洗与分析数据,寻找新闻故事线。获取海量数据之后需要对其进行识别和分析,对数据的真实性、有效性进行辨识。为了更好地理解数据,了解数据与故事主题之间的关系,还需要通过统计程序、图表等对数据进行相关性分析等。与此同时,数据新闻工作者需要根据数据分析结果确定新闻写作的切口与思路。

第三,双线作战,整合润色。对于技术人员而言,他们需要对数据进行可视化呈现。数据呈现的方式有很多种,最常用的信息图表模式也有规律可循,例如数据地图、时间线、点状图、气泡图、热力图等模式。此外,数据也可以被制作成交互式图表,即用户根据需求点击相应的按钮,探索数据背后的深层次信息,实现新闻的个性化定制。对于新闻记者而言,他们需要根据数据采写新闻故事。记者不应仅仅停留在描述数据的层面,还应该从数据走向微观的个体,深度挖掘并讲述数据背后的个人故事,展现数据新闻的人文关怀,从数据走向宏观社会,呈现影响数据结果的结构化因素,从而折射出社会的发展变迁以及相关现实问题。最后,将两部分内容整合在一起并对其进行修改和润色。

(三) 数据新闻的发展困境

近年来,数据新闻热潮有所降温。有统计表明,2015 年国内共有 15 家新闻媒体或数据公司设置了数据新闻栏目,是设置数据新闻栏目最多的一年。此后数据新闻新建栏目数量逐年降低,发展趋于平稳。截至 2019 年 5 月,我国至少创立了 47 家数据新闻栏目,但是其中已有 16 家栏目出现了停更或无法查询的情况。[①] 国内从事数据新闻生产的媒体数量呈现出明显的下滑趋势。究其原因,有以下几点。

第一,数据获取能力不足。从客观上看,政府掌握大量数据,但是由于其对

---

① 吴小坤、全凌辉:《数据新闻现实困境、突破路径与发展态势——基于国内 7 家数据新闻栏目负责人的访谈》,《中国出版》2019 年第 20 期。

媒体的开放程度有限,这些数据很难被数据新闻工作者使用。同时,以互联网公司为代表的商业企业也占有海量的用户行为数据,但这些数据作为这类科技公司的宝贵财富,并未对媒体免费开放,相关数据也尚未广泛用于生产数据新闻。媒体中从事文字工作的记者占大多数,具有数据挖掘能力的算法工程师人数较少且水平有限,这导致媒体自身采集数据的能力不足。

第二,生产成本高。生产数据新闻的技术要求比普通新闻高,同时还需要专业数据团队和新闻从业人员进行紧密配合。这一方面决定了生产数据新闻需要更高的经济成本,因为媒体需要花费更多费用聘用技术人员,并且需要为数据新闻部门提供资金以维持其日常运转。这另一方面决定了生产数据新闻需要更高的时间成本。因为算法工程师不仅需要一定的时间攻克技术难题,同时数据新闻的多个生产环节还涉及技术人员与记者、编辑的沟通协商,这都拉长了数据新闻的生产周期。

第三,人员整合难。相较于传统媒体的新闻生产,数据新闻生产有着自身的新闻生产逻辑。数据新闻的从业人员主要可以分为三个基本类别,即数据阐述者(编辑、记者)、数据采集者(数据工程师)和数据呈现者(后期设计师),三者在理论上应该相辅相成、紧密合作,然而在具体实践中,他们却奉行着不同的价值判断与评价标准。[①] 近年来,虽然技术人员与记者、编辑在技术需求、生产理念、内外部立场方面存在矛盾,但他们也试图磨合出沟通机制以改善异质行动者间的关系。[②]

第四,投入产出比低。数据新闻具有一定社会价值,可以拓宽公众对社会的认知范围,并存在影响公共决策的可能性。然而,这些优势无法掩盖数据新闻更为现实的不足:其一是它难以被量产;其二是前期生产投入大而后期变现能力不足,其商业价值具有较高的不确定性。

[①] 郭嘉良:《数据新闻产业化发展的现实困境与未来危机——基于国内三家数据新闻媒体栏目的分析》,《现代传播(中国传媒大学学报)》2020年第7期。

[②] 肖鳕桐、方洁:《内容与技术如何协作?——行动者网络理论视角下的新闻生产创新研究》,《国际新闻界》2020年第11期。

> **案例：数据新闻生产之 RUC 新闻坊**
>
> RUC 新闻坊诞生于 2015 年 6 月，由中国人民大学新闻学院开设运营。它主要由指导教师和中国人民大学的学生组成。RUC 新闻坊分为运营部和编辑部，其中编辑部又分为数据组、可视化组和文案组。
>
> RUC 新闻坊制作数据新闻的过程包括以下步骤：提出选题的大概方向——讨论并确定切入的角度——确定逻辑框架和小组分工——收集和分析数据——实现数据可视化——撰写推送文案——美编推送——回复读者反馈并及时更正有误信息。①
>
> 目前 RUC 新闻坊的新闻选题分为常规选题和突发事件选题两类。RUC 新闻坊注重从新闻价值的角度考量每一个具体的选题，并且团队成员需要结合该选题的可行性、已被其他媒体开发的程度、选题的争议点等不同方面进行综合判断。确定选题及分工后，每一个作品的生产周期一般是一周，时效性特别强的项目最快在两天内完成推送，时效性要求不高的大项目的制作时长大约为十天乃至半个月。
>
> 近年来，RUC 新闻坊尤其关注具有公共价值的事件，发布了《1183 位求助者的数据画像：不是弱者，而是你我》《变成"35 岁，男"，我终于不再被骚扰》等具有社会影响力的数据新闻作品。

三、自动化新闻生产

自动化新闻也被称为算法新闻、智能化新闻、机器新闻写作等，它具体指的是机器将原始数据转换为叙述性新闻文本。这一新闻生产方式除最初的算法编程环节外，其余过程基本没有人工干预。

自动化新闻在欧美国家起步较早。2010 年 5 月，美国科技创新公司叙事科

---

① 全媒派：《人大「RUC 新闻坊」：不止于校园媒体》，2021 年 4 月 8 日，https://mp.weixin.qq.com/s/uZsxWi6kr3UMoL nnipXbIw，2023 年 7 月 15 日访问。

学(Narrative Science)研发出了一款名为"鹅毛笔"(Quill)的自动化新闻撰写工具。在之后几年,《纽约时报》推出了报道全美橄榄球联盟赛事的 4th Down 系统,《华盛顿邮报》推出了实时体育赛事新闻生成系统 Heliograf,《洛杉矶时报》推出了地震新闻生成系统 Quakebot,俄罗斯互联网公司央捷科斯(Yandex)研发出了气象预测系统 Meteum 等。2018 年初,欧美几乎所有主流媒体均已不同程度地搭建起自动化新闻生产平台,由自动化系统生产出的新闻的数量大大增加。[①]

在我国,自动化新闻生产同样蓬勃发展。主流媒体和互联网公司纷纷加大对于自动化新闻的投入,形成了一些自动化新闻的品牌。例如新华社的"快笔小新"、南方都市报的"小南"、封面新闻的"小封"、光明网的"光明机器人"、阿里巴巴集团与第一财经合作研发的"DT 稿王"、腾讯财经的"Dreamwriter"、今日头条的"张小明"、百度的"智能写作机器人"等。

(一) 自动化新闻的内容特征

自动化新闻聚焦于特定新闻类型。由于当前算法技术的有限性,自动化新闻生产涉及的话题主要集中在体育、财经、气象、自然灾害等领域。这些类型的新闻所涉及的核心事实明确,多是由数字构成,并且人物关系简单,甚至有些新闻不涉及人物关系。

自动化新闻篇幅较短。这一写作方式是对时间、地点、数字、核心事件的模板化呈现,其只能提供已经发生的新闻事件的基本信息,无法对这些事件做出解释,也无法为新闻事件补充背景信息。目前自动化新闻产品主要集中在标准化程度比较高的消息、快讯等新闻体裁。

自动化新闻的时效性强。这一新闻生产模式建立在预先设定的、完善的新闻模板的基础上。一旦有财经、体育、自然气象等新闻事件发生,这套新闻系统便可以第一时间自动探测并抓取数据,并将其套入固定的模板,几乎可以实现

[①] Ramandeep Ghuman and Ripmi Kumari, "Narrative Science: A Review," *International Journal of Science and Research*, 2(9), 2013, pp. 205–207.

新闻报道与事件发展同步。在新闻报道中,时效性影响着新闻价值的高低,而这一方式省去了记者人工收集信息、核实数据、写作新闻的时间,大大提高了新闻生产的速度,使新闻发布越来越及时。

(二) 自动化新闻的生产过程

自动化新闻生产基本上采用的是"人工模板"+"自动化数据填充"的模式。人工模板来源于新闻业对于5W1H的新闻要素的强调以及约定俗成的、重要性递减的倒金字塔写作方式,而数据来自自动化新闻系统的搜索和发现。具体而言,写作过程大体包括以下五个步骤。①

第一,采集并清洗数据。当一个事件发生后,自动化新闻系统需要依据关键词、时间等数据指标在互联网上抓取相关信息,随后再对这些内容进行清洗,保留与新闻事实相关的核心数据。一般而言,财经、体育等领域的数据结构化和标准化程度比较高,它们更容易被自动化新闻系统识别和使用。

第二,分析数据的新闻性。针对清洗后的数据,自动化新闻系统需要对其加以分析并将其和历史数据进行对比,从而发现其中的变化、趋势、不寻常之处。例如,财经新闻中汇率和股价的波动,体育新闻中的比赛结果、得分情况等。

第三,确定新闻报道的角度。自动化新闻系统对比、分析数据之后,将自动匹配报道该新闻的角度。这些角度实则是记者针对不同情况提前输入的报道框架。例如体育赛事报道的经典框架包括旗鼓相当的拉锯战、后来居上的反击战等。

第四,填充数据和新闻要素。自动化新闻系统确定报道框架之后,将从数据中挑选可以支持该框架的新闻事实和数字,进而填充该新闻框架。

第五,润色新闻稿件。自动化新闻发布前,系统将会把算法生成的语句和人类自然语言相对比,替换掉自动化新闻中生硬的表达,有时还可以在其中添加人类的叙述语气,从而让文本显得更为生动和有趣。

---

① 邓建国:《机器人新闻:原理、风险和影响》,《新闻记者》2016年第9期;许向东、郭萌萌:《智媒时代的新闻生产:自动化新闻的实践与思考》,《国际新闻界》2017年第5期。

（三）自动化新闻的发展困境

自动化新闻在新闻生产速度、报道数量、内容准确性等诸多方面具有优势，但是其局限性同样明显。

第一，自动化新闻适用的新闻类型有限。当前的自动化技术只适用于生产财经、体育等对数据要求高的低语境类新闻。对于社会新闻、政治新闻等核心事实、相关背景以及人物关系都较为复杂的高语境类内容，自动化系统暂时无法进行独立写作。

第二，自动化新闻的可读性不强。即使自动化新闻系统有意模仿人类自然语言，但是其仍然无法完全克服语法生硬、语言枯燥、缺乏人文关怀等问题。尤其是新闻报道离不开语境，而自动生成的新闻文本更多是对数字的客观描述，无法呈现出数字背后的故事，更无法使用生动的文字进行讲述。此外，面对新闻报道中不同涉事主体的复杂情感，自动化新闻系统更是难以把握，因而常常将其排除在写作范围之外。

第三，自动化新闻的投入产出比具有不确定性。在自动化新闻系统的研发阶段，媒体或互联网公司需要投入大量人力和财力。对于以编辑、记者为主的媒体机构而言，它们需要单独设置财务预算用于招聘算法工程师。同时，训练新闻模型离不开庞大的数据支持，而相关数据库同样需要媒体购买。当自动化新闻系统研发完成后，它不仅仍然需要媒体投入人力和财力用于后期维护，而且它为媒体带来的流量、收入，以及媒体对其使用频率都具有不确定性。

整体而言，在我国，以算法为内核的自动化新闻刚刚起步。它如同一面棱镜，折射出当前机器仍然处于执行人的指令并且完成效果有限的弱人工智能阶段。未来在新闻领域，自动化新闻可以和新闻从业者进一步融合，建立新型协同生产机制，促使两者在发挥好各自优势的基础上，通过职能分工、双向理解、合作把关，实现"人机联姻"。[①]

[①] 姚建华：《自动化新闻生产中的人机联姻及其实现路径》，《当代传播》2021年第1期。

> **案例：自动化新闻生产之新华社"快笔小新"**
>
> 2015年11月，新华社推出了一套自动化新闻写作系统，也是新华社第一位机器人记者。它被命名为"快笔小新"。
>
> 在快笔小新这里，一篇稿件的诞生需要经历数据采集清洗、数据计算分析、语言模板匹配三个流程。首先，快笔小新依托大数据技术对数据进行实时采集、清洗、标准化处理。其次，快笔小新根据业务需求定制相应的算法模型，对数据进行实时计算和分析。最后，快笔小新根据计算和分析结果选取合适的模板生成中文新闻置标语言（CNML）标准的稿件并自动进入待编稿库，供编辑审核后签发。①
>
> 快笔小新尤其擅长体育和财经报道。无论是篮球、足球等体育比赛的得分，还是上市公司的财务报表数据以及股市数据，快笔小新都可以在3—5秒内撰写出新闻稿。在2016年的里约奥运会期间，快笔小新全程跟踪赛程中的所有比赛，在赛事结束的第一时间迅速生成新闻稿件，实时跟踪报道了所有比赛的结果，共有500多篇稿件被正式签发，实现了零差错。②
>
> 快笔小新上线运行后7×24小时不间断工作。这有效提升了新华社新闻报道的生产能力和发稿时效性，同时也将编辑、记者从基础数据信息的采写中解放出来，使他们拥有更为充足的时间进行深度新闻采访和写作。

小　　结

本章关注的是新闻内容生产，这一主题之下包含三个方面的内容：新闻价值与新闻选择、影响新闻内容的因素、互联网环境下新闻内容生产的趋势。

首先，新闻价值是一套决定新闻被选择或排除的规律性标准，记者和编辑

---

① 钟盈炯、张寒：《"快笔小新"：新华社第一位机器人记者》，《新闻战线》2018年第17期。
② 同上。

运用这套标准进行新闻的判断、选择、写作与呈现。其一,新闻价值经历了从行业用语到学术概念的发展,它具有一定的情景性和协商性,是一个综合判断的过程。其二,当前关于新闻价值形成了五种学说,分别是要素说、标准说、功能说、源流说以及话语说。其三,新闻价值要素可以分为五个维度,具体有时间维度(如时新、及时、不确定)、社会维度(如重要、显著、异常)、关系维度(如冲突、反差)、心理维度(如接近、利益相关)、情感维度(如趣味、亲和力、人情味)。其四,新闻价值是历史建构的产物,其中一些新闻要素被沿用至今,同时也有一些新闻价值的新要素被添加进来,例如可分享性和愉悦性等。

其次,个人、组织、社会三个方面的因素影响新闻生产。从个人的角度看,新闻从业者扮演了把关人的角色,他们的偏好在一定程度上影响了新闻选择。互联网环境下,由于社交媒体以及受众的影响,新闻把关人的角色有所弱化,逐渐转变为新闻看守人、新闻策展人。从组织的角度看,新闻内容生产需要遵循时间常规、空间常规、消息源常规,目的是降低新闻生产的不确定性,降低媒体组织的风险与运营成本,提升媒体组织的工作效率。从社会的角度看,新闻内容生产深受经济、技术、文化因素的影响。

最后,互联网环境下的新闻新形态层出不穷。其中,短视频新闻、数据新闻、自动化新闻的发展成熟度比较高。这三个类型的新闻具有独特的内容特征,也具有与内容特征相适应的生产流程,不过它们在长期发展中面临不同的困境。

关键概念

新闻价值　　　把关人　　　新闻生产常规　　　层级模型
短视频新闻　　数据新闻　　自动化新闻

思考题

1. 如何区分新闻价值与新闻的价值?
2. 如何理解新闻价值的要素说、标准说、功能说、源流说、话语说?
3. 数字化环境下,新闻价值要素有哪些发展与变化?

4. 用户点击量能够反映新闻价值吗？为什么？
5. 如何理解新闻把关人？
6. 什么是新闻选择？其受到哪些因素的影响？
7. 如何理解新闻生产的时间常规、空间常规、消息源常规？
8. 什么是短视频新闻？其生产模式与内容特征是什么？目前短视频新闻存在哪些问题？
9. 什么是数据新闻？数据新闻是如何生产的？其内容特征是什么？数据新闻发展面临哪些困境？
10. 什么是自动化新闻？自动化新闻是如何生产的？其内容特征是什么？自动化新闻发展面临哪些困境？

 **拓展阅读**

〔美〕赫伯特·甘斯:《什么在决定新闻:对 CBS 晚间新闻、NBC 夜间新闻、〈新闻周刊〉及〈时代〉周刊的研究》,石琳、李红涛译,北京大学出版社 2009 年版。

〔美〕帕梅拉·J. 休梅克、蒂姆·P. 沃斯:《把关理论》,孙五三译,中国人民大学出版社 2022 年版。

〔美〕迈克尔·舒德森:《新闻社会学(第二版)》,徐桂权译,中国人民大学出版社 2020 年版。

〔美〕盖伊·塔克曼:《做新闻:现实的社会建构》,李红涛译,中国人民大学出版社 2022 年版。

白红义:《重访"新闻价值":一个新闻学中层理论的构建与创新》,《新闻与写作》2021 年第 11 期。

陆晔、周睿鸣:《"液态"的新闻业:新传播形态与新闻专业主义再思考——以澎湃新闻"东方之星"长江沉船事故报道为个案》,《新闻与传播研究》2016 年第 7 期。

王斌、李曜宇:《从事实逻辑到呈现逻辑:短视频新闻的微观语境生产及其影响》,《广西师范大学学报(哲学社会科学版)》2022 年第 1 期。

王海燕:《加速的新闻:数字化环境下新闻工作的时间性变化及影响》,《新闻与传播研究》2019 年第 10 期。

王润泽、张凌霄:《新闻价值的西方生产路径与话语权的确立》,《现代传播(中国传媒大学学报)》2019 年第 11 期。

杨保军、余跃洪:《关系价值:新闻价值论的新维度》,《新闻与写作》2022 年第 12 期。

张志安、彭璐:《混合情感传播模式:主流媒体短视频内容生产研究——以人民日报抖音号为例》,《新闻与写作》2019 年第 7 期。

Harcup, T., and Deirdre O'Neill, "What is News? News Values Revisited (again)," *Journalism Studies*, 18(12), 2017, pp. 1470-1488.

第七章 新闻传播效果

新闻传播的效果研究是新闻传播学最主要的研究领域,传播效果理论的成果非常丰富,并且仍然在不断扩充发展的过程之中。新闻传播效果是关于媒介发挥的功能或影响的研究,探讨的是媒介与受众的关系。新闻传播的功能和效果既是学者普遍关注的核心问题,也关系着新闻传播学这门学科自身的合法性,因此占据着无可替代的地位。

第一节 效果研究概述

效果研究的成果非常丰富,总体上可以分为三个部分,分别是社会心理效果、信息环境效果和知识扩散效果。其中,新闻传播效果研究开端于社会心理视角,早期研究主要关注传播效果的心理机制,如选择性接触、说服的心理过程、人际传播对媒介效果的影响等,后来的经典理论大多与媒介内容导致的认知偏见相关;信息环境效果是新闻传播效果研究的核心,它承接着新闻传播社会守望的基本功能,因而也形成了最丰富、最有代表性的理论成果,如议程设置理论;知识扩散效果关注的是大众媒介的教育功能。这一部分首先会介绍如何通过新闻传播进行社会学习,并在此基础上探讨人际关系、阶层关系以及社会发展状况与知识传播的相互作用。这三种新闻传播效果的区别主要在于强调的重点不同,但实际上三者之间并不存在严格意义上的边界,信息环境效果以心理机制研究为基础,知识扩散过程与信息环境塑造过程常常同时发生。

效果研究伴随着新闻传播业具体实践的发展而发展。大众传媒是19世纪工业化时代的产物,自其出现以来,不断有学者对大众传媒的功能与影响进行讨论。20世纪30年代以来,伴随着大众传播的繁荣,人们对媒介的担忧也开始蔓延,认为媒介具有强大影响力的魔弹论逐渐盛行起来。魔弹论认为,大众传播拥有像子弹一样的强大影响力,可以直接击中人。这种直接效果理论符合人们朴素的认知,但却缺乏明确的理论支持,所以很快被经验研究推翻。

20世纪40年代,拉扎斯菲尔德通过"人民的选择"研究,提出了有限效果理论。有限效果理论强调人际关系对新闻传播效果的影响,并提出了意见领袖等具有长久生命力的概念。与此同时,霍夫曼推进的耶鲁项目也对人的认知过程进行了一系列探索,为效果研究的认知心理学路径奠定了基础。总体上看,这一类早期的效果研究对传播学的发展起到了重要的推进作用,奠定了效果研究的实证主义研究传统,并逐渐确立起了新闻传播研究的主导范式。

到了20世纪六七十年代,新闻传播效果研究绽放出新的生机,许多著名的效果理论都在这一时期被提出。例如,议程设置理论强调了大众传播对人们认知层面的累积性影响,这一理论至今仍处在不断发展和创新的过程之中;沉默的螺旋理论关注媒介对意见气候的塑造,强调新闻传播如何导致人们对舆论的认知产生偏差;培养理论探讨了电视对人们潜移默化的影响,论述了新闻传播如何改变人们对真实世界的认知。80年代后,仍有一些新的传播效果理论被提出,如第三人效果等,与此同时,已有的经典理论也处在不断丰富和发展的过程中。

总体上看,新闻传播效果研究成果丰富,并且一直保持着旺盛的生命力。效果研究不是一个边界明晰、有序迭代的理论体系,而是由一个个具体研究所组成的、成果丰富的研究领域。因此,学界在效果研究演进脉络的看法上并不存在绝对的共识。例如,人们普遍认为在效果理论的发展过程中存在强效果与弱效果的对立,但也有学者指出,以魔弹论为代表的强效果理论并没有明确的提出者、观点以及论据,它可能是个"稻草人"①,其提出正是为了被批驳、被否定,从而使人们更容易理解和接受弱效果理论。由于效果理论的发展脉络非常复杂、缺少共识,所以本章不对这些理论史层面的争论进行过多论述,而是根据研究主题上的差异,将传播效果划分为社会心理效果、信息环境效果和知识扩散效果,并分别介绍其中的一些比较有代表性和影响力的理论成果。同时,本章介绍的效果理论既包含一些经典的范例式研究成果,也包含一部分创新性研究成果,虽然它们之间的时间跨度较大,但是都展现出了很强的启发性和生命力。由此可见,新闻传播效果研究是非常有活力的一个研究领域,该领域既拥有大量的研究者、丰富的研究工具和理论成果,也具有强大的理论创新能力和知识发展潜力。

第二节 社会心理效果

传播效果研究的发展深受社会学、社会心理学等学科的影响,很多效果研究理论讨论的都是媒介内容对人的心理层面产生的影响。社会心理层面的效果研究主要探讨两个层面的问题:其一是媒介对人们造成影响的具体心理机制,其二是媒介所造成的认知偏差。在心理机制层面,传播学主要关注选择性接触、个体的认知过程等问题。在认知偏差层面,学者们提出了第三人效果、沉默的螺旋、敌意媒介等理论,它们分别讨论了人们在媒介影响的大小、多数人的意见以及媒体报道的倾向性等问题上存在认知偏差。

一、媒介效果的心理机制

媒介效果的心理机制讨论的是媒介效果发生的心理基础,关于心理机制的研究始终与研究方法和研究工具的发展密切相关。总体来看,传播学对媒介效果心理机制的研究主要有两种传统:其一是由伊里调查开创的、以选择性接触

---

① 参见刘海龙:《重访灰色地带:传播研究史的书写与记忆》,北京大学出版社 2015 年版。

理论为代表的社会学路径;其二是自耶鲁项目以来的传播与说服研究,这类研究以心理学的视角探究说服中的个体认知。随着实证研究方法和工具的不断精细化,这两类研究逐渐融合,并形成了越来越复杂的媒介效果心理机制模型。近年来,认知神经科学的发展和脑电技术在实验中的应用进一步推动了新闻传播效果研究的创新,瞬间效果研究开始逐渐兴起。

(一) 媒介的选择性接触

选择性接触是受众媒介使用过程中的必要环节,这一心理机制是其他媒介效果产生的前提。选择性接触假说最初是由拉扎斯菲尔德在伊里调查中正式提出的。1940年美国总统选举期间,拉扎斯菲尔德等人在俄亥俄州伊里县就选民投票的决策过程进行研究,该研究的成果《人民的选择:选民如何在总统选战中做决定》(The People's Choice: How the Volter Makes up His Mind in a Presidential Campaign)于1944年出版。研究者根据选民的经济地位、宗教信仰、居住地等社会属性编制了政治既有倾向指数(Index of Political Predisposition, IPP),并证明该指数可以预测选民的投票意向,而竞选宣传很难改变选民的投票意向。这项研究还表明,大众媒体的宣传主要是强化选民的既有倾向,而选民的信息接触通常是有选择性的,多数选民倾向于只接触与自己的既有倾向一致的信息,同时,越是倾向性明显的选民,越倾向于接触更多的宣传信息。

选择性接触体现出了受众的主动性以及受众之间的差异性,后来的研究从"横纵"两方面进行了更深入的讨论。从横向上看,在接触大众媒介的过程中,受众之间往往展现出较大差异,这些差异包括需求差异、回应差异、特征差异等。[①] 第一,根据使用与满足理论,受众的媒介使用行为与动机和需求相关,不同受众期待从媒介中获取的满足有所不同,所以在媒介接触上也呈现出不同类型。第二,同样的媒介内容能够激发起受众不同的情感反应,因此对受众的影响也完全不同。第三,不同受众具有不同的个性特征,他们对相应内容的偏好、

[①] Mary Beth Oliver and K. Maja Krakowiak, "Individual Differences in Media Effects," in Jennings Bryant and Mary Beth Oliver, eds., *Media Effects: Advances in Theory and Research* (3rd edition), Routledge, 2008, pp. 517–531.

使用媒介内容的习惯以及接触内容后的反应都会有所差异。从纵向上看,在受众媒介接触过程的不同阶段,信息一直在不断地被选择。有学者依据受众近用媒介内容的具体过程,划分了信息的不同层次,如图7-1所示:

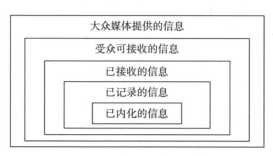

图7-1 信息的受众接触类型①

大众媒体提供的信息,只有少数能最终抵达受众并被其接收、消化,这意味着信息在产生影响之前已经经历了巨大的损耗。首先,大众媒体提供的信息所面向的通常是潜在的、没有边界的受众整体,而可接收的受众只是那些具有相应的媒介设备和基本技能的受众。其次,已被接收的信息所触及的是真正意义上的受众,这可以通过收视率、发行数据等指标来进行评估。最后,信息对受众的影响仍与其兴趣、个人利益、注意力等因素密切相关,这一过程最终影响着传播效果,而其中只有部分影响因素可以通过实证研究进行测量。②

总体上看,选择性接触相关研究通常采用的是社会学的研究视角、方法和路径,关注个体的社会属性、社会关系等因素对传播效果的影响。其中,"人民的选择"研究开辟了传播效果研究的实证主义传统,为效果研究乃至整个传播学研究奠定了重要的基础。由于该研究证明了大众传播很难改变人们的态度和行为,所以有人将其归纳为弱效果或有限效果论,但在拉扎斯菲尔德等人看来,不应该用态度是否改变来衡量媒介效果的强弱,帮助选民确认自身立场也是一种重要的功能。

---

① Roger Clausse, "The Mass Public at Grips with Mass Communications," *International Social Science Journal*, 20(4), 1968, pp. 625–643.

② 参见〔英〕丹尼斯·麦奎尔:《麦奎尔大众传播理论(第六版)》,徐佳、董璐译,清华大学出版社2019年版。

(二) 信息传播的认知过程

媒介效果的产生往往会引起人的微观心理层面的复杂变化,而对这一过程的研究同样是我们理解其他媒介效果的基础。耶鲁项目最早对传播过程中的个体认知过程进行了全面研究,许多重要的传播学理论都与其相关,如认知不协调理论和深思的可能性理论。耶鲁项目是指 20 世纪 40 年代卡尔·霍夫兰(Carl Hovland)与他在耶鲁大学的一些同事开展的关于说服效果的研究,这些研究主要采用实验法来研究大众传播对态度的影响,该研究的主要成果是 1953 年出版的《传播与说服》(*Communication and Persuasion*)一书。

耶鲁项目及其后续研究表明,说服的效果与信源的可信度、说服的具体方式以及受众的个人特征等因素密切相关,传播效果的强弱不能一概而论。第一,信源可信度会影响说服效果,但这种影响会随着时间的推移发生变化。实验证明,高可信度的信源具有更强的说服效果,但经过四周之后,其说服效果会降低,而低可信度信源的说服效果有所提升。霍夫兰等人将低可信度信源的说服效果出现延迟的现象称为休眠效果,是指低可信度信源的影响往往在后面才逐渐凸显。这一现象出现的原因可能是人脑会很快忘记关于信源的信息,而信息的影响却仍然存在,后来的研究者将这一解释称为分离假说。第二,说服方式主要是指对论据的选取以及组织方式,例如恐惧诉求、一面/两面提示、诉诸理性/感性等。以一面/两面提示的相关研究为例,霍夫兰等人在实验中发现,只向说服者提供有利的论据(一面提示)或者同时给出两种相对立的论据(两面提示)都具有良好的说服效果,亚瑟·拉姆斯丁(Arthur Lumsdaine)和厄文·贾尼斯(Irving Janis)的后续研究进一步发现,由于两面提示的说服具有"免疫效果",当人们提前接触到相反论据以后,会对相反观点的宣传具有更强的抵抗能力。第三,受众的个人特征包括其受教育水平、社会群体归属、参与意愿等,也有研究表明个体的共情特征、攻击性、自尊心等方面的差异也会导致说服效果的变化。

随着说服研究的不断发展和演变,学界对认知过程的认识也变得越来越丰富,研究者加入了更多变量来描述认知过程。例如,早期研究往往密切关注传播对人的态度和行为的影响,但后来的研究发现了传播对人的认知(cognition)、意图(intention)等方面产生的效果,并通过接受(acceptance)、顺从(yielding)、影响(impact)等层次来进一步描述这些效果的发生过程。①

除了变量的扩充之外,认知不协调、深思可能性等理论框架进一步提升了认知过程研究的系统性和应用价值,拓展了传播效果研究的可能性。

利昂·费斯廷格(Leon Festinger)提出的认知不协调理论主要有两个基本假设。第一,认知的不协调会引起某种心理上的不适感,人们会试图改变想法来减少不协调;第二,当存在不协调时,人们除了尝试减少不协调以外,还会尽量避免增加认知不协调的情况和信息。② 认知不协调的状态,指的是人们的想法相互矛盾、相互冲突。例如,费斯廷格等人曾经做过一个"1美元"实验,实验内容是让一些学生完成一项枯燥的工作,并要求他们向别人宣传这项工作很有趣,学生会因此得到1美元或20美元的报酬。实验发现,获得1美元报酬的学生对这项工作的评价更偏向正面。根据认知不协调理论,如果得到1美元的学生认为自己为了很少的钱而撒谎,内心会处于不协调状态,于是他们会说服自己这项工作的确很有趣,他们并没有说谎,以此实现认知的协调。相比之下,得到20美元的学生可以承认自己是因为高额的报酬而说谎,并处于认知协调的状态。对于这一现象,也有学者用自我知觉理论来予以解释。自我知觉理论是指人们通常并不知道自己的真实想法,所以他们会在事后通过观察自己的行为来猜测、确认自己的看法。根据这一理论,拿了1美元的学生觉得自己不会因为1美元而说谎,所以他们猜测任务本身是很有趣的。无论哪种机制都表明,人们的行为并不必然是由某种看法或态度引发的,行为本身也可以改变人们的态度和看法。

深思的可能性理论讨论的是人们的决策过程,主要强调卷入度(involvement)对信息处理方式的影响。当卷入度较高时,人们倾向于采用中心路径来处理信

---

① Martin Fishbein and Icek Ajzen, "Acceptance, Yielding, and Impact: Cognitive Processes in Persuasion," in Richard E. Petty, Thomas M. Ostrom and Timothy Brock, eds., *Cognitive Responses in Persuasion*, Lawrence Erlbaum Associates Inc., 1981, pp. 339-359.

② Leon Festinger, *A Theory of Cognitive Dissonance*, Stanford University Press, 1957.

息;当卷入度较低时,人们则会采取边缘路径。其中,中心路径是指采取仔细推敲、深思熟虑的方式来处理信息;边缘路径则是指不仔细考察信息的具体内容,依据一些表面线索直接做出判断;卷入度是指对某种事物的投入程度,衡量的是信息与受众在兴趣、利益等方面的相关性。[①] 这一理论表明,当人们处理与自身密切相关的信息时,深思的可能性更大,会更理性地进行决策;如果信息与自己的相关性较弱,人们则更容易以非理性的方式进行决策。

认知过程研究以认知心理学的视角来讨论媒介效果,研究视角通常比较微观,在研究方法上尤其侧重实验法,总体上具有较强的应用性。例如,耶鲁项目关注的是媒体宣传如何改变人们的态度和行为,深思的可能性研究的出发点则是广告的呈现方式如何影响人们的购买行为。

总之,媒介效果的产生涉及大量复杂的心理过程,因而大众传播效果的强弱、表现形式和影响范围都不能一概而论。随着研究工具和方法的不断发展,对媒介效果心理机制的理解也越来越丰富,例如,瞬间效果研究作为传播学研究的一种新发展方向,为效果研究带来了很多新鲜的启发。

案例:瞬间效果研究

瞬间效果即受众受到信息刺激时的即时反应,这一传播效果研究的新课题与传播学对认知神经科学研究工具的引入密切相关。传播效果研究总是与人脑的信息加工处理有关,但过去由于研究工具的限制,传播效果研究关注的一般是中期和长期的效果。通过借鉴认知神经科学的新研究工具,传播学可以进一步探求人脑对信息的瞬间加工机制。

1. 瞬间效果研究的基本框架

第一,传播渠道研究。借助认知神经科学对人们的视听认知的研究,传播学可以进一步探讨人在多媒体环境中的注意力变化,进而更准确地认识传播效果。

[①] Richard E. Petty, John T. Cacioppo and David Schumann, "Central and Peripheral Routes to Advertising Effectiveness: The Moderating Role of Involvement," *Journal of Consumer Research*, 10(2), 1983, pp. 135-146.

第二,传播内容研究。新媒体环境下的传播内容往往是由图像、声音和文字组合而成的,神经科学、心理学等已经对这些要素进行了广泛探讨,这对于传播效果研究具有很强的借鉴价值。

第三,传播对象研究。在过去的研究中,我们只能通过观察受众或受众自我报告等方式来理解受众的行为,而现在可以通过脑电信号来直观而可靠地表现媒介对受众的具体影响。

第四,传播者研究。借助神经科学的研究手段,研究者可以进一步讨论传播者给受众留下的第一印象、刻板印象以及瞬时效果,以及由此形成的中长期记忆与影响。

2. 瞬间效果研究的切入点

第一,媒介中的群体与个体形象建构。已有研究已经表明,人们的信息加工过程与对他人社会特征的分类密切相关,瞬间效果研究可以更细致地识别人们进行人群划分时的脑加工机制。

第二,暴力与性等特殊传播内容。互联网改变了暴力与性等内容的生产和传播方式,而通过瞬间效果研究可以进一步理解这些内容对公众的认知、参与形式和行为举动的具体影响。

第三,媒介体验中的情感。情绪的产生不是自发的,它与内部或外在的刺激有关。情绪比一般的认知活动更复杂,神经科学可以更精确地探究情绪变化过程中的脑内活动。

第四,广告与营销效果。传播学一直关注政治领袖竞选广告和商业广告的传播效果,认知神经科学对这些研究同样具有参照意义。

第五,不同语境下传播效果的比较研究。瞬间效果研究可以推进我们对跨国、跨文化语境下的传播效果的认识,从而推动国际传播的发展、内容传播的本土化实践等。

3. 瞬间效果研究的意义与局限

瞬间效果研究不仅可以对既有效果理论进行验证或修正,还将对媒介效果研究进行系统性整合,从而构造出"瞬间效果—中期效果—长期效果"的逻辑框架,也可能带来效果理论的创新和突破性发展。

> 但是,瞬间效果研究也有诸多局限性。首先,由于认知神经科学的方法和工具本身也处在发展的过程中,所以目前的研究结论也会存在争议甚至矛盾。其次,神经科学仍然依赖实验法进行研究,实验环境中可以对变量进行精确的控制,但现实环境是复杂的,实验中得出的结论可能与现实存在很多差异。再次,瞬间效果研究对设备、环境、操作方式等方面的要求很高,需要巨大的成本消耗。最后,对微观、瞬时的信息加工的研究可以为中长期传播效果提供一些新证据、新视角,但不能解释其背后的具体原因。①

二、第三人效果

第三人效果(third-person effect)讨论的是大众对媒介影响程度的认知偏差,即错误地估计媒介内容对他人的影响,这一理论也同时关注这种认知偏差所引发的行为后果。第三人效果理论经过了约四十年的发展,已经取得了非常丰富的研究成果,并发展成传播效果研究中最重要的理论取向之一。在过去的研究中,关于第三人效果产生的原因和第三人效果影响因素的讨论最为丰富,而随着新媒介技术的发展以及传播环境的系统性变革,学者们对社交媒体情境下的第三人效果、不同题材内容下的第三人效果等问题进行了更为深入的讨论。

(一) 理论背景和假设

菲利普斯·戴维森(W. Phillips Davison)发现,大众在评估传播的效果时会认为最显著的影响并不发生在"我"或"你"身上,而是发生在"他们"身上,他将这一现象概括为第三人效果。② 第三人效果关注的不是媒介内容对人们的信念有何种影响,而是关注人们对媒介影响本身的信念,以及这些信念如何进一步

---

① 喻国明、欧亚、李彪:《瞬间效果:传播效果研究的新课题——基于认知神经科学的范式创新》,《现代传播(中国传媒大学学报)》2011年第3期。

② W. Phillips Davison, "The Third-Person Effect in Communication," *Public Opinion Quarterly*, 47(1), 1983, pp. 1–15.

影响人们的行动。① 第三人效果的假设涉及三个基本概念,即媒介内容对自身影响的认知、对他人影响的认知,以及二者之间的差距。如果认为对他人的影响大于对自身的影响,就是第三人效果;反之,如果认为对自身的影响大于对他人的影响,则被称为反转的第三人效果(reversed third-person effect)或第一人效果(first-person effect)。

第三人效果研究涉及认知和行为两个层面,其中大多数研究从认知层面展开。认知层面的偏差是引发后续行为的基础,第三人效果影响下的行为通常是某种保护性活动。例如,菲利普斯·戴维森在最初关于第三人效果的研究中提到了一个发生在第二次世界大战中的故事。在一场日美军队之间的战争中,日军发现美军由白人军官与黑人士兵组成,于是便向美军空投传单,声称黑人士兵不必为了白人而战。传单对黑人士兵并没有产生太大影响,但却使白人军官决定撤军,因为他们担心士兵会因这些传单而叛逃。这个案例中,白人军官的撤军决定就是一种保护性行为。有学者进一步将第三人效果影响下的行为概括为"纠正性行为",并将其划分为"限制性行为""改善性行为"和"倡导性行为"三类。②

(二)第三人效果的心理机制

理查德·佩洛夫(Richard Perloff)将第三人效果的心理机制概括为九种,分别是自我强化、控制需求、投射、归因、注意焦点、媒介图式、感知的媒介暴露、自我归类和缺乏自我意识的认知③。

第一类机制主要与自我维护有关,包括自我强化和控制需求。第一,自我强化是对第三人效果心理机制的最常见的解释方式,当一个人承认自己受到媒

---

① Richard M. Perloff, "Mass Media, Social Perception, and the Third-Person Effect," in Jennings Bryant and Mary Beth Oliver, eds., *Media Effects: Advances in Theory and Research* (3rd edition), Routledge, 2009, pp. 268-284.

② Sun Ye, Pan Zhongdang and Shen Lijiang, "Understanding the Third-Person Perception: Evidence from a Meta-Analysis," *Journal of Communication*, 58(2), 2008, pp. 280-300.

③ Richard M. Perloff, "Mass Media, Social Perception, and the Third-Person Effect," in Jennings Bryant and Mary Beth Oliver, eds., *Media Effects: Advances in Theory and Research* (3rd edition), Routledge, 2009, pp. 268-284.

体的影响时,在一定程度上相当于承认自己容易受到媒体的欺骗。此时,如果假设自己不受大众传播的影响,而其他人更容易受到影响,人们就可以维持一种更为积极的自我意识,并保持自己比别人更优越的信念。第二,控制需求是指人们想要寻求某种相对于大众媒体的主动性。由于媒介影响在一定程度上会使个人处于被动的接受状态,所以当假设自我不受大众媒体的影响时,人们便可以在媒体主导的世界中更有控制感地生活。

第二类机制主要与认知特点有关,包括投射、媒介图式和缺乏自我意识的认知。第一,投射是一种心理动力学过程,即将个人的感受赋予其他人。根据投射理论,第三人效果的产生是因为人们事实上已经受到了媒介的影响,但是承认这种影响会对自我的价值感产生威胁,出于防御心理,人们将实际的感受投射到他人身上。第二,图式(schemas)也被译为基模或认知基模,指看待事物的某种固有模式。媒介图式是指看待媒介的固定模式,这里主要指魔弹论,因为人们被要求评估媒体效果时,自然地也激活了这一图式,所以往往会高估媒介的影响。第三,缺乏自我意识的认知是指人们并不清楚自己真正的想法和判断过程,在判断媒介对他人的影响时往往下意识地依据某种原型,而判断对自身的影响时则依靠直觉,所以便产生了第三人效果。

第三类机制主要与对外群体缺乏了解有关,包括归因、注意焦点、感知的媒介暴露和自我归类。第一,归因理论指出,人们倾向于通过情境因素来解释自身的行为,而在解释他人行为时则往往考虑的是人格、性格因素。当评估媒介影响时,涉及自己人们可以考虑到外部因素,但却认为他人的性格缺陷使他们更容易被媒介内容所影响。第二,人们在判断媒介对自身和他人的影响时有不同的注意焦点,人们能关注到自己的性格以及自身抵抗有害媒体内容的努力,但却缺乏对他人的认识,因此无法做出准确判断。第三,人们倾向于认为他人长期暴露于媒介内容之下,因此会受到更大影响。第四,自我归类是指人们会有意识地区分自身的群体和他者的群体,并认为媒介的影响在群体内的影响相对一致,媒介对其他群体的影响则与"我们"不同。

(三) 第三人效果的影响因素

影响第三人效果强度的因素有很多,在现有的研究成果中,这些因素主要涉及讯息的性质、社会距离和个体差异等层面。

第一,讯息的性质。首先,通常在面对负面讯息时更容易产生第三人效果,面对正面讯息时则容易产生第一人效果。在"自我强化"的心理之下,人们往往倾向于认为负面信息对别人的影响更大,而正面信息对自己的影响更大。其次,讯息的需要性会影响第三人效果的强弱。需要性衡量的是媒介内容与个人的关联程度,符合个人、社会利益或接近人们既有态度的讯息具有更高的需要性。[①] 需要性较低的讯息容易导致第三人效果,而面对符合既有态度或对自己更有利的讯息时,更容易产生第一人效果。最后,讯息的可信性也会影响第三人效果的产生。低可信度、宣传类的信息更容易激发人们对自身判断力或独特性的夸大心理,从而导致第三人效果。

第二,社会距离。社会距离指人们感觉到的自己与他人之间的距离,用以衡量个体与社会联系的密切程度。社会距离主要通过自己与他人之间的相似性或差异性来衡量,人们之间的相似性越大、差异性越小,社会距离越近。例如,在同一社会群体、圈子的内部,人们相互之间的社会距离一般比较小。社会距离会影响第三人效果的强度,人们一般会认为媒介内容对与自己类似的人影响比较小,而对与自己距离较远的人影响较大。从第三人效果的基本含义来看,第二人称的"你/你们"指代的恰恰是那些社会距离较近的人,而第三人称的"他/他们"指的则是社会距离较远的人。

第三,个体差异。不同个体对媒介内容的认知方式有所差异,也会导致第三人效果的强度有所不同。有大量研究认为,年龄、受教育程度、预存立场等个人因素都会影响第三人效果的强度。其中,年龄越大、受教育程度越高的人越容易出现第三人效果,因为他们往往认为自身在判断大众媒介内容时更具有优势。而当媒介讯息与个体既有的立场不一致时,人们也往往容易高估媒介内容的影响力,例如有研究发现,持有不同立场的人在看完中立报道后,都倾向于认

---

① Richard M. Perloff, "Mass Media, Social Perception, and the Third-Person Effect," in Jennings Bryant and Mary Beth Oliver, eds., *Media Effects: Advances in Theory and Research* (3rd edition), Routledge, 2009, pp. 268-284.

为报道内容在偏袒对方。①

目前,第三人效果已经在广告、新闻、电影等不同媒介的内容中得到了研究。第三人效果研究常常与政治传播、广告、暴力敏感内容以及健康传播等相结合,其研究发现和结论一直在不断扩充。此外,以往第三人效果主要以心理学为主导,分析各种心理因素对效果认知的影响,而随着社交媒体的发展,社会网络对媒介效果的影响变得越来越显著,一些学者也逐渐开始关注社会学视野中的第三人效果。②

三、沉默的螺旋

沉默的螺旋(spiral of silence)理论讨论了人们对民意的认知偏差。这一理论由德国学者伊丽莎白·诺尔-诺依曼(Elisabeth Noelle-Neumann)提出,主要是指在公开表达的意见中,一方的声音会越来越大,而另一方的声音则逐渐减弱甚至消失,双方的意见消长呈现出螺旋状的变化。沉默的螺旋理论的假设围绕孤立恐惧、意见气候、民意等概念展开,强调了大众传播对判断他人意见、公开表达意见等过程的影响。沉默的螺旋理论与多元无知理论关注的是类似的问题,多元无知理论主要讨论人们对他人意见的预估受到哪些因素的影响,即人们对意见气候的感知。随着互联网的发展,学者对沉默的螺旋是否依然存在、其表现形式是否发生了变化等问题进行了进一步的讨论,虽然这些研究得出的结论并不统一,但大都肯定了沉默的螺旋理论对互联网中的意见表达研究的启发价值。

(一) 理论背景和基本假设

在1965年联邦德国议会选举的民意调查中,社会民主党与基督教民主党/基督教社会党联盟的支持率在几个月的时间内一直处于不相上下的胶着状态,

---

① Richard M. Perloff, "Ego-Involvement and the Third-Person Effect of Televised News Coverage," *Communication Research*, 16(2), 1989, pp. 236-262.
② 陈志贤:《家庭权力关系中的第三人效果:数位家庭人我影响评估的性别差异与支持行为分析》,《新闻学研究》2015年第124期。

但在最后投票时,两党之间的差距却骤然拉开。诺尔-诺依曼对这一现象进行了研究,发现虽然民众对两党的支持率一直相持不下,但人们预估的胜利方却明显倾斜于一方,也就是说,认为基督教民主党/基督教社会党联盟会获胜的比例远远高于该党的支持率。诺尔-诺依曼认为,这一现象根源于人们的孤立恐惧心理,即当人们发现一种声音占据优势时,其支持者敢于发表更多意见,但另一方的声音则逐渐减弱甚至消失,最终导致公开表达出的意见与人们的实际想法有很大差距。

沉默的螺旋理论的假设主要包括三个方面。第一,孤立恐惧。人们普遍能感受到孤立恐惧,即害怕自己的意见与主流意见不一致、担心被群体所孤立和排斥。第二,意见气候和准统计感官。人们会不断估计大多数人的观点,这种能够被察觉到的、公开表达的意见被称为意见气候,人们通过某种准统计感官来估量意见气候。亲身经历、人际传播和大众传播都会影响人们对意见气候的感知,而大众媒体的影响通常是最大的。第三,孤立恐惧和意见气候会影响意见的表达。在孤立恐惧动机的影响下,感知到意见气候的人们的表达会屈从于主流意见,从而造成沉默的螺旋。

虽然人们普遍会受到孤立恐惧的影响,但诺尔-诺依曼在研究中也发现并非所有少数意见的表达都会被压制,她将这些少数意见的坚持者称为中坚分子(the hard core)。当个人可以感受到参照群体的有力支持时,他们往往更容易坚持自己的意见,从而成为中坚分子。

(二)舆论观与多元无知理论

沉默的螺旋理论阐释的是大众媒介对意见表达的影响,诺尔-诺依曼认为舆论是人们敢于公开表达的意见,她将舆论比喻成"社会的皮肤"。在有关舆论的研究中,除了探讨舆论的形成过程、影响因素、作用、表现形式等,还有一个重要的话题就是大众眼中的舆论,即大众对他人态度、观点或立场的认知与判断。沉默的螺旋理论尤其关注人们对舆论的判断,即人们是否能准确认知他人的意见、能否准确判断意见气候。这一理论表明,大众对意见气候的认识实际上是有偏差的,多元无知理论讨论的正是这种认知偏差,并试图阐释这一偏差形成的原因以及它对行为的影响。

多元无知理论的主要假设是,人们对他人的意见、态度、观点等方面的认知和判断通常是不准确的。例如,大众有可能不赞同某种观点,但却误以为这种观点被大多数人赞同,基于这一认知,人们会顺从这种观点。多元无知是一种广泛存在的社会现象,造成这一现象的原因有很多,包括个人的认知局限、看待他人时的保守偏见、自我否认投射以及个人立场等。[①] 多元无知的形成与媒体密切相关,通常情况下,人们会对媒体形成某种相对稳定的印象,并依据媒体报道来推测主流意见。因此,多元无知现象会受到敌意媒介理论的影响。

(三) 理论的变革与发展

沉默的螺旋理论诞生于传统大众媒介的时代,互联网出现后,沉默的螺旋理论的适用性遭到了怀疑。总体上看,沉默的螺旋理论在互联网环境下仍然具有很强的启发性,但其具体表现形式发生了很多变化。一方面,沉默的螺旋理论的一些基本假设在互联网时代仍然成立。其一,作为一种普遍的心理机制,孤立恐惧在互联网中依然存在;其二,虽然互联网提供了更丰富的意见表达渠道,但不同意见的传播能力具有显著差异,传统媒体对意见气候的影响依然比较显著。另一方面,互联网中,意见表达的形式、了解他人意见的方式都发生了变化,沉默的螺旋理论的表现形式也发生了变化。随着互联网的发展,网络空间与现实不断走向融合,沉默的螺旋机制与网络空间以及现实的舆论机制存在着复杂的互动[②],而这一具体互动机制仍然有待于研究者进一步探索。

新媒体环境下,也有一部分学者认为网络空间中出现了一种"反沉默的螺旋"现象,即弱势意见非但不会被压制,反而比主流意见有更强的生命力。总体上看,"反沉默的螺旋"主要是对不同意见此消彼长现象的概括,关于其背后的生成机制、适用范围及其与沉默的螺旋现象的关联等问题的讨论并不充分。这

---

① 李森、罗文辉:《民意和多元无知理论》,载魏然、周树华、罗文辉:《媒介效果与社会变迁》,中国人民大学出版社 2016 年版,第 128—140 页。
② 刘海龙:《沉默的螺旋是否会在互联网上消失》,《国际新闻界》2001 年第 5 期。

表明在新媒介环境下,我们仍然有必要对沉默的螺旋理论的概念和假设进行系统审视,进而立足于多元无知理论和孤立恐惧、意见气候、公开表达的意见等基本概念来促进对互联网环境下的意见生态的理解。

四、敌意媒介理论

敌意媒介理论讨论的是受众对媒介内容的认知偏差。敌意媒介理论强调的是,人们对媒介的看法并不客观,面对比较中立、均衡的新闻报道,持对立观点的受众双方都会认为该报道对自己不利、对自己存在敌意。1985年,美国传播学者罗伯特·瓦伦(Robert Vallone)、莱斯·罗斯(Less Ross)和马克·勒普(Mark Lepper)正式提出了敌意媒介理论。在研究中,他们按照人们的既有立场将被试分为亲阿拉伯和亲以色列两组,并将一段关于1982年贝鲁特大屠杀的平衡、客观的电视报道播放给他们,结果显示这两组都认为这一报道对己方存在敌意。后来,不断有研究者对这一现象进行验证,这些研究表明敌意媒介效果是普遍存在的。

(一)敌意媒介效果的影响因素

在早期的研究中,学者们普遍验证的是立场偏激的受众对中立报道的认知偏差。2000年后,越来越多的研究开始讨论普通受众对具有一定偏向性的媒体报道的看法,结果发现敌意媒介效果仍然存在。现实生活中,具有一定偏向的报道和立场相对温和的受众占大多数,因此,这一阶段的研究扩大了敌意媒介理论的适用范围和应用价值,也扩充了人们对受众的媒介认知偏见问题的理解。

虽然在立场相对温和的受众中也会产生敌意媒介效应,但他们对媒介敌意的感知程度低于立场偏激的受众,这表明敌意媒介效果的强弱会受到某些因素的影响。已有研究表明,受众的涉入度和对媒体的先入之见会影响受众的敌意媒介感知。

受众的涉入度是影响媒介敌意感知的首要因素。受众涉入度包括立场强度和群体归属感等方面。受众的立场越偏激,涉入度越高,同样,对群体的归属感较强的受众也会有较高的涉入度。换言之,人们越是发自内心地关心某件事,敌意媒介效果就越强。例如,持有强烈党派立场或自我中心意识很强的人都会产生很强的敌意媒介感知,这表明敌意媒介效应可能具有一定的自我防御性质,它往往在人们的自我认知和自我价值受到挑战时出现。①

受众的先入之见主要包括两方面,即受众对媒体立场的刻板印象和受众对媒体到达度的想象。其一,受众对媒体的立场往往有先入为主的判断,他们会依据这一刻板印象快速地判断媒体报道的敌意程度。其二,受众对媒体的到达度或影响力的判断也会影响媒介敌意感知。媒体的影响力越大,人们对其潜在负面影响的担忧就越多,所以更容易产生敌意媒介效应。

(二) 敌意媒介效果的形成机制

敌意媒介效果是在受众的主观偏见之上产生的,学界对其具体的产生机制有很多种不同的解释,目前被广泛接受的解释框架主要是信息处理理论、铺垫效果理论和社会身份理论。②

第一,受众在信息处理过程中,会对信息进行选择性的记忆、解释或判断。首先,在接触到新闻报道时,受众会有意识地记住与己方相关的负面信息,而忽视那些关于对方的负面信息。其次,在对信息进行解释和归类时,倾向性强的受众往往会将多数信息解释为对另一方有利。最后,受众对报道的重点有不同的判断,在自身立场的影响下,受众会认为新闻报道并不符合自己心目中的理想方式,从而产生敌意媒介效应。

第二,铺垫效果是指在信息处理的过程中,人们往往会优先调用那些最常用或最近接触到的信息。根据铺垫效果理论,人们在接触到新闻报道时,对媒体的刻板印象相较于报道的具体内容而言具有更高的显著性,所以会被优先调用,从而影响人们后续对信息的判断。

第三,敌意媒介效果的产生也可能与人们的社会身份属性有关。具有特定

---

① 〔美〕马克·莱珀、魏然:《敌意媒体效应:一位理论创建者的回望与展望》,《传播与社会学刊》2016年第38期。

② 周树华、闫岩:《敌意媒体理论:媒体偏见的主观感知研究》,《传播与社会学刊》2012年第22期。

群体归属的个体常常会对所属群体抱有很高的期待,而这种期待往往超出了事实,所以客观报道也会被认为是怀有敌意的。①

(三) 敌意媒介理论的发展

随着新媒体的发展,研究者进一步对不同议题、不同媒介类型下的敌意媒介效应进行了研究,也有研究聚焦于敌意媒介效应可能导致的行为及情绪后果等问题。总体上看,这些研究大多为比较微观的实证研究,主要验证了不同情境下媒介敌意效果的具体特征。例如,有学者从医患冲突的角度讨论了医护和患者群体的相对敌意媒体感知,发现双方都存在显著的相对敌意媒介效应,而这又会进一步影响他们对医患关系相关舆论的感知。②

随着研究的不断深入,敌意媒介理论如今已经成为媒介效果研究的主流理论之一,但与此同时,传播环境的系统性改变也对敌意媒介理论的基本假设构成了一定程度的冲击。一方面,传播者与受众的关系发生了一定程度的变化,随着受众越来越多地参与媒介内容生产的过程,媒体偏见的主体与对象之间的界限也不再清晰。另一方面,互联网为不同意见的表达提供了更为便捷的渠道,也加剧了意见表达的极端化趋势,人们对新闻报道的看法往往也是在意见互动的过程中形成的。

第三节 信息环境效果

新闻业自诞生以来就肩负着环境守望的功能,大众传播的信息环境效果与其环境监测功能密切相关。然而,大众媒体对环境的监测并不意味着媒体塑造的信息环境是对社会现实的准确再现,与大众传播会在社会心理层面塑造的认知偏见相类似,大众传播创造的信息环境同样也是有偏差的。在某种程度上,

---

① Scott A. Reid, "A Self-Categorization Explanation for the Hostile Media Effect," *Journal of Communication*, 62(3), 2012, pp. 381-399.
② 孙少晶、张岩松:《医患冲突语境中的相对敌意媒体效果研究》,《全球传媒学刊》2022 年第 3 期。

正是由于媒体对现实的再现是有偏差的,大众传播的效果才真正地凸显出来。议程设置、框架理论和培养理论等理论通过不同方式证明,大众媒体所塑造的有偏差的信息环境深深影响着受众,并改变了人们对现实的认知。

一、议程设置

在传播效果研究乃至整个传播学范围内,议程设置(agenda setting)理论的研究成果最为丰富,并展现出经久不衰的生命力。议程设置始于 1968 年的教堂山研究,至今已经有 50 多年的历史,目前关于议程设置的研究仍在不断延续和创新,这使得议程设置成为传播学中的第一大理论。在长期的发展过程中,议程设置研究已经形成了复杂的理论体系,不同时期的不同学者分别关注着议程设置中的不同问题。马克斯韦尔·麦库姆斯(Maxwell McCombs)、唐纳德·肖(Donald Shaw)和戴维·韦弗(David Weaver)总结了议程设置研究的七个面向和两个趋势。其中,七个面向分别指议程设置的第一层,第二层,第三层,导向需求,态度、认知、行为三个层面,议程建构和议程融合;而两个趋势是指超出关注公共事务的"离心趋势"和进一步阐释议程设置理论核心概念的向心趋势。[①] 在议程设置研究的七个面向中,最新的研究成果是议程设置的第三层,即于 2011 年被提出的网络议程设置。[②]

(一) 基本假设

在议程设置理论被正式提出之前,其理论原型就早已被人们所熟知。从柏拉图著名的"洞穴寓言",到李普曼所强调的"拟态环境",再到拉扎斯菲尔德和默顿提出的大众传播的地位授予功能,都与议程设置理论有一定的相似之处。议程设置理论强调,媒体塑造着人们对现实世界的认知,而媒体反复报道的东西就会成为受众心目中所认为的最重要的东西。美国学者科恩在 1963 年谈到

---

① Maxwell E. McCombs, Donald L. Shaw and David H. Weaver, "New Directions in Agenda Setting Theory and Research," *Mass Communication and Society*, 17(6), 2014, pp. 781–802.

② Lei Guo, Hong Tien Vu and Maxwell McCombs, "An Expanded Perspective on Agenda Setting Effects: Exploring the Third Level of Agenda Aetting," *Revista de Comunicación*, 11(17), 2012, pp. 51–68.

的一句话很形象地表达出了议程设置理论的核心观点——新闻媒体可能并不能告诉人们怎么想(what to think),但却能够告诉人们想什么(what to think about)。

议程设置理论讨论的是媒体议程对公众议程的影响。议程指对多个议题(issue)的重要性排序,媒体议程即媒体对不同问题的重要性排序,一般通过报道数量来衡量;公众议程是指公众对不同问题的重要性排序。议程设置理论最初关注的是媒体议程对公众议程的影响,后来学者将这一层面的讨论称为议程设置的第一层。

议程设置理论的核心假设是媒体与公众之间的显要性(salience)转移。在议程设置的第一层中,显要性是指议程中某一问题的相对重要程度,当媒体议程影响了公众议程,那么问题的显要性也就发生了转移。媒体议程影响公众议程是通过三个阶段的研究逐步生成的。第一阶段即麦库姆斯和肖于1968年在美国北卡罗来纳州教堂山进行的第一个议程设置研究,该研究证明了媒体议程与公众议程存在相关性,并确定了议程设置研究的基本方法,即通过内容分析法得出媒体议程,通过调查法确定受众议程,进而对二者之间的相关性进行检验。在第二阶段,研究者通过不同时间点的纵贯研究证明了媒体议程向公众议程的传递。在第三阶段,有学者引入了现实世界的变量,证明了媒体议程与公众议程的相关性不是由第三方因素导致的。

(二) 属性议程设置

随着议程设置研究的深入,有学者发现媒体与公众之间的显要性转移不仅仅发生在议题上,在议题的属性(attributes)或特征(characteristics)层面同样存在显要性的转移。换言之,媒体报道对议题的不同细节、角度和内容的强调同样会引起受众对这些属性的关注。例如,很多学者在选举研究中发现,当新闻报道强调候选人的正直、善良、智慧等人格特征时,受众同样会倾向于认为这些属性是重要的。

属性层面的议程设置被称为议程设置的第二层。媒体的属性议程不仅会影响受众对相应属性的判断,还会进一步影响相应议题的显要程度。换言之,议程设置的第二层会影响第一层,这种现象被麦库姆斯称为"引人注意的论据"

(compelling arguments)。这一现象表明,某些特定的报道方式或风格可以引发更多的关注。

将议程设置的第一层和第二层结合起来,可以得出一个更完整的理论框架,如图 7-2 所示:

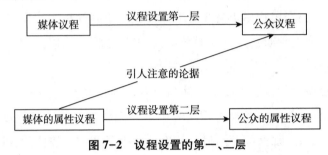

图 7-2 议程设置的第一、二层

议程设置的第二层实际上表明,媒体不仅可以影响受众"想什么",也可以影响受众"怎么想"。而且当媒体影响了受众"怎么想"时,也同时规定了受众"想什么"。

(三)导向需求

议程设置理论以一套规范化的理论框架概括了媒体对受众的影响,但它并没有解释受众的心理机制,也没有涉及议程设置在不同受众之间的差异性。导向需求(need for orientation)概念的提出进一步完善了议程设置的理论框架,它解释了议程设置的受众心理动因,并强调了议程设置效果在不同受众间的个体差异。导向需求是指人们具有了解外部世界的愿望,但往往并不知道自己应该关注什么,因而需要借助大众媒体提供的引导。

导向需求的个体差异主要受到相关性和不确定水平的影响。当媒体报道的内容与受众个人高度相关时,受众的导向需求比较低,因此不容易产生议程设置效果;反之,如果媒体报道的内容与受众的相关性较低时,受众具有更高的导向需求,议程设置效果也更容易产生。当媒体报道的事件具有较高的不确定性时,受众的导向需求也会相对较高,反之导向需求则会比较低。此外,导向需求的满足还受到媒介使用便利性的影响。当人们可以方便省力地接触到媒介议程时,导向需求更容易得到满足,也就更容易产生议程设置效果。

作为一个典型的媒介效果理论,议程设置探讨的核心是"媒介对受众做了什么",而导向需求则进一步追问受众做了什么。此外,也有一些研究将议程设置研究向媒介内容的生产端进行拓展,追问媒介议程从何而来、媒介议程之间如何相互影响等问题,从而得出了议程建构、媒体间议程设置等理论成果。总体上看,这些研究扩展了议程设置的理论边界,使议程设置成为一个极具包容性的理论,然而理论边界的拓展也意味着议程设置研究中的一部分话题已经超出了效果研究的范畴,当使用同一个理论的概念体系来回答不同层次的问题时,理论框架的阐释力度也往往会大打折扣。

(四)网络议程设置

网络议程设置即议程设置的第三层,是信息元素网络从媒体迁移到受众的过程。以往的议程设置研究将媒体报道和公众认知抽象为关于显要性的线性排列,而网络议程设置则认为媒体中的议题及相关属性是以网状结构向受众传递的。在议程设置的第三层被正式提出之前,"网络议程设置"的概念有时会被用来指互联网中的议程设置,即在互联网环境下对议程设置的第一、二层进行检验。然而,作为第三层的网络议程设置不是对既有理论框架的简单重复或修补,而是在认知网络理论视角下的一次理论改造。网络议程设置的主要研究方法为社会网络分析,研究者据此来探究媒体报道和公众认知的共现矩阵之间的相关性,并通过节点、边、中心度等层面的分析来展现网络议程设置的特点。

网络议程设置继承了议程设置的内核,也顺应了新媒体时代的信息环境变化趋势。网络议程设置关注的仍然是从媒体到受众之间的显要性转移,而被转移的对象从议题、属性变成了信息节点之间的关系。在具有社交性、参与性、多样化等特征的新媒介环境下,媒体、受众以及信息之间的互动关系变得越来越复杂,而网络化视角为这些互动关系的梳理和阐释提供了一个很好的切入角度。这种依据环境而变的理论创新展现出了议程设置理论的强大生命力和解释力,也为经典传播理论的创新发展提供了重要的参照。

二、框架理论

传播学中与框架相关的研究成果非常丰富,但框架相关的理论体系却并不清晰。一方面,框架理论涉及两个同源但含义有所差别的概念,这两个概念在中文语境下常常被混用,分别是框架(frame)和架构(framing,也有学者译为框选)。另一方面,人们使用框架的概念来研究不同的问题,有时学者分析的是新闻报道框架的形成过程,有时分析的是媒介效果,也有时分析的是人们的认知心理。总体上,框架相关的研究可以被分成两类:一种是以框架为因变量,讨论框架的形成过程,即框架的建立(frame building);另一种将框架作为自变量,讨论框架对受众的影响,即"框架效应"(framing effects)或"框架设置"(framing setting)。①

(一)背景和内涵

框架之所以成为一个理论概念,与美国社会学家戈夫曼的阐释密不可分。戈夫曼认为框架是人们依据社会经验而形成的一种认知结构,人们依靠这些框架来认知、理解生活中的事实。戈夫曼所定义的框架与心理学中图式的概念、李普曼强调的刻板印象都具有一定相似之处,但戈夫曼所使用的框架概念主要基于社会学的视角,他尤其强调社会因素对框架的影响以及框架在社会互动中的作用。框架理论还可以追溯到心理学中的"参照框架"(frames of reference)概念,参照框架为个人的判断和认知提供依据。

在新闻传播学中,框架通常指的是新闻框架,它是用来包装社会事实的固定套路,是媒体提供给受众的一套符号的诠释规则。② 新闻从业者通过框架来简化社会事实,在这一过程中,新闻报道成为一种稳定的、模式化的、具有固定倾向的叙事手段。依据不同维度或判断标准,可以对框架做出不同的分类。例如,从文本表述上进行划分,可以简单地区分出正面的表述框架和负面的表述

---

① Dietram A. Scheufele, "Framing as a Theory of Media Effects," *Journal of Communication*, 49(1), 1999, pp. 103-122.

② 潘忠党:《架构分析:一个亟需理论澄清的领域》,《传播与社会学刊》2006 年第 1 期。

框架,前者是从积极的、建设性的角度叙事,后者则是从消极的、否定式的角度叙事;也有学者从文本组织方式的角度将新闻报道分为主题式框架和片段式框架,前者是指以一个命题为中心对某类现象进行系统报道,后者是指对一个或多个具体的人或事的故事进行讲述。①

对于同一个新闻事件,媒体有时会采用完全不同的框架进行报道。框架差异通常是在文化、社会、媒体组织乃至新闻从业者个人等多个层次的影响下造成的,在不同的框架之下,人们对问题的看法、理解和反应也会呈现出相应的差别。

(二)框架的建立

框架的建立讨论的是哪些因素会影响框架的形成,学界对这一问题的回应主要包括两种思路。其一,框架的建立是一种组织性的实践,从属于新闻生产,所以讨论框架形成的因素也可以从新闻生产的角度来切入。其二,新闻框架是文化性的,框架的建立也可以从文化语境的角度来阐释。

从新闻生产的角度来看,建立框架意味着对事实的选择和再呈现,媒体通过设定框架来重构现实的图景。按照帕梅拉·休梅克和斯蒂芬·里思提出的层级模型,新闻的内容由五个层面的因素所决定,分别是社会系统(social systems)、社会机构(social institutions)、媒体组织(media organizations)、常规实践(routine practices)和个体(individuals)。② 新闻框架作为新闻内容的一个层面,同样也受到这些方面的因素影响,关于框架形成原因的阐释大都涉及这些影响因素的子集。

从文化语境的角度来看,框架的背后总是有隐秘的文化根源。③ 首先,框架

---

① Shanto Iyengar, *Is Anyone Responsible? How Television Frames Political Issues*, University of Chicago Press, 1991.
② Pamela J. Shoemaker and Stephen D. Reese, *Mediating the Message in the 21st Century: A media Sociology Perspective*, Routledge, 2013.
③ David Tewksbury and Dietram A. Scheufele, "News Framing Theory and Research," in Jennings Bryant and Mary Beth Oliver, eds., *Media effects: Advances in Theory and Research* (3rd edition), Routledge, 2009, pp. 17–33.

对事实的阐释总是依托一定的文化语境,在新闻报道的文本背后常常有一些隐去的和默会的知识、信息或含义,当受众和新闻生产者处于同样的意义空间、拥有共享的文化时,框架才是容易被理解和接受的。另一方面,新闻框架也会被文化语境所遮蔽,当新闻框架与文化背景高度契合时,新闻的生产者往往会自然而然地使用某种框架,受众也会自然而然地接受。

(三) 框架效应

媒体框架会影响受众对特定问题的看法、理解或评价,媒体框架对受众的影响被称为框架效应。框架效应表明,新闻报道可以加强受众认知中关于特定问题与某种解释之间的链接程度,如果新闻框架与受众框架相符合,那么媒体报道会体现出较强的激活作用;相较而言,如果媒体报道为受众提供了一种新的框架,受众也可能在一定程度上接受这一框架,但其链接程度会弱于前者。

框架效应的产生有两个前提条件,其一是受众对相关问题的理解是不确定的,其二是新闻文本的叙述逻辑一致。① 如果受众对某个问题的理解模棱两可,新闻文本所提供的阐释路径可以帮助受众理清思路,与此同时,新闻文本的陈述本身不能有多个框架的重叠,而且其表达要清晰、可理解。

框架效应讨论的是媒介框架所引发的受众心理反应,它综合了社会学与心理学的理论视角。框架理论没有形成统一的理论体系,但正因为框架的概念可以同时应用于媒介生产和媒介效果研究,框架分析才可以不必局限于新闻传播的某个具体环节,而是从意义生成的角度来综合看待新闻的生产和消费。

> **知识窗:属性议程设置、框架效应和铺垫效应的异同**
>
> 属性议程设置、框架效应和铺垫效应具有不同的理论背景和假设,但它们都证明了媒介可以影响人们"怎样想"。
>
> 属性议程设置与框架效应关注的是类似的问题,而且二者的理论指向也比较一致。麦库姆斯等人认为框架分析是议程设置理论的延伸,他们将框架

---

① 潘忠党:《架构分析:一个亟需理论澄清的领域》,《传播与社会学刊》2006年第1期。

分析称为"第二个层面的议程设置"。属性议程设置和框架描述的都是新闻报道的具体形式,针对同一议题,媒体可以通过多种方式进行报道,这些不同报道方式上的差异既可以体现为属性议程上的差异,也往往源于不同的报道框架。但是,属性议程并不能等同于框架。当新闻采用不同的框架时,必然会体现出属性层面的差异,但框架不仅仅是多个属性的结合,它还是一种完整、系统性的叙述结构,具有"格式塔"的特征。因此,虽然属性议程设置与框架都强调了新闻报道的形式可以影响人们对新闻事件的理解方式,但框架效应带来的影响更微妙、更具有整体性,而属性议程设置的影响则更为直观和碎片化。

议程设置和铺垫效应都与"排序"相关,前者强调的是媒体对议题或属性的重要性排序会向受众迁移,后者强调的则是媒体新近或频繁报道的内容会在受众的认知中占据更高的优先级。关于铺垫作用与议程设置理论的关联,不同学者的看法有所差异。有人认为议程设置是铺垫效果的一种表现,二者的心理机制完全相同;也有人认为铺垫作用和议程设置是两个不同的过程,铺垫效应发生在议程设置之后,影响的主要是受众怎样想而非想什么。依据后者的观点,铺垫效应和属性议程设置更为接近。铺垫效应影响的是受众的决策过程,而这一决策的主题往往与被铺垫的内容并不直接相关。以仙托·艾英戈(Shanto Iyengar)、唐纳德·金德(Donald Kinder)对美国总统选举的一项研究为例,他们发现当受众经常看到外交方面的报道时,受众在评价总统时就会优先考虑总统在外交方面的表现,[①]这就是铺垫效应的体现。由此可见,铺垫效应与议程设置的一、二层都存在一定相似之处,但这些理论的切入视角、研究的主要问题都存在差异。

---

① 参见〔美〕仙托·艾英戈、唐纳德·R. 金德:《至关重要的新闻:电视与美国民意》,刘海龙译,新华出版社 2004 年版。

三、培养理论

20世纪五六十年代后,随着电视的逐渐兴起,对于电视影响的研究也开始兴起,培养理论(cultivation theory,也被译为涵化理论)正是在这样的背景下发展起来的。1976年,美国学者乔治·格伯纳(George Gerbner)和拉里·格罗斯(Larry Gross)提出了培养理论。格伯纳认为,电视已经逐渐融入人们的日常生活,甚至出现了"和电视一起长大"的一代人。当电视融入人们的日常生活之后,往往会对人们造成潜移默化的影响。随着时间的累积,电视逐渐改变了人们对现实的感知、塑造了人们的思维方式,而这种改变通常很难被人们察觉。

(一)研究背景

培养理论指出,人们对现实的感知会受到电视的影响,收看电视越多的人,对现实的认知就越接近电视中反复出现的讯息。由于电视对现实的再现并不准确,所以收看电视程度各异的观众之间会产生认知差异,重度收看电视的观众对现实的感知会更偏向于电视。观众之间的这种认知差异被称为培养差异。培养效果就像是一种持续不断的引力,可以把受众的认知不断拉到电视一端。

在培养分析中,研究者重点探究了电视中的暴力内容对受众的影响。研究发现,重度电视观众往往更容易认为自己会在现实生活中遭遇暴力。在对电视内容的分析中,研究者发现电视中涉及暴力的频率远远高于现实生活,而这也是电视暴力被大量研究者关注的重要原因。在电视暴力内容研究中,学者们提出了多个概念来解释暴力内容与受众攻击行为之间的关联,其中包括净化、示范或社会学习、唤起、抑制解除、脱敏、铺垫和培养等。

培养分析并不是一项孤立的研究,它是文化指标(cultural indicators)项目的一个重要组成部分。文化指标是指衡量国家文化状况的一系列标准,由于电视具有普遍的文化影响力,所以成为文化指标的研究对象。文化指标研究是一项系统性的综合研究,包括制度分析、讯息系统分析和培养分析三个部分。第一,制度分析是对大众传播过程中的体制性因素的分析,主要研究的是大众媒介内容生产的程序以及面临的限制条件。第二,讯息系统分析是对大众传播内容倾向性的分析,主要研究的是大众媒介的符号体系所揭示的内容、事实以及价值倾向。第三,培养分析是对讯息系统倾向性的社会后果的分析,主要研究的是电视接触量不同的人分别会形成怎样的现实观、社会观或价值观。

基于以上三个层次的研究,培养分析的目标不仅是简单地概括电视的影响,还要讨论电视主导的文化环境对人们的影响,这是一种对宏观社会文化的批判性反思。

(二) 培养理论的特点

培养理论是一个"非典型"的效果理论,它的研究路径与其他媒介效果研究有很多差异。具体来讲,培养理论具有以下三个方面的特点:

第一,独特的分析视角。首先,主流媒介效果理论往往通过特定个体的认知、态度或行为的改变来判定媒介效果,而培养分析在很大程度上突破了这一思路,将媒介效果转化为了媒介使用频率不同的个体之间的认知差异。其次,效果研究通常以受众的选择性接触为基础,注重不同受众媒介接触行为的多样性和复杂性;而培养理论则强调受众的"全面沉浸",注重媒介接触行为的共同点和一致性。① 最后,大多数效果研究讨论的是新闻对受众的影响,而培养分析针对的主要是虚构性内容,在培养分析中,电视新闻与电视剧都是关于世界的叙事,二者没有本质区别。

第二,浓厚的批判色彩。根据培养理论,电视为人们提供了一个危险而邪恶的世界图景,被电视培养的人因此对现实世界充满了不安和疑虑。通过文化指标中的制度分析,格伯纳进一步找到了这种邪恶世界的体制性根源。在现有的媒介体制之下,电视实际上被赋予了社会控制的功能,而大众往往毫不知情地暴露在控制者的培养之中。培养分析虽然是一种效果理论,但它却暗含着对美国媒介体制的批判。

第三,开放性的论证方式。培养理论采用了比较微观的实证研究方法,但

---

① Michael Morgan, James Shanahan and Nancy Signorielli, "Growing up with Television: Cultivation Processes," in Jennings Bryant and Mary Beth Oliver, eds., *Media Effects: Advances in Theory and Research* (3d edition), Routledge, 2009, pp. 34-49.

它得出的理论框架则相对宏观。同时,针对电视的培养效果,该理论不仅仅局限于事实层面,也涉及价值观、意识形态等层面。正因如此,培养分析经常因为研究方法不够"科学"而被其他学者批评。格伯纳用"批判的自由—多元主义"(critical liberal-pluralism)来形容培养分析,这体现出该理论始终处在微观与宏观、实证主义和批判理论的拉扯之中。

(三) 理论的发展和创新

主流化研究是培养分析的一个重要转向,它在20世纪80年代后逐渐发展成为培养分析的研究重心。主流化是指大量的电视观看可能会吸收或覆盖其他因素所带来的影响,从而使不同群体的观点和行为上的差异逐渐消失。人们对现实的感知会受到多种因素的影响,但相较于大量观看电视的影响而言,这些因素属于"支流",它们只能在主流的基础上发挥影响。主流化的过程将会导致一个"平均世界",电视就像一个"熔炉",将人们对世界的认知统一成电视所提供的版本。格伯纳将主流化的控制过程概括为"3B",即模糊(blurring)、混同(blending)和屈服(bending)。电视使得政治、经济、社会、文化等层面的差异变得模糊,从而使人们的态度趋向于电视,与电视相混同,最终人们会屈服于电视所服务的体制。

除了主流化之外,也有一些学者从培养分析的角度进一步开展了实证研究,主要研究了电视对犯罪、健康以及政治等方面的影响,这些研究的结论进一步支持了培养效果。例如,一项关于电视与犯罪的研究表明,关注电视新闻的人更倾向于认为青少年犯罪正在增加;接触电视新闻越多,就越容易高估因暴力犯罪受刑的青少年的数量。[①]

随着互联网的发展,电视的影响正在逐步减弱,人们对电视节目的观看也开始趋向碎片化和个性化。在这一背景下,培养理论得以成立的前提条件已经被改变,"和电视一起长大"逐渐演变为"和手机/互联网一起长大"。培养理论的价值并不会随着时代背景的改变而彻底消失,然而,只有不断通过新研究来

---

① Robert Goidel, Craig Freeman and Steven Procopio, "The Impact of Television on Perceptions of Juvenile Crime," *Journal of Broadcasting and Electronic Media*, 50(1), 2006, pp. 119-139.

推动阐释框架的革新和理论体系的完善,才能激发出培养理论的核心价值,否则它只能是传播理论史上的一座空有观赏价值的里程碑。

第四节 知识扩散效果

大多数媒介效果理论都将媒介视为信息的载体,讨论信息接触造成的心理影响或社会影响。在媒介效果研究中,也有一部分研究将新闻传播理解为知识学习或社会化的过程,这些理论可以被称为知识扩散效果。传播学关于媒介与知识传承的关系问题存在两种典型的看法。第一种观点认为媒介在此方面造成的影响是负面的,青少年通过媒介学习到的往往是暴力行为,媒介暴力研究正是基于这种看法而兴起的;第二种观点认为,媒介中包含着与个人发展和政治参与相关的必要知识,而媒介接触的差异可能造成群体之间的知识差距。关于媒介暴力的影响问题,我们在培养理论中已经做过简单介绍,本节主要就第二种观点进行阐释,具体包括媒介与社会学习、知沟假说和知识的传播路径三个方面。

一、媒介与社会学习

媒介知识扩散效果的产生同时也是人们通过媒介进行学习的过程,因此它首先与人的学习行为有关。关于人们的学习行为及模式,学界主要有两种理论,分别为操作学习理论和社会学习理论。操作学习理论是一种"刺激—反应"模式,这种理论认为新行为是人们在特定的刺激下习得的,而通过执行这种新行为,人们还会获得进一步的奖赏或惩罚,从而强化或抑制这一行为。[1] 操作学习理论将人们的学习行为理解为一种受环境支配的被动式反应,相较而言,社会学习理论则更强调个体主动进行学习的过程。社会学习理论是基于阿尔伯

---

[1] 参见〔美〕斯坦利·巴兰、丹尼斯·戴维斯:《大众传播理论:基础、争鸣与未来》,曹书乐译,清华大学出版社2014年版。

特·班杜拉(Albert Bandura)所强调的社会认知理论的阐释方式,它认为人们的学习行为不会完全受限于环境,人是自我发展、自我谋划、自我反省、有主动性的个体,学习过程也是人们发挥主观能动性的过程。①

(一) 社会学习理论

社会学习理论认为,通过观察进行学习是一种更为普遍和有效的学习方式,而大众传播在这类学习中扮演着重要角色。大众媒介提供了一系列与现实世界相关的故事,人们常常通过大众媒介来学习。一方面,个体的经验和观察非常有限,人们不足以从中得到指导其发展和行为的全部知识;另一方面,媒介内容提供了一种关于社会现实的叙事,它对人们的影响往往与日常生活并没有本质区别。因此,大众媒介成为一种非常重要的知识来源。人们通过大众媒介来学习关于日常事务的知识,如穿衣打扮、餐饮和个人消费等。社会学习的过程可以划分为四个过程,分别是注意、记忆、生产和动机。首先,在需求和兴趣的影响之下,受众会将注意力聚焦在特定的媒介内容之上。其次,在媒介接触过程中,受众可以记住某些内容,并将其放入已有的知识储备。再次,人们会将学到的东西应用在实际行动中,并获得一定的反馈。最后,受到不同反馈的影响,人们会获得或强或弱的动机。

人们主要通过建立模型(modeling)的方式来从大众媒介中获得社会认知。班杜拉认为,这种建模过程可以通过直接观察、抑制效果或抑制解除效果等多种方式来实现。② 其中,直接观察是指大众媒介可以充当"导师"的角色,人们可以直接学习、复制大众媒介中的行为模式;抑制效果强调了大众媒介对社会规范的维系作用,当看到大众媒介中的他人因某种行为而受到惩罚,人们采取这一行为的可能性就会下降;抑制解除效果是指如果大众媒介以某种形式奖励了违法、暴力、恐怖行为等,人们复制这些行为的可能性也会增加。此外,建模

---

① Albert Bandura, "Social Cognitive Theory of Mass Communication," in Jennings Bryant and Mary Beth Oliver, eds., *Media Effects: Advances in Theory and Research*(3rd edition), Routledge, 2009, pp. 94-124.

② 参见〔美〕斯坦利·巴兰、丹尼斯·戴维斯:《大众传播理论:基础、争鸣与未来》,曹书乐译,清华大学出版社 2014 年版。

可以充当激励者、道德参与者或解除者、社会促进者、情感唤起者、价值和公众观念的塑造者等多重角色,在大多数情况下,这些功能会同时起作用。①

在通过媒介进行学习的过程中,人们同时也在学习社会角色、地位和社会行为规范,进而决定自己在某个情境下采取何种行为方式,这就是社会化的过程。儿童的早期社会化和成人的长期社会化过程都会受到媒介影响,媒介能强化或支持其他影响社会化过程的因素,它在人们实际体验生活之前就源源不断地为人们提供关于生活的图景和行为模式。②

一方面,关于媒介对儿童早期社会化的影响,学界普遍强调电视过早地为儿童提供了世界的多重图景。尼尔·波兹曼认为,成人和儿童的区隔很大程度上与印刷媒介相关,印刷媒介可以为儿童屏蔽那些成人世界的内容,但是电视提供的信息却是由成人和儿童共享的,这使得儿童很容易接触与暴力和性相关的内容,而童年也因此而"消逝了"。③ 约书亚·梅罗维茨进一步将这一过程概括为场景的打破,他认为当两个不同场景之间的边界移动或消失,社会现实也会发生变化,④电视正是通过打破儿童与成人社会场景之间的界限而改变了社会化的过程。

另一方面,在媒介对成人长期社会化的影响层面,学界主要探讨了媒介的社会整合功能。大众媒介不断地向人们提供统一的现实图景、社会观念和价值体系,从而塑造社会成员的共同体意识、维系既有的社会秩序。例如,培养分析正是对这一观点的论证,其中主流化概念尤其凸显了媒介的社会整合能力。与此同时,社会化功能也是媒介保守性的一种体现,作为一种大型社会组织,媒介内容所展现出的社会规范永远偏向于主流的社会价值观。

总之,大众媒介具有某种"致知"的功能,它在人们的社会学习过程中扮演

---

① Albert Bandura, "Social Cognitive Theory of Mass Communication," in Jennings Bryant and Mary Beth Oliver, eds., *Media Effects: Advances in Theory and Research* (3rd edition), Routledge, 2009, pp. 94-124.
② 参见〔英〕丹尼斯·麦奎尔:《麦奎尔大众传播理论(第六版)》,徐佳、董璐译,清华大学出版社2019年版。
③ 参见〔美〕尼尔·波兹曼:《童年的消逝》,吴燕莛译,中信出版社2015年版。
④ 参见〔美〕约书亚·梅罗维茨:《消失的地域:电子媒介对社会行为的影响》,肖志军译,清华大学出版社2002年版。

着重要的角色,也对大众的社会化过程产生持续性影响。大众媒介为大众提供了多种形式的内容,而新闻传播学尤其关注新闻对人的影响,很多学者曾对人们从新闻中学习的过程以及新闻的知识属性问题进行阐释。

(二) 新闻与知识学习

新闻已经逐渐成为现代人学习知识的重要渠道,大众从新闻中学习的知识大多与公共事务相关。新闻与知识学习这一话题涉及新闻传播学中的两类研究,分别是对"从新闻中学习"这一现象的研究,以及基于"作为知识的新闻"这一观念的研究。

"从新闻中学习"(learning from news)是政治传播范畴内的一个研究话题,讨论的是受众的媒介使用行为对其公共知识水平的影响。因此,"从新闻中学习"研究的核心结论基本都围绕影响学习效果的因素展开。有学者将影响"从新闻中学习"的因素分为四类:第一,报道属性、媒介立场、记者的视角等新闻生产因素;第二,年龄、性别、教育和知识储备等观众背景属性因素;第三,媒介接触、媒介素养和使用动机等媒介使用因素;第四,信息处理过程中的注意力、思考等个体认知因素。[①] 总体上看,"从新闻中学习"的研究大多是围绕电视新闻展开的,很少有研究继续回应新媒体环境下人们如何从新闻中学习。

"作为知识的新闻"并不是一个系统化的研究路径,而是一种被多个研究者反复提及的新闻观。对于新闻的知识属性,不同学者有不同的理解方式,这些看法总体上可以分为两类。

其一,在规范理论视角下,约翰·杜威(John Dewey)、李普曼、帕克等人对新闻的公共知识属性进行了不同的阐释。杜威和李普曼都从新闻与民主的关系出发,将理想的新闻设想为某种"有机智识"(organized intelligence),其中杜威更强调新闻业对民主参与的积极贡献,而李普曼则将理想的新闻业设想为一

---

① 崔迪、罗文辉:《新闻媒体对受众学习公共事务知识的影响》,载魏然、周树华、罗文辉:《媒介效果与社会变迁》,中国人民大学出版社 2015 年版,第 31—44 页。

种精英化的专业机构。① 杜威和李普曼采用的"智识"概念已经超越了新闻提供事实的基本功能,它是对事实的分析和再组织,其目的是便于公众理解、促进政治参与,因此可以将其理解为某种比较特殊和复杂的知识。相较而言,帕克提出了一种更贴合现实的理论,他将新闻视为一种能激发公众意见的知识。帕克借用威廉·詹姆斯(William James)对知识的分类,进一步将知识概括为常识(common sense)和正式知识(formal knowledge),二者分别代表着知识类别光谱中的两个点,而新闻同样在这一光谱中占据着一个点。它是一种能促使公众讨论的东西,新闻报道的范围决定着公众的政治参与程度。在现实生活中,新闻能够为人和社会提供定位。② 在帕克看来,新闻的属性更偏向于常识性的知识,而正是这种常识影响着人们对现实世界的理解,并为舆论的形成提供了基本材料,从而成为民主生活中不可或缺的一环。

其二,在经验研究视角下,新闻生产社会学将新闻视为一种能够建构社会现实的知识。20世纪七八十年代,以编辑部民族志为主要研究方法的新闻生产社会学研究开始兴起,这些研究深受知识社会学的影响,而"作为知识的新闻"则成为这一研究传统的理论基点。知识社会学将现实和知识作为两个核心概念,其中知识是指"一种确定性,它确证了某些现象是真的并且包含一些具体特征",它是某种被特定人群所共享的对现实的理解方式,而对这类知识的研究就是对现实的社会建构的研究。③ 根据这一思路,新闻就是一种被大众视为知识的东西,而新闻生产社会学就是对这类知识的研究,即对新闻对现实的建构过程的研究。例如,盖伊·塔克曼认为,新闻是与社会生活相关的故事,它是人们观察世界的一个窗口,而窗口的大小和方位决定了大众看到的是怎样的世界。④

总之,知识视角下的新闻研究为新闻传播效果乃至整个新闻传播学研究提

---

① 孙藜:《作为"有机知识"的新闻:杜威和夭折的〈思想新闻〉》,《现代传播(中国传媒大学学报)》2014年第2期。
② Robert E. Park, "News as a Form of Knowledge: A Chapter in the Sociology of Knowledge," *American Journal of Sociology*, 45 (5), 1940, pp. 669–686.
③ 〔美〕彼得·伯格、托马斯·卢克曼:《现实的社会建构:知识社会学论纲》,吴肃然译,北京大学出版社2019年版,第3页。
④ 参见〔美〕盖伊·塔克曼:《做新闻:现实的社会建构》,李红涛译,中国人民大学出版社2022年版。

供了一种新的思路。如果将新闻理解为一种知识,那么媒介效果研究应当关注的就不仅是信息传递的过程,也应该包括社会知识的流动以及知识论的扩散与合理化的过程,而这将帮助我们更好地理解大众媒介如何建构外部世界的图景,又如何改变大众的知识结构。

二、知沟假说

依托大众媒介的知识扩散功能,社会的平均及最低知识水平有望得到提升,因此,公众曾经希望大众媒体可以弥补教育不平等带来的知识差距。然而,美国学者菲利普·蒂奇诺(Phillip Tichenor)等人在研究中发现,大众传播不仅没有缩小不同经济地位的人群之间的知识差距,反而增大了不同人群之间的知识鸿沟,这一发现被称为知沟假说。[1]

(一)知沟产生的原因

蒂奇诺等人指出,知沟的扩大并不是因为社会经济地位低的人群无法从大众媒介中获得知识,而是因为社会经济地位高的人群获取知识的速度更快、知识增加得更多。因此,当媒体针对某一议题的报道量越大,两类人群之间越容易出现知沟。

不同人群之间知识获取的差异是由传播技能、信息储备、社会交往、选择性接触和记忆、媒介体制等层面的差距造成的,社会经济地位高的人在利用媒介接触、获取和理解信息层面具有很大优势,他们的社交网络也会进一步强化这种信息获取的优势。与此同时,大众媒介提供的内容往往与他们的口味和兴趣更加匹配,而社会经济地位低的人群接受这些信息的能力和兴趣都比较低。

早期的知沟研究关注的是不同群体间知沟产生的原因,但后来的调查表明,知沟并不总是在不同社会经济地位的群体中存在。1977年,美国学者詹姆

---

[1] Phillip J. Tichenor, George A. Donohue and Clarice N. Olien, "Mass Media Flow and Differential Growth in Knowledge," *Public Opinion Quarterly*, (2), 1970, pp. 159-170.

斯·艾特玛(James Ettema)和学者杰拉尔德·克莱(Gerald Kline)主张从个体面临的情境需求入手来分析知沟的成因。他们使用认知心理学中的"缺陷解释"和"差异解释"的概念对原来的解释框架进行反思。"缺陷解释"是指把某一现象归因为基本认知能力的欠缺,"差异解释"则是指用具体情境的差异来解释某种现象。他们认为蒂奇诺等人片面采用了"缺陷解释",所以导致实证结果出现矛盾。[①]

从情境出发进行分析,可以发现知沟并不会永远存在,它会随着具体情形的变化而扩大或缩小,造成个体间出现知沟的原因则主要是信息获取动机的差异。例如,随着互联网的发展,人们接触信息的渠道发生了很大变化,人们的意愿对信息接触行为的影响显著增加,这可能会导致不同个体间的知识差距进一步扩大。

(二) 知沟假说的特点

知沟假说的成立需满足一系列限定条件,这些条件体现了知沟假说的基本特征,也是其他学者批评和攻击的重点。知沟假说的特点大致包含以下三个方面:

第一,知沟假说以社会结构为自变量。虽然知沟假说是一种媒介效果理论,但蒂奇诺等人认为,知沟主要是经济、社会地位的差距导致的,而媒体在这一过程中顺应了这一差距,最终造成了知识层面的差距。虽然这一解释框架遭到了很多学者的批评,但知沟假说的独特之处恰恰在于它对群体间不平等关系的揭露和批判。

第二,知沟假说所研究的媒介形式主要是印刷媒介。蒂奇诺等人认为,印刷媒介具有更强的精英色彩,也更便于反映不同群体之间的信息不平等关系。然而,有学者认为新闻报道反映的是受众的一般需求,如果受众因为个人意愿不强而拒绝接收这些信息,那么媒体不应对这种所谓的不平等负责,应该受到批评的反而是受众。

---

① 丁未:《西方"知沟假设"理论评析》,《同济大学学报(社会科学版)》2003 年第 2 期。

第三,知沟假说所强调的知识基本都与公共事务和科技新闻相关。蒂奇诺等人认为公共事务和科技新闻是所有人都应该了解的知识,讨论这些知识的差异更具有理论价值。这一思路同样受到了一些学者的批评,并非所有人都认为这类知识是重要的,知沟假说显然忽视了使用者自身的意义解读。

总体上看,知沟假说的确存在一定的局限性,但这些缺陷并没有削弱知沟假说的核心价值,它对信息权利不平等的反思在新媒介环境下仍然具有启发性。

(三)数字鸿沟

数字鸿沟是指信息技术的发展将大众划分成了技术的"富有者"和"贫穷者",二者之间的差距正在不断加大。数字鸿沟表现在三个方面,分别为全球鸿沟、社会鸿沟和民主鸿沟。全球鸿沟是指发达社会和欠发达社会在数字技术的接入上存在的差距;社会鸿沟是指个体间由于种族、性别、年龄等因素而形成的数字技术差距;民主鸿沟是指使用数字技术进行公共参与的群体与不使用的群体之间的差距。

数字鸿沟包含三个层次,分别是"接入"(access)沟、"使用"(use)沟和知识沟。数字鸿沟的前两个层次讨论的是大众在技术接入和使用能力上的差距,第三道数字鸿沟是数字时代的知识沟,旨在进一步追问前两层的差异是否会造成大众在知识层面的差异。实证研究证明,数字技术的接入和使用都与第三道数字鸿沟相关,而相较于互联网接入,对互联网的使用对人们的知识获取有更大影响。[1]

知沟假说和数字鸿沟都表明媒介的知识传承效果往往会复制社会、经济等层面的不平等,媒介是特定的政治、经济和社会背景下的产物,它所发挥的影响也同样受到这些结构性因素的限制。

面对日益加剧的数字鸿沟,世界各国(尤其是欠发达国家)亟须通过教育来提升公民的数字素养(digital literacy)。数字素养即数字时代的媒介素养(media

---

[1] 韦路、张明新:《第三道数字鸿沟:互联网上的知识沟》,《新闻与传播研究》2006年第4期。

literacy)。媒介素养一词有时也被译为媒介识读或媒介公民教育,一般指近用、分析、评估以及传播讯息的能力。① 有学者在媒介素养概念的基础上提出了"批判的媒体识读",以强调批判性思考能力在媒介素养中的重要性,并认为媒体具有建构社会现实的功能,所以受众必须以批判的眼光穿透"层层交叠的帷幕"。② 随着信息技术的发展,当前的数字素养大体上包含五个方面的内容:第一,信息和数据素养,包括浏览、检索和筛选各类数字内容的能力;第二,沟通与协作素养,包括基于数字技术的合作、沟通、政治参与以及身份管理等;第三,创造数字内容素养,包括生产、整合、阐释数字内容以及编程等;第四,数字安全素养,包括对设备、数据、隐私等方面的维护;第五,问题解决素养,包括创造性地运用数字技术、解决技术性问题等。③

二、知识的传播路径

从新闻传播的过程来看,知沟假说实际上阐释了知识在社会层面的流动过程,这种知识的流动会受到人际差异的影响。这在一定程度上反映出媒介效果不仅仅体现为媒体与受众之间纵向的刺激与回应,也包含知识、信息或媒介影响在人际网络中横向的流动、增强或转化。从理论发展的过程来看,媒介效果研究始终包含着关于传播路径的讨论,例如伊里调查所开创的传播流研究和从信息流研究发展而来的创新扩散理论。

(一)传播流研究

传播流研究关注的是大众媒介讯息及其影响的流动过程,探讨了人际关系对媒介效果的影响,它始于在伊里调查中发现的两级传播现象。两级传播是指大众媒体中的讯息首先会流向意见领袖(opinion leader),再通过他们的过滤流

---

① David M. Concidine, "Are We There Yet? An Update on the Media Literacy Movement," *Educational Technology*, 35(4), 1995, pp. 32-43.
② 参见成露茜、罗晓南主编:《批判的媒体识读》,正中书局2005年版。
③ 卜未、任娟:《超越"数字鸿沟":发展具有社会包容性的数字素养教育》,《新闻与写作》2020年第10期。

向个体。拉扎斯菲尔德等人发现:"意见领袖"在人际关系网中扮演的角色比较特殊,相较于其他选民,他们参与政治讨论的程度更高,并且更倾向于认为媒介的影响比人际关系更有效;相较而言,其他选民的决策过程主要受到人际关系的影响,大众媒介对他们的影响比较小。人际关系之所以具有更强的影响力,一方面是因为它的覆盖面更广,另一方面是因为它具有某种心理层面的优势。[①]

1945年开始,卡茨等人在美国伊利诺伊州的迪凯特地区进行了进一步调查,继续讨论了大众媒介的传播流与影响流。随着研究的深入,学者们进一步总结出了意见领袖的基本特征,这些特征主要涉及三个方面。第一,从身份上来看,意见领袖通常与被影响者属于同一阶层,而且比较容易接近;第二,从能力上来看,意见领袖只在某些领域内具有一定权威性,不同的领域有时会形成不同的意见领袖;第三,从作用上来看,意见领袖能够及时接触到群体需要的信息,而且他们的影响通常要大于大众传播的影响。

此外,迪凯特研究将个人层面的决策问题与集体层面的扩散问题相结合,对人际影响和大众媒介的互动过程进行了更为细致的研究。迪凯特研究从多个角度对二级传播理论进行了补充。例如:第一,研究者强调,虽然传播流之中的水平影响(horizontal influence)占据绝对优势,但那些跨越了性别、种族、阶级等边界的垂直的意见流动也同样重要;第二,意见领袖可以发挥多重功能,有时充当信息流通的管道,有时则会发挥选择、解释、号召等功能,有时他们也会追随他人;第三,人际影响是一个系列链条,它不仅局限于两个个体之间。[②]

由于研究方法的限制,早期的传播流研究也具有诸多局限性。首先,该研究对媒介影响的调查很大程度上依赖受访者的自我报告,而个体对媒介影响的认识往往并不准确,人们常常高估或低估媒介效果;其次,传播流研究的成果并不具有普遍的适用性,有些学者在后续研究中得出了不同的结论,发现信息流动的模式通常并不是固定不变的,某些强大的讯息可能会改变流动的模式;最

[①] 参见〔美〕保罗·F.拉扎斯菲尔德、伯纳德·贝雷尔森、黑兹尔·高德特:《人民的选择:选民如何在总统选战中做决定(第三版)》,唐茜译,中国人民大学出版社2012年版。

[②] 参见〔美〕伊莱休·卡茨、保罗·F.拉扎斯菲尔德:《人际影响:个人在大众传播中的作用》,张宁译,中国人民大学出版社2016年版。

后,传播流研究是一种纵贯研究,其漫长的调查周期可能造成很多变量被忽视。[①]

总体上看,传播流研究的开创性与局限性是一体两面的,虽然这一研究路径并没有长期延续下去,但该研究得出的一些结论却具有持续的启发性。例如,在新媒体环境下,意见领袖这一概念早已经进入了大众的视野,虽然大众对它的理解与拉扎斯菲尔德等人最初所强调的含义有较多分歧,但它归根结底仍然是在讨论个体与人际网络对媒介效果的影响。

(二) 创新的扩散

20世纪中后期,传播流研究逐渐被信息流研究所取代。信息流研究讨论的是媒体在大众之间的信息流动过程,例如公民从新闻中获取了哪些信息、这些信息在人群中的具体流动过程、信息的流动会受到哪些障碍的干扰等。1962年,埃弗里特·罗杰斯(Everett Rogers)将信息流研究、人类学、社会学、乡村农业推广研究等领域的成果综合起来,发展出了创新扩散理论(innovations diffusion theory)。创新的扩散指的是某种新鲜事物在团体范围内逐渐传播的过程,其中创新是相对于某个人或某团体而言全新的方法、事物或实践等。一种创新在人群中的扩散轨迹通常表现为拉长的S形,如图7-3所示:

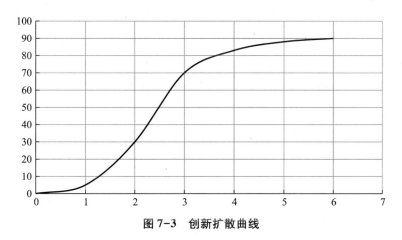

图7-3 创新扩散曲线

---

① 参见〔美〕斯坦利·巴兰、丹尼斯·戴维斯:《大众传播理论:基础、争鸣与未来》,曹书乐译,清华大学出版社2014年版。

在图 7-3 中,横轴表示创新扩散的时间阶段,纵轴表示团体中采用创新者的百分比。早期采用者比例的增速比较缓慢,随后会突破临界点进入快速增长的起飞阶段,当维持一段时间的增长后,扩散的速度就会逐渐下降。根据接受创新的时间,可以将团队中的成员划分为创新者、早期采用者、早期大多数、晚期大多数和滞后者。创新者是指那些率先将某种创新引入团体内部的人,是"第一个吃螃蟹的人";早期采用者是谨慎且成功的采纳者,通常是团体中受到其他成员尊敬的意见领袖;早期大多数是深思熟虑、慎重地跟随创新潮流的人,在创新的扩散中承上启下;晚期大多数是在团体中大部分成员采用了创新之后才会跟随的人;滞后者是传统的、抵制创新的人,往往最后才会采纳创新。研究表明,在创新扩散的过程中,团体中的大部分成员属于早期大多数和晚期大多数,均占 34%;早期采用者和滞后者数量大致相同,占比大致在 15% 上下;创新者数量最少,占总人数的 2.5%。

罗杰斯将个人接受创新的决策过程划分为五个阶段,分别是认知、说服、决定、实施和确认。在不同阶段,大众媒介和人际关系的影响力有所不同,相对来说,大众媒介在认知阶段的影响力更显著,而人际关系则主要在说服阶段产生重要影响。① 这一线性的决策过程模型具有很强的由上至下的操纵意味,所以很快被融合模式(convergence model)所取代。融合模式强调创新扩散的过程是一个持续不断地理解和回应的过程。研究者将创新扩散的网络分为两类,分别为同质性网络和异质性网络。前者指个体相似程度高、个体间距离较近的群体,信息在同质性网络中以水平流动为主,创新扩散速度慢;后者指个体间差异度较高的群体,这类群体中信息的垂直流动比较明显,创新扩散的速度更快。②

扩散研究有很多分支,如新闻扩散、发展扩散等。新闻扩散研究的活跃时期是 20 世纪 60 年代,这些研究得出了很多新结论。例如:第一,大多数人通过电子媒介来获得第一手的新闻,人与人之间面对面传播产生的影响很小,而且

---

① 参见〔美〕埃弗雷特·M.罗杰斯:《创新的扩散》,辛欣译,中央编译出版社 2002 年版。
② Everett M. Rogers and D. Lawrence Kincaid, *Communication Networks: Toward a New Paradigm for Research*, Free Press, 1981.

电视是当时的大众获取新闻的主要渠道,报纸只是补充一些细节;第二,在新闻发布后的不同时间,大众接触和扩散新闻的模式会有区别,人际影响的大小也在这一过程中不断变化;第三,一个事件的新闻价值越大,人际传播对新闻扩散的影响通常也越大,越是有价值的新闻通过人际关系进行传播的速度也越快。①

发展扩散理论认为,大众传播的知识传承效果与社会的发展过程密切相关,而大众传播对社会发展的影响也可以被视为一种创新扩散的过程。一方面,人们常常希望通过大众媒介传播技术知识,推动现代化进程;另一方面,大众传播本身也是一项创新,先进信息技术的推广对知识传播有基础性的影响,而媒介影响的发挥也需要以其他的现代化条件为保障。② 大众媒介既是社会发展的产物,也全面影响着社会发展的进程。大众媒介与社会共同发展的过程,既是解决社会不平等问题、弥合数字鸿沟的过程,也是知识和技术创新的扩散过程。而只有全面认识媒介运行、媒介效果以及媒介与社会的关系,才能促进媒介发挥推动社会发展的强大功能。

小　　结

本章主要讨论了三类新闻传播效果,分别是社会心理效果、信息环境效果和知识扩散效果。社会心理效果是对媒介所引发的心理机制的研究,尤其关注人们处理媒介信息时的认知机制以及由此产生的认知偏差。信息环境效果主要关注媒介对社会现实的塑造能力,讨论的核心问题是媒介如何影响人们想什么与怎样想。知识扩散效果讨论了媒介的教育功能,以及媒介在知识与信息的传播、扩散、转化等方面的影响。

关于社会心理效果,本章主要介绍了选择性接触、信息传播的认知过程、第

---

① Melvin L. DeFleur, "Diffusing Information," *Society*, 25(2), 1988, pp. 72-81.
② 参见〔英〕丹尼斯·麦奎尔:《麦奎尔大众传播理论(第六版)》,徐佳、董璐译,清华大学出版社2019年版。

三人效果、沉默的螺旋理论和敌意媒介理论。其中,选择性接触和信息传播的认知过程是媒介效果产生的基础心理机制,二者分别采用了社会学和心理学的视角;第三人效果的主要观点是,大众对媒介影响程度的认知存在偏差,这种偏差主要体现为高估负面信息对他人的影响;沉默的螺旋理论指出,人们对大多数人的意见的认知存在偏差,它是多元无知的一种体现,主要受媒介塑造的意见气候的影响,这一认知偏差会导致意见表达的单一化,因为当人们觉得自己的意见处于劣势时往往会选择沉默;敌意媒介理论说明了大众对媒体报道的认知偏差,表明由于受自身立场的影响,受众总是倾向于认为新闻报道对自己一方存在敌意。

关于信息环境效果,本章主要介绍了议程设置理论、框架理论和培养理论。首先,议程设置理论是在传播学中被讨论得最多的理论,它的核心假设是媒体与受众之间的显要性转移。议程设置包括三个层次,第一层主要讨论媒体议程对公众议程的影响,第二层讨论媒体的属性议程对公众的属性议程的影响,第三层主要讨论媒体编织的信息元素网络对公众认知网络的影响。其次,框架理论的知识体系比较混杂,其中既包括与媒介内容生产相关的框架建立研究,也包括与属性议程设置类似的框架效应研究。框架理论的开放性在某种程度上也是其优势所在,通过对社会、媒介与大众之间的意义互动关系的梳理,框架效应进一步打开了媒介效果研究的理论视野。最后,培养理论关注电视对受众造成的长期的、潜移默化的影响。该理论指出,重度收看电视的观众对现实的感知容易向电视提供的版本倾斜。培养分析是文化指标项目中的一个环节,该项目系统地分析了媒介体制、媒介内容和培养效应,因此,培养理论不仅分析了电视造成的主流化效果,也对电视背后的媒介体制进行了反思,这进一步强化了培养理论的批判色彩。

关于知识扩散效果,本章主要介绍了媒介与社会学习的关系、知沟假说以及知识的传播路径。首先,大众媒介具有一定的教育功能,现有研究主要从三个方面讨论了媒介与社会学习的关系。第一,根据社会学习理论,大众媒介是一种重要的日常知识来源;第二,媒介对大众的社会化过程具有持续性影响;第三,新闻是大众获取公共知识的重要渠道,新闻是一种特殊的知识。其次,知沟假说关注的是信息权力不平等的问题,社会地位的差距和具体的媒介使用情境共同导致了不同个体之间的知识差距。互联网时代,数字鸿沟逐渐替代了知沟的概念,数字鸿沟既强调了数字媒介环境下个体之间的接入沟和使用沟,也对这种接入和使用差距能否造成知识沟进行了一定研究。最后,媒介效果研究不仅探讨了知识的影响以及知识的人际差异,也探讨了知识的传播路径,即传播流、信息流和创新扩散等研究。传播流始于伊里调查中发现的两级传播现象,意见领袖是传播流研究中的一个核心概念,信息流研究是传播流研究的延伸,其中创新扩散理论可以很好地阐释信息的传播过程,而社会的发展在某种程度上也是媒介推动下的知识和技术的创新扩散过程。

关键概念

选择性接触　　恐惧诉求　　第一人效果　　沉默的螺旋
意见气候　　　敌意媒介　　议程设置　　　框架效应
铺垫效应　　　培养理论　　主流化　　　　知沟假说
创新的扩散

思考题

1. 伊里调查中,拉扎斯菲尔德等人提出了哪些理论假说?迪凯特调查如何发展了这些理论?
2. 第三人效果和敌意媒介效果的产生原因和影响因素分别有哪些?
3. 沉默的螺旋理论与多元无知理论之间有哪些异同点?
4. 第一层议程设置、属性议程设置和网络议程设置共同具备的核心假设是什么?
5. 如何理解框架(frame)和框架效应(framing effects)之间的区别?
6. 新闻在何种意义上是一种"知识"?这一视角对新闻研究具有哪些启发性?
7. 培养理论和知沟假说的批判性分别体现在什么地方?它们是否可以被视为批判范式的传播理论?
8. 选择性接触、传播流、传播与说服等传播效果研究的历史已有数十年,这些研究对当前的传播学是否还具有启发性?

 **拓展阅读**

〔美〕保罗·F. 拉扎斯菲尔德、伯纳德·贝雷尔森、黑兹尔·高德特:《人民的选择:选民如何在总统选战中做决定(第三版)》,唐茜译,中国人民大学出版社 2012 年版。

〔美〕格兰·G. 斯帕克斯:《媒介效果研究概论(第四版)》,何朝阳、王希华译,中国人民大学出版社 2013 年版。

〔美〕简宁斯·布莱恩特、道尔夫·兹尔曼:《媒介效果:理论与研究前沿(第二版)》,石义彬、彭彪译,华夏出版社 2009 年版。

〔美〕马克斯韦尔·麦库姆斯:《议程设置:大众媒介与舆论(第二版)》,郭镇之、徐培喜译,北京大学出版社 2018 年版。

〔美〕希伦·A. 洛厄里、梅尔文·L. 德弗勒:《大众传播效果研究的里程碑(第三版)》,刘海龙等译,中国人民大学出版社 2009 年版。

〔美〕伊莱休·卡茨、保罗·F. 拉扎斯菲尔德:《人际影响:个人在大众传播中的作用》,张宁译,中国人民大学出版社 2016 年版。

〔德〕伊丽莎白·诺尔-诺依曼:《沉默的螺旋:舆论——我们的社会皮肤》,董璐译,北京大学出版社 2013 年版。

〔美〕W. 詹姆斯·波特:《媒介效果》,段鹏、韩霄译,中国传媒大学出版社 2021 年版。

魏然、周树华、罗文辉:《媒介效果与社会变迁》,中国人民大学出版社 2016 年版。

周葆华:《效果研究:人类传受观念与行为的变迁》,复旦大学出版社 2008 年版。

第八章 新闻传播体制

新闻传播业具有自己的体制或制度形式,这决定着新闻业的整体运行方式。体制代表了机构及其稳定关联所形成的结构,以及这种关联所遵循的原则和规范。同时,体制的核心是制度,即定义、制约和促成社会个体行动和互动的规则。[①] 具体到新闻业,新闻制度是社会制度的组成部分,是新闻事业的基本体制,它主要反映国家对新闻事业基本性质的规定;新闻体制是在特定新闻制度下形成的媒体的内外制度体系,它是社会制度、新闻制度在新闻传播领域的反映。[②] 从广义上看,制度和体制的含义类似,在大多数情况下可以互换。本章聚焦于广义上的新闻传播体制,首先介绍了世界新闻业的体制类型以及相关研究的进展;接着介绍了中国新闻业的基本制度,其中既涵盖了中国新闻业改革的历史进程,同时也呈现了新时代我国对于传媒业的要求;最后从社会规范、所有权与媒介垄断、全球化与媒介帝国主义等角度介绍了社会控制下的新闻传播。

第一节 世界新闻业的体制类型

世界新闻业有不同的媒介体制,这意味着不同国家的媒介所有权、新闻传

[①] 潘忠党:《新闻改革与新闻体制的改造——我国新闻改革实践的传播社会学之探讨》,《新闻与传播研究》1997 年第 3 期。

[②] 参见骆正林:《新闻理论教程》,北京大学出版社 2010 年版。

播的总体方针和利益取向、媒介经营管理等多个方面均有所差异。针对这一现实状况,学者就世界媒介体制展开研究,相关研究始于《传媒的四种理论》(*Four Theories of the Press*),随后不断有学者对此反思,进而就当代传播环境与特点提出了发展媒介理论、民主参与理论、比较媒介体制等。

一、世界新闻体制的三大类型

目前世界范围内的新闻媒体有三大运行体系,其在广播电视体系中有典型的体现,即以私有制为主体的完全商业化运作体制、公私兼顾的双轨制运作体制、完全国有的有限商业化运作体制。①

(一) 私有制为主体的完全商业化运作体制

私有制为主体的媒体在美国最为普遍,美国除少量公共电台电视台外,大多数的报纸、杂志、电视台、电台都是私营性质,如美国的《纽约时报》《华盛顿邮报》等均是世代相传的家族报业。第一,从媒体所有权的角度看,此类媒体由私人独资或集股兴办,其大多依托于财团,董事会为最高决策机构。它们在经济上和政治上相对独立,以广告收入为主要财源,名义上独立运作、自主经营、自负盈亏,因而拥有比较中立的办报立场。② 第二,从运营模式的角度看,此类媒体以盈利为根本目的,形成了二次售卖基本模式,它们首先把新闻内容售卖给受众,获得发行收入,进而把受众的关注度售卖给广告主,获得广告收入。这也即私营媒体将发行量、收听率、收视率视为其生命线的原因,因为相关数据越高,其不仅意味着更高的发行收入,而且意味着更多的广告客户和更好的生存状况。第三,从新闻内容的角度看,此类媒体的内容具有迎合受众喜好的倾向。在激烈的市场竞争下,高度商业化的媒体定期展开收视率调查和传播数据分析,目的是熟悉新闻传播规律,掌握受众的内容偏好,生产出可以获得更高关注度和更具盈利潜质的新闻内容。在这一思路下,私营媒体倾向于迎合受众的

---

① 李良荣:《当今世界的三大电视体系》,《新闻大学》2000 年第 2 期。
② 参见李良荣:《新闻学概论(第七版)》,复旦大学出版社 2021 年版。

"口味",致使新闻内容趋于娱乐化、煽情化。第四,从调控方式的角度看,此类媒体以法律调控为主、行政调控为辅。例如,在20世纪80年代以前,美国联邦通信委员会(FCC)为防止电视台过度低俗化的倾向和恶性竞争、兼并,制定了一系列严格的规则来制约电视业;1996年2月,美国国会通过了《1996年电信法》,解除了对广播公司拥有的电视台、电台的数量限制。

(二) 公私兼顾的双轨制运作体制

双轨制模式在西方国家较为常见,典型的代表是英国的BBC、德国广播联盟等。这一媒体所有制产生于特定的社会背景。20世纪80年代以前,除卢森堡、英国外,西欧20多个国家的电视业都是单一的公营电视台,而80年代后,西欧各国先后开始了电视业的私有化,这和80年代初英国首相撒切尔夫人掀起的私有化浪潮密不可分,而直接原因是一批大企业强烈要求开放电视业。①从运作模式的角度看,公营台按照原先的模式运作,私营台则按照以美国为代表的私营模式进行商业运作,公营台和私营台的实力相似。双轨制的实施保证了政治上的多元化,保证了西方民主制度;在经济上引入竞争机制,避免了媒体在有限的广告市场上恶性竞争;还有效地保护了民族文化,减轻了低俗商业文化的冲击。②

西方国家的公营媒体与私营媒体有较大的区别。第一,从媒体所有制的角度看,公营媒体具有相对独立的管理机构,其既不属于私人,也不属于政府,而是属于全体公民,强调对公众负责。然而,虽然公营台名义上不受政府的控制,但是它和政府有复杂的关系,公营台天然倾向于政府,具有半官方的性质。第二,从运营模式的角度看,公营媒体基本上不播放广告,以视听费为主要收入,以每台电视机为收费基准,一般由政府的邮政部门代理每季度或每半年收费一次,然后全额交付给电视管理部门。第三,从新闻内容的角度看,公营媒体强调内容全面、多元、不迎合,其注重满足不同层次、不同口味的受众的需求,反映不同的观点和照顾少数人的兴趣,同时不追求最大的受众规模,不一味地迎合受

---

① 李良荣:《当今世界的三大电视体系》,《新闻大学》2000年第2期。
② 参见李良荣等:《当代西方新闻媒体(第二版)》,复旦大学出版社2010年版。

众,而是强调通过节目培育民主精神,维护西方民主制度。[1] 第四,从调控方式的角度看,公营媒体主要采用了法律与行政的调控方式,其以议会、政府放松对电视业的管制为起点,以议会立法或总统命令的形式逐步实现运作。[2]

(三) 完全国有的有限商业化运作体制

中国传媒业是完全国有的有限商业化运作模式的代表。自20世纪末中国新闻业改革以来,明确了传媒业既属于上层建筑又属于信息产业的双重性质,同时也确定了"事业单位、企业化管理"的运作模式,开始了媒体的商业化进程。"事业单位、企业化管理"是传媒单位经济自主意识萌生时的最初体现与反映,它的实行改变了党和国家包揽传媒单位一切事务的做法,将部分权力下放给媒体单位,特别是在经营层面允许媒体提取一定比例的经济收入用于弥补政府财政补贴的不足以及增加员工收入。[3] 随着20世纪90年代我国市场经济体制的改革,媒体单位的经济属性增强,对于经济利润的追求更为明显。不过,社会效益第一、经济效益第二始终是媒体需要坚持的原则。媒体需要遵循党和国家的方针政策,并且节目的制作播出只能部分而不能完全按市场需求来进行。

二、传媒的四种理论

世界范围内对于媒介体制的研究发轫于美国。1956年,美国伊利诺伊大学教授弗雷德里克·S.西伯特(Fred S. Siebert)、西奥多·彼得森(Theodore Peterson)和威尔伯·施拉姆出版了《传媒的四种理论》(又译《报刊的四种理论》)。[4] 在这本著作中,媒介体制被划分为集权主义理论(Authoritarian Theory)、自由至上主义理论(Libertarian Theory)、社会责任理论(Social Responsibility Theory)、苏联共产主义理论(Soviet Communist Theory)四个类型。

---

[1] 〔加〕赵月枝:《公众利益、民主与欧美广播电视的市场化》,《新闻与传播研究》1998年第2期。
[2] 李良荣:《当今世界的三大电视体系》,《新闻大学》2000年第2期。
[3] 殷琦:《1978年以来中国传媒体制改革观念演进的过程与机制——以"市场化"为中心的考察》,《新闻与传播研究》2017年第2期。
[4] 参见〔美〕弗雷德里克·S.西伯特等:《传媒的四种理论》,戴鑫译,展江校,中国人民大学出版社2008年版。

（一）核心内容

在集权主义理论视角下，媒体从属于国家，支持统治阶级的地位，贯彻执行政府的政策，维护统治阶级的统治。虽然政府允许社会创办一些传媒，但以颁发执照、新闻审查等方式加以管理，从而实现维护政府权威和社会秩序的目的。[①]

自由至上主义理论以近代欧美自由主义哲学思想为基础，主张思想、意见表达和出版的自由。在这一理论下，媒体为私人所有，媒体的作用就是报道新闻、提供消遣娱乐材料、为经济发展服务、监督政府活动、协助解决社会问题。不过，在高度自由的市场竞争下，此类私营媒体可能会为了盈利而迎合受众喜好、偏离客观公正。

社会责任理论所主张的大众传媒功能基本上与自由至上主义相同，但是在解释这些功能的具体含义及其实现方式时，社会责任理论具有完全不同的看法。社会责任理论和自由至上主义理论都认为媒体要提供关于公共事务的信息和观点、启发民智，从而促进公民自治、监督政府并保障个人权利、提供娱乐、保持经济自立等。二者之间的差别在于，社会责任理论尤其强调大众传媒在履行这些功能时必须更积极、更有建设性。具体而言，在服务政治制度、推动民主进程方面，传媒需要更努力、更具有"责任感"；在提供娱乐方面，媒体要确保它提供的是"好的"娱乐；在经济策略方面，媒体的发展不一定要完全交给市场。[②] 第二次世界大战之后，该理论在欧美国家流行，其原因在于二战之后欧美国家的社会矛盾有所变化，以美国为首的资本主义国家加强了政府对于经济的调控，媒体的职责也相应地发生了变化。

在苏联共产主义理论视角下，传播媒介被作为党和国家的工具来使用，其报刊是与政府合为一体的，传播媒介的主要任务是保证社会主义制度能够取得成功，能够不断巩固，并为国家各项事业服务。

---

① 参见郑涵、金冠军:《当代西方传媒制度》，上海交通大学出版社 2008 年版。
② 参见〔美〕弗雷德里克·S. 西伯特等:《传媒的四种理论》，戴鑫译，展江校，中国人民大学出版社 2008 年版。

(二) 主要贡献

第一，传媒的四种理论将传媒业置于国家社会的背景中进行研究，较早地论述了媒体与社会的关系。具体来说，这四种理论回答了为什么不同国家的大众传媒具有不同的形式并服务于不同的目的这一传媒业的基本问题。作者认为，传媒的形式和立场总是受到所处的社会和政治结构的影响，传媒体制与不同政治制度和哲学观念紧密相连，这一论断启发了学术界对于传媒的社会角色的批判性思考。[1]

第二，传媒的四种理论直接影响并指导了其后新闻学研究的内容和方向。第二次世界大战以后到 20 世纪末，新闻学的研究主要是宏观、抽象地围绕新闻体制、新闻事业与国家、社会的关系展开，这种研究在很大程度上构成了 20 世纪新闻学研究的中心主题和基本理论体系。无论是西方新闻学者还是中国新闻学者都认为，关于传媒的四种理论的考察，是 20 世纪西方新闻理论最重大的主题和最主要的内容。[2]

第三，传媒的四种理论对各种报刊体系的差异做了哲学根源上的探索。它们均在不同程度上涉及人的本性、社会的本质、个人与社会的关系、知识与真理的性质等哲学问题，这提高了新闻学的理论层次。[3]

(三) 理论局限

第一，传媒的四种理论具有较强的意识形态色彩。这四种理论诞生于冷战时期，当时的世界被分割为西方资本主义阵营、东方社会主义阵营和不发达的南方阵营。传媒的四种理论诞生于美国，执迷于美国和苏联之间的二元对立，鼓吹的是美国所秉持的自由主义理论。该理论使用了诸如"自封的专政"(self-imposed dictatorship)、"完全的控制"(complete control)、"检查制"(censorship)、

---

[1] 参见〔美〕克利福德·G. 克里斯琴斯等：《传媒规范理论》，黄典林、陈世华译，中国人民大学出版社 2022 年版。
[2] 参见童兵、林涵：《20 世纪中国新闻学与传播学·理论新闻学卷》，复旦大学出版社 2001 年版。
[3] 芮必峰：《西方"媒介哲学"评介》，《新闻与传播研究》1996 年第 4 期。

"强迫"(coercion)等体现资产阶级自由主义政治哲学的偏颇和局限的贬义词语描述苏联的传播理论。① 随着苏联解体、东欧剧变和南方国家独立性不断增强,学者的学术视野也发生了变化,开始对《传媒的四种理论》提出的规范理论模式进行质疑。

第二,传媒的四种理论简化了媒介体制的丰富性,缺少全球视野。这一分类局限于美国的大众传播经验,以此彰显大众传媒体制的社会责任模式,然而却在很大程度上忽略了现实中的其他地区的传媒体制。例如,英国、法国、德国以及北欧诸国的公共广播电视体制,发展中国家根据自己的实际情况提出的发展主义理论等。

第三,传媒的四种理论停留在规范研究层面,缺少经验性分析。传媒的四种理论没有对媒介控制与社会体制的关系进行经验性分析,作者所看到的既不是媒介体制的实际功能,也不是媒介得以运作的社会体制,而只是使这些体制合法化的原理或理论。②

第四,传媒的四种理论过于简单化、内在不严谨。这四种理论不具有同一层次上的历史具体性,也不是同一意义上的理论。具体来说,集权主义是一个模糊的概念,甚至算不上一个理论,而只是一系列实践操作的汇总,它适用于很大范围内的各种有区别的新闻理论;自由至上主义涉及现代西方社会中一种较为具体的敏感性;社会责任理论是在特定历史阶段形成的一种职业意识形态;苏联共产主义理论则具有很强的历史特殊性。它们在不同层面上发挥作用,在某些情况下共存。③

三、媒介体制研究的进展

由于时代的发展和《传媒的四种理论》的自身不足,学者持续就这一议题展

---

① 参见《西方传播学理论评析》编写组:《西方传播学理论评析》,高等教育出版社2022年版。
② 参见〔美〕丹尼尔·C.哈林、保罗·曼奇尼:《比较媒介体制》,陈娟、展江译,中国人民大学出版社2012年版,第9—10页。
③ 〔美〕约翰·C.尼罗等:《最后的权利:重议〈报刊的四种理论〉》,周翔译,汕头大学出版社2008年版。

开研究,提出了多种传播体制的类型划分。下面主要介绍与发展中国家密切相关的发展媒介理论(Development Media Theory)、反思西方当代大众传媒体制的民主参与理论(Democratic-Participant Media Theory)、基于多国展开的比较媒介体制研究。

(一) 发展媒介理论

四种传媒理论忽视了发展中国家的传媒体制,而发展媒介理论填补了这一盲点。发展中国家的社会制度是多种多样的,新闻体制也有所差别。20世纪70年代以来,随着发展中国家在国际事务中的作用越来越重要,其新闻体制也越来越受重视。发展媒介理论正是在这一背景下由麦奎尔在1983年首版的《大众传播理论》(Mass Communication Theory)一书中提出的,其建立在四种传媒理论的基础上,但补充了对于发展中国家传媒体制的类型划分。

发展媒介理论的主要内涵是:(1)媒介应该接受并执行符合国家既定政策的积极的发展任务;(2)媒介自由应该根据经济优先和社会发展的需要接受限制;(3)媒介应该在报道内容中优先体现民族文化和民族语言;(4)媒介应优先报道地缘、文化和政治上相近的发展中国家的新闻和信息;(5)记者和其他媒体从业者在采集和传播信息的过程中,既享有自由,也担负责任;(6)以发展为最终目的,国家有权干涉或限制媒体运营,政府审查、发放津贴和直接控制都是正当的。①

发展中国家将媒体角色定位于促进发展,因而在很大程度上意味着媒体与政治需要协作,媒体需要支持政府的经济、政治、文化发展目标。② 发展媒介理论虽然赋予了媒体一定自主权,但是它更强调媒体服务国家发展,国家在必要的时候可以干预媒体。这一新闻体制符合大多数发展中国家自己的国情和条件。在跨国传播和全球信息化飞速发展的今天,西方发达国家的文化产品涌入

---

① 转引自展江、王晓笃:《从"四种理论"到"去西方化理论"——比较媒介研究的演进》,《上海大学学报(社会科学版)》2008年第4期。

② 参见《西方传播学理论评析》编写组:《西方传播学理论评析》,高等教育出版社2022年版。

发展中国家,造成了这些国家民族传统文化的危机,因此不少发展中国家从制度上采取了保护和发展民族文化的措施,并且加强了对外来信息的自主管理,从而抵御少数传播大国的文化侵略。①

(二) 民主参与理论

1983年,麦奎尔在《大众传播理论》中阐述了发展媒介理论之外,还提出了民主参与理论。该理论在欧美社会发展转型的背景下提出,是对私营或公营的传媒体制的反思和发展。当时在欧美等国家,信息化的发展使信息与传播的问题在社会政治、经济、文化生活中的作用日渐提升并且与公民发生了越来越直接的联系,但是在资本主义的排他性私人占有制下,一般民众使用媒介的机会越来越少,公众对媒体的需求和稀缺的传播资源的矛盾愈加凸显。②

民主参与理论的主要内涵是:(1)个体公民和少数群体有权使用媒介(传播权),有权根据自己的需求享受媒介的服务;(2)媒介组织和内容不得受制于集中的政治或国家官僚政府支配;(3)媒介的存在首先是为了受众,而不是为了媒介组织、专业人士或者媒介的客户;(4)团体、组织和地方社区应该拥有自己的媒介;(5)小规模互动参与的媒介形式优于大规模、单向的专业化媒介形式;(6)社会对大众媒介的某些需求,没有通过个体消费者的需求,或者通过国家机器主要机构充分体现出来。③

民主参与理论反映了西方近20余年传播体制研究的发展。其推崇横向传播而非自上而下的传播,强调媒介是所有人和族群的媒介,意在打破政党政治和议会民主的幻象,反对私营媒介的商业化和垄断化,反对公共广播电视的官僚化和中央集体制。④ 它鼓励大众传媒的民主变革,体现了激进左派自由主义文化思潮。⑤ 不过,民主参与理论虽然具有一定影响,但是它仍然只不过作为民

---

① 参见郭庆光:《传播学教程(第二版)》,中国人民大学出版社2021年版。
② 同上。
③ 转引自展江、王晓笕:《从"四种理论"到"去西方化理论"——比较媒介研究的演进》,《上海大学学报(社会科学版)》2008年第4期。
④ 方振武、韦路:《比较媒介体制研究:历史、现状与未来》,《国际新闻界》2021年第6期。
⑤ 参见郑涵、金冠军:《当代西方传媒制度》,上海交通大学出版社2008年版。

众的要求在体制外起着一种牵制作用,在资本主义垄断媒介的背景下,受众的传播权和媒介接近权客观上是有限的。①

(三) 比较媒介体制

美国学者丹尼尔·哈林和意大利学者保罗·曼奇尼(Paolo Mancini)基于西欧和北美地区18个国家的媒介制度,从比较研究的视角,结合不同地域性历史文化、政治制度的形构与演进乃至社会结构等方面与媒介制度间的系统性互动,提出了媒介体制的三个"理想型",分别是地中海或极化多元主义模式(The Mediterranean or Polarized Pluralist Model)、北欧/中欧或民主法团主义模式(The North/Central European or Democratic Corporatist Model)、北大西洋或自由主义模式(The North Atlantic or Liberal Model)三种媒介体制模式。

极化多元主义模式的特征是商业型报刊发展受限,公共广播电视、报刊带有鲜明的政治倾向性,媒介与政界之间的联系固化,新闻的专业主义程度较低;民主法团主义模式的特征是受社会、政治团体支持的媒介和商业性的媒介长期并存,国家对媒介的干预相对活跃但是在法律上受到一定限制;自由主义模式的特征是商业性媒介的发展占据优势地位,媒介发展主要受市场机制支配。②这一结论是基于媒介市场结构(the structure of media markets)、政治平行性(political parallelism)、新闻专业主义(journalistic professionalism)和国家的角色(role of the state)四个维度的研究得出的。

也有学者就这一议题展开进一步研究,对其结论进行了补充和完善。例如,有学者通过量化分析和综合考量后,提炼出了相对于媒介体制的理想类型而言的四种经验类型。③ 该研究对"比较媒介体制"的改善主要体现在:将媒介市场结构变更为报业市场的包容性(inclusiveness of the press market);在国家的

---

① 参见郭庆光:《传播学教程(第二版)》,中国人民大学出版社2021年版。
② 参见〔美〕丹尼尔·C.哈林、〔意〕保罗·曼奇尼:《比较媒介体制:媒介与政治的三种模式》,陈娟、展江译,中国人民大学出版社2012年版。
③ Michael Brüggemann, S. Engesser, F. Büchel, E. Humprecht and L. Castro, "Hallin and Mancini Revisited: Four Empirical Types of Western Media Systems," *Journal of Communication*, 64(6), 2014, pp. 1037-1065.

角色中增补了媒介所有权管理维度,以综合考察各国对电视、报刊和跨媒介的所有权管理。① 具体来说,北欧模式(Northern)主要集中于挪威、丹麦、芬兰和瑞典,该模式下的包容性媒介市场拥有着高度的新闻专业主义、强大的公共广播电视系统、慷慨的媒介津贴,以及最低水平的媒介所有权管制和政治倾向性;中欧模式(Central)集中于德国、奥地利、瑞士和英国,其主要特征为强大的公共广播电视系统、严格的媒介所有权管制和少量的媒介津贴;西欧模式(Western)的代表性国家是葡萄牙、比利时、荷兰、爱尔兰、美国,该模式的主要特点是较低的公共广播电视系统和媒介津贴;意大利、法国、希腊、西班牙四个国家的媒介体制构成了南欧模式(Southern),其主要表现是媒介市场的包容性极低,新闻专业主义表现不佳,但是它的政治倾向性最为明显,体制内媒介所有权管制情况的差异更是显著。②

第二节 中国新闻业的基本体制

自1978年改革开放以来,中国经济快速发展变化,因此上层建筑也需要持续调整从而与经济基础相适应。新闻业作为上层建筑的一个部分,其体制机制改革一直在持续进行。经过多年的探索与尝试,中国新闻业形成了新闻资产归国家所有、受马克思主义新闻观指导、意识形态与信息产业并举、宣传引导与新闻传播并重、多元力量相互制衡、多种业态协同发展等基本特征。

一、中国新闻体制改革

新中国成立初期,我国新闻体制建立的根基源于两个方面:一是中国共产党在延安开展宣传工作的经验;二是对于苏联新闻体制的学习。通过翻译苏联新闻学书籍和代表团实地考察,中国建立了一套与苏联新闻工作相似的高度集

---

① 方振武、韦路:《比较媒介体制研究:历史、现状与未来》,《国际新闻界》2021年第6期。
② 同上。

中的新闻制度。① 具体体现为20世纪50年代,我国建成了以《人民日报》、新华通讯社、中央人民广播电台为核心的新闻事业网,建立了以党管国营媒体为核心的新闻宣传体系,党组织是中国传媒治理的唯一主体,媒体高度依赖国家行政指挥。然而,随着中国经济社会的持续发展,早期的新闻体制无法与之相适应,新闻体制改革势在必行。

(一) 第一次新闻改革

第一次新闻改革的主要内容是实行"双轨制"。1978年,财政部批准了《人民日报》等首都八家新闻单位要求实施"事业单位、企业化管理"的报告。"事业单位"是指保持其事业单位的基本属性不变,媒体必须服从党和政府领导,在政治上必须恪守党性原则,和中央保持一致;"企业化管理"是指党和国家通过减少直接财政补贴与提供一系列经济政策将新闻媒体推向市场,新闻媒体是独立法人,媒体可以开始创收,在经济管理体制上采取企业化的运作方针,自主经营、独立核算、自负盈亏、依法纳税。这一次新闻体制改革解放了媒体的生产力,我国的新闻业也确立了双重属性。

自此,中国的传媒市场化开始起步,中国传媒的经营角色第一次被以制度化的方式予以正式确认,传媒进行市场经营获得合法性,其中广告经营是传媒进行市场化运作的主要表现和手段。1979年,《解放日报》恢复刊登商业性广告,上海电视台也播出了中国大陆第一条电视商业广告,随后报刊、广播、电视广告陆续恢复。同年,中宣部发出了《关于报刊、广播、电视台刊播外国商品广告的通知》,中央电视台开始在1套、2套节目推出商业广告。随着改革的推进,在21世纪初,全国近万家媒体(约2000家报纸,2000家电台,3000家电视台,3000家生活时尚、新闻财经类杂志)齐步走向市场,以广告收入作为主要收入来源。其中,电台、电视台95%以上的收入来自广告,报刊除发行收入外,98%的收入来自广告,这造成了广告市场上僧多粥少的局面,竞争之激烈近乎残酷。②

---

① 吴廷俊:《新闻媒体必须按新闻规律行事——对共和国新闻史上三个指导方针的反思》,《新闻与传播评论》2009年。
② 李良荣:《论中国新闻媒体的双轨制——再论中国新闻媒体的双重性》,《现代传播》2003年第4期。

（二）第二次新闻改革

第二次新闻改革的主要内容是激活新闻业的治理结构。20 世纪 90 年代中国社会主义市场经济体制改革以来，新闻业采取了与之配套的改革措施。

第一，媒体内部开始兴办都市报、都市台。在 20 世纪 90 年代中国大力发展社会主义市场经济的背景下，国家以行政规定的方式推动媒体进入市场。新闻出版署出台政策要求所有报纸（除了一些像《人民日报》这样党中央的机关报外）在 1994 年之前经济上必须独立，我国还提出了"外部断奶，内部搞活"的口号。"外部断奶"即媒体不再享受国家财政拨款，不再依靠政府补贴；"内部搞活"是指通过合理配置资源以及简政放权充分调动媒体内部的积极性和创造性。①

在这一背景下，新闻业改革正式登上了历史舞台。以报业为例，党报开始兴办子报，都市报成为中国新闻业新的经济增长点。1995 年 1 月 1 日，《四川日报》下属子报《华西都市报》正式创刊，中国第一张都市报诞生。这一定位为"市民生活报"的报纸大获成功，自 1995 年以 230 万元投资创办之后，年利润长期以每年 1000 万元的速度增长，直至 9 年以后实现年利润 1 亿多元。②《华西都市报》的创新和成功被其他媒体模仿：1995 年 3 月，《南方日报》在广州创办了《南方都市报》；1995 年 6 月，《湖南日报》在长沙创办了《三湘都市报》；1995 年 8 月，《河南日报》在郑州创办了《大河报》（原名《大河文化报》）；1995 年 9 月，《广西日报》在南宁创办了《南国早报》；1996 年 1 月，《河北日报》在石家庄创办了《燕赵都市报》；类似这类主要由省级党委机关报创办的都市类新闻报于短短数年内就在全国遍地开花。③

第二，媒体开启了集团化之路。1996 年，广州日报报业集团获得中宣部、国家新闻出版署的批准正式挂牌运行，中国首家报业集团成立。组建报业集团的

---

① 童兵：《改革实践与理论创新的互动——纪念中国新闻改革与新闻学研究 30 周年》，《新闻大学》2008 年第 2 期。
② 张志安、姚尧：《都市报融合转型的三种路径及其影响研究》，《新闻与写作》2019 年第 10 期。
③ 王辰瑶：《双重挑战下的都市新闻业："媒介化风险"与"消逝的地方"》，《南京社会科学》2022 年第 6 期。

目的是加强报业管理,实现对投入要素多重开发利用以及对知识、经验、品牌资源、广告资源的共享,同时转变报业的增长方式,实现从粗放型经济增长方式向集约型转变。一般而言,报业集团的基本构成是一家党报、若干子报和杂志、一家出版社、一家印刷厂以及经营性公司。

广州日报报业集团确立了"以报为本,依托集团,优势互补,多元发展"的发展思路,在 1998 年即已形成了 10 报 1 刊的规模,具体包括《广州日报》《足球报》《广州文摘报》《广州英文早报》《岭南少年报》《现代育儿报》《老人报》《广州商报》《交通旅游报》《广州日报电子版》和《新现代画报》。在经营方面,该发展模式取得了成功,实现了经济收入的增长。到 1997 年底,《广州日报》的日发行量已比集团成立前增加 30 万份,集团年总收入达 15 亿元,其中广告收入比集团成立前增加 2.5 亿元,集团年总利润、总资产、净资产分别比集团成立前增加 74%、180%、140%,集团的总产值位列广州市国有资产十强之一。① 广州日报报业集团的成功标志着中国新闻业从以条块分割为特点的个体分散经营走向面向市场的多层次规模性整合,从以行政隶属关系为纽带的粗放式企事业混合管理形态走向以资产为纽带的现代集团式企业管理模式。②

自广州日报报业集团成立之后,中国传媒行业集团化重组的序幕正式拉开。截至 2010 年,全国已建成 49 家报业集团。③ 在报业领域进行集团化的同时,广播电视领域的结构调整和集团化转型也拉开帷幕。1996 年我国颁布的《关于加强新闻出版广播电视业管理的通知》以及 1997 年广播电影电视部据此下发的相关文件提出了"三台合一、局台合一"的广播电视机构合并模式,政府不断通过行政权力推动成立行政区域化的广电集团。在此背景下,1994 年,上海东方明珠股份有限公司在上海证券交易所上市。1999 年,湖南电广传媒股份有限公司在深交所挂牌上市,成为真正意义上的"中国传媒第一股"。此后,歌华有线、中视传媒、广电网络、东方明珠、博瑞传播、赛迪传媒、湖南投资、华闻传

---

① 广州日报报业集团:《努力探索建立社会主义现代化报业集团的道路——广州日报报业集团改革发展实践回顾》,《新闻战线》1998 年第 4 期。
② 李良荣、窦锋昌:《中国新闻改革 40 年:以市场化为中心的考察——基于〈广州日报〉的个案研究》,《新闻与传播评论》2019 年第 3 期。
③ 新闻出版总署:《全国已建成 49 家报业集团》,《中国传媒科技》2010 年第 8 期。

媒、新华传媒与分众传媒采取各种方式纷纷上市。不过需要注意的是,传媒集团的组建是在不完全市场化的条件下实行计划配置的结果,[①]传媒产权并未发生根本性改革,传媒的国有资产所有权与经营权仍然掌握在政府手中。

(三) 第三次新闻改革

第三次新闻改革的主要内容是分离文化事业与文化产业,建立新闻业现代企业治理结构。在传媒体制改革的采编与经营"两分开"之后,传媒体制改革已经与文化体制改革汇流,或者说文化体制改革已经成为传媒体制改革的宏观背景。

第一,新闻改革从"部分剥离"走向了"整体转制"。早期的改革只是新闻业务与产业经营的剥离,随着新闻体制改革的深入,我国传媒业走向了事业法人与企业法人的剥离,也即整体转制。

传媒业整体转制的背景是文化体制改革。2002 年,党的十六大报告中明确指出"积极发展文化事业和文化产业"。文化事业以政府指导为主,为社会提供公共事业服务;文化产业以市场为主导,文化产品通过市场实现它的价值。2003 年 6 月 27 日至 28 日,全国文化体制改革试点工作会议在北京召开,同年,《文化体制改革试点中支持文化产业发展的规定(试行)》《文化体制改革试点中经营性文化事业单位转制为企业的规定(试行)》等相关政策颁布。由此,我国传媒业出现了两种不同性质的媒体企业。

整体转制是指在原属事业单位性质的传媒集团下成立传媒集团(股份)有限公司,传媒集团将内部产业经营性资产与产业经营型子报子刊或频道(率)全部划归到集团(股份)有限公司,并整体转制为企业法人,子报子刊或者频道(率)从理论上可以获得包括采编权和经营权在内的完整权利,集团公司可以建立内部法人体系和健全法人治理结构,成为按照现代企业制度组建的新型传媒

---

① 黄玉波、张金海:《从"部分剥离"走向"整体转制"——当前中国传媒产业体制改革趋向初探》,《新闻大学》2006 年第 3 期。

市场主体。① 这也是整体转制与部分剥离的重要区别。传媒集团的整体转制在宏观上有助于国家对传媒产业实施更加有效的分层和分类管理,在微观上有助于确立传媒集团独立的市场竞争主体地位。②

第二,此次新闻改革提出了"分类管理"的要求。整体转制以后,由于传媒集团内部事业法人与企业法人的属性相对清晰,国家提出对这两种性质的法人进行分类管理。公益性的事业单位继续以事业体制来管理,党报、党刊、电视台、广播电台和人民出版社必须坚持政府主导,其主要任务不是参与市场经营,而是为党和国家的思想文化工作服务,保证正确的舆论导向;传媒集团产业层面的企业法人则实行党委领导、政府管理、行业自律、企业自主经营,按现代企业制度进行体制创新。以广播电视业为例,广电国有资产管理同样需要分类管理。作为公益型事业法人的广播电视台的非经营性资产,由于其与政府的社会管理职能密切相关,因此应该由政府进行管理,但是作为企业法人的广电传媒公司的可经营性资产,则应通过建立国有"出资人"制度实现政府社会管理职能与国家资产所有者职能分开,并建立权责明确且独立于政府的广电国有资产管理、监督与运营体系,从而确保国有资产的保值增值。③

(四) 第四次新闻改革

随着社会环境的变化、传播技术的进步,互联网已经成为我国新闻工作的主阵地。为了促使媒体在新环境下更好地服务于我国国家治理体系和治理能力现代化的大局,自党的十八大以来,我国从顶层设计的角度提出推动媒体融合、构建现代传播体系等一系列目标蓝图。

近年来,传统媒体与新兴媒体融合发展已上升为国家发展战略。2013 年 8 月,"媒体融合"概念首次提出。2014 年 8 月 18 日中央全面深化改革领导小组

---

① 黄玉波、张金海:《从"部分剥离"走向"整体转制"——当前中国传媒产业体制改革趋向初探》,《新闻大学》2006 年第 3 期。
② 冉华、梅明丽:《中国传媒产业发展的现实困境——兼论文化体制改革背景下的传媒体制改革》,《武汉大学学报(人文科学版)》2007 年第 6 期。
③ 殷琦:《制播分离背景下的广电机构治理结构改革及其创新路径》,《现代传播(中国传媒大学学报)》2012 年第 5 期。

第四次会议进一步要求,推动传统媒体和新兴媒体融合发展,要遵循新闻传播规律和新兴媒体发展规律,强化互联网思维,坚持传统媒体和新兴媒体优势互补、一体发展,坚持先进技术为支撑、内容建设为根本,推动传统媒体和新兴媒体在内容、渠道、平台、经营、管理等方面的深度融合,着力打造一批形态多样、手段先进、具有竞争力的新型主流媒体,建成几家拥有强大实力和传播力、公信力、影响力的新型媒体集团,形成立体多样、融合发展的现代传播体系。① 还需强调的是,媒体融合的过程中要统筹处理好传统媒体和新兴媒体、中央媒体和地方媒体、主流媒体和商业平台、大众化媒体和专业性媒体的关系,形成资源集约、结构合理、差异发展、协同高效的全媒体传播体系。②

新型主流媒体是媒体融合的主要载体。2019 年 1 月 25 日,中央政治局在人民日报社就全媒体时代和媒体融合发展举行第十二次集体学习,其中强调,推动媒体融合发展,要坚持一体化发展方向,通过流程优化、平台再造,实现各种媒介资源、生产要素有效整合,实现信息内容、技术应用、平台终端、管理手段共融互通,催化融合质变,放大一体效能,打造一批具有强大影响力、竞争力的新型主流媒体。要抓紧做好顶层设计,打造新型传播平台,建成新型主流媒体,扩大主流价值影响力版图,让党的声音传得更开、传得更广、传得更深入。③ 2021 年 3 月,十三届全国人大四次会议通过的《中华人民共和国国民经济和社会发展第十四个五年规划和 2035 年远景目标纲要》中明确提出:"推进媒体深度融合,做强新型主流媒体。"

县级融媒体中心建设同样是此次新闻改革的重点。县级融媒体中心不仅仅是新时期的基层媒体单位,建设现代传播体系的重要一环,也是国家社会治理现代化体系的基础平台。④

---

① 《习近平:着力打造一批具有竞争力的新型主流媒体》,2014 年 8 月 18 日,http://cpc.people.com.cn/n/2014/0818/c64094-25489714.html,2022 年 8 月 10 日访问。
② 《习近平:推动媒体融合向纵深发展 巩固全党全国人民共同思想基础》,2019 年 1 月 26 日,http://www.qstheory.cn/yaowen/2019-01/26/c_1124046672.htm,2022 年 8 月 10 日访问。
③ 同上。
④ 胡正荣:《打造 2.0 版的县级融媒体中心》,《新闻界》2020 年第 1 期。

2018年被称为"县级融媒体中心建设年"。① 2018年8月21日至22日全国宣传思想工作会议召开,"县级融媒体中心"首次出现在国家级会议上,会议上明确提出"要扎实抓好县级融媒体中心建设,更好引导群众、服务群众";9月20日至21日,由中宣部牵头的县级融媒体中心建设现场推进会在浙江长兴召开,各地代表交流了探索融媒体中心建设的经验,会议提出2018年600个县级融媒体中心建设、2020年底全国基本覆盖的工作安排;11月14日,中央全面深化改革委员会第五次会议通过了《关于加强县级融媒体中心建设的意见》,指出要深化机构、人事、财政、薪酬等方面的改革,调整优化媒体布局,推进融合发展,不断提高县级媒体的传播力、引导力、影响力。2019年1月15日,受中共中央宣传部委托,国家广播电视总局组织编制并审查了《县级融媒体中心省级技术平台规范要求》,规定了对县级融媒体中心提供业务和技术支撑的省级技术平台规范要求。一系列顶层设计的出台表明党中央高度重视和高度关注县级融媒体中心建设,县级融媒体中心发挥着新闻传播最后一公里的功能,并且成为治国理政的新平台。

二、中国新闻业的主要特征

当前中国新闻业的主要特征是单一的资产国有制、马克思主义新闻观占据主导地位、具有意识形态与信息产业双重属性、新闻传播与舆论引导功能并重、具有多元力量相互制衡的发展逻辑,②并且在新媒体环境下形成了多元行动者协同运作的新闻业新业态。

(一)新闻资产:国家所有制

新闻资产所有制是新闻业作为事业和产业的根本,也是新闻体制改革中的根本和难点。一般而言,经济权力和政治权力之间可以互相转换。在新闻业中,资产所有权不放开,就是政治权力不放手,就是要把政治权力牢牢掌握在党

---

① 李彪:《县级融媒体中心建设:发展模式、关键环节与路径选择》,《编辑之友》2019年第3期。
② 参见杨保军:《新闻理论教程(第四版)》,中国人民大学出版社2019年版。

和政府手里,而不是任何其他利益集团的手里。① 当前,传统媒体中属于党的喉舌性质的报纸、广播、电视仍然坚持国家所有,但互联网上的大部分新媒体则属于民营资本所有,它们以参股、合作、收购等多种方式在传统媒体和新媒体领域积极布局。②

(二) 主导观念:马克思主义新闻观

马克思主义新闻观是一门科学。它具有四个来源:马克思主义基本原理、中国5000多年来形成和积累的传统文化成果、国外新闻观研究成果、新闻科学研究对新闻实践经验的理论抽象。③

马克思主义新闻观包含了宣传与组织、党性原则与群众路线、正面宣传与用事实说话、画同心圆与讲好故事、以人民为中心、与人类共命运等诸多兼具重要理论和实践意义的主张。④ 归纳而言,马克思主义新闻观的核心观念为坚持党性原则,即坚持党对新闻事业的领导;以人民为中心,即强调为人民服务是新闻业的价值目标;正确的舆论观念,即用正确的舆论引导人。

尤其需要注意的是,新闻工作需要在"以人民为中心的工作导向"的基础上把握好党性和人民性的统一。最近30多年来"党性和人民性"是一个敏感的讨论议题,习近平总书记在"8·19"重要讲话中重新并提党性、人民性,重申"党性和人民性从来都是一致的、统一的",打破了我国新闻宣传领域30多年来人为制造的一个禁区。党领导的媒体坚持党性是当然的,如果一个以为人民服务为唯一宗旨的党,却不许说党领导的媒体具有人民性,在理论上是说不通的。⑤ 因此,新闻工作在坚持正确导向的同时,也要坚持把实现好、维护好、发展好最广大人民的根本利益作为出发点和落脚点,坚持以民为本、以人为本。

---

① 参见杨保军:《新闻理论教程(第四版)》,中国人民大学出版社2019年版。
② 李良荣、袁鸣徽:《中国新闻传媒业的新生态、新业态》,《新闻大学》2017年第3期。
③ 童兵:《中国特色马克思主义新闻观的组成和来源——为庆祝中国共产党成立100周年而作》,《当代传播》2021年第2期。
④ 支庭荣:《马克思主义新闻观:理论视角、内在逻辑和价值关怀》,《新闻与传播研究》2022年第1期。
⑤ 陈力丹:《党性和人民性的提出、争论和归结——习近平重新并提"党性"和"人民性"的思想溯源与现实意义》,《安徽大学学报(哲学社会科学版)》2016年第6期。

（三）基本属性：意识形态与信息产业并举

当代中国新闻业既有意识形态属性，也具有一般的产业属性。意识形态属性意味着新闻事业是传播新闻、引导舆论、服务社会的政治工具。① 新闻媒体是党和政府的耳目喉舌，必须坚持党性原则，坚持党对新闻事业的领导，以追求社会效益为主要目标。产业属性意味着在我国社会主义市场经济体制下，新闻事业有关的广告、发行、社会信息服务等按照企业管理方式进行经营，遵循市场经济规律。

中国新闻业具有双重属性，其不能完全市场化，即使在当前互联网环境下，各类由个人或公司创办的新兴媒体也不能完全走市场化的路线。市场资本的逻辑是追求利润最大化，各类新兴媒体如果只追求流量变现而忽视内容质量和传播伦理，则会严重危害社会安定，最终也会失去受众的信任而行之不远，因此社会效益第一、经济效益第二原则同样适用于民营媒体和自媒体。②

（四）主要功能：宣传引导与新闻传播并重

新闻媒体是党和政府的喉舌，其宣传功能和舆论引导功能一直占据核心地位。传统媒体时代，新闻传播模式是多个媒体、一种声音，然而在进入互联网时代以后，公众处于观点的自由市场中，人们的价值观念发生了裂变，不同圈层的利益诉求千差万别，这种多元化的信息环境对新闻宣传的实现以及舆论的聚合作用和引导统领效应构成冲击。③ 这一新社会环境对我国的新闻舆论工作提出了新要求。

针对舆论引导工作，习近平指出，新闻舆论工作各个方面、各个环节都要坚持正确舆论导向，各级党报党刊、电台电视台要讲导向，都市类报刊、新媒体也要讲导向；新闻报道要讲导向，副刊、专题节目、广告宣传也要讲导向；时政新闻

---

① 参见《新闻学概论》编写组：《新闻学概论（第二版）》，高等教育出版社2020年版。
② 李良荣、郭雅静：《三足鼎立下的网络媒体的态势及其治理之策》，《国际新闻界》2019年第10期。
③ 沈正赋：《新型主流媒体舆论引导的策略传承、手段创新及其效度量化——基于新媒体内容治理为中心的考察》，《江淮论坛》2022年第1期。

要讲导向,娱乐类、社会类新闻也要讲导向;国内新闻报道要讲导向,国际新闻报道也要讲导向。① 在新闻宣传方面,我国的基本理念是在马克思主义指导下,根植于中国革命、建设、改革的实践,以党的理论和路线方针政策为依据,动员和组织群众为实现自身利益而奋斗。新闻宣传实践要求重点做好重大主题、重大活动和重大突发公共事件的宣传报道,做好典型宣传,做好新闻发布与信息公开。②

媒体在进行宣传引导时,需要尊重新闻传播规律,依据新闻报道的基本规则,真实、客观、全面地报道事实。首先,真实性是新闻的生命,媒体要根据事实来描述事实,既准确报道个别事实,又从宏观上把握和反映事件或事物的全貌;其次,舆论监督和正面宣传是统一的,新闻媒体要直面工作中存在的问题,直面社会丑恶现象,激浊扬清、针砭时弊,同时发表批评性报道要事实准确、分析客观。③ 也就是说,新闻报道需要用事实说话,记者应该深入挖掘有价值的新闻事实,把宣传引导融入客观全面的报道,并且媒体在坚持正面宣传的同时,需要保持在社会重大事件发生时处于"在场"并及时"发声"的状态,勇于对社会事务进行干预,避免在关键时刻、关键问题上失语而丧失公众的信任。

(五) 发展逻辑:多元力量相互制衡

与改革开放之前单一的政治逻辑支配相比,当代中国新闻业是以政治逻辑为核心,并且在经济、技术、公众等多元力量的共同作用下发展演进的。

国家和市场是新闻业发展的重要力量。国家和市场是权力的不同矢量,这两股力量既有对抗的可能,也有互相叠加形成合力的机会。④ 当前中国仍然处于社会转型期,国家与市场可以结合成为"国家—市场"复合体,尤其是在新闻

---

① 习近平:《坚持正确方向创新方法手段 提高新闻舆论传播力引导力》,2016 年 2 月 19 日,http://www.xinhuanet.com/politics/2016-02/19/c_1118102868.htm,2022 年 8 月 10 日访问。
② 参见《新闻学概论》编写组:《新闻学概论(第二版)》,高等教育出版社 2020 年版。
③ 《习近平主持召开新闻舆论工作座谈会并发表重要讲话》,2016 年 2 月 22 日,http://jx.cnr.cn/2011jxfw/gdxw/20160222/t20160222_521428765.shtml,2022 年 8 月 18 日访问。
④ 〔加〕赵月枝:《国家、市场与社会:从全球视野和批判角度审视中国传播与权力的关系》,《传播与社会学刊》2007 年第 2 期。

改革中同时重视国家与市场的作用,进而区分二者的组合方式、权重、角色扮演等,有助于实现改革效益的最大化。[①] 在这一改革思路下,意识形态属性与产业属性成为中国新闻业的基本属性,媒体需要在事业与产业中寻求平衡,从而尽可能地实现新闻传播的社会效益和经济效益的统一。

公众是影响新闻业发展的重要因素之一。传播环境的变化带来新闻业底层逻辑的更替,公众从边缘回到中心,群众路线、公众福祉、用户导向等这些不同语境下的表达得以打通,公众的信息需求和表达需要成为媒体转型中的政治正确和最有效的市场通货。在市民社会和信息社会的环境下,公众在新闻业中是主动的、参与的、赋权的、行动的主体,出现了人人都是记者(发布新闻)、人人都有麦克风(发表意见)、人人都是新闻发言人(诉求利益)的新景象。[②]

层出不穷的新技术同样改变着新闻业的面貌。首先,新技术推动新闻样态发生改变,随着数据新闻、短视频新闻、虚拟现实新闻等新新闻类型的产生,新闻从业者所需的技术能力同样需要更新和提升。其次,新技术打破了传统媒体在新闻分发上的渠道垄断,算法新闻推荐逐渐成为主流,新闻从业者由此也需要掌握算法逻辑和平台媒体的逻辑,对于新闻的投放进行调整。最后,新技术进一步影响新闻价值判断与新闻选择,新闻从业者借助技术工具分析公众喜好与其新闻消费习惯,传统的新闻生产理念受到挑战。此外,新技术催生了一批新的行动者,例如科技公司改写了新闻业的格局,甚至在逐步动摇新闻业运营的底层逻辑。

(六) 新媒体业态:党媒、民营企业、自媒体

在互联网环境下,专业传统媒体主导职业化生产和体制内行动者垄断传播资源的传统新闻业态,正转变为多种类型媒体共同参与、多元新闻实践形态并存的新生态格局。[③] 有学者指出,新闻媒体不再局限于传统意义上的党媒,而是

---

① 王斌、王雅贤:《"政经博弈说"及其发展:中国新闻改革中国家—市场关系的理论考察》,《国际新闻界》2016 年第 9 期。
② 刘鹏:《用户新闻学:新传播格局下新闻学开启的另一扇门》,《新闻与传播研究》2019 年第 2 期。
③ 张志安、汤敏:《新新闻生态系统:中国新闻业的新行动者与结构重塑》,《新闻与写作》2018 年第 3 期。

扩展到民营机构创办的媒体、个人开设的自媒体,它们形成了三足鼎立之势,均在一定程度上发挥了传统媒体的功能和职责。其中,党媒是新闻舆论的引导者、定义者,民媒是新市场生态下传媒业创新发展的动力源,自媒是新网媒环境下新型主流群体发声的新阵地。[1] 还有学者指出,当前新闻传播领域出现了职业新闻传播主体、民众个体传播主体以及非职业、非民众个体的组织(群体)传播主体的"三元"类型,它们共享新闻资源、共同生产新闻文本,呈现出新闻业的新图景。[2]

尤其需要注意的是互联网公司作为非传统新闻生产主体在新闻业态中的角色和作用。以百度、阿里巴巴、腾讯为代表的企业在政策的支持下以参股、合作、收购等多种方式在传统媒体和新媒体领域积极布局,对中国新闻业的整体结构与发展已经产生了重要的影响。尽管国家相关法律、政策没有赋予非国家所有的互联网企业独立的新闻采访权,但它们在实际上从事新闻生产和传播活动,为非职业新闻的生产传播提供了有效的中介和广阔平台,为社会大众的新闻收受提供了完善的分享、共享通道,它们自身就是传统媒体难以竞争的信息分发者、新闻分发者。在这一背景下,此类新新闻业的行动主体与传统的职业化媒体形成了"你中有我,我中有你"的双向融合的特征。互联网媒体融合了传统新闻业的工作准则,同时传统媒体也在一定程度上接受了平台媒体对于新闻分发和新闻生产的改造,两者既适应对方又建构对方。

第三节 新闻传播与社会控制

新闻传播是在复杂的社会条件下进行的,它既受到社会规范的约束,又与媒介所有权的行使密切相关,同时在全球化背景下,新闻传播与国家发展、意识形态之间的关系也成为一个非常重要的议题。

---

[1] 李良荣、郭雅静:《三足鼎立下的网络媒体的态势及其治理之策》,《国际新闻界》2019年第10期。
[2] 杨保军:《"共"时代的开创——试论新闻传播主体"三元"类型结构形成的新闻学意义》,《新闻记者》2013年第12期。

一、新闻传播与社会规范

社会规范体现为社会的运行规则和价值观念，它们潜移默化地作用于新闻传播的全过程，影响着新闻从业者自身认识世界的立场和视角，也影响着他们对于新闻的选择和呈现。

新闻报道是对社会的建构。新闻是通往世界的一扇窗，通过这扇窗，人们得以了解自己和他人、所在的国家和社会以及其他国家及其人民。至于人们具体看到的是什么，既取决于窗子的角度和大小、窗格的多寡、玻璃的透明度，也取决于人们所站立的位置和视角以及距离目标物的远近。[①] 这个比喻反映出新闻不是对社会的镜像反映而是对社会的建构。新闻从业者在选择与判断新闻价值时需要调用各类规范，但他们同样也在参与界定这些规范，新闻在描述事件的过程中，同样也在界定相应的事件。例如，对任何一种类型的报道都意味着另一种类型的报道的缺席，对一些社会行为的报道也界定了何为合群、何为越轨，通过此类意义的传达，新闻不断地界定和重新界定、构造和重构社会现象。[②]

新闻报道在建构社会时受到恒久价值观的影响。恒久价值观是指在长时间内出现在很多不同类型的新闻故事中的价值观念。[③] 美国学者赫伯特·甘斯（Herbert Gans）在《什么在决定新闻》中通过对两大电视网晚间新闻节目和两大主流新闻周刊的内容分析，将美国新闻媒体所维系与传播的核心价值观归纳为以下八类：民族优越感、利他的民主、负责任的资本主义、小镇田园主义、个人主义、温和主义、社会秩序与国家领导权（具体内涵见知识窗）。这些核心价值观深深根植于美国的历史传统和社会共识，是政治制度、社会结构、文化价值观长期互相作用的结果，其不因政治社会的变迁和媒介形态的演进而发生剧烈变动，因此无论是哪个党派的领导人当政，是传统媒体还是新媒体当道，其价值观

[①] 参见〔美〕盖伊·塔克曼：《做新闻：现实的社会建构》，李红涛译，中国人民大学出版社2022年版。
[②] 同上。
[③] 参见〔美〕赫伯特·甘斯：《什么在决定新闻：对CBS晚间新闻、NBC夜间新闻、〈新闻周刊〉及〈时代〉周刊的研究》，石琳、李红涛译，北京大学出版社2009年版。

的核心内容大体相近且基本稳定,不会出现忽左忽右、忽而保守忽而激进的现象。① 恒久价值观影响了新闻从业者对于新闻的定义,决定了哪些社会事件可以成为新闻。

> **知识窗:恒久新闻价值观的八种具体表现**②
>
> | | |
> |---|---|
> | 民族优越感 | 将自己的国家看得重于一切,并且这种民族优越感在国际新闻中表现得最为明显。 |
> | 利他的民主 | 新闻暗示政治应该以公众利益为基础,并为公众服务。 |
> | 负责任的资本主义 | 新闻中针对经济的潜在姿态与针对政治的姿态相仿。媒体并不会批评寡头垄断及其对不合理利润的追求以及对工人的剥削。 |
> | 小镇田园主义 | 新闻对小镇的偏爱超出了其他类型的居住地。 |
> | 个人主义 | 新闻报道关注个体而非群体,其秉持的理念是个人不受国家和社会的侵犯,追求个人自由。 |
> | 温和主义 | 反对过度或极端倾向。在许多领域,两极对立往往会受到质疑,而温和的解决之道更受欢迎。 |
> | 社会秩序 | 尊重权威和相应的恒久价值观,关注社会凝聚力。 |
> | 国家领导权 | 新闻在重视社会秩序的同时,也暗示如何借助在道德与其他方面具备能力的领导层来维护这些秩序。 |

美国的主流媒体致力于维系主流价值观,维护社会稳定。媒体将客观性作为新闻生产的准则,声称要摒除意识形态,但在现实中媒体很难做到完全的超然独立。这具体体现为,媒体不仅在报道客观事实,而且还在通过对于事实的报道形塑公众的意见,通过或明或暗地表达支持什么和反对什么来维系和夯实这些主流价值观,并使之恒久化,代代相传。因此,可以将新闻的报道

---

① 史安斌、廖鲽尔:《"去政治化""去意识形态化"的神话——美国媒体价值观传播的历史脉络与实践经验》,《新闻记者》2016年第3期。
② 参见〔美〕赫伯特·甘斯:《什么在决定新闻:对CBS晚间新闻、NBC夜间新闻、〈新闻周刊〉及〈时代〉周刊的研究》,石琳、李红涛译,北京大学出版社2009年版。

和传播理解为制造共识(manufacturing consent)的过程,即媒体在实现利润最大化的同时,也要使大众的意识和主流意识形态相一致,而此举的根本是在维护对国内社会、国家以及全球秩序起主导作用的精英阶层的经济、社会和政治议程。① 面对任何威胁现状的事物,新闻工作的惯例会自动将其标记为不合法的,长此以往,系统的扭曲便会产生。② 此外,美国的主流媒体还致力于将这些价值观输出到全球其他国家和地区,以这些美国价值观来解读和评判国内和国际事务。

我国主流媒体也具有一定的价值观。长期以来,我国的新闻媒体作为党的喉舌,承担着重要的宣传和舆论引导作用,因而媒体对新闻价值的判断是与党政机关高度一致的。我国主流的新闻观念仍以正面宣传为主,本着积极鼓劲和帮忙不添乱的原则进行新闻报道,这就决定了我国媒体的主要价值取向是正面宣传。由于过分强调新闻的宣传价值,在过去,媒体有时往往扮演着一种灌输和教育的角色,而受众则是被灌输和教育的对象。事实上,受众并不排斥那些关于好人好事的报道,只是陈旧的宣传模式使受众反感,也越来越不适应社会的发展。媒体在反映主流价值观时需要充分结合新社会环境与新技术环境。

二、所有权与媒介垄断

所有权以及所有权如何行使的问题是了解媒介结构的基础。③ 不同媒介具有不同的所有权形式,而且所有权行使的方式也有所不同。"媒介所有权"并非一个孤立的概念,它和媒介市场结构、媒体集中度、媒介垄断等概念密切相关。

(一) 媒介所有权

媒介所有权的主要形式有商业公司、非营利机构、公共部门。在私有模式

---

① 参见〔美〕爱德华·S. 赫尔曼、诺姆·乔姆斯基:《制造共识:大众传媒的政治经济学》,邵红松译,北京大学出版社2011年版。
② 参见〔美〕卡琳·沃尔-乔根森、托马斯·哈尼奇:《当代新闻学核心》,张小娅译,清华大学出版社2014年版。
③ 参见〔英〕丹尼斯·麦奎尔:《麦奎尔大众传播理论(第五版)》,崔保国、李琨译,清华大学出版社2018年版。

下,大型媒体连锁经营、联合集团或者是小型媒体的独立经营对媒体发展方向具有很大影响;在非营利机构模式下,媒体可以是中立的信托机构,保证相对的独立性;在公共部门所有模式下,从直接的国家行政干预到具体的多样性的建构,都意在保证内容决策方面具有最大限度的自主权。[1]

企业所有权和市场结构挂钩。市场结构反映的是一个行业的竞争和垄断程度。在传媒领域,通过对于厂商数量、产品差异化、进入壁垒、价格控制的考察,可以将媒体市场结构按照竞争性递减的顺序分为完全竞争(perfect competition)、垄断竞争(monopolistic competition)、寡头(oligopoly)、垄断(monopoly),具体市场结构特征如表8-1所示。

表8-1 市场结构的特征[2]

结构特征	结构类型			
	完全竞争	垄断竞争	寡头	垄断
厂商数量	众多	众多	少	一个
产品差异化	同质化的	差异化的	有差别或同质	无替代品
进入壁垒	自由进入	易于进入	较难进入	极难进入
价格控制	被动接受	一定价格控制	基本控制	强力控制

媒体集中度是衡量媒体市场结构的重要指标。市场竞争首先引发了媒体集中化,它分为水平集中和垂直集中。其中,水平集中是指同一市场内进行合并(如两家全国性报纸的合并),垂直集中是指媒介所有者控制生产与发行的不同阶段(如一家全国性报纸兼并了一家地方性报纸)。[3] 针对具体的集中化程度,学者们也提出了相应的测量方式和评价标准。媒体集中度是指某一特定传媒行业中少数几个大型媒体所占的市场份额,常用来表示市场的寡占程

---

[1] 参见〔英〕丹尼斯·麦奎尔:《麦奎尔大众传播理论(第五版)》,崔保国、李琨译,清华大学出版社2018年版。

[2] 参见喻国明等编著:《传媒经济学教程(第二版)》,中国人民大学出版社2019年版。

[3] 参见〔英〕丹尼斯·麦奎尔:《麦奎尔大众传播理论(第五版)》,崔保国、李琨译,清华大学出版社2018年版。

度,其测量要素主要有企业规模和市场容量。① 一般而言,排名前四位的公司对某产业控制超过 50%,或前八家公司对某产业控制超过 70%,即被认为高度集中。②

在美国,媒体集中度变化的关键节点是《1996 年电信法》的颁布。《1996 年电信法》是对《1934 年电信法》的修改。《1934 年电信法》将美国的电视传播事业划分为电信和广播两大领域,两者之间有着严格的界限,而《1996 年电信法》则大幅度放宽了对广播电视媒介所有制的限制,建立了一种全新的竞争框架,有线电视公司和电信公司可以直接竞争。美国政府颁布该法案的初心是打造一个相对开放的市场,希望当时竞争实力较弱的有线电视公司可以和电信公司势均力敌。③ 然而现实是,该法案颁布后媒体集中度迅速提升。这带来的影响是,在 1996—2000 年期间,随着电信产业公开交易的股票市值增长上千亿美元,该法案广受赞誉,但是 2001 年以后,随着电信产业陷入困境,该法案的合理性也开始受到质疑。④

《1996 年电信法》的制定是美国国内广播电视事业制度的改革,但它的实施也对世界各国产生了影响。随着超大型多媒体综合垄断企业的出现,美国传播业在开拓和控制世界市场方面的举动引发了其他国家的反应。几乎与美国同步,英国政府于 1995 年 12 月也提出了新的广播法案,准备进一步缓和媒介所有制,其中包括撤销一家公司最多只能经营两个电视台的限制,并在一定条件下允许报社兼营电视台。新广播法案还提出将英国现行的信号模拟式广播电视最终全部改变为数字压缩式的目标,表明了在卫星电视、数字化和多媒体领域与美国一争高低的姿态。⑤

---

① 参见喻国明等编著:《传媒经济学教程(第二版)》,中国人民大学出版社 2019 年版。
② 转引自〔英〕丹尼斯·麦奎尔:《麦奎尔大众传播理论(第五版)》,崔保国、李琨译,清华大学出版社 2018 年版。
③ 参见肖赞军:《西方传媒业的融合、竞争及规制》,中国书籍出版社 2011 年版。
④ 戴元初:《1996 电信法与电子传媒管制的制度演进》,《国际新闻界》2007 年第 5 期。
⑤ 郭庆光:《二十一世纪美国广播电视事业新构图——〈1996 年电信法〉的意义与问题》,《国际新闻界》1996 年第 6 期。

（二）媒介垄断的社会影响

媒体所有权的集中乃至媒介垄断的出现是一件一体两面的事情。从积极的角度看，媒介垄断最终会使公众受益，因为这是一种涓滴效应（trickle-down effect），也就是媒体所有者在根本上是要服务于自我利益，而他们为了在激烈的市场竞争中生存，往往会遵从受众的期望和需求，生产受众喜爱的内容，从而创造更多利润。① 从消极的角度看，媒体所有权集中和媒介垄断使人们的新闻来源趋于单一，新闻的多样性和观点的多元性减弱，同时也可能造成媒介产品的价格提升等问题。尤其是就全球媒体巨头而言，它们更是试图控制尽可能多的媒体，包括报纸、杂志、通讯社、广播和电视台、电视网、图书出版商、电影制作公司等，从新闻内容、政治、公共政策到穿衣时尚，全方位地控制公众。②

媒介垄断是导致市场失灵的原因之一，政府规制则常被用来补救市场失灵。媒介垄断是一个广义的概念，它是指一个或几个厂商控制一个行业的全部或者大部分生产供给，包括寡头垄断和某些垄断竞争的情况。③ 从经济学的角度看，媒介垄断将导致生产资源配置缺乏效率，治理此类市场失灵的乱象，通常需要政府的介入。政府规制也称政府干预、政府监管，即政府依据一定法规和标准对企业行为进行约束和管理，具体方式包括间接规制和直接规制。间接规制是指通过立法的方式对市场进行干预。直接规制分为经济性规制和社会性规制：经济性规制是指政府对企业的进入、退出、价格进行制约，社会性规制是指由政府对企业的产品和服务以及围绕产品和服务而产生的各种活动设立标准和规则从而加以限制。④

---

① 参见〔美〕埃弗里特·丹尼斯、约翰·梅里尔：《媒介论争：数字时代的20个争议话题（第四版）》，王春枝译，中国人民大学出版社2019年版。
② 同上。
③ 参见喻国明等编著：《传媒经济学教程（第二版）》，中国人民大学出版社2019年版。
④ 同上。

三、全球化与媒介帝国主义

全球化是一个切身可感的普遍现象。媒介全球化同政治全球化、经济全球化类似,它在为世界公民创造了便利的同时,也无法回避全球化背后的权力不平等问题。

(一)媒介的全球化发展

全球化是指随着社会和经济联系延伸到世界各地,世界上不同国家和地区之间的相互依赖性越来越强。媒介全球化一方面是指传媒企业的跨国发展,另一方面也是指互联网的发展为世界范围内的公民提供了自由交流的可能性。媒介全球化与其他类型的全球化类似,其包含三个层面的意涵:其一是指传媒企业是超国家的企业组织,所有权及控制运作的机制均以全球为基础;其二是指传媒企业的运作镶嵌着特定意识形态;其三是指经验性层面,指的是全球化过程中可观察的社会、文化等方面的改变。[1]

媒介全球化发展的宏观背景是 20 世纪中叶以来,伴随着政治和经济等领域的全球化发展,信息科技的跨国流动越来越频繁。有学者指出,媒介全球化几乎是媒介美国化,美国是媒介集团的大本营,同时也是唯一在媒介各领域向全球扩张的国家。[2] 这一现象的产生需要结合时代背景理解。20 世纪 40 年代至 90 年代,美国大力发展经济和科技,以电子计算机为代表的科学技术实现了重大突破,一场信息控制技术革命由此展开,美国进入了信息化社会,经济也实现了转型发展。

在传媒集团方面,美国的传媒企业在国内兼并重组的同时,也将触角伸向发展中国家,不断扩张其传媒版图。迪士尼、时代华纳等美国本土公司,以及新闻公司、索尼等名义上的外国公司瞄准了美国市场,它们既竞争又合作,共同设立跨媒介所有权、分享财务收入、共同投资制片、交换其地方电台;同时也垄断

---

[1] 参见陈龙:《大众传播学导论》,苏州大学出版社 2008 年版。
[2] 李金铨:《中国传媒的民族性与全球性》,《国际新闻界》2002 年第 6 期。

了全球文化生产的资源和分配的渠道①,在新闻、电影、电视剧、音乐唱片等每一个媒介相关的领域向第三世界国家输出其产品和价值观念。

媒介全球化和互联网的发展密切相关。信息技术的进步使人们生活在麦克卢汉所说的"地球村"中,信息流动不再受时间和空间的限制,身处世界各地的人能够在互联网中进行实时交流。但是需要注意的是,互联网的发展以及互联网中的信息流动仍然是不平衡的,以美国为首的资本主义国家仍然是核心,并且这一秩序被不断合理化。在 20 世纪 90 年代初,"信息自由流动"作为西方传媒集团的产品与服务在全球无限流动的规范表述,被载入联合国教科文组织的文件并成为指导方针。② 此外,依托互联网发展出的具有全球影响力的新兴媒体仍然是美国主导的传媒企业,如 Facebook、Twitter、Instagram 等。

(二) 媒介帝国主义

1969 年,赫伯特·席勒(Herbert Schiller)出版了《大众传播与美帝国》,揭开了媒介帝国主义研究的序幕。媒介帝国主义是指,西方发达国家通过大众媒介向发展中国家传递它们的文化价值观、消费意识形态、新自由主义市场体系、商业模式,目的是实现对第三世界国家的软控制;具体是指保证发达国家在第三世界国家的言论自由和贸易自由,并且在此过程中维持信息的单向流动,建构发展中国家的民众对以美国为首的资本主义国家的意识形态、价值观念、文化习俗的认同。③ 概言之,媒介帝国主义的产生是权力不平等所致,它是第一世界国家对第三世界国家的新型控制方式,是其在全球范围内意识形态和文化上的"殖民",根本目的是维持其全球霸权地位。

媒介帝国主义的概念暗含着知识分子对于这一现象的批判。席勒在提出这一概念时,将大众传媒视为西方资本主义文化的表征,将新闻传播作为其研究资本主义制度的一个重要方面,昭示了他对战后以美国为首的西方资本主义国家以新的帝国主义形式称霸全球的批判。此外,从媒介帝国主义的核心思想

---

① 李金铨:《国际传播的国际化——反思以后的新起点》,《开放时代》2015 年第 1 期。
② 参见〔美〕赫伯特·席勒:《大众传播与美帝国》,刘晓红译,上海译文出版社 2013 年版。
③ 参见《西方传播学理论评析》编写组:《西方传播学理论评析》,高等教育出版社 2022 年版。

上看,其最终落脚到发展中国家对于主权的争夺。具体来说,该理论概念的核心思想可以用依附、控制、主权三个关键词描述。其中,依附是指一种与早期现代化发展模式不同的发展观,它强调发展是为了满足人民的基本需求并且能够帮助他们提升自己的能力;控制是指发达资本主义国家对发展中国家在经济和文化上的影响;主权是指发展中国家在信息和文化方面具有主权,有理由抵制发达国家输出的文化产品。①

媒介帝国主义的理论概念存在一定争议。承认这一观念的学者主要持两种观点:一是媒介帝国主义是发达资本主义国家具有明确目标的阴谋,即发达国家有目的地运用其在政治、经济方面的优势,强行推广其意识形态和文化观念,并且利用通俗的大众文化欺骗其他地区的消费者,将其作为巩固帝国主义政治和经济侵略的隐蔽手段;二是媒介帝国主义是一种不可避免的趋势,并没有哪个主体在背后有目的地操纵它,不过由于美国在传媒领域的强势地位,也有学者将媒介帝国主义等同于"美国化"。②

也有学者指出,媒介帝国主义的理论概念存在不足。其一,该概念本身具有模糊性。约翰·汤普森(John Thompson)提出,媒介帝国主义不存在固定的概念,有的只是关乎它的不同的话语,具体包括作为媒介帝国主义的话语、作为民族国家的话语、作为批判全球资本主义的话语、作为现代性批判的话语,而不同的话语谈论的对象和立场具有很大差异。③

其二,该概念忽略了受众的主动性。媒介帝国主义理论认为,面对西方发达国家在文化上的侵略控制,发展中国家是无力抵抗的,其受众也是盲目的。事实上,受众在接受文化观念的时候充满复杂性,政治经济的发展情况与读者解码能力之间存在张力,宏观结构和微观体验之间不能互相解释。例如,洪美恩在关于电视剧《达拉斯》的接受研究中发现,受众能够主动地解读剧情及其镶嵌的意识形态,他们可以被分为不喜爱者、嘲讽者、喜爱者三种人。同样是针对《达拉斯》,泰玛·利贝斯(Tamar Liebes)和卡茨进一步以全球受众为研究对象进行分析,他们发现受众的文化背景、意识形态传统和社会地位会明显影响他

---

① 参见徐培喜:《全球传播政策:从传统媒介到互联网》,清华大学出版社2018年版。
② 参见刘海龙:《大众传播理论:范式与流派》,中国人民大学出版社2018年版。
③ 转引自刘海龙:《大众传播理论:范式与流派》,中国人民大学出版社2018年版。

们复述剧情的方式。①

因此,面对媒介全球化发展及其在意识形态和文化观念方面的输出需要更加审慎。无视受众在使用跨国媒介时的文化差异和能动性,将跨国媒介产品视为意识形态的宣传工具以及摧毁本土文化的洪水猛兽是轻率的;无视西方发达国家的媒介强势,用民族主义的态度来消极对抗经济和文化的全球化也并不是健康的态度。②

小　结

本章介绍了新闻理论中媒介体制这一相对宏观的议题。第一节介绍了世界范围内新闻体制的类型及相关研究进展。第二节介绍了中国新闻业的基本制度,其中既涵盖了中国新闻业改革的历史进程,也呈现了新时代我国对于传媒业的具体要求。第三节介绍了社会控制下的新闻传播,包含社会规范、所有权与媒介垄断、全球化与媒介帝国主义对新闻业的影响。这一节内容有助于我们理解世界新闻体制以及中国的新闻体制为何呈现出当前的样态。

世界新闻业的体制类型主要涉及三个方面的内容。其一,世界范围内的新闻媒体有三大运行体系,包括以私有制为主体的完全商业化运作体制、公私兼顾的双轨制运作体制、完全国有的有限商业化运作体制;其二,《传媒的四种理论》介绍了集权主义理论、自由至上主义理论、社会责任理论、苏联共产主义理论四个类型,它们是媒介体制研究的起点,但其自身也存在局限性;其三,针对早期媒介体制研究的不足,有学者基于发展中国家的国情提出了发展媒介理论,有学者通过反思西方当代大众传媒体制提出了民主参与理论,有学者基于多国的状况展开了比较媒介体制研究。这些媒介理论侧重点不同,有其适用范围和不足之处。

中国新闻业的基本制度主要包含两个部分的内容。其一,自改革开放以

---

① 参见〔英〕泰玛·利贝斯、〔美〕埃利胡·卡茨:《意义的输出:〈达拉斯〉的跨文化解读》,刘自雄译,华夏出版社2003年版。
② 陆晔:《解读〈达拉斯〉:文化帝国主义的尴尬》,《新闻记者》2004年第11期。

来,中国开展了四次新闻改革:第一次新闻改革的主要内容是实行"双轨制";第二次新闻改革的主要内容是激活新闻业的治理结构;第三次新闻改革的主要内容是分离文化事业与文化产业,建立新闻业现代企业治理结构;第四次新闻改革的主要内容是推动媒体融合、构建现代传播体系。其二,该节介绍了当前中国新闻业的主要特征,分别是单一的资产国有制、马克思主义新闻观占据主导地位、具有意识形态与信息产业双重属性、新闻传播与舆论引导功能并重、具有多元力量相互制衡的发展逻辑,并且形成了多元行动主体共同作用于新闻业的新业态。

最后,本章介绍了新闻传播是如何在复杂的社会条件下进行的。其一,社会规范潜移默化地作用于新闻传播的全过程,影响着新闻从业者自身认识世界的立场和视角。典型的体现是赫伯特·甘斯总结的八种恒久价值观,它们影响了新闻从业者对于新闻的定义,在很大程度上左右着哪些社会事件可以成为新闻。其二,媒介所有权同样和新闻体制密切相关。媒介所有权的主要形式有商业公司所有、非营利机构所有、公共部门所有,其相关概念还包括媒介市场结构、媒体集中度、媒介垄断。媒介垄断是一个国家中媒介所有者的单一化,这会减少新闻消息源和意见观点的多样性,甚至会引发市场失灵,政府规制常被视为有效的解决方式。其三,媒介全球化与信息技术的发展使人们生活在可以随时随地进行交流的"地球村"中。关于媒介全球化的讨论不仅涉及信息流动,而且触及更深层次的国家权力不平等问题。媒介帝国主义理论概念关切的正是这一问题,该理论是对西方发达资本主义国家对发展中国家进行信息控制的批判。

关键概念

传媒的四种理论	发展媒介理论	民主参与理论	比较媒介体制
集团化	新闻改革	恒久价值观	媒介所有权
媒介帝国主义			

思考题

1. 世界新闻体制有哪些类型?其特点是什么?
2. 什么是传媒的四种理论?其理论贡献与理论局限分别是什么?

3. 什么是发展媒介理论?
4. 什么是民主参与理论?
5. 如何理解比较媒介体制?
6. 中国经历了几次新闻改革?每次新闻改革的主要内容是什么?
7. 什么是媒体的集团化?
8. 中国新闻业的主要特征是什么?
9. 如何理解新闻传播的恒久价值观?
10. 什么是媒介帝国主义?其内涵与争议分别是什么?

 拓展阅读

〔美〕丹尼尔·C.哈林、〔意〕保罗·曼奇尼:《比较媒介体制》,陈娟、展江译,中国人民大学出版社2012年版。

〔英〕丹尼斯·麦奎尔:《新闻与社会》,陶文静译,中国人民大学出版社2023年版。

〔美〕克利福德·G.克里斯琴斯等:《传媒规范理论》,黄典林、陈世华译,中国人民大学出版社2022年版。

〔英〕詹姆斯·卡伦、〔韩〕朴明珍:《去西方化媒介研究》,卢家银等译,清华大学出版社2011年版。

《习近平新闻思想讲义》编写组编著:《习近平新闻思想讲义》,人民出版社2018年版。

辛晓进:《当代中外新闻传媒》,中国人民大学出版社2013年版。

胡正荣、李煜:《社会透镜:新中国媒介变迁六十年1949—2009》,清华大学出版社2010年版。

潘祥辉:《媒介演化论——历史制度主义视野下的中国媒介制度变迁研究》,中国传媒大学出版社2009年版。

新华通讯社课题组:《习近平新闻舆论思想要论》,新华出版社2017年版。

徐培喜:《全球传播政策:从传统媒介到互联网》,清华大学出版社2018年版。

赵永华:《中亚转型国家的新闻体制与媒介发展》,中国书籍出版社2013年版。

郑涵、金冠军:《当代传媒制度变迁》,上海三联书店2008年版。

新闻传播社会关系

第九章 新闻舆论与社会治理

新闻舆论工作是党的一项至关重要的意识形态工作,在社会治理乃至中国现代化建设过程中发挥着重要作用。总体上看,新闻舆论工作的核心目标在于巩固和壮大主流思想舆论,进而维护我国的意识形态安全以及全社会的安定与团结。具体来看,新闻舆论工作的主要任务包括舆论监督、舆论引导以及舆情处置,而讨论这些命题的前提在于要对新闻、舆论与舆情这三个核心概念形成统一的理解。因此,本章首先从概念关系的介绍入手,明确从社会治理视角来分析新闻舆论这一基调,进而围绕舆论监督与舆论引导以及互联网时代的舆情处置提出系统化策略。

第一节 新闻、舆论与舆情

舆论概念具有一定模糊性,对舆论的理解总是绕不开三对关系,即舆论与新闻的关联、舆论与舆情的混淆以及舆论与社会治理的内在统一。首先,新闻与舆论统一于公共生活之中,理解这种关系是把握舆论构成要素的前提。其次,舆论与舆情是相似的概念,但在范围上有所不同,理解舆论的形成过程是辨析舆论和舆情概念的基础。最后,从社会治理的视角出发,新闻、舆论与舆情都与公众意见表达和公共利益诉求密切相关,只是强调的侧重点各不相同。

一、新闻与舆论

新闻和舆论常常结合在一起使用,但二者显然有所差别。新闻是对事件的叙事,舆论则是某种普遍的意见。相较于新闻与舆论之间的区别,二者之间的联系并没有被充分地讨论。事实上,只有准确把握新闻与舆论之间的关联性,我们才能更准确地理解舆论的基本含义。

(一)舆论的基本内涵

舆论是指聚合了不同个体意见而产生的主导看法或全体观点。这一定义主要强调了舆论概念的三重规定性:第一是数量规定性,即舆论是大多数人的意见,它主要指某种获得了大多数人支持的优势意见,有时也可以指不同意见所构成的整体;第二是过程规定性,即舆论是不同意见的动态发展和逐步汇集,它一般用来指代意见汇集后的显性结果,但意见的前期酝酿和演变过程也不可忽视;第三是形态规定性,即舆论通常是指人们的意见和言论,虽然意图、态度乃至行为等方面都与意见密切相关,但只有当它们与某种意见表达相关联时才能成为舆论。

舆论一词既在中国历史文化的不同发展阶段表现出明显的差异性,也在理论和现实语境层面具有显著的特殊性。一般情况下,舆论被视为英文词组"public opinion"的同义词,但事实上舆论与英文"public opinion"的内涵并不完全对等。从概念引介的历史来看,19 世纪中后期,"public opinion"一词被引入中国,但它并没有与"舆论"一词直接相关联,直至 20 世纪初才在清末立宪改革过程中衍生出国人参政、限权政府的意涵。[①] 从研究现状来看,不同学者采用了"公众意见""民意""舆论"等不同词语来翻译"public opinion",但舆论、公众意见、民意等概念在运用过程中存在诸多细微的语义差别。从历史语境上看,舆论内蕴着一定的等级性,它指的是"舆人之论",舆人是指造车工人,后来进一步引申为下层众人;从现实应用来看,舆论同时强调意见的普遍性和外显性,只有被广泛支持、公开表达的民意才是舆论。

---

① 段然:《"舆论/public opinion?":一个概念的历史溯源》,《新闻与传播研究》2019 年第 11 期。

（二）新闻与舆论的联系

舆论与新闻之间有复杂的关联，"新闻舆论"常常作为一个词组出现。从概念层面来看，新闻与舆论的所指具有显而易见的区别，新闻是对事实的叙述，而舆论则是公众意见的表达和汇集。以往学者充分阐释了新闻与舆论之间的区别，这对概念理解和使用的准确性而言具有重要意义。但与此同时，对新闻与舆论相关性的强调也同样重要，只有理顺新闻与舆论之间相伴而生、相互影响的复杂关系，才能真正理解和区分这两个概念。新闻与舆论的联系主要体现在以下两方面：

第一，新闻报道能够激发和引导舆论。在舆论的形成过程中，新闻报道是一个重要的激发条件；与此同时，无论在何种媒介体制下，媒体都发挥着引导舆论的作用。中国近代以来媒介与社会的发展历程很恰当地反映了新闻与舆论相互依赖和影响的关系。例如，中国共产党的党报理论始终强调报刊具有联系群众、鼓舞群众以及教育群众的功能，新闻与舆论始终统一于中国共产党领导人民革命与新中国建设的具体工作之中。此外，历史上出现的地方报刊也曾在一定范围内激发了民间舆论，这些报刊协助地方群众突破了大都市的知识垄断，进而促进了地方教育运动。[①]

第二，舆论直观地体现了新闻的价值，并反作用于新闻的生产和分发过程。虽然新闻的主要任务是真实、准确地呈现客观事实，但媒体显然无法对舆论视而不见，因为舆论所蕴含的公共性特质与新闻的内在追求是统一的。公众的意见表达为媒体认识和了解受众的需求提供了参照，从而帮助从业者更好地评估、调适新闻生产和分发策略，在互联网时代，这一作用机制的影响力正在被迅速放大。

总之，新闻和舆论统一于新闻传播的理论与实践之中，新闻和舆论之间的互动体现着新闻与社会、媒体与大众之间的复杂关系。因此，只有从现实中的具体问题出发来看待新闻与舆论、明确新闻对舆论的激发作用，才能进一步理

[①] 季羡林主编：《胡适全集》，安徽教育出版社2003年版，第254页。

解舆论的构成要素以及形成过程;只有明确舆论对新闻的"定位"作用,才能深切把握新闻业在历史与当代社会中发挥的影响和功能。

(三)舆论的构成要素

关于舆论的构成要素,学界主要有两种看法,即三要素说和八要素说。舆论的三要素是指作为舆论的主体的公众、作为客体的社会事件或问题、作为本体/存在形式的意见。第一,舆论的主体即发出意见的公众,作为舆论主体的公众一般要具有问题相关性和意见表达的主体性,即具备"意见表达的客观条件和主观能力"①。第二,舆论的客体是公众所讨论的具体事件和问题,这类问题有时也被称为中介性社会事项,它们通常具有一定的公共性、反常性和现实性,其中最基本的是公共性。第三,舆论以意见的形式存在,作为舆论本体的意见必须具有一定的普遍性,而且要被公开表达。

八要素是在以上三个要素的基础上对舆论构成要素的进一步补充。一部分学者认为,舆论的构成不仅需要有主体、客体和本体,还需要具有另外五种要素,即数量/一致性程度、强烈程度、韧性/时间持续性、功能表现/对舆论客体的影响力、质量/理智程度。② 舆论的一致性程度、强烈程度与韧性揭示了舆论的过程性特征,而功能表现和质量则凸显了舆论的公共性特质以及社会功能。

二、舆论与舆情

无论是在日常话语还是在学术研究中,舆论和舆情都经常被混用。造成这一现象很大程度上是因为舆论与舆情虽然存在语义层面的差异,但是它们关注与回应的社会现象和理论问题通常是高度一致的。具体而言,舆论与舆情在内涵上存在一定程度的交叉,理解舆论与舆情的差别能够帮助我们明晰舆论的形成过程。

---

① 韩运荣、喻国明:《舆论学:原理、方法与应用(第三版)》,中国传媒大学出版社 2020 年版,第 54 页。
② 参见陈力丹:《舆论学——舆论导向研究(第二版)》,上海交通大学出版社 2012 年版。

(一) 舆论与舆情的区别

舆情通常被定义为公众在社会事件刺激下产生的社会态度[①],这种社会态度往往会涉及民众与政府部门之间的利益关系。与舆论类似,舆情也与特定的社会事件有关,但舆情更强调普遍的社会态度,这种态度常常包含着公众的某种信念、意见和情绪,而事件中所包含的利益冲突有时会激发社会态度,甚至促使舆情危机的发生。

具体来看,舆论与舆情的区别可以概括为三个方面。第一,舆情的表现形式更为多元和复杂,宽泛地讲,舆情在表现形式上涵盖了舆论。舆情是公众的情感、态度、意见等方面的综合,而舆论一般只指代意见表达本身。第二,相较于舆论,舆情更不易被准确地把握和测量。正因为表现形式层面的差异,舆论更具有公开性、外在性的特点,而舆情有时会更为隐性和内在,因为公众所普遍具有但没有公开表达的想法也属于舆情。因此,舆情的收集常常依赖专门的民意调查。第三,舆情研究更注重对社会心理机制和社会心态的分析和阐释,而舆论研究更偏向于解释传播过程中的意见演化过程,进而探讨意见表达的规范性问题。

随着互联网的发展,舆论与舆情之间的差异变得越来越模糊,网络舆论与网络舆情之间经常发生相互转化。得益于意见表达的便利条件,网民群体一旦就特定议题产生了明显的社会态度,就会在互动的过程中形成舆论。与此同时,舆论也会进一步影响其他群体的看法,进而推动舆情的形成以及发展。

(二) 舆论的形成过程

新媒体中舆情向舆论的转化反映出了舆论形成的部分过程,舆论形成的完整过程通常会涉及四个阶段,分别是激发性事件的产生、意见的扩散和分化、意见的趋同和整合以及舆论的转换与消散。

---

① 参见王来华主编:《舆情研究概论——理论、方法和现实热点》,天津社会科学院出版社 2003 年版。

第一，舆论起始于一定的社会问题，舆论的公开表达需要特定社会事件的激发。激发舆论的社会问题并不能代表舆论产生的根源，它通常只是集中地表现了社会中固有的、潜在的问题和矛盾，从而成为公众意见表达与公众情绪释放的窗口。从这个意义上来说，舆论的背后总是关联着特定舆情。

第二，意见的扩散和分化是舆论的酝酿和发展阶段，在这一阶段中，不同公众的意见在社会互动过程中逐渐聚集起来。意见的扩散与分化不仅是社会个体随机互动的结果，而且常常受到多重因素的影响，例如媒体的引导、其他社会组织的操纵以及意见领袖的提示等。随着新媒介技术的发展，平台或算法技术也对意见的扩散路径造成了重要影响，而且这种影响往往很难被察觉。

第三，意见的趋同和整合标志着舆论的形成，这一阶段的意见已经取得了大多数社会成员的认可，公众的意见结构在总体上已经趋于稳定。学界对界定"大多数"的具体标准还存在一定争议，通常情况下，当某种意见的支持者占到了相应群体总人数的 1/3 以上就可以被视为大多数。在互联网中，不同群体之间的边界通常是开放的，所以网络舆论中的数量标准往往具有很强的相对性。

第四，舆论的转换与消散意味着舆论的结束以及新的舆论的生成。大多数情况下，一种意见并不会在传播过程中彻底走向消亡，但显性的舆论总会随着时间推移、公众注意力的转移而逐渐走向消散。舆论的转换与消散往往与社会组织的操控以及道德、文化等结构性因素的限制有关，很多意见会在其他类似的激发性事件产生时重新聚集起来。

三、社会治理中的新闻舆论

从社会治理的角度看，新闻与舆论统一于公共决策的过程之中，在我国现代化建设的过程中，巩固壮大主流思想舆论是新闻舆论工作中的重要目标和任务。舆论在构成要素和形成过程上都具有很强的不确定性，这意味着它对公共决策的影响是非常复杂的。因此，谨慎对待舆论、积极调控舆论是社会治理过程中不可或缺的重要环节，而只有让思想舆论适应于国家现代化建设和社会发展过程中的主线任务和主流声音，才能充分发挥出舆论的建设性作用。

（一）新闻舆论与公共决策

国内学者通常采用"国家—社会关系"的视角来研究舆论，重点关注其沟通功能。在这一视角下，舆论属于社会一端①，舆论形成的过程就是民意的表达与沟通的过程。充分进行民意沟通是公共决策实现合理化的保障。② 公众意见的随机性、自发性聚集不利于提升民意沟通的效率，因而新闻对舆论的激发、推动和引导就显得至关重要，推动新闻与舆论的良性互动和有机统一是保障公共生活质量的内在要求和政府社会治理能力的重要体现。

中国共产党始终非常重视新闻舆论，新闻舆论工作事关党和国家前途命运，是治国理政、定国安邦的大事。③ 中国正处在社会转型过程之中，媒介乃至全社会都发生了复杂且深刻的变迁，这对中国新闻业的发展方向以及党的新闻舆论工作构成了很大挑战。其中，公共表达显著地受到社会思潮多元化和群体观念碎片化的影响，不同利益群体和社会阶层坚持不同立场，难以形成普遍的理性对话和主流共识。④ 正是在这一背景下，新闻舆论工作成为我国现代化建设过程中与国家安全息息相关的重要命题。

良好的舆论生态可以为国家建设与社会发展提供重要的支撑和助益，在中国现代化转型的语境下，新闻舆论的作用主要体现为以下三个方面。第一，新闻舆论与国家意识形态安全的巩固和维护密切相关，只有巩固壮大主流思想舆论，才能对各类社会思潮以及群体性事件进行积极干预和防范；第二，新闻舆论为社会的全面协调发展提供了重要的支撑，只有通过充分的舆论沟通，才能促进个人利益与集体利益、公民权利与国家现代化建设之间的兼顾和平衡；第三，舆论是民意表达和民主决策的重要窗口，它可以为党和国家大政方针的总体设计、权力机关的政策制定乃至改革方案的落实执行等方面提供重要的参考。

---

① 张志安、晏齐宏：《新媒体与舆论研究：问题意识和提升路径》，《新闻大学》2017年第9期。
② 汤景泰：《论新媒体语境下公共决策中的民意沟通》，载汤景泰编著：《舆情传播与风险治理》，暨南大学出版社2021年版。
③ 参见《新闻学概论》编写组：《新闻学概论（第二版）》，高等教育出版社2020年版。
④ 张志安、汤敏：《互联网语境下意识形态传播的特点、挑战和对策》，《出版发行研究》2018年第9期。

（二）巩固壮大主流思想舆论

党的二十大报告特别强调要"巩固壮大奋进新时代的主流思想舆论"，这凸显了新闻舆论工作在国家现代化建设以及社会治理中的重要性。强调主流思想舆论的重要背景是互联网发展对舆论生态构成了多重挑战，多元主体混杂和算法技术的介入重塑了网络意见的基本形态以及传播路径。一方面，过滤气泡、信息茧房、回声室效应、群体极化、同温层效应等概念共同反映了认知窄化以及不同意见之间隔阂增大、难以沟通的问题；另一方面，网络意见的表达愈发趋向非理性、娱乐化以及情绪化，这在很大程度上消解了舆论对公共问题、公共生活的建设性。

在这一背景下，巩固壮大主流思想舆论是提升社会主义意识形态的凝聚力和引领力、强化党的意识形态工作领导权的必然要求。首先，面对复杂的互联网舆论生态，只有壮大主流舆论才能统一目标、凝聚共识、鼓舞士气，从而为中国式现代化建设创造良好的思想舆论环境。其次，随着不同舆论场、不同群体之间分裂与隔阂的扩大，必须壮大主流思想舆论，才能有效统筹不同社会群体的共同利益、充分发掘不同社会思想之间的可通约性、彻底疏导和化解社会情绪以及社会矛盾，促进普遍性共识的达成。最后，思想舆论的主流既包括党和政府的声音、社会进步的具体成果，也包括人民的诉求和看法、社会矛盾的微观呈现。正因如此，它才能成为中国特色社会主义现代化建设的有力保障。

> **知识窗：新媒体时代的舆论**
>
> 新媒体极大丰富了意见表达的渠道和形式，进而全面拓展或重塑了舆论的形成过程和表现形式。具体来看，新媒体环境下舆论的变化主要包含以下方面：
>
> 第一，话语形式的拓展。新媒介技术的发展拓展了意见表达的话语形态，其中既包括以表情包为代表的新的媒介内容形态，也包括网络流行语等对旧媒介形式的创新性使用。社交媒体用户将图片、表情符号、数字、文字等

不同符号进行排列组合,通过谐音、缩写、恶搞等形式进行话语再创作,从而将某种碎片化、多元而又容易引发共鸣的意见表达出来。表情包和流行语虽然无法表达出系统而完整的意见,但却往往蕴含着普遍性的社会倾向和社会心态。

第二,舆论与谣言的相融。社交媒体中谣言的广泛传播是由多重因素造成的。从舆论的角度来看,谣言也是一种展现公众意见的窗口。公众的谣言传播行动既包括对事实进行主动式夸大和编造,也包括被动式解读与传播。谣言之所以可以被视为一种特殊的舆论,是因为它具有某种独特的话语功能,并且具有无可置疑的社会性。谣言常常意味着对权威声音的反叛、对官方话语的对抗,公众通过谣言来表达自身对社会事实的理解,从而排斥政府或主流媒体所传达的信息,因而传播谣言的过程在某种程度上也成为一种社会抗争行为。

第三,意见表达的情绪化。互联网中的意见表达往往伴随着复杂的情感体验,在愤怒、厌恶、喜爱等不同情绪的驱动下,公众往往会形成各不相同且极端化的意见。以愤怒为例,人们不仅依据自己的立场对新闻当事人感到愤怒,持不同立场的双方也会对彼此感到愤怒,这种愤怒常常导致激烈的意见冲突,甚至会演变为互相辱骂。在情感驱动意见表达的过程中,既有的社会矛盾也会卷入其中,从而加剧意见的隔阂与对立。

第二节　舆论监督与舆论引导

　　舆论监督和舆论引导是新闻舆论工作中的核心命题,也是媒体在新闻生产过程中无法回避的基本任务。舆论监督与舆论引导虽然在内涵上存在明显的差异,但二者在本质上是统一的,具体体现为通过新闻与舆论之间的相互作用来化解社会矛盾、推进社会治理、维持社会秩序。而这一目标的实现既要求多种舆论监督形式的相互配合,也有赖于系统性舆论引导策略的有力施行。

一、舆论监督的内涵

舆论监督常常指媒体监督,即新闻媒体代表公众对各种公共组织、公众人物或权力运作过程进行的监督。媒体之所以能够代表公众,在于新闻本身所具有的公共属性,媒体在进行具有监督作用的新闻报道时并不会专门获取公众的授权或约定。用媒体来代表公众,很大程度上是因为过去的公众并没有独立的表达渠道,而大众媒体凭借其广泛的传播能力成为上下沟通的"耳目喉舌"和公共意见表达的重要窗口。正因如此,中文语境下的舆论监督话语与媒体监督深深绑定在一起,西方国家也常常会强调媒体所扮演的"看门狗"(watchdog)角色。然而在事实上,媒体并不总是能够代表舆论,媒体监督实际上是在特定时代背景下发展起来的舆论监督的特殊形式。

随着互联网的发展,公众的意见表达渠道正在不断拓宽,这为舆论监督概念回归其本义创造了重要契机。因此,舆论监督可以被定义为:公众凭借意见的表达和汇集制造社会压力,对社会问题产生监督、制约的作用。舆论监督对民主政治的发展具有重要意义,代表着公民的政治参与权利。当代中西方各国都在宪法层面保障了公民的基本表达权以及参与民主决策的权利,而舆论正是行使这一权利的重要方式之一。

需要注意的是,不能因公众自身监督渠道的拓宽而否定媒体在舆论监督中的作用。一方面,媒体具有个人无法比拟的专业技能和资源优势,因而能更有效地触及公众所无法到达的事实真相;另一方面,媒体可以凭借其广泛的影响力来推动事实与意见的扩散,进而引导甚至改变舆论的方向,所以公众主导的舆论监督仍然有赖于媒体的充分参与。也就是说,只有依托新闻媒体的专业能力,才能实现深入、有力的舆论监督,正如马克思所强调的,"报刊按其使命来说,是社会的捍卫者,是针对当权者的孜孜不倦的揭露者,是无处不在的耳目,是热情维护自己自由的人民精神的千呼万应的喉舌"[①]。

舆论监督有一定局限性,其中最常见的问题是可能影响司法独立。一方面,媒体热衷于报道司法案件,这类案件往往蕴含着激烈的矛盾冲突,因而具有

---

① 《马克思恩格斯全集》第6卷,人民出版社2016年版,第275页。

较高的新闻价值。另一方面,公众也越来越倾向于将个人的情绪体验和价值观念带入这类事件,进而通过意见表达甚至社会行动来干预司法过程。舆论监督可以在一定程度上推动司法公正,但由于媒体和公众的素养参差不齐,尤其是缺乏对司法制度的充分理解,所以很容易造成"媒体审判"或"舆论审判"。为了防止监督的错位、越位,媒体需要坚守自己的职业伦理、明确自身在监督过程中的权力边界,秉持"公心善意原则""无罪推定原则"和"客观性原则",从而实现"监督而不越位"的目标①。同样,公众也需要提升自身的媒介素养,增加知识储备,理解并尊重司法制度,充分克制那些超越监督边界的非理性诉求。

二、舆论监督的形式

作为舆论监督的固有方式,媒体监督已经随着新闻业的发展形成了一套相对严整和稳定的基本形式。相较而言,公众自发监督是新媒体时代产生的新型舆论监督方式,其具体形式仍然处在发展和完善的过程中。总体上看,舆论监督过程中的新闻媒体与公众需要相互配合、相互支撑,媒体舆论监督功能的完成最终要以公众为依托,而公众意见的汇集也离不开媒体的参与和引导。

(一)新闻媒体的舆论监督

2016年2月19日,习近平在党的新闻舆论工作座谈会上发表讲话并强调,"舆论监督和正面宣传是统一的","新闻媒体要直面工作中存在的问题,直面社会丑恶现象,激浊扬清、针砭时弊,同时发表批评性报道要事实准确、分析客观",尤其是"要根据事实来描述事实,既准确报道个别事实,又从宏观上把握和反映事件或事物的全貌"。这一论述明确强调了媒体应当通过批评社会问题、揭露丑恶现象来进行舆论监督,并且要确保报道与分析的全面、真实和客观。

媒体进行舆论监督的基本形式一般可以分为三类。

第一,媒体的日常工作是对社会事件进行即时、客观的报道,这构成了最为普遍的舆论监督形式。通过不断搜寻、筛选并报道各类社会事件,媒体将公共

---

① 参见陈建云:《舆论监督与司法公正》,上海人民出版社2016年版。

权力的运作过程暴露在公众的视野之内。虽然媒体的"曝光"能力已经逐渐被普通个体所掌握,但其普遍而强大的影响力却始终具有不可替代性。

第二,媒体通过调查性新闻来揭露不易被人们察觉的深层社会问题,这是一种更专业化、更有针对性的舆论监督形式。通过专业化的调查手段,媒体不断揭露重大的权力滥用现象和涉及公共利益的违法违规行为,进而为司法机构和政府部门提供重要的线索和证据。例如,官员贪污腐败、基层管理部门的暴力执法以及食品安全问题等都是新闻媒体的调查性报道所重点关注的议题。

第三,除了对事实的调查和陈述外,媒体还可以通过新闻评论的方式进行舆论监督。评论的形式更便于观点的表达和交流,是对事实本身的重要补充。新闻评论可以对权力滥用、违法违规行为等进行直观的抨击和谴责,具有直接的舆论引导作用。

(二) 公众自发的舆论监督

社交媒体的快速发展改变了中国的舆论生态,网络舆论的发布数量急剧增长、更迭频率不断加快。从舆论监督层面来看,舆论生态的转变对公共决策过程产生了深刻影响。一方面,网络舆论扩大了民意沟通的覆盖范围,既推动更多个体融入舆论监督的过程,也促使更多事件暴露在舆论监督的视野之内。另一方面,网络中的意见表达具有鲜明的自发性和随机性,网络舆论的发展走向常常受到多重技术因素和社会因素的干预和操纵,因此,舆论监督并不总是能推动合理决策或社会公正。

具体而言,当前互联网中公众自发的舆论监督主要有三种典型的形式。

第一种是积极的网络干预,即公众通过网络舆论来影响公共事务的决策。网络意见表达的公开性程度较高,不同公众的意见可以突破地域限制迅速汇集起来,从而产生由下而上的强大影响力。近年来,公众频繁通过网络舆论来干预司法案件,进而推动了司法公正和司法制度的完善。例如,在2018年8月发生的"昆山反杀案"中,于某明在江苏省昆山市震川路与刘某龙发生冲突,在遭到刘某龙持刀攻击后将其反杀。该事件在互联网中发酵后,舆论普遍表达了对于某明的支持,并就正当防卫问题进行了广泛讨论。最终,公安机关和检察机关认定于某明属于正当防卫,其故意伤害罪指控被撤销,该案后来被列入中华人民共和国最高人民检察院印发的第十二批指导性案例。

第二种是偏中性的网络围观,即公众以关注、戏谑、评议等方式参与社会问题和社会现象的讨论,但并不有意地干涉事件的发展方向。在社交媒体中,围观已经逐渐发展为最普遍的公共参与行为,围观可以制造一定群体压力,进而改变事件发展的方向。从正面来看,普遍的网络围观在一定程度上能够体现人们参与公共事件的热情,有利于促进权力运作的公开透明;从反面来看,网络围观的目的并不总是与公共利益相关,"看热闹"心态下的围观反而可能削弱公共议题的严肃性、干扰正常公共秩序或侵犯个体的隐私权。

第三种是负面的网络暴力,即公众通过各种网络渠道向他人施加的群体性欺凌行为。一方面,互联网中公众的意见表达常常受到非理性因素的影响,例如愤怒、怨恨等不良情绪会推动公众进行非理性的表达;另一方面,谣言的广泛传播也深深影响着群体的认知和舆论的形成,有时甚至会造成不同群体之间的敌意、仇视和相互攻击。当部分群体的负面情绪被激发出来时,被卷入舆论事件的个体常常成为公众情绪释放的窗口,从而受到网络暴力的侵害。

三、舆论引导的原则

面对复杂的舆论生态,舆论引导的重要性愈发凸显。从媒体的角度看,舆论监督和舆论引导的过程统一于具体的新闻报道之中,其目的都在于化解社会矛盾、谋求社会共识、维护公共利益以及弘扬社会主流价值。从公众的角度看,个体自发的意见表达既难以形成广泛的社会影响,也很容易受到非理性因素的操控。因此,必须通过舆论引导来疏导社会情绪、促进民意沟通的理性化。

舆论引导的总原则是要坚持正确的舆论导向,树立创新性理念,以全媒体传播体系建设推动良好网络生态的形成。首先,正确的舆论导向就是要求媒体在舆论引导过程中做到"所有工作都有利于坚持中国共产党领导和社会主义制度,有利于推动改革发展,有利于增进全国各族人民团结,有利于维护社会和谐稳定"[1]。其次,理念创新是指要明确舆情舆论的社会功能,进而准确把握新闻舆论工作

---

[1] 习近平:《论党的宣传思想工作》,中央文献出版社 2020 年版,第 185 页。

的基本性质和核心原则。"舆情是社会的皮肤,是社会时势的晴雨表",因此,新闻舆论工作的目的并非平复舆论,而是要"发现和解决社会的深层问题"①。最后,全媒体传播体系的建设有赖于媒体融合战略的全面落实和推进,其最终目标在于提升主导舆论的能力,进而系统性推动网络生态的全面变革。

在总原则的统领之下,新闻媒体仍然需要面向时代新要求,创新舆论引导的具体原则和举措。我们当前所面临的时代新要求主要有中国特色社会主义进入新时代、媒介技术和传播格局演变以及国际舆论格局和网络舆论形态变化。② 为了适应以上要求,舆论引导应当坚持以下三个层面的原则。

第一,微观层面,要把握时度效原则,从传播的具体节点入手提升主流媒体的主导能力。首先,媒体应全面把控舆论引导的时机、节奏、尺度与分寸,对舆论的发酵过程与传播节点进行精确而全面的监测,从而在最恰当的环节进行干预。其次,媒体应加强与关键传播节点的配合与协作,发挥好意见领袖的流向调节阀和信号放大器功能③,从而进一步提升舆论引导过程中的主动权。最后,针对假新闻和谣言的泛滥,媒体还需要建立一套完善的辟谣机制,从而提升信息纠错和信息净化的能力。

第二,中观层面,要提升主动性,通过新闻权威的树立和强化来巩固主流媒体的主导地位。一方面,媒体必须积极主动地介入舆论发展的各个环节,如尽可能地主动发起公共议题的讨论、主动回应社会关切、主动营造良好的舆论氛围等,这样才能最终强化自身的新闻权威。另一方面,媒体要通过提升报道的及时性、准确性和透明性来巩固自身的权威形象、维系公众对新闻媒体的信任感,这样才能从根本上提升主导舆论的能力。

第三,宏观层面,要树立全局思维,统筹兼顾,开拓新闻舆论工作的新格局。新媒体的发展重塑了传播过程中的主体间关系,传统的单向传播模式已经难以继续维持,以平等对话为基础的新的新闻传播模式逐渐成为主流。在这一背景下,媒体必须更新自己的工作方式,积极推动新传播格局的开创。例如,媒体可

---

① 喻国明:《网络舆情治理的基本逻辑与规制构建》,《探索与争鸣》2016 年第 10 期。
② 参见《新闻学概论》编写组:《新闻学概论(第二版)》,高等教育出版社 2020 年版。
③ 参见禹卫华:《社交媒体舆论》,上海交通大学出版社 2021 年版。

以通过自身优势汇集"专家评价、公众反馈等多方意见"①,促进党和政府的权威声音与公众的主流声音之间的对话与沟通,构建起主管机构、主流媒体、网络新媒体、意见领袖、行业组织"五位一体"的舆论引导格局②,进而全面提升舆论引导的效果。

> **知识窗:三个舆论场**
>
> 舆论场是指具有一定相互刺激的因素,从而能够使人们形成共同意见的某种时空环境。③ 在具体的使用场景中,人们往往使用舆论场一词来泛指某种范围内的舆论,比较常见的表述包含"中国舆论场""国际舆论场""网络舆论场"等。
>
> 1997年,时任新华社总编辑的南振中提出了两个舆论场的观点,用以描述不同表达主体之间的意见分歧。这两个舆论场分别为党报党刊、国家电视台以及国家通讯社等代表的"官方舆论场"和关于民众自身利益和声音的"民间舆论场"。后来,有学者进一步总结出了三个舆论场,即体现党和政府意志的"政府舆论场"、与新闻业具体实践相关联的"媒体舆论场"以及"民间舆论场"。此外,还有人提出"国际舆论场"。
>
> 两个或三个舆论场的说法强调的实质上都是政府、媒体以及公众之间的互动关系。一般情况下,媒体与政府之间的互动关系更密切、沟通路径更通畅,所以通常能够形成更为统一的意见;相较而言,公众意见的表达有时被视为一种公民参政渠道,有时则被政府和媒体视为需要防范、管理或引导的对象。虽然不同表达主体在利益诉求和态度观点层面可能会存在诸多差异,但三个舆论场之间并不存在根本性的分歧。政府、媒体与公众的根本利益是一致的,而舆论引导的过程正是推动三个舆论场相互整合、寻求最大范围社会共识的过程。

---

① 雷跃捷、李汇群:《媒体融合时代舆论引导方式变革的新动向——基于微信朋友圈转发"人贩子一律死刑"言论引发的舆情分析》,《新闻记者》2015年第8期。
② 参见雷跃捷、薛宝琴等:《舆论引导新论》,社会科学文献出版社2018年版。
③ 参见喻国明、刘夏阳:《中国民意研究》,中国人民大学出版社1993年版。

第三节　互联网时代的舆情处置

随着互联网的发展,舆情的基本形态和主要特征正在被新的信息传播环境和信息扩散机制所重塑。这一背景下,舆情收集的具体方法和舆情应对的主要策略都需要相应地发生变化,而明确网络舆情的特点、从网络舆情形成的内在逻辑入手,正是高效、合理地处置网络舆情的根本前提。

一、网络舆情的特点

学界对网络舆情的定义主要有两种,分别强调的是网络舆论的"舆情属性"和"网络属性"。前者通常强调"网络舆情是在网络环境中形成或体现的舆情","属于舆情中的一种比较特殊的类型"[①];后者比较典型的阐释方式是网络舆情是指民众通过互联网针对自己所关心或与自身权益紧密相关的公共事件、社会现象等作出的主观反应,是多种态度、意见等交互的综合表现[②]。这两种定义方式非常类似,但强调的重点略有不同。一方面,网络舆情归属于某种"整体"的舆情,它具有舆情的共性,是指人们的态度、言论以及情绪等方面的综合;另一方面,网络舆情与其他形式的舆情有本质性差别,因为互联网作为一种意见表达渠道具有其特殊性,互联网规定、限制着舆情的形成与呈现过程。

在互联网信息传播机制的影响之下,网络舆情呈现出焦点流动化、观念多元化和意见极端化的特点。首先,互联网中新闻热点的更迭速度非常快,因而网络舆情常常随着媒体报道重心的变化而频繁发生转移。随着技术发展,互联网中的信息数量在不断增加,这些海量的信息共同争夺着用户有限的注意力资源,也共同牵引、重塑着人们的态度、情感或意见。这一背景下,网络舆情很难维持在某一特定事件或议题之上,而是呈现出显著的流变性。其次,新媒体极

---

① 丁柏铨:《论网络舆情》,《新闻记者》2010年第3期。
② 参见喻国明:《中国社会舆情年度报告(2010)》,人民日报出版社2010年版。

大地拓宽了人们信息交流和意见表达的渠道,持有不同观点、态度和立场的个体都能够找到自身的"参照群体",公众的交往观念、政治观念与价值观念愈发多元化。然而,观念的多元化并不等于任何意见都能获得同等程度的表达和传播。即便互联网中"人人都有麦克风",但在众声喧哗之下,能够被听到的声音仍然是少数。最后,互联网中的意见表达常常向着极端化的方向发展,这种现象被称为意见极化或舆论极化。社交媒体中的意见互动常常伴随着偏见和情绪的扩散与强化,这促使观点在发展和集中的过程中一步步走向极端化。

网络舆情有明显的局限性,因为它有很强的"代表性"偏差。一方面,从构成主体来看,网络舆情由一部分互动意愿强烈的积极网民所主导。截至2021年12月,我国网民规模已达到10.32亿。① 然而,只有很少一部分网民会积极关注公共议题、形成个人看法并参与相关讨论,因此,网络舆情不能代表整个社会的舆情。另一方面,从传播机制来看,互联网有选择地放入了那些具有冲突性、刺激性或娱乐性的声音。例如,在互联网中,劳资矛盾、性别对立、民族主义等议题最容易引发人们的争论,进而成为激发网络舆情乃至引发舆情危机的核心命题。由此可见,网络舆情也不能完全代表常态下的舆情。正因为网络舆情的这种偏态属性,所以对网络舆情的关注与引导就显得尤为重要,对网络舆情的积极收集和及时应对是新闻舆论工作中的一项重要任务。

二、网络舆情的收集

舆情收集的过程通常也被称为舆情监测、舆论测量、民意调查等,这些概念之间虽然在使用语境上存在差异,但大体上都是指通过某种研究工具对公众的态度、意见进行有效的观测和评估。虽然网络舆情主要发生在互联网之中,但在根本上,它始终与现实社会中具体的人和具体的事有关。因此,网络舆情的收集手段往往要扩展到网络之外,在具体的收集方法上,传统方法与新兴方法往往具有同等的重要性,需要相互配合使用。

舆情收集的传统方法主要有问卷调查、焦点小组、内容分析等。第一,舆情

---

① 参见中国互联网络信息中心:《第49次中国互联网络发展状况统计报告》,2022年2月25日发布。

收集中使用的问卷调查方法一般都是抽样调查,即通过概率和统计方法收集并分析样本数据,从而推断出群体的整体情况。操作过程中,研究者需要结合特定舆情制定详细、周密的问卷,进而将其发放给通过抽样得到的被调查者,由他们根据自身真实情况进行回答,随后再由研究者对数据进行统计分析。依据数据收集过程中的差异,问卷调查方法还可以划分为邮寄调查、入户调查和电话调查等。第二,焦点小组类似于针对某一舆情问题的小型座谈会。研究者需要根据特定舆情规定访谈主题并设计访谈提纲,进而主持、引导一组访谈对象进行集体讨论。该方法主要有三方面的优势:首先,小组形式能够在短时间内获得大量信息,提高资料收集的效率;其次,通过小组成员的相互讨论,研究者可以获得一些事先设想不到的发现;最后,作为一种定性研究方法,焦点小组相较于调查法能更深入地了解舆情事件中的细节。第三,内容分析法是对文献内容进行标准化定量分析的一种研究方法,它可以客观地分析出文献中涉及的事实以及趋势。内容分析法的步骤一般是阐明研究问题或假设、界定研究总体、选择样本、定义分析单位、建构分析类别、培训编码员、编码、分析数据、得出结论。该方法通常需要两个或以上编码员依据同样的标准对文本信息进行编码,进而将文本拆分为具体的类目和数据,最后研究者通过对数据的分析处理来了解文本信息的具体特征。

随着技术与社会的发展,社会科学研究的研究对象发生了变化,这促使研究者不断革新研究方法和研究工具。与网络舆情收集相关的方法创新主要包括两个方面:其一是问卷调查、内容分析法等传统研究方法的创新发展,其二是与大数据、关系网络相关的新研究方法的产生。

传统研究方法的创新包括网络问卷调查和基于机器学习的内容分析法。网络问卷调查即在线调查,是一种通过互联网邀请被调查者、填写问卷以及回收问卷的调查方法。该方法的优势在于方便快捷、成本较低,其缺陷在于很难保证抽样的随机性,研究的信度一般不高。基于机器学习的内容分析法是指通过机器编码代替人工编码,进而更方便地处理更大样本量,实现更加高效与快捷的编码过程。不同于传统的民意调查,网络舆情收集通常面对的是海量的文本信息,单纯依靠人工进行编码几乎已经成为一项无法完成的任务,所以基于机器学习的内容分析正逐步发展为一种主流研究方法。

网络舆情收集中经常使用的新研究方法有社会网络分析和词频与社会语义网分析等。社会网络分析(social network analysis)方法是用于分析社会关系或关系结构的理论和技术,分析单元有行动者、关系、连结。其中,对关系的测量包括内容、方向和强度。随着社交媒体的发展,社会关系已经逐步发展为互联网中的"基础性资源和底层构架",而网民的态度和意见往往都基于社会关系网而扩散、传播,社会网络分析正是直观化描述这种关系网络的首要方法。① 除社会关系外,互联网中的文本也表现为一种相互影响的网络结构,词频与社会语义网分析正是处理这种信息文本的重要方法。文本是网络舆情的重要表现,通过文本中词语出现的频率以及不同词语之间的联系,可以发现相应群体的基本诉求、价值观甚至情感倾向。

总体上,网络舆情的收集和分析都在不断朝着自动化和智能化的方向发展。在信息抓取环节,网络爬虫、文本挖掘等技术弥补了人工检索和监测舆情的固有缺陷,实现了对网络舆情具体文本和互动数据的实时自动化监测。在信息的处理和分析环节,越来越多的应用程序可以实现数据的自动清洗和实时监测、批量分词和统计、文本聚类与分类、情感分析等复杂功能。目前,很多舆情信息监测系统可以集数据的自动监测与采集、文本的分析与追踪以及舆情趋势的研判与预警等功能为一体,从而为舆情应对过程中的具体决策提供重要参照。

三、网络舆情的应对

网络舆情的发展有一定的自组织性,遵循着特定的传播规律。因此,管理部门对网络舆情的应对和处理策略必须要与舆情发展和互联网用户交往的基本规律相适应。具体而言,网络舆情的应对应着力做好话语调适、情感动员和价值协商。

第一,话语调适是指舆情管理部门要主动理解、接受和学习公众话语,并通

---

① 参见李彪:《舆论学教程》,中国人民大学出版社2020年版。

过话语层面的认同实现群体身份层面的认可,进而由内而外地介入舆情的发展过程。互联网中比较重要的话语特征包括表情包的广泛使用、文字的戏谑化、表达的口语化和情境化等。这些话语特征往往反映了某种亚文化、价值倾向或社会心态,已经逐渐发展为网络舆情的重要组成部分。例如,有学者发现表情包是舆情的重要表达窗口之一,是在现实社会发泄渠道不足的背景下所产生的传播现象,是对现代社会重重压力的一种"消极反抗",在客观上能够起到减压阀的作用,因此,管理者不能简单地将表情包认定为"一种病态化的话语表达"①。更为关键的是,对表情包等特殊话语的使用已经成为互联网群体身份认同感和共同体意识的重要来源之一,话语本身已经附带了浓厚的文化意味。因此,话语趋同是情感认同、行动协调的基础,彻底、有效的网络舆情应对必然要以话语调适作为开端。

第二,互联网中的舆情大多数情况下都伴随着情感的激发与释放,情感动员策略即通过疏导或干预公众情感来应对网络舆情。在以往的研究中,愤怒是一种被讨论得最广泛的情感,它与意见的迅速扩散、观点的极端化以及群体冲突的产生密切相关。除此之外,也有学者认为悲情与戏谑在情感动员过程中发挥着重要的作用。② 情感之所以成为影响舆情的重要因素,很大程度上是因为互联网中交流方式的去身份化和去身体化,这种离身互动方式削弱了情感规则的约束力,促使个人化的情感被普遍地释放出来。通常情况下,公众情感的释放过程是激烈、迅速且难以逆转的,而舆情应对的关键在于积极地顺应这一趋势,通过对不同情感力量的激发和动员,改变舆情的具体发展过程、化解舆情危机。

第三,价值协商是指通过直接回应公众的价值诉求来应对舆情。从根本上来看,舆情总是与某种价值诉求有关,舆情危机的背后往往涉及激烈的价值冲突,这种价值冲突既可能是个体与个体之间的,也可能是个体与组织之间的。互联网为个体的差异化的价值表达提供了便利的空间,由于这种价值观的多元化特征,人们在互联网中几乎无法就任何一个问题达成完全的共识。在公众自

---

① 郑满宁:《网络表情包的流行与话语空间的转向》,《编辑之友》2016 年第 8 期。
② 杨国斌:《悲情与戏谑:网络事件中的情感动员》,《传播与社会学刊》2009 年第 9 期。

发的意见表达过程中,价值冲突往往会转化为话语层面和简单观点层面的激烈争吵,然而事实上,站在不同价值立场的双方往往并没有在共同的语境下讨论问题。因此,舆情应对的过程就是通过价值的协商将公众的讨论焦点拉回同一语境下,进而建立并维护民意沟通的网络秩序的过程。

总之,网络舆情的应对重在因时而变、应语境而变,舆情处置的关键不在于舆情应对的速度和压制舆情的程度,而在于如何纾解社会情感、重建社会信任、化解社会矛盾,进而维护和谐而稳定的社会关系。

小　　结

本章以新闻舆论与社会治理的关系为核心,介绍了新闻、舆论和舆情三个概念的基本内涵与内在关联,进而讨论了舆论监督、舆论引导和网络舆情处置的具体内涵和系统化策略。其中,新闻、舆论和舆情的概念是理解新闻舆论工作的基础,舆论监督、舆论引导和舆情处置是新闻舆论工作中的主要任务。

新闻、舆论与舆情是一组既相互区别,又相互统一的概念。总体来看,舆论是公众意见的表达和汇集,新闻是对公众关心的事件的报道,舆情是公众情感、态度、意见等方面的综合表现,三者都蕴含着某种公共性,统一于社会治理的过程之中。具体来看,新闻事件激发了意见的表达,通常充当着舆论的客体;意见的最终汇集通常源自某种态度倾向,舆论既可以理解为舆情的进一步发展,也可以被视为舆情的一部分。

新闻舆论工作的目标是壮大主流思想舆论,以维护国家意识形态安全和全社会的安定团结,具体来看就是要做好舆论监督、舆论引导以及网络舆情处置工作。舆论监督包括媒体监督和公众自发监督两方面,前者主要通过各种形式的新闻报道或评论来实现,后者随着互联网时代意见表达渠道的拓宽而逐渐凸显出来。随着信息传播生态的变迁,舆论监督干扰司法公正、加剧社会撕裂等负面效应也开始显现,其中公众自发意见表达的不可控性尤为显著。这一现象既强化了舆论引导的必要性,也提升了舆论引导的难度。

为了突破这一现实困境,本章进一步总结了舆论引导的总原则和具体策略:微观层面,要把握时度效原则,从传播的具体节点入手提升主流媒体的主导能力;中观层面,要提升主动性,通过新闻权威的树立和强化来巩固主流媒体的主导地位;宏观层面,要树立全局思维,统筹兼顾,开拓新闻舆论工作的新格局;总体而言,要坚持正确的舆论导向,树立创新型理念,以全媒体传播体系建设推动良好网络生态的形成。

然而,舆论引导显然无法彻底弥合公众意见之间的分歧,所以也就无法规避舆情危机的产生。当前的网络舆情正呈现出焦点流动化、观念多元化和意见极端化等特点。这一情境之下,舆情处置就意味着创新舆情收集的方法工具、完善舆情应对的具体策略。其中,舆情收集方法的创新既包括互联网问卷调查、基于机器学习的内容分析法等传统研究方法的迭代,也包括与大数据、关系网络相关的新研究方法的运用;在网络舆情的应对上,重点是要着力做好话语调适、情感动员和价值协商。

总而言之,本章的意图并非面面俱到地展示古今中外舆论相关研究的整体理论成果,而是希望从社会治理和中国式现代化这一现实语境出发,建构起探讨新闻舆论工作这一重大命题的基本理论框架。

关键概念

舆论	舆情	民意	公共性
主流思想舆论	舆论监督	舆论引导	舆论审判
舆论场	网络舆情	情感动员	话语调适

思考题

1. 如何理解舆论、舆情和新闻三个概念之间的区别与联系?
2. 从新闻舆论工作与社会治理的关系上看,巩固壮大主流思想舆论有怎样的现实意义?
3. 舆论监督的主体有哪些?不同主体进行舆论监督的具体形式有哪些?
4. 舆论引导是否等同于舆情应对?请依据网络舆情的具体特点归纳出舆情应

对的主要策略。

5. 新媒体的发展对舆论的形成过程和基本形态具有怎样的影响？从社会治理的角度来看，新闻舆论工作中应当如何规避或应对新媒体带来的影响？
6. 如何理解网络情感对网络舆情的影响？它对网络舆情的收集和应对有何启示？
7. 有学者将谣言视为一种特殊的舆论，请谈谈这一观点的逻辑依据、理论价值及其对实践的启发。

 拓展阅读

〔美〕沃尔特·李普曼:《舆论》,常江、肖寒译,北京大学出版社2018年版。

〔德〕伊丽莎白·诺尔-诺依曼:《沉默的螺旋:舆论——我们的社会皮肤》,董璐译,北京大学出版社2013年版。

〔美〕约翰·R.扎勒:《公共舆论》,陈心想、方建锋、徐法寅译,中国人民大学出版社2013年版。

陈力丹:《舆论学——舆论导向研究(第二版)》,上海交通大学出版社2012年版。

丁柏铨:《中国共产党舆论思想史研究论纲》,《中国出版》2021年第12期。

雷跃捷、薛宝琴等:《舆论引导新论》,社会科学文献出版社2018年版。

李彪:《舆论学教程》,中国人民大学出版社2020年版。

林语堂:《中国新闻舆论史》,王海、何洪亮主译,中国人民大学出版社2008年版。

王来华主编:《舆情研究概论——理论、方法和现实热点》,天津社会科学院出版社2013年版。

夏倩芳、原永涛:《从群体极化到公众极化:极化研究的进路与转向》,《新闻与传播研究》2017年第6期。

张志安等:《新媒体与舆论:十二个关键问题》,中国传媒大学出版社2016年版。

第十章　新闻传播与社会发展

随着时代的发展,新闻传播已经成为关系到国家安全与国计民生的重要事业,也是社会转型与和谐发展的重要一环,还是社会群体之间以及公众与社会之间重要的沟通方式。本章将从国家形象、区域发展、社会问题三个方面呈现新闻传播在其中发挥的作用和扮演的角色,将新闻传播放置于国家、社会的宏观背景下进行解读。

第一节　新闻传播与国家形象

随着信息化、全球化的快速发展,新闻传播与国家形象的重要性已经提升到维护国家主权与重构国际政治经济新秩序的层面。国家形象是我国软实力的重要组成部分,也是我国彰显国家主权、影响国际舆论的重要途径。近年来,信息传播技术(Information and Communication Technologies,ICTs)的快速发展加剧了国家主权竞争的复杂性。信息传播技术领域已成为大国博弈的前线,影响着既有的全球政治、经济和文化生态。在这一背景下,通过新闻传播塑造良好国家形象在维护国家主权方面的作用日益凸显。

一、国家形象的构成

国家形象关系到国家软实力和国际竞争力。国家形象建设是一项顶层战略工程,同时也是需要每一位国民共同努力的系统性工程。构成国家形象的本原是一个国家的政治、经济、历史文化等客观存在状态,这种状态通过多重手段传播开来,使外界形成对该国家的整体感受。①

(一) 政治维度

政治在形塑国家形象时居于核心位置,也是思考国家形象的逻辑起点。政治形象由不同方面构成。一是政治领袖,其是国家形象最有价值、最有效果的代言人;二是政治价值,这是一种规范性的观念,它凝聚思想、制约行为、指导行动、分配有形与无形的事物;三是政治制度,它是国家建立的前提,同时也可以用于提升一个国家的形象;四是政府绩效,它表现为政府工作效率、工作效能、管理能力、管理效果等。②

在塑造政治维度的国家形象时,政治领袖常常发挥关键性的作用。民众心中各国领导人的形象是一个被持续关注和测量的议题。2014 年,哈佛大学肯尼迪政府管理学院公布了对世界主要国家领导人形象的全球公众调查结果,该调查征询了来自 30 个国家的公众对美国、中国、俄罗斯等国的 10 位具有全球影响力的国家领导人的看法。在受访者对本国领导人认可度、30 国受访者对 10 国领导人认可度,以及受访者对本国领导人正确处理国内及国际事务信心度方面,中国国家主席习近平均位列第一。③ 值得一提的是,中国国家形象凭借"第一夫人"良好形象的柔性传播得到广泛认同。彭丽媛大方自信的举止与典雅合体的着装以直观的形式呈现在全世界的媒体与民众面前,西方媒体对中国"第

---

① 范红、胡钰:《论国家形象建设的概念、要素与维度》,载史安斌、张莉编:《国际传播与全球治理:研究前沿》,中国社会科学出版社 2022 年版,第 192 页。

② 张昆、王创业:《考量国家形象的政治维度》,《陕西师范大学学报(哲学社会科学版)》2017 年第 1 期。

③ 《世界主要领导人形象认知调查:习近平国内国际认可度和本国人民信心度均排名第一》,2014 年 12 月 17 日,https://world.chinadaily.com.cn/2014-12/17/content_19110014.htm,2022 年 11 月 6 日访问。

一夫人"彭丽媛随访的新闻报道极大地肯定了其内外兼修的政治形象、公益形象、家庭形象、职业形象与个人形象。① 从实际效果看,中国领导人的良好个人形象已经成为中国国家形象的重要支撑,同时也由外而内地增强了民族自信。

(二) 政党维度

从政党维度上看,在我国,塑造良好的中国共产党国际形象具有时代紧迫性。近年来,习近平总书记从诸多方面提出党的形象建设要求:如提出推进中国特色社会主义伟大事业,展示了中国共产党笃定信念和坚定自信的形象;提出"人民至上"的执政理念,展现了中国共产党立党为公执政为民的形象;提出全面从严治党,展现了中国共产党敢于自我革命的形象;提出构建"人类命运共同体",展现了自信、开放和担当的国际形象;坚持以正确的历史观科学评价党的历史和领袖人物,展示了维护党的光辉历史之形象;等等。②

良好的政党形象不仅有利于政党的自身发展,而且有助于提高其外交地位。自建党以来,国际媒体关于中国共产党的报道数量持续提升,重大历史事件的发生是数量增加的关键因素;同时,报道主题从单一意识形态向多元和多维转变;整体而言,中国共产党的整体形象呈螺旋式上升,公共关系和公共外交在树立党的良好国际形象中发挥了重要作用。③ 此外,政党形象也与党员形象密切相关,改革开放多年来我国主流媒体所呈现的党员形象主要集中于敬业奉献、勤勉踏实两类,这成为中国共产党党员的重要标签。④

(三) 经济维度

在经济全球化的背景下,一个国家在经济方面的形象已然成为建构良好国

---

① 方亭、程似锦:《西方媒体报道中的中国国家形象传播——以"第一夫人"彭丽媛随访报道为例》,《福建师范大学学报(哲学社会科学版)》2014年第6期。
② 刘小燕等:《中国共产党形象国际传播研究的学术演进与未来向度》,《国际新闻界》2022年第6期。
③ 曹永荣:《螺旋式上升:中国共产党国际形象的百年变迁》,《上海交通大学学报(哲学社会科学版)》2022年第4期。
④ 夏倩芳、张明新:《新闻框架与固定成见:1979—2005年中国大陆主流报纸新闻中的党员形象与精英形象》,《新闻与传播研究》2007年第2期。

家形象的重要方面。然而近年来,中国经济的快速发展威胁到了其他国家的经济利益,一些西方国家因此而唱衰中国经济形象。"中国经济威胁论""中国经济崩溃论""中国经济模式论"等各种论调层出不穷,不断成为西方媒体炒作的议题,在一定程度上干扰了中国经济发展及其"走出去"的整体环境,增加了外国企业对中投资时的疑虑。① 尤其是在我国实施"一带一路"倡议的背景下,良好的经济形象能够为中国经济"走出去"创造有利的舆论环境,同时中国企业在走出去的过程中也形塑了国际公众对于中国企业形象、经济形象以及国家形象的认知,这是相互作用的过程。

企业形象和中国经济形象密不可分。企业以自己的产品和服务参与国家形象的塑造和传播,成为传播国家形象的重要载体。对许多开拓国际市场的企业来说,企业的产品和服务直接接触国外每个用户个体,这些国外公众接触的员工和产品,是人们感知企业形象,进而感知国家形象的窗口。以央企为例,它是政府的经济工具,发挥着贯彻落实中央经济战略和政策的重要职能,而从"一带一路"倡议的实施中就能看出,央企发挥着先锋队和主力军的作用,在高铁、核电、电网、桥梁、港口、基础设施建设等重大合作领域都占据着不可替代的核心地位。②

有关经济形象和企业形象感知的问题,近几年已经在全球范围内展开受众调研。2021年中国企业形象全球调查显示,海外受访者肯定中国国际化发展对本国经济发展的贡献,对中国企业的表现表示赞赏,认可中国企业在推进全球可持续发展方面发挥的积极作用。其中,肯尼亚、沙特阿拉伯、南非、印度尼西亚对中国企业的积极作用认可度较高;中国企业带来的先进技术、新的资金投入和提供的新的就业机会是全球受访者最为关注的;整体而言,金砖国家受访者对中国企业对本国的经济发展起到的积极作用评价高于海外总体平均水平。③

---

① 参见陈卫星等:《从能力到效力:国际传播力建设研究》,社会科学文献出版社2022年版。
② 胡钰:《央企形象与国家形象》,《中国软科学》2016年第8期。
③ 中国外文局中国企业形象研究课题组:《2021年中国企业形象全球调查分析报告——以全球12国为调查对象》,《对外传播》2022年第2期。

（四）文化维度

国家历史文化的积淀在建构国家形象时至关重要。中华传统文化博大精深、源远流长，外国民众很难理解其中一些独特的、具有民族特色的内容，而此时通过具象的符号与活动，更容易塑造出可信、可爱、可敬的中国形象。

在众多代表中国文化的符号中，大熊猫多次出现在中国外交场合，受到外国民众的喜爱。熊猫形象能够传递中国文化，熊猫外交将动物保护引入命运共同体理念，增进了国家文化的生命力和传播力，并依托这些能力造就了更强大的影响力和感召力。当然，熊猫形象在国家形象建构中的作用可以通过媒体报道折射出来。研究发现，新闻报道中的熊猫从最初的国宝动物形象，逐步在"外交礼物"的媒体形象中变得具有象征色彩，在"世界瑰宝"的媒体形象中融入世界关注的国家身份，在"东方明星"的媒体形象中拓宽国家影响，并正在成为我国的国家品牌。① 此外，塑造文化维度的国家形象时，还需要充分利用其他渠道，如运用公共外交手段，通过在海外开展"过春节，吃饺子，庆团圆"等涉及中国传统文化习俗的活动，在国际社会中塑造文化中国的国家形象。

（五）国民维度

国家间的交往最普遍的体现是国民间的交往。不同国家国民之间的接触形成的印象不仅是针对某个人的，也是针对这个人所属的国家的。一个国民素质良好的国家，国家形象的好评率会不断上升。构成国民形象的主要内容有文明礼仪、道德规范、行为习惯等；现代社会中，判断国民素质的标准还有一个人的工作能力、沟通能力、创新能力等。随着全球化的加深，以旅游、学习、探亲等形式展开的中外国民之间的交流日益频繁，这为从国民维度建构良好的国家形象提供了契机。外国人来华旅游、与中国亲友交往等经验提升了他们对于中国的兴趣、增进了他们对于中国的了解、改善了他们对中国的态度。②

---

① 张铮、刘钰潭：《大熊猫是如何成为中国国家形象"代言"的——基于人民日报1949—2019年的报道分析》，《新闻与写作》2021年第2期。

② 苏林森：《美国人眼中的东方巨龙:涉华新闻关注与美国人对中国的认知、态度的关系》，《国际新闻界》2018年第5期。

二、中国媒体的全球化

在当代国际传播环境下,社交媒体已经成为许多国家对外传播、塑造国家形象的渠道之一。在新媒体时代,国际传播在增加信息传播手段、突破信息传播屏障等方面都有较大进步。我国的国际传播影响力也随着新媒体手段的广泛运用、传播内容的丰富、传播主体的多元而不断提高。这具体表现在两个方面:一是我国主流媒体纷纷入驻海外社交媒体,主动讲述真实的中国故事,二是中国本土的社交媒体受到了海外民众的欢迎,成为其日常娱乐生活的基础设施。

(一)中国主流媒体的全球化发展

伴随着社交媒体日益增强的全球影响力,中国逐步加快新媒体全球传播体系建设的步伐。2009年6月,中共中央下发《2009—2020年我国重点媒体国际传播能力建设总体规划》,明确提出增强国际传播能力、打造国际一流媒体的建设方向。党的十八届三中全会明确提出整合新闻媒体资源,推动传统媒体和新兴媒体融合发展。2014年8月18日,习近平主持召开中央全面深化改革领导小组第四次会议并发表讲话,强调要推动传统媒体和新兴媒体融合发展,着力打造一批形态多样、手段先进、具有竞争力的新型主流媒体,建成几家拥有强大实力和传播力、公信力、影响力的新型媒体集团,形成立体多样、融合发展的现代传播体系。

纵向对比看,我国主流媒体在海外社交媒体的影响力有所提升。近年来,我国主流媒体积极响应国家号召,纷纷入驻以 Twitter、Facebook、YouTube 等为代表的国际传播平台,建立了针对海外社交媒体的专业化新闻内容生产团队,取得了一定成效。在2017年,有学者收集了全球168个国家的168个媒体开设的 Twitter 账号的数据,研究了全球报纸类媒体在社交媒体上的网络结构关系和影响力。研究发现,全球纸媒依然呈现出"核心—边缘"的网络结构。以《纽约时报》为代表的具有世界影响力的传统纸媒在社交媒体的全球网络中仍处于核心地位、拥有绝对的影响力;相较而言,《人民日报》在网络密度、连接节点数等方面与《纽约时报》存在较大差距,在该研究所统计的全球纸媒中,《人民日报》的社交网络影响力排名第 19 位。① 而 2022 年的研究显示,《人民日报》、新华社、中国国际电视台三家中央主流媒体的主 Twitter 账号的粉丝量等量化指标已经超过一些西方知名媒体账号。通过对"庆祝中国共产党成立 100 周年"相关报道统计发现:2021 年 7 月新华社发布的推文转发率、点赞率均接近 100%,《人民日报》、新华社、中国国际电视台推文转发量超过 100 人次的占比分别为 19%、34%、23%,均超过同期《纽约时报》、美联社及美国有线电视新闻网(CNN)的涉华议题推文,点赞量超过 100 人次的推文占比接近同期西方媒体;2021 年三家中央主流媒体有关"庆祝中国共产党成立 100 周年"报道的各项量化指标数据相较于 2019 年"庆祝中华人民共和国成立 70 周年"均有所提升。②

不过,在海外社交平台的传播网络中,我国主流媒体的整体嵌入程度依旧不高,尚未真正构筑起中国话语在场的国际传播格局。中国主流媒体在海外社交媒体影响力有限的原因可以归纳为两点。其一,我国主流媒体海外账号的互动和对话意识仍不强,对平台信息流的影响较为有限。尽管主流媒体在积极表达中国立场和观点,但由于没有充分带动多元用户的持续发声与对话,很难真正推动共享意义的建构。多项研究显示,主流媒体账号在发起用户对话、维系用户在场、吸引用户访问等方面的表现还有待提升,同时其与重要意见领袖的沟通互动频次较低,难以形成以主流媒体为核心的意见子群,阻碍了正面涉华议题的传播与扩散。其二,主流媒体账号针对用户的智能化、个性化、垂直化信息服务不足,账号内容的亲近性和交互性还有待提高。面对社交平台所建构出来的算法式社会交往场景,媒体账号的内容生产和传播也需要持续适应平台的进化,运用智能技术触达并影响各类用户。然而,我国主流媒体在海外社交平台上大多延续着一对多的大众传播模式,对用户行为偏好的洞察分析还不深入,依托用户日常生活场景进行内容生产和垂直服务的行为更不普遍,这也限制了主流媒体账号与海外用户的关系连接和社群巩固。

---

① 相德宝、张文正:《全球媒体社交网络转型:网络、结构和影响力——基于全球报纸社会网络的分析》,《新闻界》2017 年第 12 期。

② 毛伟:《重大主题新闻报道如何优化运用海外社交媒体平台》,《对外传播》2022 年第 1 期。

(二) 中国社交媒体的全球化发展

当前美国主导了全球信息传播业,其他发展中国家则以"搭便车"的方式发展本国的信息文化产业,依赖美国的各种资本走上数字化道路。然而,中国的数字化道路却不同于其他金砖国家,并没有依附发达国家,而是依靠自身不断争取以走向国际市场和融入世界资本主义体系,并且实现了自我保护和主权完整。①

中国本土社交媒体在持续探索全球化的道路,近年来取得了一定成就。此前,微信海外版 WeChat 和支付宝海外版 Alipay 的"出海",其用户群体主要局限于在境外生活或旅游的华人,其产品用户的本土化程度低,而 TikTok 的海外使用者大多是土长土生的年轻网民,因此这种逆向扩散不仅是互联网平台在国与国空间上的扩散,也是数字化产品在跨国用户群体中的扩散。TikTok 的海外产品定位始终在努力规避任何政治性的动机,以显著的"去政治化"倾向,在"出海"过程中寻求用户规模和利润的增长,参与数字资本主义时代的国际竞争。

案例:TikTok 的"出海"战略②

2017 年 8 月,抖音国际版 TikTok 在 Google Play 上线,这意味着抖音正式踏上海外征途。截至 2020 年 1 月,TikTok 已覆盖全球 150 多个国家,全球日活跃用户数突破 4 亿,成为中国互联网平台成功"出海"的典型案例。

TikTok 出海成功的原因可以归纳为三点。其一,TikTok 以经济资本为优势,占据市场关键节点。它初期先以资本收购和控股方式快速进入特定区域的用户市场,之后再以海外版产品自运营的方式扩大市场占有率,这种"收购+自营"的方式体现出经济资本稳健输出同时注重产品和技术输出的特征。其二,以技术资本为核心,向用户提供智能服务。TikTok 能在众多同类

---

① 张志安、潘曼琪:《抖音"出海"与中国互联网平台的逆向扩散》,《现代出版》2020 年第 3 期。
② 同上。

产品的竞争中胜出，主要归功于"人脸关键点检测技术""人体关键点检测技术"和"手势识别和粒子系统技术及应用"等基于手机的人机交互技术。这些技术一方面吸引了大量用户从 TikTok 上高效获得个性化的短视频内容，另一方面也以极低的门槛方便海外用户在生活中参与短视频的拍摄和上传。此外，在界面设计和内容分发机制上，通过算法"投喂"的信息消费方式延长了用户的使用时间。其三，以文化资本为依托，满足全球用户娱乐需求，如在背景音乐方面，TikTok 在注重全球性流行音乐文化的同时，也没放弃带有本土色彩的民族文化，以此来兼顾不同用户的偏好。

归纳而言，TikTok 针对不同国家和地区采取灵活多样的业务扩张模式，实现经济资本、技术资本和文化资本之间的分配与转化，共享算法推荐和人机交互等智能技术，适应当地的政治、经济、社会和文化，以"全球本土化"（glocalization）策略把握数据、节点、用户等关键要素，实现了其在国际市场中的稳健扩张。

第二节　新闻传播与区域发展

区域发展在我国国家经济社会发展中的地位越来越重要。本节主要从都市、社区、乡村三个层面介绍新闻传播在区域发展中扮演的角色和发挥的作用。

一、都市新闻业

中国都市新闻业在 20 世纪 90 年代末至 21 世纪初颇为辉煌。都市报的改革、都市台的创办、民生新闻等新形态的出现，都深深影响着中国新闻业的格局，同时也深刻影响着城市社会的发展以及中国的城市化进程。

（一）都市媒体

都市媒体是中国市场经济改革和中国新闻业改革的产物。1992年，我国开始实行社会主义市场经济体制，一些报社想到要创办一种完全新型、同市场经济相适应的报纸。生产关系一旦适应了生产力的发展，这种报纸自然就一日千里地发展起来。① 都市台的发展与都市报类似，都是在这一背景下进行的。

从发展历程上看，都市报业始于《华西都市报》。1995年1月1日，《华西都市报》在成都诞生，它隶属《四川日报》，定位为市民生活报。《华西都市报》的成功吸引了全国300多家报纸模仿、复制"华西模式"。此后，《南方都市报》《大河报》《南国早报》《燕赵都市报》相继诞生。这类主要由省级党委机关报创办的都市类新闻报短短数年内就在全国遍地开花。党报的资源为办好都市报提供了优越条件，都市报也在很大程度上减轻了党报的市场压力，保证了党报得以全力完成自己的政治宣传任务，双方建立了互相依存的关系。

在都市台方面，2002年江苏城市频道《南京零距离》的成功为电视新闻打开了一扇窗。仅以南京为例，从2002年到2004年，每天18点到20点20分就有江苏广电总台的《南京零距离》《绝对现场》《1860新闻眼》《江苏新时空》《服务到家》和南京广电集团的《直播南京》《法治现场》《标点》等八档相似的民生新闻节目，而放眼全国，电视民生新闻栏目在全国各地出现，如北京电视台的《第七日》、成都电视台的《成都全接触》、广州电视台的《新闻日日睇》等。②

此类都市报和都市台主要有四大特点：其一，主要受众是市民；其二，内容以新闻为主，突出硬新闻，但强调与市民个人生活有关的实用信息；其三，变生产报道为消费报道，传播对象从决策机关和生产机构变为消费者个人；其四，经营管理以市场为导向。③

互联网环境下都市新闻业走向衰落，这是由内部原因和外部原因共同所致。从都市新闻业内部发展的角度看，都市报和都市台趋于同质化，逐渐丧失了其独特性优势。以成都地区为例，在市场化竞争过程中成都报业的趋同化特

---

① 童兵：《试论中国都市报的第二次创业》，《新闻记者》2005年第4期。
② 参见王雄：《电视民生新闻：成长与转型》，世界图书出版公司2016年版。
③ 参见席文举：《报纸策划艺术》，中国社会科学出版社2000年版。

征是十分明显的,都市报的版面设置、报道内容、广告市场分割等多个方面都趋于同化。① 此外,近一两年来,都市报在所谓"权威媒体""主流媒体""新主流媒体""大报化"的进程中逐渐放弃了自身的竞争优势,呈现出越来越浓厚的机关报特征。② 从外部环境来看,公众新闻消费习惯改变,人们使用报纸、电视等传统媒体的频率下降,更多使用移动端的媒体。由此引发了都市新闻业衰落的第二个原因——随着发行量和收视率的降低,媒体依靠二次售卖的广告盈利模式受到挑战,此类媒体在资金上出现困难。

(二) 民生新闻

都市报、都市台的蓬勃发展和其内容定位密切相关,民生新闻占据了此类都市媒体的大部分空间,备受市民喜爱。民生新闻的特点体现在理念、内容、表达三方面。从理念上看,民生新闻把关切的目光投向民生疾苦,将硬新闻软处理,同时赋予软新闻以硬道理,在进行舆论监督的时候也立足于问题的解决而不是简单地批评了事。从内容上看,民生新闻主要报道的是日常状态下平民百姓的衣食住行及其所想、所感,关注百姓喜闻乐见的事情,强调帮助百姓排忧解难。从表达上看,民生新闻的基调和具体的表现手法与西方新闻界的"软新闻"类似,多采用一些符合普通百姓接受心理与接受能力的"软性"表达。③ 以《华西都市报》为例,首任总编辑席文举在 1995 年创办该报时就提出都市报的定位是市民生活报,要重视解决市民日常生活中遇到的困难、监督社会问题,并且他认为市民最关心的问题也就是政府关心和要解决的问题。④ 在这一思路下,《华西都市报》在创办后的一年时间里先后做过"四川打工妹在山西受虐待""陈道荣之死""孩子回家行动"等 38 个追踪报道,每做一次,"报纸的发行量就跃上一个新台阶"。⑤

---

① 董天策、黄顺铭、谭舒:《成都报业趋同化的实证分析》,《新闻与传播研究》2001 年第 2 期。
② 陈翔:《探讨都市报十年发展显现的问题》,《新闻记者》2008 年第 1 期。
③ 董天策:《民生新闻:中国特色的新闻传播范式》,《西南民族大学学报(人文社科版)》2007 年第 6 期。
④ 参见席文举:《报纸策划艺术》,中国社会科学出版社 2000 年版。
⑤ 张立伟:《从〈华西都市报〉看报纸定位创优效应》,《当代传播》1998 年第 3 期。

民生新闻在短暂的繁荣之后趋于衰落,其原因主要体现在四个方面。第一,题材单调重复、同质化竞争严重;第二,零碎、孤立、片面地反映生活,过于肤浅;第三,通过冲突性叙事和新闻炒作对社会场域进行监督,追求过度曝光和轰动效应造成负面影响,乃至导致媒介职能错位;第四,电视台单纯依靠民生新闻栏目拉动收视率和广告收入的运营方式受到挑战,栏目不断扩版、时间不断延长,广告价格已达高位,增长乏力。上述前三个方面的问题反映了民生新闻内容质量方面的不足,而后一方面则反映了更加宏观的经营管理问题。①

民生新闻是具有中国特色的实践概念,它发展于21世纪初,与20世纪80年开始的晚报复兴、90年代开始的都市报(都市频道、都市频率)兴起一脉相承,体现了新闻媒体在中国社会发展过程中从内容上、话语上贴近群众日常生活的努力,也获得了社会的高度关注。需要注意的是,这一在中国实践中由新闻从业者提出的新闻运作类型,与西方学界所倡导的公共新闻有较大差异。虽然二者的发起主体都是新闻媒体,也都关注公众的需求,但是其理论意涵是不同的。公共新闻的核心诉求在于媒体以参与者的立场通过组织公共讨论来构建公共生活,这与西方社会的政治体制、公民意识和媒体环境密切相关。从民生新闻的发展实际来看,大部分新闻议题更强调与民众生活的贴近,报道的角度和引发的讨论也相对围绕着新闻议题本身就事论事,在从局部利益、表层讨论向公共性问题、公共协商机制发展方面尚未建立起有效途径。当报道民生新闻的社会关注度和收视率等实际收益到达天花板时,这一新闻类型也就进入了衰减期,媒体与社会的新一轮交互作用会催生新的新闻理念和实践形态,如近年来引发人们热议的建设性新闻。而西方的公共新闻也因其理性化的构想难以在媒体运行中得到持续性实践,在经历了一段学界和业界共同倡议的热潮期之后开始衰落。

二、社区传播

社区既是公众生产生活的基本单元,也是社会治理的基本单元。社区媒介超越了信息传播的基本功能,是居民参与公共事务、实现社会善治的重要工具。

---

① 喻国明、赵晋:《电视民生新闻发展瓶颈突破方式探析》,《中国广播电视学刊》2010年第9期。

(一) 社区媒介的基本内涵

社区媒介自 20 世纪下半叶以来在全球范围内得到了广泛发展。社区媒介的兴起与发展以西方新民权运动为历史背景,以社区居民对主流意识形态的对抗和对媒介近用权的争取为特点。在西方语境下,社区媒介是一种参与式媒介;也是一种致力于实现传播民主化的另类公共领域的载体;还是一种实践活动,它培养了公民的公共意识、提升了社区认同水平,传承着本地文化与本地知识。①

我国的社区媒介区别于西方。我国的社区报并非西方意义上的社区媒介,而是一种"类社区媒体"。② 这一是因为对于社区的理解是含混的,二是因为办报主体并非居民,而是政府机关、传统媒体、社区服务机构、房地产公司、物业公司等。例如,《北京青年报》曾在社区媒介方面进行了探索。报社在 2013 年 9 月创办了第一份社区报《北青社区报·顺义版》,到 2018 年社区报的数量已经达到 29 份,同时报社也尝试创办社区驿站、基于移动终端 O2O 的小区生活信息服务平台 OK 家 App 等。然而,由于现实经营压力以及各类社交媒体、平台媒体的外部冲击,这些业务最终没有逃脱衰落的命运。概言之,我国多数被冠以社区之名的报纸、电视依然沿袭传统的宣传模式,鲜有居民自己的声音,即使它们做出了一定的突破现状的努力,尝试提升居民在其中的主体性,然而结果却不尽理想。

互联网环境下,我国社交媒体的普及催生了"融合性社区媒介"。它作为一种自媒体,实现了社区居民的媒介近用权,具有一定的独立性,是社区自治的平台,并且居民常常通过此类媒体发声维权,因此它在一定程度上更接近真正意义上的社区媒介。③ 社区论坛是此类媒介的典型体现,它虽然只是多种传播途径之一,但是它的传播方式和意义却与其他大众媒体不同。其作为一个新的参

---

① 参见王斌:《社区传播论》,中国人民大学出版社 2017 年版。
② 王斌:《中国社区报的现实需求与发展潜质》,《新闻战线》2014 年第 1 期。
③ 王斌:《地方新闻、社区信息化和传播自主性——传播与中国社会转型的一个分析框架》,《国际新闻界》2010 年第 10 期。

与空间,嵌入了居民的日常生活,进而产生了催化效应,为社区认同提供了载体。例如,在上海中远两湾城社区,居民在社区论坛中讨论群租房事件,社区论坛成为公共空间,推动了矛盾的解决与共识的达成,并且在讨论的过程中,居民能够相对理性和自由地发表意见,保持了良好的形象、提升了对于社区的认同。①

(二) 社区传播与社区治理

新媒体的普及为提升社区治理水平提供了机遇。新媒体创造了一个互动的扁平结构世界。其一,它突破了传统媒体单向线性传播的局限,可通过即时、便利的反馈机制形成双向信息传播回路。其二,它的互动特性和低门槛准入,令其信息控制结构和把关机制比传统媒体更加复杂。其三,它兼具人际传播、群体传播、大众传播的媒介特性,拥有更强大的信息聚合、传递、分享、再生产能力。

新媒体参与社区治理的作用机制体现在三个方面。第一,基于新媒体构建社区公共领域。新媒体作为一种融公共论坛与社交功能于一体的媒介,可以有效规避人情、面子等给构建公共领域造成的负面影响。在新媒体空间中,通过线上议事的方式,社区居民能够在一定程度上区隔虚实、保持距离,感受到一种物理上和心理上的安全感,避免了面对面讨论的顾虑,从而敢于讨论、愿意讨论,使讨论更具有真实性,并且出于对利益共同体和人际关系的考虑,其表达也较为平和并且更具建设性。第二,基于新媒体提高行政管理水平。基层城市政府的治理特点是直接面向居民,要想提供优质的服务,必须准确把握民意和民情。同时,可以建立一站式电子政务服务平台。平台分为内外两个层次,内层及社区自身的电子政务建设,通过建立社区网站等实现社区政务公开与线上办事;外层是通过成为统一政务平台的一个节点,或运用信息技术与统一政务平台建立联系,实现社区与政府的数字对接。第三,基于新媒体培育社区社会资本。社区治理的主要目的是提供社区公共服务,社区服务的对象主体就是居民

---

① 参见谢静:《传播的社区——社区构成与组织的传播研究》,复旦大学出版社 2013 年版。

本身,因此这种服务是一种志愿的集体行动,它需要有较高的社会资本作为支撑。新传播技术扭转了当前居民社会资本较低的现状,其既盘活了社会资本的存量,也培育了社会资本的增量。①

社区传播对于社区建设有三个层面的功能。② 一是公众参与有助于社区成长,而媒体可以帮助传递这种理念,即媒体功能并非单纯的信息告知,还有助于培养整体社区的理念。二是媒介信息可以刺激更多社区成员参与社区活动。社区活动的成效依赖媒体宣传,因此灵活运用媒体宣传是社区活动规划者必备的知识。三是社区传播可以活化人际沟通。媒体可以率先报道社区的公共议题,营造社区成员的讨论氛围,推动展开社区中的重要事务,促使成员经由讨论形成共识。

三、乡村传播

乡村是社会发展自然而然的产物,是人类生活演进过程中必不可少的单元。在社会文化发展的不同阶段,乡村的概念也处变化过程。它作为社会文化发展的一种见证和资源符号,构成了乡村社会历史进程的一个重要组成部分。乡村传播中的传播可以被理解为一种社会传播,它强调从传播学的角度关注乡村中的社会发展现象。③

(一) 乡村传播与乡村治理

在乡村治理实践中,党的农村基层组织在乡村组织中处于领导地位。它具有双重性质:既是国家政权体系的一部分(并非正式国家机构),承担着处理乡村社会内部事务的职责,又是乡村社会的一部分,是连接国家与乡村社会的关键纽带。

---

① 参见王斌:《社区传播论》,中国人民大学出版社 2017 年版。
② 王斌:《地方新闻、社区信息化和传播自主性——传播与中国社会转型的一个分析框架》,《国际新闻界》2010 年第 10 期。
③ 参见李红艳:《乡村传播与城乡一体化——北京市民与农民工传播关系之实证研究》,社会科学文献出版社 2009 年版。

县级融媒体推进乡村依法治理、构建乡村善治格局有其内在的发展逻辑。县级融媒体中心正是整合了上述媒体资源而形成的新型传媒机构,它的成立、建设和发展,是互联网环境下媒体融合向纵深发展的新探索,在信息传播和社会治理等方面发挥着重要作用。县级融媒体在打通不同媒介之间区隔的同时,也为基层政府搭建了与人民群众建立联系实现互通的有效通道。随着数字化信息技术的快速发展,县级融媒体中心已成为基层受众交流信息、沟通思想、融合内容、表达诉求的重要平台,相当于基层传播的"一线指挥部",不仅要具备统筹调度的综合服务功能,还要能够发挥好引导群众、服务群众的主体功能和平台作用,真正打通数字乡村基层治理的"最后一公里"。县级融媒体中心作为基层社会治理特别是乡村治理的重要平台,回应了时代发展和自身发展的双重要求,应充分利用自身所具有的资源优势和地缘优势,通过与政府联动、与民众互动、以情感赋能,不断强化引导功能和服务功能,提升传播效果,推动乡村治理创新和治理体系现代化。

乡村治理需要充分利用传统媒体与新媒体。有线广播、电视和社交媒体在乡村社会构建的是一个充满张力的媒介格局。在这个媒介格局中,新媒体因以互联网这一正在深刻改变整个社会组织形态的技术为基础,而凸显出特别的重要性。然而,新媒体塑造的乡村治理结构并不稳定。因此,在充分挖掘新媒体治理潜能的基础上,仍有必要充分发挥电视、有线广播和人际传播的作用,以塑造更为合理的乡村治理结构。综合运用新媒体以及电视、有线广播、人际传播方式,可以平衡各乡村治理主体的力量,使上下层国家机构、乡村组织和乡村民众都能有效参与乡村治理,推动建成稳定强大的农村基层社会。①

(二) 乡村传播与乡村经济

新媒体赋权促进了乡村振兴的实现。作为一种技术工具和媒介形式,新媒体给农村低收入人口提供了与外界对接的多元化方式。无论是通过电商销售,还是通过网络直播,甚至通过在网络上展示日常生活,农村低收入人口建立了

---

① 李乐:《媒介变革视野中的当代中国乡村治理结构转型》,《新闻与传播研究》2020 年第 9 期。

村落与外界之间的联系,打破了地理边界。农村低收入人口通过新媒体的使用拓展了线上线下的社会网络,在被赋权的过程中获得了新的自我身份和个体自主性。同时,借助各级政府部门的资助,农村低收入人口成为巩固拓展脱贫攻坚成果的新生力量和乡村治理的多元主体之一。新媒体对于乡村经济的促进,一方面消除了固有的社会结构带来的壁垒,对城乡二元社会的结构性隔阂构成了挑战;另一方面重新塑造了整体社会发展中的新阶层意识,培育了个体在信息生产和消费中的能动性。①

近年来,电商对于农村经济产生了重大影响。电商改变了乡村的经济状况、激活了乡村的经济活力。乡村电商的发展路径是,行政力量通过引导资本进入和外出务工青年返乡、吸引在地的农民参与电商物流和直播,使得"人人在场"成为构建电商扶贫与乡村社会关系网络的中介,由此以一种新的电商模式,实现了乡村社会与外部市场之间的充分关联,也实现了城乡之间的物流对接与人员关联。② 需要注意的是,电商模式在乡村的扩散应该因地制宜,找准"关键的少数"这一早期扩散受众,在扩散渠道上要技术祛魅,回归到熟人社会以人为主体的人际传播、群体传播和组织传播。③ 乡村产业创新扩散是政府、市场、社会多方协同合作的过程,在中国乡村社会具有较为明显的"政治—市场"逻辑,呈现出一种自上而下、自下而上,由外到内、由内向外的"双向奔赴"的特点。

(三) 乡村传播与日常生活

媒介自进入乡村就一直与村民的日常生活相关联。从电视的普及到各类新媒体平台的扩散,媒介成为村民生产生活中不可缺少的一个部分。

电视在过去几十年成为乡村大众传播的主角,看电视是村民日常生活不可分割的一个组成部分。电视成为村民了解外界信息的主要渠道,它不仅满足了

---

① 李红艳:《新媒体技术助力乡村治理》,《人民论坛》2021年第1期。
② 李红艳、唐薇:《人人在场:行政、资本与技术视野下的电商模式——基于M县级电商中心的案例研究》,《新闻与写作》2021年第6期。
③ 何志武、陈天明:《乡村振兴与"能人"回乡:农村产业转型观念的创新扩散机制研究》,《西南民族大学学报(人文社会科学版)》2022年第10期。

村民对信息和娱乐的需求,而且促进了村民消费观念的改变。电视文化的丰富一方面给生活在相对封闭的乡村环境中的村民呈现了全新的生活世界,另一方面也通过种种都市生活的呈现和浸润,慢慢地侵蚀了乡村社会原有的伦理至上的道德文化,并在一定程度上解构了传统的道德观念。看电视作为乡村青少年日常生活的重要组成部分,正在潜移默化地影响他们的日常生活和社会化过程。①

互联网等新媒体进入乡村社会,成为村民日常生活中的重要媒介,也发展为农村与外部世界相连的重要方式。村民使用新媒体了解外部世界,学习种植、养殖等技术,了解市场需求,把当地的经济作物和产品销售出去,增加收入,改善生活。同时,他们使用新媒体满足家庭成员的沟通、娱乐等需要。此外,各类社交媒体内嵌的线上购物、移动支付、线上缴费等功能,让村民逐步形成了新的消费观念与消费习惯,新媒体重构着村民的生活。

新媒体在乡村社会的普及提高了村民的素养,使参与乡村公共生活成为他们的日常。新媒体技术作用于村民在治理领域的参与实践:一方面他们能够借助新媒体及时掌握最新信息,另一方面又可以对村庄公共事务进行监督,从而认识到自身的主体角色。新媒体在一定程度上改变了高度科层化的权力结构和政府"话语独白"的固定模式,影响了村民的政治态度,同时又为政府和村民创设了一个公共对话的空间,使村民有机会表达观点,参与对村庄公共事务的处理。

近年来,短视频在村民的日常生活中扮演了重要角色。在乡村中,随着亲朋好友和返乡青年越来越多地使用各类短视频平台,此类应用软件经由熟人社交逐步普及开来。一方面,"刷"短视频开发出一种新的生活方式。短视频被嵌入人们每日固定的生活安排,"刷"短视频成为人们打发时间的方式,同时也是人们了解更广阔的世界、学习知识技能的重要渠道。另一方面,发布短视频成为部分乡村民众日常生活的一部分,比如在镜头面前展示空手捉鱼、生火做饭等相对传统的乡村生活,记录唱山歌、舞龙舞狮等地方文化。

---

① 参见孙秋云等:《电视传播与乡村村民日常生活方式的变革》,人民出版社 2014 年版。

第三节　新闻传播与社会问题

新闻传播呈现了社会问题,同时也促进了社会问题的解决——媒体报道关注各类社会议题与社会群体,连接起了公众与公众、公众与社会、公众与国家;同时,新闻传播也赋予公众权力,使他们在社会与国家层面发声,参与公共生活。本节对于新闻传播与社会问题的关注从三个具体领域展开,分别是重大突发事件、争议性议题、社会群体。

一、重大突发事件与新闻报道

重大突发事件对于社会秩序具有较大的冲击力,其一旦发生,便会在很短的时间内进入公众议事日程并成为社会关注焦点,进而引发一系列社会问题。主流媒体需要在互联网场域及时发声,形塑公众对于重大突发事件的社会认知,凝聚社会共识,实现媒介化的社会治理。

(一)重大突发事件与社会认知

重大突发事件爆发之后的信息生态凸显出专业媒体新闻报道的重要性。重大突发事件发生之后激增的信息内容及其无序的流动造成了诸多负面的社会影响。一是催生了谣言。真实准确信息的缺位给谣言的传播提供了机会,而谣言往往以煽动性和夸张性为特征,它的扩散导致公众处于不确定、紧张与情感安全缺位的状态,而随着公众在社交媒体中的交流互动,情绪传染效应愈加明显,这不利于社会的和谐稳定。二是增加了公众的认知负担。信息加工理论认为,人们对信息的过滤、控制、保持、加工都需要消耗认知资源,而认知资源的有限性决定了个体可以同时处理的信息的复杂程度和信息数量是有限的,因而当出现信息过载时,个体很容易出现认知困难。例如,在 2020 年新冠肺炎疫情暴发初期,去中心化的传播模式导致信息混乱、信息获取不充分、情绪化传播等问题出现,一场"信息疫情"(infodemic)也在社交媒体平台引爆,导致公众对于相关信息的倦怠以及认知失调的出现。

媒体对于重大突发事件的报道在争夺认知资源的过程中形塑着公众对于社会的认知。媒体机构扮演着环境预警和社会守望的专业传播角色，承载着公众的信息期待，其信息沟通的主动性对社会认知及舆论的影响十分重大。然而，人的认知资源是有限的，只要信息存在的地方便可以形成相互间的竞争以及对人类认知资源的争夺，但随着当前媒介化的发展以及信息的指数式增长，信息对有限资源的争夺愈发凸显和激烈。对于媒体而言，可以通过视觉、听觉等感知觉方式以单通道或跨通道的方式对受众施加刺激，争抢受众的注意资源，继而有机会争夺其记忆资源。[1]

有效形塑公众的社会认知离不开政府及时公开关于重大突发事件的真实信息。可以根据实际情况，通过新闻发布会、政府网站、政务新媒体、公开栏、大喇叭等形式发布相关信息。当前，各地政府已就信息公开发布了一系列规定。2021年8月6日，《北京市突发事件总体应急预案（2021年修订）》发布，其强调北京遇有重大突发事件时，主责部门要加强网络舆情监测与响应，第一时间通过权威媒体向社会发布信息，最迟应在5小时内发布。

（二）重大突发事件与社会认同

互联网环境下，重大突发事件发生之后的社会舆情日益表现出"系统性风险"的特征。公众因社会地位、立场观点、知识结构不同而产生不同的价值诉求，倘若未能得到有效表达或获得回应，则会导致内在情绪的生成和累积。[2] 尤其是重大突发事件的舆情风险"触点"多，易于全平台的扩散，演化更趋复杂，不同社会子系统之间易交互影响，这都容易导致舆情风险被放大，造成公共失信、社会失序以及治理失败。

主流媒体在重大突发事件发生之后具有引导舆论、凝聚社会认同的职责。

---

[1] 喻国明、郭婧一：《从"舆论战"到"认知战"：认知争夺的理论定义与实践范式》，《传媒观察》2022年第8期。

[2] 王江蓬、李潇凝：《建设性新闻视域下的公众情绪治理——以重大突发事件为中心的考察》，《中国编辑》2021年第10期。

这一目标的实现可以从四个方面入手。一是推动关键信息的及时公开。例如，在新冠肺炎疫情暴发初期，《人民日报》、新华社等主流媒体及时整合与公布各地的确诊人数、制作疫情地图，在一定程度上消除了公众的恐慌，赢得了公众对媒体和政府的信任。二是加强对工作成效和先进事迹的报道，调节与引导公众情绪，避免负面情绪演化为更大范围内的群体性舆论。三是调动公众参与凝聚社会认同和价值共识。此时，媒体不再是简单地生产新闻，同时也在为公众消除困惑，公众不只是被动的信息接收者，同时也是社会问题解决方案的建议者。四是整合社会力量。主流媒体在保留既有的新闻生产与分发模式外，加强与各类平台型媒体的合作，例如媒体通过与今日头条、B站、抖音、快手等平台的合作，构建多元化的可沟通渠道，扩大舆论引导的有效范围。

二、争议性议题与新闻报道

争议性事件是由社会生活中一个具体的新闻事件或社会现象触发，引发公众讨论质疑和社会参与的热点事件。争议性事件产生于社会转型期，媒体对于争议性事件的再现与公众的认知和参与密切相关。

（一）社会转型与争议性事件

争议性事件有三个特征。一是对于有争议的新闻事件，其社会影响高于它所附带的新闻价值；二是新闻事实或社会现象是表征，事件背后的公共利益、传统道德、伦理抑或社会的基本价值和行为准则以及法律、法规等是隐性本质；三是从表征到对隐性本质的解读、认知多元化，存在"争议场"，在一定程度上没有标准答案或者缺乏社会共识，这也使其具有强大的社会动员力。[①]

争议性事件需要放置在社会大背景下理解。随着我国社会转型、信息公开的推进以及新媒体的兴盛，频出的争议性事件成为我国社会的新景观。媒体早期主要承担着化解冲突和维护政府形象的角色，随着转型期矛盾凸显和新媒介

---

① 陈刚：《转型社会争议性议题的媒体再现研究》，《中国地质大学学报（社会科学版）》2010年第2期。

环境的形成,报道框架逐渐改变,并努力引导公共讨论,传播科学事实和科学精神的方式也逐渐多元。在理解这一现象时需要将其置于社会转型的宏观社会背景与现实语境中,即为了理解任何当代社会现象,我们必须回溯其产生的根源及过程;同时,将其与当下信息公开以及新媒体、新技术的发展与兴盛这一现实相融合,注重历时性与全时性,系统探讨和研究争议性议题。在此基础上,才能更深入地考察和理解社会转型期争议性议题传播的话语特征、话语变迁的过程等。①

(二) 争议性议题的媒体再现

媒体再现(media representation)是建构社会现实的过程,具体指媒体运用选择和把关等手段强调与突出特定内容,忽视和排除其他内容,因此媒体再现的事实和社会现实存在一定程度的偏差。争议性事件是社会事实、现象的直接呈现,媒体对争议性事件的报道是媒体参与和再现争议、构筑社会现实的重要过程。媒体是国家与社会之间的关键连接,尤其是在争议性议题的再现中,媒体强烈影响着公众的社会参与以及公共协商,媒体的职能可以更清晰地展现出来。

争议性事件的媒体再现与公共协商密切相关。争议性事件的再现是因争议或质疑而生长的多元社会舆论通过大众媒介这个平台和"公共领域"进行意见的交流、竞争和协商的过程,而由此产生的争议化传播现象在一定程度上则是大众传媒科学有效地释放社会焦虑、平衡社会矛盾、整合社会价值观、引导社会认知甚至重建社会基本价值观、守望社会的进步与和谐发展的现代功能的彰显。面对争议性议题,媒体更应秉持多元、包容、平等、互动的传播理念,把握现代社会的发展特征,注重民主协商与多方参与,搭建平台,促进政府、科学界和公众之间围绕争议展开更加广泛的对话,从而使政府、科学界在与公众共享价值立场的基础上良性沟通,听取各方意见、协调不同话语,寻求"最广泛的社会合意",使作出建设性的决策成为可能。②

---

① 陈刚:《共识的焦虑:争议性议题传播的话语变迁与冲突性知识生产》,人民出版社2016年版,第23页。
② 吴文汐、乔秀宏:《社交媒体影像中的转基因:争议性科技的媒介再现与受众反馈》,《现代传播(中国传媒大学学报)》2019年第4期。

案例：PX事件的媒体报道

随着我国社会转型与科学技术的发展，各类争议性事件成为社会必须直面的焦点议题，其中与核电相关的PX（P-Xylene，也称"对二甲苯"）事件尤其引发了公众关注和参与。2007年，厦门PX项目因民众"散步"迁址漳州古雷，但2013年与2015年的两次爆炸事件再度引发全社会的关注。同时，厦门PX事件也引发了"涟漪效应"，大连（2011年）、宁波（2012年）、昆明（2013年）、九江（2013年）、成都（2013年）、茂名（2014年）相继爆发了一系列关于PX项目的民众抗议活动。在民众施压下，这些项目均暂停。

PX事件作为争议性事件的典型，是一个充满了话语权争夺的议题领域，而各类媒体在风险放大过程中的作用不同。针对昆明PX项目媒体报道的研究发现，这场讨论中公众立场的媒体风险故事在舆论争夺中占优势，讲述者主要是商业化媒体；就传统主流媒体而言，报道主体、消息源、报道立场都较为中立，其站在政府立场讲述风险故事；就新媒体平台而言，其中的意见领袖建立了完全不同的风险话语，他们更倾向于通过激进的主题和立场引发民众的共鸣，进而放大风险。[1]

新闻报道作为一种话语实践，是社会建构的关于某方面的现实与知识，是社会实践的再语境化。它所发挥的议程设置的效果，影响了公众对基本事实以及对事件重要性的判断，进而使公众产生了行动的可能性。这背后需要注意的是，新闻报道很难做到绝对意义上的客观中立，媒体对新闻框架的选择具有很强的策略性，体现了多元意识形态、价值观、商业诉求以及专业精神之间的冲突与碰撞。

媒体以及新闻从业者理应反思其在环境报道中的表现及其社会影响。在环境争议报道中常常出现两种极端倾向，一种夸大公民环境抗争的政治象征意义，另一种则以邻避之名漠视公众合理的诉求，而PX化工原料泄漏造成

---

[1] 曾繁旭、戴佳、杨宇菲：《风险传播中的专家与公众：PX事件的风险故事竞争》，《新闻记者》2015年第9期。

的真切的负面影响,促使新闻从业者思考第三种环境争议解决路径的可能,即借鉴公共新闻的实践,构建容纳多元声音的环境公共领域,促进治理主体之间的沟通、商议和协作,共同建设健康的环境与社区。①

三、社会群体与新闻报道

各类社会群体是媒体机构的报道对象,但他们往往以特定形象出现在新闻报道中,并且他们真正的声音很难借助媒体得以完全表达。互联网的普及和社交媒体的发展塑造了网络公共空间,越来越多普通的民众获得了媒介近用权,他们得以通过网络讲述自己的诉求、表达自己的观点、维护自己的权利。本部分主要介绍两个方面的内容:一是社会群体与刻板印象,二是社会群体与社会抗争。

(一) 社会群体与刻板印象

刻板印象是关于某一个人、群体、事件或问题的先入为主的、简单化和模式化的认知与观点。这一术语由李普曼于1922年在其著作《舆论》中提出,他认为刻板印象或者说个人"头脑中的图像"是"按照性别、种族、年龄或职业等特征进行社会分类,形成的关于某一类人的固定印象"。刻板印象的形成可以归纳为三个步骤:一是对信息进行分类;二是认识与理解所属类别中的代表性个案;三是以个体特征推断总体特征,并将其固定为该群体的一般特征。②

刻板印象有三个主要特征。其一,它是对社会群体的一种简单化的分类方式;其二,在同一社会文化或同一群体中,刻板印象在一定程度上具有一致性;其三,刻板印象在很大程度上不符合实际情况。例如,人们形成的对于不同国家国民的认知——中国人数学都很好、法国人都很浪漫、德国人都很严谨、美国

---

① 参见邱鸿峰:《环境风险社会放大的传播治理》,中国社会科学出版社2017年版。
② 闫岩、毛鑫:《失真的镜像——对优酷视频中"城管 vs.商贩"冲突的内容分析》,《新闻与传播研究》2015年第2期。

人都很胖、韩国美女都整容等。刻板印象的缺陷在于,它们往往过于片面,忽视了群体中的个人差异性,放弃了对于具体对象的细节判断,也在一定程度上导致人们拒绝接受已经出现的新信息,而当人们带着此类印象进入社会生活时,很容易形成个人偏见,进而对于人际交往产生负面影响。不可否认,刻板印象是人类认知行为的局限,不过它也有一定的积极作用,即提高了人们的信息处理效率。

针对刻板印象,新闻传播领域的学者关注两个方面的内容。其一是新闻报道的刻板呈现。这一问题与框架在新闻生产中的运用密切相关。新闻从业者需要在有限的时间内完成新闻报道,他们常常选择媒体固有的对于某一群体的立场与呈现方式,把一些容易被设想成为属于某类人群的特征展现出来,以此提高工作效率。例如,西方媒体往往从西方文明中心论的思维定式出发,呈现的是东方主义视角下的中国,由此形成了东方文明愚昧、落后的刻板印象。[1] 其二是新闻报道中的刻板印象呈现与公众刻板印象的关系。这两者相互作用。新闻从业者无法回避刻板印象的存在,形成了他们建构某一社会群体媒介形象的前提性认知与思考,这进一步渗透在新闻框架中,而某种新闻框架的持续反复使用又会强化对该群体的刻板印象。

刻板印象的形成过程与干预策略是社会心理学更为关注的议题。当前该领域的研究主要关注三个方面:一是刻板印象的内容,即对不同社会群体刻板印象的识别;二是刻板印象的作用与应用,即刻板印象如何影响人们对他人的认知,以及刻板印象如何激活社会信息加工的各个方面;三是刻板印象的加工方式与加工机制,即刻板印象在何种程度上能被控制,其能在何时以及以何种方式被克服。[2] 不过,社会心理学路径下的刻板印象研究更加注重微观的个体,忽略了社会成员的互动以及社会环境、社会共识等其他因素的影响,因而也有学者提出需要将其放置于历史的、文化的、宏观的社会背景下进行研究,更为全面和立体地解释这一现象的形成与干预机制。[3]

---

[1] 程曼丽:《中国国家形象符号的拓展与更新》,《新闻与写作》2022 年第 5 期。
[2] 参见陈莉:《刻板印象:形成与改变》,中国人民大学出版社 2021 年版。
[3] 同上。

（二）社会群体与媒介化抗争

近年来,不断有公众在遇到特定问题时开始诉诸媒介,公众的"抗争"行动出现了媒介化趋势,呈现出复杂的关系图景。

理解媒介在社会抗争中的作用机制是理解媒介化抗争的前提。媒介不仅是可以被公众调用的资源,而且媒介的内部差异及其资源的局限性也会对社会抗争的实现产生影响。这体现在:第一,媒介体制规定了传媒报道冲突事件的既定空间;第二,媒体对社会抗争的报道受到传媒行业运作规律的影响;第三,在社会抗争中,并非所有抗争者都能获得媒介近用权,抗争主体的身份属性、社会资本、抗争策略都会影响媒体的角色,进而影响抗争结果。① 由此,媒介既能够赋予抗争合法性地位,也能够使抗争边缘化,而这是由特定情境下媒体、政府、利益集团以及公众的权力关系决定的。

媒介化抗争不是简单地利用媒介进行抗争,它是指互联网时代社会抗争呈现出的新形态、新变化。媒介化是指,通过改变抗争行为、重塑抗争关系、建构抗争文化,将单个弱势个体的抗争塑造成普遍的抗争诉求,将特定地方性问题转变成社会公共话语,进而重构国家与社会的关系;对于抗争者而言,他们不断学习如何利用好这一非制度化的抗争模式,以利益表达为起点,通过迎合媒介逻辑,引发大众媒体关注,形成舆论压力,进而引起政府的重视,实现抗争目标。② 媒介化抗争比普通的社会抗争覆盖面更广,个体的日常抗争、抗争政治,乃至专业化的社会运动都能被涵盖其中。

实现媒介化抗争需要公众掌握并使用媒介逻辑。媒介逻辑由媒介技术、媒介内容、媒介体制三个方面构成,其共同作用于抗争过程从而影响抗争的结果。有学者以 2003—2012 年间的 40 个拆迁抗争案例为样本进行了模糊集定性比较分析。③ 研究发现,媒介的内容逻辑比技术逻辑、制度逻辑更具影响力,抗争已

---

① 王斌、胡周萌:《媒介传播与社会抗争的关系模式:基于中国情境的分析》,《江淮论坛》2016 年第 3 期。

② 参见郑雯:《媒介化抗争:变迁、机理与挑战》,华夏出版社 2015 年版。

③ 郑雯、黄荣贵:《"媒介逻辑"如何影响中国的抗争?——基于 40 个拆迁案例的模糊集定性比较分析》,《国际新闻界》2016 年第 4 期。

愈发成为一种"表达"。其中,内容逻辑中表现突出的影响因子"社会主义框架"在某种程度上体现出了中国特色的制度和文化特征。在大部分成功案例中被运用的社会主义框架,其合法性基础在于中国特色社会主义意识形态下"人民当家作主"的国家—社会关系,这也说明媒介的内容逻辑的影响力镶嵌于而不是独立于政治制度。此外,尽管技术逻辑、制度逻辑自身无法有效解释抗争的成功,但在媒介内容逻辑的基础上引入媒介的技术逻辑与制度逻辑将大大增强"媒介逻辑"对抗争成功的解释力。这说明,仅考虑媒介的内容逻辑会限制我们对抗争结果的理解,只有通过对媒介逻辑的整体性理解,综合考虑三种类型的媒介逻辑的组合性效应,才能更好地解释媒介对抗争结果的影响。

小　结

　　本章将新闻传播放置于社会发展的宏观背景下,目的是进一步理解新闻传播与国家社会、新闻传播与普通公众的关系。新闻传播与社会发展是极具现实性、复杂性、多样性的议题,本章关注的面向和内容只是"冰山一角"。第一节介绍了新闻传播与国家形象,包括国际传播中的国家形象的构成、中国媒体的全球化发展两个部分。第二节从都市新闻业、社区传播、乡村传播三个方面介绍了新闻传播与区域发展这一主题。第三节介绍了新闻传播与社会问题,具体内容包括重大突发事件与新闻报道、争议性事件与新闻报道、社会群体与新闻报道。

　　第一节介绍了新闻传播与国家形象。第一,在互联网高速发展的当下,新闻传播成为国家对外宣传其方针政策、彰显国家主权、影响国际舆论的重要途径,同时信息传播技术对于国际政治经济秩序的影响不容忽视。第二,国家形象由政治、政党、经济、文化、国民等多个维度构成,每个维度下的国家形象都有其特点。第三,中国国家形象的形成与我国的媒体发展密切关联。当前我国主流媒体在海外社交媒体的影响力有所提升,同时中国自主的社交媒体平台走向海外,在国际市场确立了一席之地。

第二节聚焦新闻传播与区域发展。区域发展在我国国家经济社会发展中的地位越来越重要,本节主要从都市、社区、乡村三个层面介绍新闻传播在区域发展中扮演的角色和发挥的作用。中国都市新闻业曾在20世纪90年代末至21世纪初颇为辉煌,都市报的改革、都市台的创办、民生新闻等都深深影响着中国新闻业的格局,同时也深刻影响着城市社会的发展以及中国的城市化进程。在社区传播中,社区媒介超越了信息传播的基本功能,是居民参与公共事务、实现社会善治的重要工具。在我国并不存在完全西方意义上的社区媒介,不过,新媒体的发展催生了"融合性社区媒介",这为社区治理提供了机遇。新媒体对推动参与社区治理有其独特的功能,对于社区建设也发挥着一定作用。在乡村传播中,新媒体的普及创新了乡村治理、乡村经济的形式,同时也改变了村民的日常生活。

第三节介绍了三个方面的内容。其一,关于重大突发事件的新闻报道能够形塑社会认知、凝聚社会认同。其二,争议性议题在我国社会转型期频发,媒体对于争议性事件的再现与公众认知、公共协商密切相关。其三,社会群体是媒体关注的对象,而新闻报道对于特定社会群体的呈现往往具有刻板化的特征;媒体也赋予社会群体权力,近些年出现的媒介化抗争就是典型的体现。

关键概念

国家形象　　社区媒介　　乡村传播　　媒介再现
刻板印象　　媒介逻辑

思考题

1. 国家形象为什么在当今国际社会极具重要性?
2. 国家形象由哪几方面构成?分别呈现出什么特点?
3. 中国媒体在全球化发展过程中体现出什么特点?
4. 民生新闻具有什么特点?民生新闻可以发展成为公共新闻吗?
5. 中国的社区媒介具有哪些特点?其在社会治理中发挥了什么作用?
6. 如何理解乡村传播的重要性?新闻传播对乡村生活具有哪些影响?
7. 重大突发事件新闻报道具有哪些社会功能?

8. 什么是媒介再现？媒介再现的重要性体现在哪些方面？
9. 什么是刻板印象？什么是新闻报道的刻板呈现？其具有哪些特点？
10. 如何理解社会抗争中的媒介化逻辑？

 拓展阅读

〔英〕达雅·基山·屠苏：《国际传播：沿袭与流变（第三版）》，胡春阳、姚朵仪译，复旦大学出版社 2022 年版。

〔美〕雷吉娜·E. 朗格林、安德莉亚·H. 麦克马金：《风险沟通：环境、安全和健康风险沟通指南》，黄河等译，中国传媒大学出版社 2016 年版。

高伟、姜飞：《全球传播生态发展报告（2022）》，社会科学文献出版社 2023 年版。

何晶：《媒介与阶层——一个传播学研究的经典进路》，《新闻与传播研究》2014 年第 1 期。

李红艳：《乡村传播学（第二版）》，北京大学出版社 2014 年版。

李艳红：《欧美传播研究视野中的新闻传媒与弱势社群》，《新闻与传播研究》2005 年第 2 期。

沈国麟：《互联网与全球传播：理论与案例》，复旦大学出版社 2018 年版。

孙玮：《现代中国的大众书写：都市报的生成、发展与转折》，复旦大学出版社 2006 年版。

王斌：《社区传播论》，中国人民大学出版社 2017 年版。

吴飞等：《国际传播的理论、现状和发展趋势研究》，经济科学出版社 2016 年版。

夏倩芳、张明新：《新闻框架与固定成见：1979—2005 年中国大陆主流报纸新闻中的党员形象与精英形象》，《新闻与传播研究》2007 年第 2 期。

谢静：《传播的社区——社区构成与组织的传播研究》，复旦大学出版社 2013 年版。

曾繁旭：《风险传播：通往社会信任之路》，清华大学出版社 2015 年版。

郑雯：《媒介化抗争：变迁、机理与挑战》，华夏出版社 2015 年版。

第十一章 新闻传播与大众文化

新闻传播历来与大众文化相呼应,是大众文化的重要载体。自从现代媒介具备了广泛传播通俗文化产品的力量,日常生活中的文化话题就成为研究者们不断耕耘的领域。其中,景观社会和消费文化是理解媒介如何建构通俗文化的经典视角,而青年亚文化则不断获得广泛认同,正与主流文化之间形成新的张力,因而也成为一个重要的研究话题。在互联网时代的语境中,参与式文化、融合文化等概念的提出,说明文化的大众生产已经成为大众文化新的现实,迷文化、恶搞文化、展演文化等都是新形势下大众文化的典型样态。

第一节 新闻传播与消费文化

在经济和技术发展导致的全球化过程中,消费已经成为文化的一种主导力量,也成为大众文化的主要面向。媒介的演进无疑是消费文化赖以勃兴的催化剂,新闻传播活动无时无刻不受到通俗文化的影响,又在消费文化的传播过程中扮演了重要的角色。

一、通俗文化与媒介传播的结缘

文化从人民群众中诞生。作为人们日常生活重要组成部分的通俗文化,伴随着媒介的发展和演进而具备了不同的样态。早期的通俗文化产品依赖人们的口耳相传,电子媒体的兴起则为通俗文化提供了新的传播场域。

(一) 从大众文化到通俗文化

"大众文化"是"大众"的多种表述和"文化"的多种表述的组合,不同学派的学者试图从批判的视角出发,对大众文化的边界和意涵作出界定。[①] 一种观点认为,大众文化是除了高雅文化之外的其他文化,包含了那些无法满足高雅标准的相对低等的文本和实践。这种看法忽视了大众文化的矛盾属性,某些事物正是因为有了大众的支持而被认为是优质的。另一种观点则将大众文化视作群氓文化,认为大众文化是为消费而批量生产的文化,大众文化的受众是没有分辨力的消费者。

在英国文化研究兴起之前,关于大众文化比较集中且有影响力的论述来自法兰克福学派的理论家。以西奥多·阿多诺(Theodor Adorno)、马克斯·霍克海默(Max Horkheimer)为代表的法兰克福学派提出了文化工业(culture industry)这一核心概念,用以批判资本主义社会下大众文化的商品化及标准化,其核心观点主要集中在三个方面:其一,大众文化的商品化,即文化沦为商品的过程。其二,大众文化的同质化,即文化组织生产出的文化产品缺乏多元属性。其三,大众文化的单面性,即大众文化所具有的强制性的支配力量,剥夺了个人的自由选择。在大众文化问题上,英国文化研究与早期法兰克福学派立场对立。他们并非主要采取批判的态度,而是用更加积极的观念看待大众文化。

在第一代文化研究学者中,理查德·霍加特(Richard Hoggart)曾对20世纪30年代英国工人阶级的通俗文化展开描述,雷蒙·威廉斯(Raymond Williams)曾对早期大众传媒进行研究。第二代文化研究学者,例如约翰·费斯克(John Fiske),更直接针对法兰克福学派提出一种针锋相对的新的大众文化理论:大众文化的生产性文本具有大众性、开放性的双面特征,这要求对大众文化的分析,

---

① 参见〔英〕约翰·斯道雷:《文化理论与大众文化导论(第七版)》,常江译,北京大学出版社2019年版。

不能只从法兰克福学派的"控制"入手。费斯克认为,既要借助路易·阿尔都塞(Louis Althusser)和安东尼奥·葛兰西(Antonio Gramsci)的理论与方法,分析意识形态的内容,也要重视读者的接收端,关注能动的读者,即积极的受众如何形成并开展文化实践。

(二)媒体与通俗文化

在理论探讨中,媒体与文化一向是媒介文化研究的重要话题。在约翰·费斯克之前,受众研究最具代表性的作品是霍尔的《电视话语中的编码与解码》。霍尔批评流行传播学理论把传播视作从发送者到接收者的直线运动,认为受众对媒介文化产品的解读,与他们在社会结构中的地位和立场相对应,由此提出了三种不同的解码方式:支配—霸权式解码,协商式解码,对抗式解码。

最早将霍尔的编码—解码模式应用于实践和经验层面的是他的学生戴维·莫利。可以说,理解20世纪80年代英国受众研究的范式,莫利的电视观众研究是一个重要起点。① 戴维·莫利1985年春天的"家庭电视"研究计划,以家庭中的收视情形为主题,将视角从家庭外转移到家庭中,从家庭内部性别关系的角度,描述了观众观看电视这一行为的复杂性。莫利的著作开启了文化研究领域、媒介研究领域中积极受众论的先河,这也是对法兰克福学派文化工业论的重大突破。

在实践中,媒体已经成为大部分通俗文化的主要传播系统,大多数通俗文化都不会在大众媒体中缺席。② 几乎所有的通俗文化都具有娱乐的功能,因为通俗文化的本质就是愉悦大众。作为重要资讯提供者的电视,如今也以娱乐功能为主来组织节目,互联网则包含了海量的通俗文化产物。

市场化、商业化的通俗文化的发展,以及这一趋势对新闻业的冲击,为通俗新闻的诞生提供了土壤。通俗新闻是指偏向轻松、娱乐的新闻运作方式,这对传统新闻专业中占据主导地位的严肃社会使命和文化理念,特别是社会责任

---

① 参见曾一果:《西方媒介文化理论研究》,学习出版社2017年版。
② 参见〔美〕德弗勒、丹尼斯:《大众传播概论(修订版)》,王筱璇、勤淑莹译,双叶书廊有限公司2012年版。

论、新闻价值理念等都产生了强烈的冲击。① 但通俗新闻在引发质疑和批评的同时,又因趣味性在受众市场中占据一席之地。伴随着社交媒体的勃兴,通俗新闻已经成为新闻业的重要组成部分。

> **知识窗:电视与日常生活**
>
> 电视曾一度占据人们日常生活的中心位置,但它的价值和影响力却因我们每个人的具体生活环境而存在种种差异,这背后又会受到我们所处的社会及文化环境的影响。罗杰·西尔弗斯通在《电视与日常生活》一书中,就探讨了人们熟悉又陌生的电视文化现象,阐释了电视何以深入生活世界并在过去的半个多世纪中产生普遍而深刻的影响。在我们日常生活多样的现实和话语中,电视是作为一种具有强大吸引力的、复杂的、矛盾的统一体出现的。
>
> 在西尔弗斯通看来,电视是一种家用媒介,也是我们融入消费文化的一种方式。它既构造了我们的家庭生活,也展现了我们的家庭生活。正是电视,通过家庭生活复杂周折与不稳定的动态,给家庭提供信息,也支持、反映、思考家庭生活,并为我们的生活重新提供信心。② 与此同时,电视还处于社会关系与自我身份的中心位置,在公共与私人、全球性与地方性、家庭与非家庭的结合处,电视标出了日常生活的领域。
>
> 此外,作为一种技术,电视在日常生活中也有独特的意义。电视是一种技术也是一种媒介,它在被镌刻上社会与文化的意义的同时,也在社会与文化之上镌刻上了自己的意义。③ 作为一种媒介,电视把家庭中的成员带入意义共享的公共领域,也为打造具有私人性的家庭文化提供了材料。

---

① 参见林思平:《通俗新闻:文化研究的观点》,五南图书出版公司 2008 年版。
② 参见〔英〕罗杰·西尔弗斯通:《电视与日常生活》,陶庆梅译,江苏人民出版社 2004 年版。
③ 同上。

二、消费社会与媒介文化

作为一种新兴文化,媒介文化构造了我们的日常生活和意识形态,塑造了我们关于自己和他者的观念,制约着我们对世界的理解。在高新技术、市场原则和普遍的非个人化的受众的关联中,媒介文化已经成为我们当代日常生活的仪式和景观。

(一)景观社会的形成

在 20 世纪 50—60 年代法国的先锋运动中,以居伊·德波(Guy Debord)为首,学者们把激进的艺术和社会政治相结合,提出了景观社会的理念。德波认为,随着资本主义物质丰裕时代的到来,炫耀性消费逐渐成为维持社会再生产的核心动力,人类已经进入了"景观社会"阶段。作为一种社会调控的新模式,消费资本主要就是一种"景观的社会",它通过创造让人迷惑的世界和使人麻木的娱乐形式来安抚大众。技术、媒体和消费文化掌控着我们的生活,我们已进入消费主义的景观社会。[1] 在这一社会阶段,"在现代生产条件占统治地位的各个社会中,整个社会生活显示为一种巨大的景观的积聚。直接经历过的一切都已经离我们而去,进入了一种表现"[2]。

在景观社会的现代生产条件下,表象或影像已经不仅是一个表征,而且具有了本体论的意义。正是由于它的存在,人们深陷分离危机而不能自拔。景观既显示为社会本身,成为社会的一部分,同时也可充当统一的工具。作为社会的一部分,它蓄意成为集中任何目光和任何意识的那个区域。由于这个区域被分离了,它便成为滥用的目光和虚假的意识的场所;它所实现的统一无非就是一种普及化分离的官方语言。[3] 这种"分离"机制的存在,使人们在景观中被隐性控制。也就是说,一方面,景观社会是在分离的基础上产生的;另一方面,景

---

[1] 参见陈默:《媒介文化传播》,中国传媒大学出版社 2016 年版。
[2] 〔法〕居伊·德波:《景观社会》,张新木译,南京大学出版社 2017 年版,第 3 页。
[3] 同上。

观社会又为掩盖资本主义社会中的现实分离服务。①

当下,娱乐已经成为景观社会的主宰模式,渗透到新闻、政治、教育和日常生活之中。多媒体技术的发展和计算机的普及也吸引了越来越多的文化元素,娱讯网络提供了与景观密切相关的所有类型。② 20 世纪 90 年代以来,文化领域最显著的变化,莫过于数字媒体的创作工具和工作流程逐步取代了以往的各种文化工具。一方面,大部分文化都向着计算机介入的生产、分发和传播模式转变;另一方面,海量文化作品在互联网和社交媒体上聚集。不同时代主流交互界面的融合与碰撞既为文艺领域,也为传播技术领域带来了若干有趣的新话题。

(二) 消费文化的兴起

在传统社会中,物质消费主要是为了满足自然需要,如今的消费行为不仅是简单的购买,还包含文化和身份的认同。③ 消费文化研究领域的思想家让·鲍德里亚(Jean Baudrillard)认为,现代社会是由各种符号和大众传媒所构成的消费社会。鲍德里亚的研究主要探讨了现代性与文化危机、消费社会与媒介传播结构、消费主义与日常生活、商品拜物教所造成的精神危机以及大众传媒与世俗化等问题。④ 关于这些前沿学术问题的研究,对揭示当代世界性的消费社会文化困境的有着重要的意义。

消费文化是随着资本主义商品生产的扩张而兴起的,商品生产的扩张造成了消费扩张,进而促进了消费服务场所等物质文化的积累。⑤ 消费社会在物质空前积累的基础上形成,意味着一种前所未有的消费文化的形成。这种现代消费文化的一个重要特点是,从物质的生产、交换到购买与消费,这一系列过程不仅是物质的使用价值与交换价值实现的过程,而且还是物质的符号价值生产与

---

① 参见蒋原伦、王颖吉:《媒介文化十五讲》,北京大学出版社 2017 年版。
② 参见陈默:《媒介文化传播》,中国传媒大学出版社 2016 年版。
③ 参见曾一果:《西方媒介文化理论研究》,学习出版社 2017 年版。
④ 王岳川:《消费社会的文化权力运作——鲍德里亚后现代消费社会文化理论》,载金元浦主编:《文化研究:理论与实践》,河南大学出版社 2004 年版,第 75—102 页。
⑤ 参见陆扬主编:《文化研究导论》,高等教育出版社 2012 年版,第 145 页。

消费的过程,是文化交往和社会生活的过程,是真实的世界转变为符号化的奇观世界的过程。

在鲍德里亚看来,后现代社会是通过模拟和拟像的原则建立起来的传播社会。鲍德里亚对拟像社会秩序的诞生、特点、冲突和重构等方面进行了深刻论述,他从符号形式的角度来阐释客体系统及其文化意义,并从物质商品体系的意义变迁、非功能性物质商品的意义以及物质商品背后的消费意识形态三方面阐释了商品符号价值体系。① 在这一进程中,复制和断裂是两个关键概念。复制对生产的取代是现代社会向后现代社会转变的标志,符号的无穷复制使符号失去了意义和深度,逐渐变成"能指的狂欢"。断裂则是现代社会所确立的种种边界的消失,仿像和现实之间的断裂是后现代文化的一个基本特征。此外,信息和娱乐之间的界线、政治和娱乐之间的界线、高雅文化和通俗文化之间的界线都在逐渐消失。

鲍德里亚的消费社会引发了更多对于消费文化的反思。英国文化研究学者迈克·费瑟斯通(Mike Featherstone)就认为,当代消费文化为公众提供了快乐、梦想和欲望。② 在他看来,大众消费的是符号和影像,现代城市为大众建构了丰富的消费空间,满足了人们对物质和欲望的要求,也使后现代的城市成为"消费中心"。而日常生活的审美化现象,则源于艺术与非艺术之间的差别不再明显,生活中各种符号、影像对社会的建构,正在逐步改变人们的现实感受。对此,要用批判的眼光看待城市文化中的消费思潮,特别是炫耀性、奢侈性消费对人生价值的影响。

第二节　新闻传播与青年亚文化

青年亚文化是文化研究学者长期关注的话题,它是指主要由年轻人群体创造的、与主导文化既抵抗又合作的一种社会文化形态。青年亚文化对标新立异

---

① 参见刘少杰:《后现代西方社会学理论(第二版)》,北京大学出版社2014年版。
② 参见曾一果:《西方媒介文化理论研究》,学习出版社2017年版。

的推崇以及对娱乐的追求使得它在青年群体中得到了广泛认同,并与主流文化形成了新的张力,一定程度上稀释了主流文化在传播领域的话语权。如何确保主流文化在大众传播领域的主体地位在每一个社会中都是重要的问题。

一、大众传媒与青年亚文化

在各个时期,青年亚文化都是处于相对边缘地位的群体性文化,但往往在媒体的关注与宣传的过程中获得声量。大众传媒与青年亚文化的关联紧密,青年亚文化的文化意义也在大众传媒的传播过程中得到彰显。

(一)青年亚文化的传播机制

亚文化研究可以追溯到美国社会学研究中的"芝加哥学派"。芝加哥学派的概念最早主要指称在罗伯特·帕克领导下的芝加哥大学社会学系知识分子共同体。作为最早对亚文化群体进行系统研究的机构,芝加哥大学社会学系自20世纪20年代起,就开始对移民、犯罪青少年等亚文化群体展开系统研究,逐渐形成了著名的芝加哥"越轨亚文化"研究。在芝加哥青年越轨亚文化研究中,罗伯特·帕克的城市社会学理论、阿尔伯特·科恩(Albert Cohen)的挫折理论以及霍华德·贝克尔(Howard Becker)的标签理论构成了社会学学科对青年越轨文化研究的主要理论基础,许多研究成果在这些理论的指导下完成。

青年亚文化是随着英国文化研究的兴起而逐渐发展起来的概念。1964年,理查德·霍加特在伯明翰大学建立了"当代文化研究中心"(CCCS)。该研究中心发展出了一种特别的青年亚文化理论体系,出版了大量研究成果,如斯图亚特·霍尔、托尼·杰斐逊(Tony Jefferson)的《通过仪式抵抗:战后英国的青年亚文化》以及迪克·赫伯迪格(Dick Hebdige)的《亚文化:风格的意义》等,这些著作对当代青年亚文化研究产生了深远影响。伯明翰学派关注的青年亚文化带有阶级、代际、种族、性别等层面的特色,关注工人阶级青年对社会主流的仪式性抵抗。亚文化概念的内涵由强调与社会主体文化的差异和越轨偏离,到伯明翰文化研究中心强调的抵抗和关系性,再到后亚文化理论中的创造性,都清楚地表明了亚文化内涵的流动性。①

大众传媒与青年亚文化的关系复杂且充满张力。一方面,媒体通过对青少年的报道建构青年文化。霍尔在"编码—解码"理论中,分析了主流意识形态如何借助大众媒体,将青年亚文化的反抗"安置在意义的统治架构内",他也指出从属阶层可以通过谈判、协商的办法与主流意识形态进行抗争。与霍尔稍有不同的是,青年亚文化研究的后继者赫伯迪格等人在考察青年亚文化与媒体的关系时,强调了大众媒体与主导意识形态的"共谋关系"。赫伯迪格认为,大众媒体是主流意识形态收编青年亚文化的主要工具,在一种亚文化出现时,总是伴随着媒体"歇斯底里的反应"。也正是通过"贴标签"等措施,大众传媒制造了对青年人的刻板印象。②

另一方面,青少年也在通过仪式的抵抗与符号的游击战回应主流声音。在霍尔等人看来,大众媒介不仅是统治阶级维系霸权统治的工具,也是青年人反抗统治阶级的主要场域。赫伯迪格、安吉拉·麦克罗比(Angela McRobbie)等学者都在著作中介绍了青年人如何借助主流的文化工业和大众媒体,如通过盗用、拼贴和组装等方式制造出新的文本和偶像,在颠覆主流意识形态意义结构的过程中,创造出了新的风格和意义。赫伯迪格称这样的反叛是"符号的游击战"。约翰·费斯克十分赞赏这种"符号的游击战",甚至认为在大众媒介和日常生活的所有领域里,青年人的这种"符号的游击战"都是无处不在的。无论是逛超级商场、看肥皂剧,还是听音乐或看好莱坞电影,青年人随时随地都会采用"符号的游击战"方式抵制统治阶级的文化霸权。

(二) 青年亚文化的文化意义

20世纪70年代后,青年亚文化逐渐演变为文化研究学者的关注重点。作为整个社会文化有机和重要的组成部分,青年亚文化的传播具有丰富的文化意义。青年亚文化与主流文化的对话,可以为主流文化输出具有新鲜生命力的文化符号资源,激发主流文化的创新活力。伯明翰学派提出的抵抗—收编观认

---

① 参见马中红、陈霖:《无法忽视的另一种力量:新媒介与青年亚文化研究》,清华大学出版社2015年版。

② 参见曾一果:《西方媒介文化理论研究》,学习出版社2017年版。

为,主流社会通常借助某种界定将青年亚文化纳入通常秩序的"矩阵",新闻媒介根据主流文化对亚文化风格的意义的解释,选择被公开的风格化的景象进行传播。① 但学者们逐渐认为,有些亚文化在主流文化的召唤下并不回避被收编,有时甚至乐见其成,通过风格获取"亚文化资本"。作为新兴文化的亚文化,由于来自新的意义和价值、新的实践、新的关系及关系类型,完全有可能构成主流文化的必要因素。

青年亚文化与商业文化的博弈,使得青年亚文化的符码作为重要的商品资源被吸纳,与商业主义相互嵌入。近些年,作为青年趣缘群体的小众文化,青年亚文化在资本的加持下已经不断成为文化创意产业、影视音游产业乃至数字文化全产业的重要文化资源。这在某种程度上是主流文化对亚文化进行收编的结果,这种收编通常有两种方式,其一是将亚文化符号商品化,其二是对异常行为进行命名和重新界定。②

青年亚文化还与社会观念关联密切,在对社会主流观念的冲击中,形成了一定的道德恐慌、价值冲突和代际矛盾。在伯明翰学派学者看来,"道德恐慌"是界定并且制造出亚文化的重要因素。社会主流观念关注青年亚文化圈子中的乱象,希望通过对网络平台空间的监管与治理、加强媒介素养教育等方式维护青少年的身心健康。霍尔认为,被媒体所斥责的青年亚文化是某些社会危机的替罪羊,是支配阶级意识形态"编码"的结果。而随着新媒介为青年亚文化群体赋权,青年亚文化群体逐渐展现出了分享的力量,并创造了公民价值,这促使主流文化开始重新审视亚文化实践。③

二、新媒介与青年亚文化

近年来,电竞文化、粉丝文化等饶有趣味的文化现象广受瞩目。作为特定时期相对小众的群体文化,青年亚文化是在社会阶层结构框架中不断出现的新

---

① 参见胡疆锋:《伯明翰学派青年亚文化理论研究》,中国社会科学出版社2012年版。
② 参见陆扬主编:《文化研究导论》,高等教育出版社2012年版。
③ 参见孙黎:《中国网络青年亚文化群体新媒介赋权行为及影响》,华中科技大学出版社2020年版。

兴社群及其生活方式。新形势下的青年亚文化受到互联网传播特征的影响,展现出了不同于以往青年文化的新特征。

(一) 数字时代的后亚文化

20 世纪 80 年代之后,文化研究自身较为鲜明的意识形态色彩逐渐从学术话语的主流体系中淡出,加之西方后现代理论话语的迅速扩散,新一代的亚文化研究者开始质疑并试图发展新的亚文化概念和理论。后现代理论反对决定论,强调真理的条件性、相对性,重视对意义的追求。① 全球化消费和后现代社会的来临导致了青年亚文化的变化,"生活方式""新部落"等词语被广泛使用,来解释青年亚文化在新时期的新的认同特征。此外,以互联网为代表的新媒介也对青年亚文化的存在形态产生了重要影响。

生活方式(ways of life)关注青年人通过日常生活和商品消费所表现出的创造性特征。② 学术界虽然依旧承认青年文化团体的集体维度,但已经注意到青年文化成员身份日益明显的流动性。文化社会学家萨拉·桑顿(Sarah Thornton)受到布尔迪厄理论的影响,将生活方式视为不同阶层相互区别的重要指标,关注俱乐部的成员如何将亚文化资本作为意识形态的来源。而迈尔斯、班尼特等人关注全球化的消费主义时代中,青年人如何通过对生活方式的自主性构建,特别是通过转换文化商品的意义进行身份认同。

新部落(The Tribes),是法国社会学家米歇尔·马费索利(Michel Maffesoli)提出的概念,他关注后现代社会的新的社交方式中,个人如何参与多个流动的、临时的群体识别。新部落的维持依靠的是成员在社会互动过程中共享情感时的体验,一个个体可以同时属于几个部落。尤其在虚拟的网络空间中,个体可以以不同的角色、性别、身份自由地出没在不同部落中,他们在社会阶层中的固定位置正在逐渐被社会解构,个体在部落之中和之间动态且灵活的定位变得比社会属性更加重要。

---

① 参见刘少杰:《后现代西方社会学理论(第二版)》,北京大学出版社 2014 年版。
② 参见马中红、陈霖:《无法忽视的另一种力量:新媒介与青年亚文化研究》,清华大学出版社 2015 年版。

后亚文化时代中青年亚文化的混杂性、流动性、松散性和部落化特征,在互联网世界中表现得更为明显。① 互联网提供的虚拟空间使得全球和本土、个人与他人更容易相遇。前数字时代的亚文化理论及其批评是建基于一种关于青年文化群体的共同假定之上的:各种青年文化被描绘成有紧密联系的、风格鲜明的群体,这些群体的集体感受力建基于他们共同分享的观念。② 即,互联网时代的青年文化群并不必然关注一致的风格,而被越来越多地看作带有"共享观念"的文化群,观念的互动发生在互联网促成的虚拟空间中。不仅如此,在互联网时代,青年群体在网际空间的身份与现实生活中的身份也是可以分裂的,有了更多文化参与的机会。

(二) 青年亚文化的新表征

新媒介为青年亚文化提供了新的生存方式,青年亚文化的地位发生了变化。通过网络媒介,青年群体获得了话语权和自由表达的空间。新媒介点对点传播、传受互动乃至传受合一的特性,都让同质青年亚文化的呈现强度加大,又使不同类型青年亚文化之间的交流、相融、再生更加便利。多样化的青年亚文化不但丰富了新媒介自身的信息内容,也使得传统媒介和主流文化无法忽视网络上众多的亚文化实践及其文化符号和文化意义。网络虚拟空间中的青年亚文化实践活动正在成为传统媒介跟踪、聚焦、报道的重要内容。青年亚文化已经进入主流媒介视野,引发主流媒体关注,逐渐与主流文化整合。

新媒介将青年亚文化实践的娱乐特性更为清晰地凸显出来,娱乐成为青年亚文化的核心诉求,成为目的本身。③ 从拼贴、戏仿、揶揄等青年亚文化的生产和传播方式,到恶搞文化、御宅文化等青年亚文化的具体形态,再到粉丝微博超话、豆瓣小组等青年亚文化的群组构建,娱乐已经成为青年亚文化实践的重要标志。这种娱乐表现为强烈的游戏精神,以快感的获得为存在的理由,是一种

---

① 参见曾一果:《西方媒介文化理论研究》,学习出版社2017年版。
② 〔英〕安迪·班尼特、基思·哈恩-哈里斯编:《亚文化之后:对于当代青年文化的批判研究》,中国青年政治学院青年文化译介小组译,中国青年出版社2012年版,第194页。
③ 参见马中红、陈霖:《无法忽视的另一种力量:新媒介与青年亚文化研究》,清华大学出版社2015年版。

自愿的而非强制性的活动,获取的是精神性而非物质性的利益。

网络建构的圈层是青年亚文化的另一个新表现。圈子是网络人群的一种重要关系模式,圈子化也是圈层化的一个方面。① 早期的亚文化研究更多关注因弱势身份聚合在一起的亚文化人群,而今天很多的亚文化人群则可以被视作原子化、碎片化的个体重新建构社群意识时所结成的新的共同体。② 对于很多网络亚文化人群来说,他们有很强的区分群体边界的意识,但并非所有亚文化人群都能形成强烈的群体意识或实现集体行动。人们通过亚文化构建了一个特定的小世界,在文化消费、生产、归属感等得到满足的同时,也在追逐着文化资本。

案例:主流媒体用"梗"讲话

如今,"玩梗"已成为年轻人的流行文化。"中青校媒"2020年调查显示:72.48%的被调查者愿意主动"玩梗",超过90%的被调查者可以接上超过4句网络流行语。因此,玩梗蹭热度也便成为新媒体平台的商业逻辑。

在新闻短视频中用"梗"是主流媒体进行语态转变的一种手段。如光明网的报道《网红体验"搬砖小妹"翻车,不仅仅是道德问题》提道:"最近一段时间,'凡尔赛文学'的梗异常火热,但相较于不经意间露出贵族生活线索的概念意指,这位富家千金可以说一点都不凡尔赛。"

一般情况下,主流传统媒体的新闻报道更注重文字语言的使用规范和使用情境,坚持专业的新闻生产传播方式,在报道的用语用字方面偏重于书面用语,较少涉及网络流行梗。若是在报道中用到流行梗,传统媒体往往并非以戏谑、调侃的形式处理,而是对其含义进行一定程度的收编和改造,使其贴合自身的报道内容、报道风格以及宣传方式。

---

① 彭兰:《网络的圈子化:关系、文化、技术维度下的类聚与群分》,《编辑之友》2019年第11期。
② 参见彭兰:《新媒体用户研究:节点化、媒介化、赛博格化的人》,中国人民大学出版社2020年版。

第三节　新闻传播与网络文化

网络文化是以网络信息技术为基础、在网络空间形成的文化产品、文化活动、文化观念等的集合。作为现实社会文化的延伸和多样化的展现,网络文化形成了其自身独特的文化产品特色、文化行为特征和文化思维方式。

一、网络文化的大众生产

不同于传统的通俗文化形式,网络文化内容和风格的生产具有强烈的参与性特征,是一种大众生产的文化。不计其数的网民在互联网中的工作、消遣、交往等活动,都可能成为某类网络文化的组成部分。

(一) 参与式文化

参与式文化(Participatory Culture)是美国文化研究学者亨利·詹金斯在《文本盗猎者》中提出的概念。这一文化样式以 Web 2.0 网络为平台,网民在特定身份认同的驱动下,积极主动地创作并传播个性化的媒介内容。参与式文化以平等、公开、包容、共享等为关键词,强调集体智慧的力量。

詹金斯对参与式文化的探讨,来自他对粉丝群体的长期关注。[①] 从语源概念的角度,粉丝具有"疯狂""迷信"的意味,暗含了社会对粉丝文化的刻板印象。从主导品位的角度,粉丝的文化爱好和解读方式与主导审美逻辑格格不入。詹金斯认为,粉丝是积极的创作者和意义的操控者,是积极挪用文本并以不同目的重读文本的读者,是把观看经历转化为参与式文化的观众。他从米歇尔·德·赛都(Michell de Certeau)的"盗猎"(poaching)概念中获得启发:盗猎是一种主动积极的阅读行为,读者只关注那些对自己有用或者能带来快感的东

[①] 参见〔美〕亨利·詹金斯:《文本盗猎者:电视粉丝与参与式文化》,郑熙青译,北京大学出版社 2016 年版。

西。在这种作者和读者的关系之中,有一种持久的对文本所有权和对意义阐释的控制权的争夺。

詹金斯认为,粉丝圈模糊了读者和作者的明显界限,是一种参与式文化,将媒体消费变成了新文本和新社群的生产,形成了不断扩散的文化和社会网络。这种粉丝圈极可能成为一个持久的、自给自足的文化现象,"粉丝"所凭借的不止大众文化中的微小素材,而且包括在媒体提供的符号原材料上建筑起来的整个文化体系。[1] 同时,粉丝圈所创造的也不是流行阅读中转瞬即逝的思维的具象化,粉丝阅读是一个社会过程,独立个体的阐释在与其他读者的持续互动过程中形成并强化。

总的来说,参与式文化包含人际交往中所体现出来的多元和民主的价值观,人们被认为能够单独或共同地进行决策,且拥有通过不同形式的实践进行自我表达的能力。同时,参与式文化是一种能够在艺术表达和公众参与上做到低门槛地为个人创作和分享提供更强有力的支持,暗含在某种形式上能够将知识通过非正式指导关系从最具经验的群体传递给新手们的文化。最后,参与式文化的成员相信他们的付出是重要的,并能在参与的过程中感知到某种程度的社会联系。[2]

(二) 融合文化

在亨利·詹金斯的视野中,融合文化是新媒体与旧媒体相互碰撞、草根媒体与商业媒体相互交叠、媒体生产者与媒体消费者以前所未有的方式相互影响的过程,"融合"体现为媒介内容在一系列不同平台的流动。[3] 在融合的过程中,人们逐渐生活在一种通过媒体平台日益整合的文化中,各种意义与知识的

---

[1] 参见〔美〕亨利·詹金斯:《文本盗猎者:电视粉丝与参与式文化》,郑熙青译,北京大学出版社2016年版。
[2] 参见〔美〕亨利·詹金斯、〔日〕伊藤瑞子、〔美〕丹娜·博伊德:《参与的胜利:网络时代的参与文化》,高芳芳译,浙江大学出版社2017年版。
[3] 参见〔英〕约翰·斯道雷:《文化理论与大众文化导论(第七版)》,常江译,北京大学出版社2019年版。

合作生产都是人们参与网络社区时围绕共同兴趣自然而然发生的文化行为。

融合文化与参与式文化的网络化有关。① 电子媒介加速了全球化和本土化的进程,"地球村"应运而生,但本土化和民族化意识也在这一过程中凸显。电子媒介在促进文化集中化的同时,又不可避免地造成了零散化和碎片化,一边在扩大公共领域的疆界和范围,将越来越多的人卷入其中,另一边又以单向传播、信息源的垄断以及程序化等形式,暗中削弱潜在的批判空间。此外,互联网以强有力的"符号暴力"摧毁了一切传统的边界,文化趋向于同质化和类型化,但它又为各种异质因素的成长提供了某种可能性。

媒介素养是融合文化时代的重要话题。在融合文化的传播环境中,理想的参与者应当不仅需要学会做一名消费者,而且要学会做一名媒体内容的积极制作者和传播者。他们需要掌握生产媒体内容的技能,还要学会能做出有益贡献的社会技能。他们需要学会如何驾驭社会网络,并且与拥有不同规范和价值观念的人互动,并通过集体智慧的运行来汇总知识,从而在围绕网络崛起的新文化空间里积极地生活。②

二、网络文化的典型样态

在流动的虚拟空间中,网络文化并不是铁板一块的,而是因群体、代际、兴趣领域的差异呈现出丰富多元的面貌。其中,迷文化、恶搞文化、展演文化是近些年中国较有影响力的网络文化样态。

(一) 迷文化

当下,大众传媒是文化产业的关键环节,文化产业的特征也和传媒业的特征密切相关。在相互渗透的过程中,它们都呈现出商品化、技术化、组织化、标准化等的特征,符号化、偶像崇拜构成了大众传媒中特有的文化现象。迷,是对

---

① 参见〔美〕亨利·詹金斯:《融合文化:新媒体和旧媒体的冲突地带》,杜永明译,商务印书馆 2012 年版。
② 同上。

某人或某事物具有特殊爱好而沉醉的状态。御宅族、明星粉丝等,都是"迷"文化的典型群体。

御宅族,主要是以动画、漫画、游戏(ACG)三种媒介爱好者作为基础的青年群体。从文化的角度来看,"御宅"不是个体的概念,而是代表着庞大的社群,因为只有通过粉丝与粉丝的互动和交往,御宅文化才得以形成,御宅总是在社群中进行文化实践。① 人们通常认为御宅族"不闻世事",缺乏传统意义上面对面的交流。但在 Web 2.0 的环境下,他们将交往场域从现实空间转向虚拟世界,依托网络结成一个个以 UGC 和关系为核心的虚拟社区,人们的交往不再受到血缘与地缘的限制,而是随"网缘"进行互动。御宅族作为新媒介的拥护者,游弋于各种媒介之间,依"趣缘"与同好结盟,积极互动,并形成一个个御宅社群。

御宅族迷恋的文化产品是相对非主流的,反映了非主流阶层的文化趣味。动漫、电玩游戏及其衍生产品属于通俗的大众文化,与主流的精英文化(如文学、艺术)相对应,在文化的权力格局中处于低位,故容易招致非议与歧视。作为 ACG 二次元世界的迷恋者,御宅形成了自己的生活风格和模式,而这种风格恰好让自己与主流社会区分开来,成为异类和他者。21 世纪以来,各国愈加看重 ACG 文化巨大的商业潜能,试图从国家层面进行整体规划和资金扶持。御宅族在整个产业中的角色也是多元的,模糊了传播者和接受者、消费者和生产者、创作者和鉴赏者、产业和事业之间截然两分的界限,使这一文化具有强大的向心力、创造力和传播力。

粉丝是音译的网络词语,在中国最早被称为追星族,指迷恋、崇拜名人或对某物狂热的人或群体。其中,热衷于明星的粉丝是最典型的粉丝人群。随着网络技术的发展、娱乐工业的日益发达以及造星方式的变革,我国粉丝组织的严密程度不断增强。② 我国的明星粉丝文化,大致可以划分为三个阶段:第一阶段

---

① 易前良、王凌菲:《御宅:二次元世界的迷狂》,苏州大学出版社 2012 年版,第 44 页。
② 胡岑岑:《从"追星族"到"饭圈"——我国粉丝组织的"变"与"不变"》,《中国青年研究》2020 年第 2 期。

为 20 世纪八九十年代，先于内地发展并崛起的港台大众文化作品大量输入，"追星族"这个以学生为主体的群体开始走入人们的视野。第二阶段以 2005 年缔造了中国电视史上许多奇迹的湖南卫视的《超级女声》节目为起点，明星粉丝通过线下助威、短信投票等积极主动的宣传，助力自己的偶像，号召更多人投票，将选秀变成"全民参与"的狂欢，"粉丝"的兴起逐渐使"追星族"这一说法成为历史。第三阶段则以 2014 年为分界线，伴随着大量"流量明星"的走红，粉丝经济成为大众文化产业中的重要一支，偶像养成类综艺节目也使饭圈文化逐渐成为一个显著的青年文化现象。

纵观各个时期我国粉丝组织的特点，可以看出其变迁趋势呈现出以下特征。其一是粉丝组织的规模化。从追星族到"饭圈"，粉丝组织的规模越来越大。这与网络技术的发展和普及紧密相关。粉丝跨越时空限制找到同好结成社区以及进入社区的门槛越来越低，粉丝的规模自然得以迅速增长。其二是粉丝组织的结构化、粉丝组织管理结构的科层化。如今的粉丝组织往往具有明确的责任领域，形成了一个层次丰富、分工明确的管理结构，粉丝组织也有了立体的传播矩阵。其三是粉丝组织的功能化。粉丝组织的功能越来越丰富、完善，这与今天的粉丝越来越多地介入娱乐工业的各个环节，逐渐意识到并期望使用他们拥有的话语权有关。

> **知识窗：字幕组——跨文化视域中的迷群**
>
> 作为人民群众喜闻乐见的文化艺术产品，外文影视剧在中国的传播由来已久，主要为以英语为交流语言的作品。20 世纪末，以中央电视台、四大译制片厂为代表的机构引进少量美剧（美国电视及网络剧集的简称）是外文影视剧进入中国的开端。21 世纪的第二个十年，以美剧为代表的外文影视剧进入"黄金时代"，互联网的发展加之相当一部分观众没有较好的外语基础催生了字幕组，外文影视剧的爱好者自发组成团体听译外文影视剧，为其配上本国字幕。这种字幕属于译制字幕，其目的性十分明确，即意在为理解影

片语言有困难的观众提供帮助,使其能较快明白对白的含义。《纽约时报》曾称赞字幕组成员为"打破文化屏蔽的人"。字幕组作为一种民间组织,由热爱者组成,禁止任何人通过字幕获取商业利益,坚守和践行字幕组的宗旨和原则,默默地推动着影视翻译工作的进步和不同文化之间的交流。

从2001年兴起至今,字幕组已经经历了二十多年的坎坷发展。在2006—2008年之间,外国影视剧在国内网络的走红让字幕组受到国内外媒体的关注,字幕组一时成为焦点话题。但经历过一段时间的繁荣,字幕组面临的问题即版权问题也随之浮出水面。首先,国内字幕翻译市场尚处于初级阶段,缺乏监管和引导。其次,作为一个非营利的民间组织,字幕组的多数成员参与字幕翻译的工作,或是将字幕翻译作为业余爱好,或是为了提高自己的外语水平,或是为了获得网站人气,多数人并未受过专业的翻译培训,因此译者的水平参差不齐。再次,在时效性、保密性、整体性等各方面要求的压力下,影视作品大量且快速的引入导致字幕翻译工作形成了时间短、任务重、参与人员少的特点,翻译质量有所下降。最后,我国网络文化迅猛发展,网络内容良莠不齐,这对译者的翻译伦理产生了一些不良影响。

(二) 恶搞文化

恶搞是通过戏仿、拼贴、夸张等手法对经典、权威的人或事物进行解构、重组、颠覆,以达到搞笑、滑稽等目的的文化现象。[①] 恶搞这个词来源于日语,经由游戏文化圈传入中国,逐渐用以形容非常搞笑的创作。中文互联网中的恶搞现象主要是在原始文本(如新闻报道、影视资源)的基础上,通过添加各种各样的元素形成新的恶搞文本,催生出完全不同的格调和意蕴。2006年之后,以胡戈的《一个馒头引发的血案》为代表,互联网上掀起了一股制作恶搞短片的热

---

① 胡疆锋:《恶搞与青年亚文化》,《中国青年研究》2008年第6期。

潮。恶搞文化作为一种亚文化,代表了草根文化或平民文化对主流文化的质疑与反思,思想性是恶搞文化的内核所在,解构与重组是恶搞文化的实质,互文性、集群性是恶搞文化的显著特点。① 在新媒介空间,社会民众和青年群体逐渐取代了过去的艺术精英,成为各种恶搞文化的主要创造者,他们在恶搞的过程中获得快感,并建构自己的认同。

总的来说,恶搞文本有以下三方面的主要特征。② 其一,文本的互文性。恶搞版本的作品创建了一种文本间的对话关系,每个文本不仅与其他文本紧密相连,同时又保持各自的独特性,有时甚至对原始文本的含义进行反转或颠覆。其二,拼贴的创作手法。拼贴艺术是在平面上组合纸张、图片等多种元素的艺术表现形式,能够灵活自由地传递思想和情感。恶搞文化的拼贴手法打破了事物之间的界限,混合了多元化的元素,瓦解了原始文本的一致性和庄重感。同时,拼贴通过延展排列组合的可能性,构建了一种开放式的叙事结构,挑战并解构了既定的叙事模式。其三,戏仿的幽默效果。戏仿是在自己的作品中对其他作品进行借用,以达到调侃、游戏甚至致敬的目的。恶搞文化是一种极具娱乐性和反讽性的文化现象,其通过仿效严肃文本的内容或风格,制造出荒诞不经的幽默效果。这种戏仿建立在与目标对象的相似性基础上,诞生于特定语境的文本被重新编码,以符合恶搞者的创作用意。

恶搞文化的迭代得益于数字媒介技术的发展,其表现形态和社会影响都出现了新的变化,这对网络内容治理提出了新的要求。伴随着互联网用户生成内容的视觉化浪潮,网络脱口秀、草根短视频、鬼畜视频等新的媒介文化形态成为恶搞文化的重要呈现载体。与此同时,借由网络平台或虚拟社区聚集起来的网络趣缘群体成为恶搞文化的主要传播主体,恶搞文化逐渐成为广义的趣缘文化的一部分,演化为同一趣缘群体内相互聚合、不同趣缘群体间相互对立的话语

---

① 覃晓燕:《后现代语境下的恶搞文化特征探析》,《现代传播(中国传媒大学学报)》2008年第1期。
② 参见曾一果:《恶搞:反叛与颠覆》,苏州大学出版社2012年版。

策略。① 一方面,恶搞文化集中体现了互联网的赋权作用,广大网民在制作恶搞文本的过程中表达对时事的看法,传递社情民意。但另一方面,部分恶搞作品也存在庸俗化、暴力化等不良倾向。目前,政府及有关部门对于各种恶搞的文化治理基本可以分为三种模式:管控模式、收编模式和借鉴模式。② 管控模式是通过强制手段打击不良恶搞文化,收编模式是将具有商业前景的恶搞文化转换为文化创意产业,借鉴模式则表现为主流文化主动学习和利用恶搞文化中的元素以传递主流价值观。

(三) 展演文化

1998 年,英国学者阿伯克龙比和朗赫斯特提出了景观(观展)/表演理论,又称展演理论。该理论认为受众扮演着表演者的角色,并强调受众的主体性既是一种社会建构,也是一种基于主体能动性的身份认同再建构过程。③ 展演理论是在受众研究向"媒介文化"视角转向的背景之下提出的,这类研究往往在广阔的社会语境下来理解和阐释受众的媒介使用行为。

在前互联网时代,视觉文化难以形成有规模的群体参与,但互联网技术为爱好者提供了丰富的制作技术、自由的交流平台。由此形成的展演文化,表现出新媒体时代的用户如何将展演作为日常社交互动过程中的主要自我呈现。视频、表情包、美图、弹幕等具有强视觉冲击力的符号形式,都是展演文化的典型表现形式。

表情包是网络语言的一种进化,它的产生和流行与其特定的"生存环境"有关。其追求醒目、新奇、谐谑等效果的特点,与年轻人张扬的个性和搞怪的心理相符。表情包之所以能够大范围地传播,是因为其克服了文字交流的枯燥和态度表达不准确的弱点,有效地提高了沟通效率。部分表情包具有替代文字的功

---

① 刘义军、周升扬:《身份认同的趣缘群体话语传播策略——基于 B 站恶搞视频评论区的文本分析》,《当代传播》2020 年第 6 期。
② 曾一果:《符号的戏讥:网络恶搞的社会表达和文化治理》,《南京社会科学》2018 年第 12 期。
③ 王宜燕:《阅听人研究实践转向理论初探》,《新闻学研究》2012 年总第 113 期。

能,还可以节省打字时间。随着智能手机的全面普及和社交应用软件的大量使用,表情包已经高频率地出现在人们的网络聊天对话当中。

表情手段的发展也是网络文化更迭的一个侧面映射。[①] 首先,表情包的使用具有一定的代际区隔特征,反映了不同年龄段人群对互联网文化的理解与接纳。其次,表情包的使用具有一定的小群体特征,在一些群体中能够作为符码自由流通的表情包并不一定能在另一些群体中自由流通,反映出虚拟社区空间的动态边界,具有社交隐写术的功能。最后,表情包也是寄寓政治态度的文化迷因,因其具有易改造、易传播的特性,已经成为年轻网民在公共场所表达意见时使用的重要工具。

视频文化即个体将拍摄和发布视频作为记录和呈现世界、传播观点与情绪的主要方式。由于往往能直接地映射现实生活和物质世界,视频文化需要现实影像作为其素材。视频文化中,数字实践体现为一种不断寻找、发现和创造视觉素材的过程。移动时代素材的易得性使得一些用户频繁拿起手机拍摄,素材的独特性会使视频拍摄者脱颖而出,而素材的不足与枯竭也可能成为另一些人放弃视频化生存的理由。在此意义上,视频既是一种手段,有时也变成一种目的,或者成为人们生活的导向。[②]

> **案例:《中国有嘻哈》的走红**
>
> 嘻哈音乐自20世纪末传入中国内地(八九十年代传入台湾地区)后,始终处于"圈地自萌"的境地。作为一种文化标签,嘻哈涉及潮牌服饰、滑板、街球、Live House等诸多领域。2017年播出的嘻哈音乐选秀节目《中国有嘻哈》,制作的初衷就是让喜欢嘻哈的年轻人的生活方式和表达方式能够被主流社会看见、看懂。从一开始,《中国有嘻哈》就与传统音乐选秀节目不同,以"剧情推动"的逻辑讲故事,通过"游戏参与"增强用户体验。节目一直录

---

① 参见彭兰:《新媒体用户研究:节点化、媒介化、赛博格化的人》,中国人民大学出版社2020年版。
② 彭兰:《视频化生存:移动时代日常生活的媒介化》,《中国编辑》2020年第4期。

到六强选手产生后才开始第一次剪辑,目的是给观众"留包袱",让观众像在看影视剧一样被节目吸引住。

有学者认为,《中国有嘻哈》爆红的原因在于在真人秀的"真"和"秀"之间达成了某种平衡,其中关键在于嘻哈的"保持真实"这一信条正好迎合了大众对于"个性"的诉求。[①] 嘻哈文化本身制造的"噪音",可被视为一种亚文化对主流文化的抵抗。不过,《中国有嘻哈》通过强调技术性而淡化表达性等方式,对嘻哈进行了去政治化。但仅持一种政治与商业二元对立的视角对其进行批判也有失公允,嘻哈自身所包含的物质至上主义与商业化并不矛盾,商业化也恰是嘻哈政治化的推手。嘻哈本身包含诸多悖谬,我们需要跳出二元对立框架进行分析。对于今日中国而言,嘻哈最大的文化政治意义在于为经验贫乏时代的青年提供了表达经验的热情和手段。

小　结

"大众文化"是"大众"的多种表述和"文化"的多种表述的组合。法兰克福学派的理论家从批判的视角理解大众文化,而英国文化研究的学者则以相对积极的观念看待大众文化,例如约翰·费斯克对积极受众的关注。在理论层面,斯图亚特·霍尔、戴维·莫利通过对电视观众的考察探讨媒体与文化的关系。在实践层面,媒体已经成为大部分通俗文化的主要传播系统,市场化、商业化的通俗文化的发展为通俗新闻的诞生提供了土壤。

在法国的先锋运动中,以居伊·德波为首的学者把激进的艺术和社会政治相结合,提出了景观社会的理念。当下,娱乐已经成为景观社会的主宰模式,渗透到新闻、政治、教育和日常生活之中。在此基础上,鲍德里亚认为,现代社会

---

① 王嘉军:《〈中国有嘻哈〉与嘻哈的文化政治》,《文艺研究》2018年第6期。

是由各种符号和大众传媒所构成的消费社会,消费社会在物质空前积累的基础上形成,意味着一种前所未有的消费文化的形成。

青年亚文化是在英国文化研究的兴起中逐渐发展的概念。大众传媒与青年亚文化的关系复杂且充满张力:一方面,媒体通过对青少年的报道建构青年文化;另一方面,青少年也在通过仪式的抵抗与符号的游击战回应主流声音。作为整个社会文化有机和重要的组成部分,青年亚文化的传播在与主流文化、商业文化以及社会观念等方面的关联中产生了丰富的文化意义。新形势下的青年亚文化受到互联网传播特征的影响,展现出不同于以往青年文化的新特征,如娱乐化、圈层化等。

网络文化是以网络信息技术为基础、在网络空间形成的文化产品、文化活动、文化观念等的集合。亨利·詹金斯提出的参与式文化、融合文化等概念,反映出网络文化的内容和风格的生产具有强烈的参与性特征,是一种大众生产的文化。网络文化并不是铁板一块,而是因群体、代际、兴趣领域的差异呈现出丰富多元的面貌。其中,迷文化、恶搞文化、展演文化是近些年中国较有影响力的网络文化样态。

关键概念

大众文化　　通俗文化　　文化研究　　景观社会
消费社会　　青年亚文化　网络文化　　参与式文化
融合文化　　迷群　　　　恶搞　　　　展演

思考题

1. 大众文化、通俗文化和英国文化研究学派所定义的文化之间有何区别?
2. 互联网对大众文化的发展产生了哪些影响?
3. 青年亚文化与主流文化分别具有怎样的特征?它们之间的区隔是怎样形成的?
4. 结合景观社会理论,论述媒介文化对社会发展造成了怎样的影响?
5. 网络文化有哪些基本特点?试述这些特点的形成原因及其产生的影响。
6. "参与式文化"和"免费劳工"概念阐释了两种截然不同的受众形象,如何理解这种差异?你更认同哪种看法?

7. "编码—解码"、阐释社群和展演理论都属于文化视角下的受众分析理论,这些理论对"文化"的理解方式有何区别?

 拓展阅读

〔英〕安迪·班尼特、基思·哈恩-哈里斯编:《亚文化之后:对于当代青年文化的批判研究》,中国青年政治学院青年文化译介小组译,中国青年出版社2012年版。

〔美〕亨利·詹金斯:《融合文化:新媒体和旧媒体的冲突地带》,杜永明译,商务印书馆2012年版。

〔法〕居伊·德波:《景观社会》,张新木译,南京大学出版社2017年版。

〔英〕罗杰·西尔弗斯通:《电视与日常生活》,陶庆梅译,江苏人民出版社2004年版。

〔英〕斯图亚特·艾伦:《新闻文化》,方洁等译,北京大学出版社2008年版。

〔美〕詹姆斯·W. 凯瑞:《作为文化的传播:"媒介与社会"论文集(修订版)》,中国人民大学出版社2019年版。

何威:《从御宅到二次元:关于一种青少年亚文化的学术图景和知识考古》,《新闻与传播研究》2018年第10期。

黄典林:《意义建构与权力再生产:论斯图亚特·霍尔的新闻观念》,《现代传播(中国传媒大学学报)》2020年第11期。

姜华:《新闻文化的现代诠释》,复旦大学出版社2014年版。

蒋原伦、王颖吉:《媒介文化十五讲》,北京大学出版社2017年版。

林思平:《通俗新闻:文化研究的观点》,五南图书出版公司2008年版。

曾一果:《西方媒介文化理论研究》,学习出版社2017年版。

朱丽丽:《数字青年:一种文化研究的新视角》,江苏人民出版社2017年版。

后　　记

　　写作新闻传播学的教科书是一项极富挑战性的任务,因为我们当下同时面对着新闻传播实践和新闻传播学术的双重变革。新闻传播学受到业界实践和传播技术的显著影响,自进入互联网时代以来就持续处于剧烈变革中,既有经典理论的更新,又有不断涌现的新概念、新命题、新理论。梳理和架构这些错综复杂、快速更迭的知识线索是一件如西西弗斯推动石头般的憾事。然而,新闻传播教育经过规模扩张后进入重质量的内涵式发展阶段,学习者期待更加精当的知识地图,社会各界对于新闻传播工作也日益重视,希望有比较可靠的入门参考书。因此,我们需要继往开来,与时俱进地构建具有时代特征的新闻传播知识体系。

　　本书正是在这种背景下的一项受命之作:为提高研究生培养质量、加强研究生课程建设,国务院学位委员会组织编写了各学科的《研究生核心课程指南》,全国新闻与传播专业学位研究生教育指导委员会(教指委)设置了包括"新闻传播学理论基础"在内的五门核心课程。本书就是受教指委委托编写的该课程配套教材。

　　在这一尝试和努力中,作者在写作时着力于以下几个方面,以便本书更适合当前的教育教学环境和学科学术特点。一是在体例与框架上体现基础性,以服务学生学习这一核心需求为目标。新闻传播学已经成为一门"显学",与人文社科诸领域甚至自然科学都有交叉,其涉及的知识主题范围非常宽广,以至于任何一本教科书都无法窥其全貌。学科交融加深和学术信息剧增也使得一些初学者感到困惑,在被很多新鲜话题牵引注意力的同时,没有很好地掌握本领域的基本概念、关键议题、思维方法。本书依据新闻传播的核心理念、运行机制、社会关系三个基本层次来描绘知识图谱,力求在有限篇幅内介绍该领域的基础知识分布情况,便于学习者高效把握学科的"底层逻辑"。

二是在观点与材料上体现研究性,引导读者在情境中把握理论知识。教材中不仅介绍应知应会的一般性概念和理论,还分析新闻传播的环境变化和发展趋势,反映新闻传播在理论和实践方面取得的新进展。在多年的教学中,我一直强调,所谓理论,不是用来死记硬背的对象,而是用于提升思考能力和思维品质的"营养品"。希望读者通过对理论素材的研习,汲取学术养分,用开阔的视野探索新闻传播现象,提升认识水平和分析能力,进而更好地解决现实问题。

三是在立场与视角上体现融合性,在国际环境中观照理论知识的演变,立足中国情境和中国实践展开现实思考。新闻传播学的不少知识是"舶来品",但它们已在中国的土壤中扎根生长数十年,并且在中国社会现代化进程中被赋予了新内涵、激活了新动能、产生了新成果。本教材融入了媒体融合、舆论生态、社会治理、国际传播等中国新闻传播事业发展中的重要变化,以便为读者提供融通理论知识的中国场景。

为了丰富学习形式,教材中设置了案例分析、知识窗、小结、关键概念、思考题和拓展阅读,引导读者关注相关议题的前沿发展,促使读者在学习过程中立体化地思考,提升知识迁移与运用能力。本书适合新闻传播类研究生和本科高年级同学配合课程教学或自学使用,也可供新闻传播从业者和对新闻传播感兴趣的社会人士参考阅读。

从框架构思到制定写作大纲、整理教学文档、收集文献资料,直至最后成文定稿,本书在三年间经历了多次被搁置和冷启动的交替。现在本书终于完成,要与读者见面了。在此特别感谢来自多个方面的支持和帮助。本教材为中国人民大学研究生精品教材建设项目成果,受到中国人民大学"中央高校建设世界一流大学(学科)和特色发展引导专项资金"支持。感谢中国人民大学新闻学院周勇教授、复旦大学新闻学院张涛甫教授对本书写作的关心和鼓励。北京大学出版社周丽锦女士为本书的编写付出了极大耐心和充分信任，董郑芳女士协助处理了出版立项事务，韩月明女士为书稿内容的完善提供了细致而专业的意见，感谢三位编辑为笔者完成此项工作给予的大力支持。我的三位硕博连读研究生张雪、田自豪、李曜宇，完整修习过我的几门课程，还多轮次担任助教，参与了本书的资料整理和部分初稿写作，他们协助我完成了本书从课堂讲义到教材的转化。

学习是一场漫长的旅程，从初学者到研究者的过程，充满点滴的积累。在此也要感谢我的学生和我的老师。十多年来，在新闻理论和传播理论课堂上的同学们，给予我充分的包容和信任。他们认真阅读、听讲、研讨、反馈，促使我不断改进自己的教学工作。同时，感谢喻国明教授、郭庆光教授、陈力丹教授等我大学时代的老师们，他们的课堂和教材启发了我对新闻传播理论学习研究的兴趣，这种感染持续至今。

本书的框架和内容在借鉴以往教材的基础上做了一些探索和创新，希望它的出版能够对新闻传播理论的教学和研究起到一点推动作用。囿于作者的视野和水平，书中难免存在不成熟和不完备之处，敬请读者朋友们提出宝贵意见，以便今后对本书作进一步修订和完善。

王　斌

2023 年 6 月于海拉尔

2024 年 6 月改于乌兰浩特

教师反馈及教辅申请表

北京大学出版社本着"教材优先、学术为本"的出版宗旨,竭诚为广大高等院校师生服务。

本书配有教学课件,获取方法:

第一步,扫描右侧二维码,或直接微信搜索公众号"北大出版社社科图书",进行关注;

第二步,点击菜单栏"教辅资源"—"在线申请",填写相关信息后点击提交。

如果您不使用微信,请填写完整以下表格后拍照发到 ss@pup.cn。我们会在 1—2 个工作日内将相关资料发送到您的邮箱。

书名		书号	978-7-301-	作者	
您的姓名				职称、职务	
学校及院系					
您所讲授的课程名称					
授课学生类型(可多选)	☐ 本科一、二年级 ☐ 高职、高专 ☐ 其他_____			☐ 本科三、四年级 ☐ 研究生	
每学期学生人数	_____人			学时	
手机号码(必填)				QQ	
电子信箱(必填)					
您对本书的建议:					

我们的联系方式:

北京大学出版社社会科学编辑室

通信地址:北京市海淀区成府路 205 号,100871

电子邮箱:ss@pup.cn

电话:010-62753121 / 62765016

微信公众号:北大出版社社科图书(ss_book)

新浪微博:@未名社科-北大图书

网址:http://www.pup.cn